KB151340

MAXQDA로
질적연구 쉽게 하기

서형준

머리말

질적연구는 어렵고 오랜 과정을 동반하는 연구입니다. 그러하기에 질적연구는 많은 연구자들에게 어렵다고 알려져 있습니다. 필자가 질적연구를 본격적으로 시작하기에 앞서 종이로 인쇄한 인터뷰 전사본에 직접 코딩할 것을 생각해 보았습니다. 실제 A4용지 한 장을 출력하여 밑줄과 지시선, 괄호, 꺽쇠괄호, 형광펜, 포스트잇 등을 사용하여 코딩을 해보았습니다. 이런 과정을 수백 장 한다고 생각하니 전근대적 방법이라는 느낌이었습니다. 아무리 내 자신이 성실한 연구자로서 수백 장에 코딩한 것을 엑셀이나 한글문서 표에 잘 기록하고, 또 그것을 개념, 범주로 통합하거나 다시 분류할 수 있다고 해도 그것은 현명한 방법이 아니었습니다. 나도 모르게 데이터로부터 뿌리박고 데이터로부터 출발해야 함에도 중간 어느 지점에서 집중하게 되는 범주를 중심으로 치밀한 과정을 생략하게 될 것 같았습니다. 그리고 믿었습니다. 21세기 4차 산업혁명을 구가하는 시기에 코딩, 메모, 분석작업을 컴퓨터에서 할 수 있는 소프트웨어가 있을 것이라고 말입니다. 여러 문헌과 정보를 검색해 보았더니 세계적으로 수십종의 소프트웨어가 발견되었습니다. 그중에서 10여 종, 다시 3개의 유명 소프트웨어를 발견하였습니다. 당시 세 가지 소프트웨어는 모두 14일간의 시험판 버전 사용이 허용되었습니다. 다른 두 개의 소프트웨어는 각각의 좋은 점도 있었지만 한국의 연구자인 저의 마음을 사로잡은 것은 MAXQDA였습니다. MAXQDA는 인터페이스가 가장 쉽고, 디자인이 아름답고, 한글처리가 잘 되며, 전사기능도 내장되어 있어, 시각화 도구도 편리하여 놀라지 않을 수 없었습니다. 전사[transcription] 전문 프로그램이나 전용페달 가격보다도 싼 가격으로 이 멋진 프로그램을 사용할 수 있었습니다. MAXQDA의 발견은 힘겨운 질적연구를 즐겁고 신나는 여정으로 바꾸어 주었습니다. 소프트웨어를 사용하는 방법을 조금 익히면 힘겹고 오래 걸리는 질적연구를 즐겁게 할 수 있습니다. 원자료에 더욱 충실할 수 있으며, 기간도 크게 단축할 수 있습니다. 어쩌면 MAXQDA의 사용은 국내의 질적 연구자는 물론 사회복지사, 마케터 등 실무자들에게도 훌륭한 지원자가 되어주리라 확신합니다.

전세계적으로, 거의 모든 사회과학 분야에서 질적연구가 다시 부상하고 있습니다. 질적연구의 21세기 르네상스가 펼쳐지는 중입니다. 어느 연구자는 "맥락이 왕이라면 질qual은 여왕이다.(If Context is King, Qual is Queen.)"[1]라고 하며 질적연구의 부상에 박수를 보내고 있습니다.

우리는 사실 모두 질적연구자였습니다. 어린이가 사회적 활동으로 친구를 사귀는 과정에서 질적연구를 통해 자신과 통하는 친구를 사귑니다. 개성 강한 친구를 만나면 '저 친구는 연구대상이야'라는 말은 모두 질적연구를 암시하는 평범한 말들입니다. 수치의 과학이 주는 신뢰성에도 불구하고 21세기와 같은 복잡계 사회에서 질적연구의 부상은 필수적입니다. 질적연구에서 소프트웨어의 사용은 붓과 한지를 내려놓고, 컴퓨터를 사용하는 것과 같은 이치입니다.

양적연구가 보이는 과학이라면 질적연구는 보이지 않는 통찰입니다. 양적연구를 보완하고, 양적연구의 한계를 극복할 뿐만 아니라 복잡한 사회현상을 탐구할 훌륭한 도구로서 MAXQDA는 강력한 도구이자 친구가 되어줄 것입니다. 질적연구의 활성화와 대중화에 MAXQDA는 믿음직한 보조연구자가 되어 줄 것입니다. 필자의 전공인 심리학에서 역사적으로 질적연구의 전통을 수립한 지그문트 프로이트, 윌리엄 제임스, 에이브러햄 매슬로우, 로렌스 콜버그, 고든 올포트를 떠올리게 됩니다. 사회과학 연구자는 물론 기업의 마게터, 공공영역의 정책입안자, 사회복지 현장, 교육현장, 간호현장에서 질적연구가 활발히 펼쳐지길 고대합니다.

이 책은 총 17개의 장으로 구성하였습니다. MAXQDA가 질적연구와 혼합방법 연구에서 방대한 기능을 제공하기 때문에 국내에 처음 발간되는 책으로서 분량과 난이도를 고려하였습니다.

1장은 서장에 해당합니다. MAXQDA를 사용하여 할 수 있는 질적연구의 방

1) Appleton, E. (2016). The Silent Rise and Blossoming of Qualitative Research. Research World, 2016(61), 54-54.

법과 기능을 소개합니다.

2장부터 9장까지는 MAXQDA의 기본 기능에 해당합니다. 데이터와 코드와 범주시스템, 메모와 분석, 코딩구절을 추출하여 보고할 수 있는 단계까지 익힐 수 있습니다. 실제로 150개 나라 이상에서 사용하는 많은 연구자들이 가장 많이 사용하는 기능이 2장 인터페이스, 3장 데이터 가져오기, 4장 인터뷰파일 전사하기, 5장 데이터 보기 및 편집, 6장 코드와 코드시스템, 7장 코딩하기, 8장 메모하기입니다.

10장부터 16장까지는 더 응용적인 사용기능입니다. 10장의 시각화와 14장 MAXMaps 인포그래픽 기능은 MAXQDA의 강력한 기능이지만 난이도가 조금 있어서 아직 활용이 부족합니다. 앞으로 적극 사용을 권합니다. 이 책을 읽는 연구자와 독자들에겐 이 책이 있으니까요! 11장 의역, 요약, 사례개요도 다양한 비교를 할 수 있는 기능입니다. 12장 변수추가 및 코드의 양적데이터화, 14장 혼합방법 데이터분석은 최근 각광받는 혼합연구방법을 위한 쉬운 가이드가 될 것입니다. 15장 팀프로젝트 협업은 팀단위 연구나 지도교수와 대학원생 간의 팀단위 연구에도 활용할 수 있습니다. 16장 결과보고 및 문서화는 MAXQDA를 통해 진행한 연구를 보고서나 논문에 제시하는 방법을 안내합니다. 마지막 17장은 보론에 해당합니다. MAXQDA를 사용한 근거이론분석 가이드입니다. MAXQDA를 수십 년 동안 개발, 운영, 업데이트 하면서 MAXQDA가 제공한 아이디어 이므로 웹사이트의 내용을 거의 그대로 옮겼습니다. 독자 여러분에게 근거이론에 대한 손쉬운 접근을 위한 좋은 안내가 될 것입니다.

필자는 질적 연구방법 특히 근거이론을 공부하면서 MAXQDA를 만나서 질적연구의 새로운 눈을 떴습니다. MAXQDA를 사용하면서 질적연구를 더 잘 이해하게 되었고, 결국 박사학위논문을 완성하였습니다. 2020년 1월부터는 Professional MAXQDA Trainer(2021년 8월 현재 국내 유일)가 되어 질적연구와 MAXQDA를 권장하는 활동을 하고 있습니다. 질적연구를 이해하고 연구를 실행하는 데 MAXQDA만한 친구가 없다고 생각하기 때문입니다. 막강하고 친사용자적인 프로그램임에도 국내 사용이 적은 이유로 한글로 된 책이 없기 때문이라고 생각하였습니다. 한국심리측정평가학회에서 워크숍, 상담관련 공공기관, K대 간호대학 박사과정 학생과 교수님, J대 간호대학 교수님들, 박사수료생의 논문컨설팅 등을 거치면서 책 집필을 권고받았습니다. 그분들의 격려가 이 책이 세상에 나오게 된 직접적인 이유입니다.

저의 공부와 연구에서 세 분의 스승이 있습니다. 석사과정에서 심리학과 긍정심리학을 비추어준 고려대 심리학부 고영건 교수님, 박사학위 연구에서 질적연구를 허락하고 인내와 배려로 이끌어주신 광운대 산업심리학과 탁진국 교수님, 질적연구의 세밀한 고민까지도 함께 도와주신 성균관대의 도승이 교수님께 감사드립니다. 또한, 저의 질적연구의 첫 참여자들이 되어준 최혜진 국수의 달인, 이정욱, 김영준, 이승훈 종이비행기의 달인, 최재협 만두의 달인, 한아름 운동화세탁의 달인, 배정준 때수건연구의 달인을 비롯한 청년달인들에게 감사드립니다.

2021년 8월,
북한산 자락에서
서형준

목차

CHAPTER 1 왜 MAXQDA인가

CHAPTER 2 MAXQDA 인터페이스

CHAPTER 3 데이터 가져오기

CHAPTER 6 코드와 코드시스템

CHAPTER 7 코딩하기

CHAPTER 8 메모하기

CHAPTER 10 시각화 (데이터 및 분석)

CHAPTER 11 의역, 요약, 사례개요

CHAPTER 12 변수추가 및 코드의 양적데이터화

CHAPTER 13 혼합방법 데이터분석

CHAPTER 16 결과보고 및 문서화

CHAPTER 17 (보론) MAXQDA를 사용한 근거이론분석 가이드

CHAPTER 01

왜 MAXQDA인가

CHAPTER
01

왜 MAXQDA인가

1.1 질적연구는 어려운가?

질적연구는 양적연구에 비해 어렵다는 느낌이 지배적입니다. 사회과학의 오랜 지적 전통이 질적연구로부터 출발하였음에도 현대 사회에선 수치의 강력한 힘 때문인지 양적연구가 많습니다. 양적연구의 번창에 통계패키지의 대중화가 한몫을 담당한 것이 사실입니다. 오늘날 양적연구는 수학이나 통계학의 원리를 잘 몰라도 통계패키지 사용법만 이해하면 연구가 가능합니다. 양적연구와 더불어 연구방법의 한 축을 담당하는 질적연구는 어렵고 힘들며 오래 걸린다는 평가가 많습니다. 질적연구가 어렵다고 알려지거나 실제로 어려운 데는 몇 가지 이유가 있습니다.

우선, 질적연구의 연구주제를 선정하기 어렵습니다. 질적연구는 양적연구에 비해 기존의 이론이나 지식이 없거나 부족한 상태에서 탐색적 성격의 주제를 선정하게 됩니다. 좀 더 극적으로 표현하면 세상에 없는 지식을 찾아나서는 연구라고 할 수 있습니다. 그러다 보니 질적연구는 연구주제를 선정하는 단계에서부터 어렵습니다. 두 번째 어려움은 질적연구의 연구기간이 오래 걸린다는 점입니다. 정확한 통계는 아니지만 일반적으로 연구 수행기간에서 질적연구가 양적연구에 비해 두세배 걸린다고 알려져 있습니다. 세 번째 이유는 질적 연구과정이 까다롭다는 점입니다. 가장 많이 사용되는 현장 참여자인터뷰를 예로 들 수 있습니다. 인터뷰 참여자의 선정, 인터뷰 질문 프로토콜 작성, 인터뷰 수행, 전사transcription, 분석, 코딩, 범주화, 이론구축 등 그 과정과 단계가 많습니다. 흔히 질적연구를 풀코스 마라톤에 비유하기도 합니다. 네 번째 이유는 학위논문이나 학술논문의 심사위원회를 설득하기 더 어렵다는 것이 중론입니다. 최근 질적연구를 수행하는 학자, 연구자들이 늘어나고 있지만 질적연구를 전공하거나 연구경험이 있는 교수나 심사위원이 부족합니다. 또한 양적연구는 가설검증을 위하여 비교적 명확한 측정도구와 통계기법으로 결과 논증이 명쾌합니다. 질적연구는 접근방법에 따라 차이가 있긴 하지만 전반적으로 모호하고, 연구자가 연구도구가 되다 보니 주관성에 대한 지적과 비판에 늘 직면합니다.

필자도 질적연구가 어려운 줄 알았습니다. 물론 어렵고 힘든 과정임을 부인하지 않습니다. 그렇지만 질적연구의 어렵고 힘든 과정은 결정적으로 수작업이 많은 노동집약적 연구이기 때문입니다. 참여자 선정과 인터뷰, 녹음, 전사, 코딩, 메모, 도식화, 범주화, 보고 등 어느 하나 쉬운 단계가 없습니다. 하지만 수작업이 주로 종이와 펜, 워드 프로그램과 엑셀(표) 사이를 오가는 노동이었기 때문입니다. 전사, 코딩, 메모, 범주화, 도식화, 보고 등 질적연구의 노동이 소프트웨어를 사용하면 상당히 줄어들 뿐만 아니라, 자료의 구조와 내용을 자세히 들여다 볼 기회가 많아집니다. 즉, 질적연구의 핵심부분에 집중할 수 있어 어렵던 질적연구가 쉬워지고 즐거워집니다.

질적 연구방법을 모두 익힌 다음 질적연구를 수행하려면 적어도 2~3년은 걸릴 것입니다. 하지만 지름길도 있습니다. MAXQDA와 같은 잘 만들어진 질적분석 소프트웨어를 사용할 줄 알면 오히려 질적연구를 더 쉽게 이해할 수 있습니다. 수작업으로 하면 다음 단계로 이동하는 데 오랜 시간이 걸려서 전체 연구과정을 경험해 보기 어렵습니다. 하지만 소프트웨어를 사용하면 놀라울 정도로 전체과정이 잘 보입니다. 마치 수작업이 지도와 필기구를 들고 숲을 탐색하는 것이라면, 소프트웨어를 사용하면 숲 위에 헬리콥터나 드론을 타고 숲 전체를 조망하는 것과 유사합니다.

질적분석 소프트웨어를 사용하면 질적연구가 꼭 어려운 것만은 아닙니다.

1.2 질적데이터란?

MAXQDA는 질적데이터Qualitative data의 분석을 지원하는 소프트웨어의 일종으로서 컴퓨터지원 질적데이터분석 소프트웨어(CAQDAS; Computer Assisted Qualitative Data Analysis Software)의 일종입니다. 그렇다면 질적데이터Qualitative data란 과연 무엇일까요?

“질적데이터[Kuckartz, U. & Radiker, S. (2019). Analyzing Qualitative Data with Maxqda: Text, Audio, and Video: Springer International Publishing: 1-2]”라는 용어는 사회과학에서 유래되었으며 모든 비수치적, 구조화되지 않은 데이터의 포괄적인 용어입니다. 대부분의 사람들은 수치데이터를 접하면 즉시 무언가를 떠올릴 수 있지만, 질적데이터의 경우 그렇게 쉽지 않습니다. 숫자데이터는 일반적으로 측정을 통해 수집되고 통계적 방법을 사용하여 분석됩니다. 이러한 양적 분석방법에는 SPSS, STATA, SAS, SYSTAT, MPlus, Amos와 같은 다양한 소프트웨어를 사용할 수 있습니다. 또한 질적데이터는 문자, 오디오, 비디오 등 거의 모든 형태의 인간 커뮤니케이션 행동, 상징성 또는 문화적 인공물이 포함됩니다[Gibbs, G. R. (2018). Analyzing Qualitative Data: Sage: 2]. Gibbs는 이어서 다음과 같은 데이터들이 질적데이터라고 예시하고 있습니다. 위의 예시를 응용하여 생각하면 질적데이터는 인간사회에 넓게 퍼져 있습니다. 어린이들의 그림일기, 문학작품, 화가의 그림, 작곡가의 악보, 건축물의 설계도, X-레이 필름, 요리의 레시피 목록, 소비자의 불만사항 목록 등 무궁무진합니다. 어쩌면 우리 모두는 질적데이터의 생산자이자 소비자이며 연구자입니다.

요약하자면, 수치데이터 또는 숫자는 양적데이터로 봅니다. 반면에 질적데이터는 양적데이터보다 훨씬 더 다양하며 텍스트는 물론 오디오녹음, 이미지, 비디오, 문화적 인공물 등을 포함하는 개념입니다.

표 1.1 질적데이터의 예시

개인 · 집단의 인터뷰와 그 전사기록	책, 잡지 같은 다양한 출판물과 서류
문화기술지Ethnographic 참여자 관찰	일기
이메일	온라인 채팅 그룹대화
웹 페이지	온라인 뉴스
광고: 인쇄물, 영상 또는 TV	스틸 사진
TV방송의 비디오 영상	영화
영상 일기	홈 비디오
인터뷰와 포커스그룹의 영상	실험실 세션의 비디오 녹화

1.3 질적분석 소프트웨어의 종류와 현황

1980년대부터 다양한 질적분석 소프트웨어 수십 여종이 출현했습니다. 정확한 통계는 없지만 대체로 3개의 주요 프로그램이 세계적으로 많이 사용됩니다. 이 책의 주인공인 MAXQDA(맥스－큐디에이)를 비롯해 NVivo(엔－비보), Atlas.ti(아틀라스 티아이) 등이 그 주인공들입니다.

1.3.1 국내연구현황

주요 질적분석 소프트웨어를 활용한 국내 논문의 양을 대략적으로 살펴봅니다. 학술연구정보서비스(RISS)에서 세 가지 질적분석 소프트웨어를 이용한 학위논문과 학술지논문을 집계한 것입니다. 전 세계적으로 질적분석 소프트웨어가 거의 비슷한 분포로 알려져 있지만 국내에서는 아래와 같이 꽤 큰 점유율의 차이를 보이고 있습니다. 세 가지 소프트웨어를 비교사용해본 필자로서는 쉽게 납득하기 어려운 현황입니다. 추정컨대 초기 연구자들이 선택한 소프트웨어의 재사용과 한글 도서의 출판 등과 관계가 있어 보입니다. 특히 근거이론 방법의 교과서격인 Strauss와 Corbin의 저서 3판에서부터 MAXQDA가 많이 다루어졌음에도 국내 연구자들이 MAXQDA를 드물게 사용하고 있는 실정입니다.

표 1.2 주요 질적분석 소프트웨어를 사용한 국내 논문현황(2021년 6월 24일 기준)

구 분	nVivo	Atlas.ti	Maxqda
국내학위논문(275건)	240(87.3%)	24(8.7%)	11(4.0%)
국내학술지논문(598건)	533(89.1%)	44(7.4%)	21(3.5%)

질적분석 소프트웨어 사용의 양적 분포와 상관없이 연구논문에서 해당 소프트웨어의 사용흔적은 매우 빈약합니다. 소프트웨어 사용을 시험판만 간단히 사용하였거나, 사용법을 잘 몰라 표현법에 익숙치 않아서 나타나는 현상으로 보입니다. 한편 심사위원들이 전통적 질적연구방법에 익숙해 같은 방법으로 표현할 것을 요구하기 때문으로도 추정합니다. 해당 프로그램들이 모두 한글 메뉴가 아닌 영문판인 이유도 있을 것입니다. 4차 산업혁명의 시대, IT강국인 한국에서 이런 현상은 아쉽습니다.

1.3.2 MAXQDA는?

MAXQDA의 특성을 간단히 살펴보면 다음과 같습니다.

- 질적 및 혼합방법 연구를 위한 세계 최고의 소프트웨어 패키지입니다.
- Windows 및 Mac에서 동일한 기능을 제공하는 유일한 QDA 소프트웨어입니다.
- 이 분야에서 가장 포괄적인 프로그램 중 하나입니다.
- 전 세계 150여 개국의 수천 명의 연구자가 사용 중입니다.
- 근거이론, 문헌연구, 탐색적 시장조사, 질적 텍스트분석, 혼합방법 연구 등 모든 유형의 질적연구에 사용중입니다.

데이터 수집 → 전사 → 조직화 → 데이터 분석 → 시각화 → 출판

그림 1.1 MAXQDA를 사용한 연구흐름

1.4 질적연구에서 소프트웨어 사용의 중요성

질적연구에서 소프트웨어의 사용은 필요한지, 나아가 필수적인지 논의가 있습니다. 논자들의 주장 여부와 상관없이 현실은 전 세계적으로 질적분석 소프트웨어의 사용은 일반화되어 가고 있습니다. 중요한 질적연구 방법의 하나인 근거이론의 교과서격인 Corbin과 Strauss의 저서와 다른 학자들의 언급을 살펴봅니다.

1.4.1 Corbin과 Strauss의 저서

최근 근거이론이 전 세계적으로 만개하는 가운데 근거이론 분석에서 컴퓨터 소프트웨어의 사용이 늘고 있습니다. 더 새롭고 복잡한 컴퓨터 프로그램은 이론개발과정에서 텍스트로부터 개념으로, 다시 개념을 통합하고, 메모를 하고, 그림을 그리는 등 일을 할 수 있도록 해줍니다(Strauss & Corbin, 1998)[1]. Corbin과 Strauss(2008)[2]의 저서에서는 근거이론에 대해 논의하기 위해 질적자료 분석프로그램인 MAXQDA의 사용에 상당히 많은 분량을 할애하여 예시하고 있습니다. 질적자료 분석에서 소프트웨어의 사용은 전체 분석을 컴퓨터에 맡긴다는 의미가 아닙니다. 컴퓨터 프로그램은 조직화된 파일의 저장시스템을 제공하여 연구자가 더욱 쉽고 빠르게 자료를 찾아내고 한곳에 이것을 저장할 수 있게 합니다. 이러한 측면은 특히 전체 사례들 가운데 특정 성격의 사례를 찾고자 할 때 중요해집니다(Creswell, 2012)[3]. 질적분석 소프트웨어는 여러 종류가 있으며 어느 하나가 확실히 좋다고 단정할 수는 없다고 인정합니다. 다만 소프트웨어의 유용성은 연구자의 데이터에 대한 창의성과 민감성에 달려 있다고 합니다(Corbin & Strauss, 2014).

Strauss와 Corbin(1998)의 저서는 사실 Strauss가 1996년 사망한 후 1998년

1) Strauss, A. & Corbin, J. (1998). Basics of Qualitative Research: Procedures and Techniques for Developing Grounded Theory. 2nd Edition(2e). Thousand Oaks, CA: Sage.

2) Corbin, J. & Strauss, A. (2008). Basics of Qualitative Research: Techniques and Procedures for Developing Grounded Theory. 3rd Edition. London: Sage.

3) Creswell, J. W. (2012). Qualitative Inquiry and Research Design: Choosing among Five Approaches (3e). London: SAGE.

에 출간되었는데, 이 책은 그들 공저자의 제2판이었습니다. 이미 이때부터 질적 분석에 컴퓨터 소프트웨어 사용에 긍정적인 태도를 보였습니다. “더 새롭고 더 복잡한 프로그램 몇몇은 분석자가 이론 개발과정에서 텍스트로부터 개념으로, 다시 개념을 통합하고, 메모를 하고, 도표(도식)를 그리는 등 일을 할 수 있도록 해준다”고 하였습니다. 또 Corbin과 Strauss(2008)는 질적분석에서 컴퓨터 사용에 관해서, “많은 분석도구처럼 컴퓨터 프로그램은 도구이다. 컴퓨터 프로그램은 자료를 찾고, 저장하고, 분류하고, 자료를 복구하도록 하여 연구자의 능력을 강화할 수 있다. 또한, 연구자들의 관점을 유지하도록 돕고, 메모에 대한 접근을 쉽게 하며, 도표를 만드는 것을 도와준다. 게다가 컴퓨터 프로그램은 연구자에게 다른 방식으로 사고할 수 있도록 도와주기 때문에, 연구자가 분석과정에 있어 성급하게 분석을 계획할 필요가 없다. … 결론적으로, 컴퓨터 프로그램은 연구 과정의 투명성을 제공한다. 연구자들은 20년 전에는 존재할 수 없었던 분석과정을 되짚어 볼 수 있다. … 컴퓨터 프로그램은 하나의 선택이고, 하나의 도구이며, 분석과정을 촉진하게 한다.”고 제2판에서의 입장보다 한 걸음 더 나아갔습니다. 결국, 그들의 저서 최신판인 제4판에서는, 실제로 근거이론의 확립자 중 한 사람인 Strauss는 다양한 컴퓨터 프로그램을 사용하였다고 기술하고 있습니다. Strauss는 나이에 비해 컴퓨터 사용의 수용속도가 빨랐고, 컴퓨터 사용이 젊은 세대에 비교해 늦었다고 인정하는 Corbin도 이제 컴퓨터 소프트웨어의 사용을 긍정적으로 검토하라고 권장합니다(Corbin & Strauss, 2014). 또한, Birks와 Mills(2015)는 이제 근거이론가들이 코딩과정을 위해 컴퓨터 소프트웨어를 사용하는 것은 일반적인 현상이라고 하였습니다. 즉, 근거이론연구에서 분석소프트웨어를 사용하는 주된 장점은, 연구자가 어떻게 자료를 조직하고 접근하는가를 도와주는 데 있습니다. 특히 1차 코딩(개방코딩)단계에서 더욱 그렇습니다. 그러나 이 단계에서 소프트웨어를 질적자료의 분석을 해결하기 위한 수단보다 보조적 수단으로 취급하는 것이 필요하다고 지적합니다. Corbin과 Strauss(2008)는 분석하는 동안 연구자는 머릿속에 여러 가지 생각들을 하고 있다고 하였습니다. 개념목록과 수많은 메모를 계속해서 목록화해 나가기 위해서 컴퓨터를 사용할 수 있다는 것입니다. 컴퓨터는 연구자가 개념을 변경하거나, 메모를 복구하고 이미 해왔던 것에 쉽게 접근할 수 있도록 하는 데 도움이 됩니다. 그런 면에서 컴퓨터는 훌륭한 분석도구이고, 다른 분석도구들에 추가로 사용할 수 있습니다. 그러나 컴퓨터는 연구를 따라 이동하는 데 필요한 생각을 대신 하지는 않습니다. 단지 사람이 하는 것을 보조할 뿐입니다. 이것이 바로 인간이 질적연구를 수행하는 데 가장 중요한 요소이며 이유라고 지적하였습니다.

질적분석 소프트웨어의 선택기준은 프로그램 사용의 용이성, 처리할 수 있는 자료의 유형, 텍스트를 읽고 검색할 수 있는 능력, 메모할 수 있는 기능, 범주화 과정, 개념지도와 같은 분석기능 등입니다(Creswell, 2012). 필자는 소프트웨어들을 시험 사용해 본 결과 사용자 편이성, 코딩과 메모의 자유자재 구사, 한글처리 능력 등에서 다른 소프트웨어에 비해 MAXQDA가 강점을 지닌 것을 확인하였습니다. MAXQDA는 개발회사의 웹사이트 및 상세 매뉴얼에서도 근거이론 Grounded Theory에 적합하다는 것을 직접 표현하고 있습니다. 물론 근거이론뿐만 아니라 현상학, 사례연구, 문화기술지 등 모든 질적연구방법에 적합하게 사용할 수 있습니다. 마지막으로 Corbin과 Strauss는 그들의 저서 최신판에서 "오늘날 질적 자료분석의 분야에서는 컴퓨터 프로그램을 사용하는 것이 표준이다."라고 천명하기에 이릅니다(Corbin & Strauss, 2014).

표 1.3 Corbin과 Strauss의 근거이론Grounded Thoery 저서 내역

Strauss & Corbin (1990) 1판	Basics of Qualitative Research: Grounded Theory Procedures and Techniques	『근거이론의 이해』 (1996)
Strauss & Corbin (1998) 2판	Basics of Qualitative Research: Procedures and Techniques for developing Grounded Theory. 2nd Edition(2e)	『근거이론의 단계』 (2001)
Corbin & Strauss (2008) 3판	Basics of Qualitative Research: Techniques and procedures for developing Grounded Theory. 3rd Edition(3e)	『근거이론(3판)』 (2009)
Corbin & Strauss (2014) 4판	Basics of Qualitative Research: Techniques and procedures for developing Grounded Theory. 4th Edition(4e)	『근거이론(4판)』 (2019)

1.4.2 다른 학자들

- Birks & Mills(2015): 이제 근거이론가들이 코딩과정을 위해 컴퓨터 소프트웨어를 사용하는 것은 일반적인 현상이다.
- 근거이론연구에서 분석소프트웨어를 사용하는 주된 장점은, 연구자가 어떻게 자료를 조직하고 접근하는가를 도와주는 데 있다. 특히 1차 코딩(개방코딩) 단계에서 더욱 그렇다. 그러나 이 단계에서 소프트웨어를 질적자료의 분석을 해결하기 위한 수단보다 보조적 수단으로 취급하는 것이 필요하다.
- Creswell(2012): 질적분석 소프트웨어의 선택기준은 프로그램 사용의 용이성, 처리할 수 있는 자료의 유형, 텍스트를 읽고 검색할 수 있는 능력, 메모할 수 있는 기능, 범주화 과정, 개념지도와 같은 분석기능 등이다.
- 서형준(2018): 연구자는 소프트웨어들을 시험 사용해 본 결과 사용자 편의성, 코딩과 메모의 자유자재 구사, 한글처리 능력 등에서 다른 소프트웨어에 비해 MAXQDA가 강점을 지닌 것을 확인하였다.

1.4.3 질적논문작성에서 SW의 사용은 필수적인가?

전 세계 150개 나라 이상에서 사용되는 MAXQDA를 비롯한 질적분석 소프트웨어의 사용은 이제 필수적일까요? 결론적으로, 질적연구에서 소프트웨어의 사용은 여전히 선택적이지만 21세기 연구환경과 갈수록 높아지는 연구의 투명성 제고를 위해 거의 필수적입니다! 연구자는 연구의 투명성과 정확성, 편리성을, 지도교수에겐 연구검증을 쉽게! 즉, 데이터 관리를 쉽게 하고, 데이터에 빠르게 접근하게 하는 소프트웨어라고 할 수 있습니다.

▲ 지도교수 or 심사위원

- 자료 전사, 코딩과정을 쉽게 검증할 수 있습니다.
- 범주화, 범주-상위범주를 비롯한 이론적 코딩을 검증할 수 있습니다 (Codebook).

▲ 연구자 or 대학원생

- 방대한 자료의 입력, 전사를 상대적으로 쉽고 빠르게 할 수 있습니다.
- 코딩, 자유로운 계층적 코딩변화를 쉽게 할 수 있습니다.
- 연구자의 분석 작업인 메모와 그림(도표)의 작성과 수정이 편리합니다. (Memo, Logbook)
- 연구결과에서 인용의 편의성, 최종논문 출판이 간편합니다.

1.4.4 MAXQDA로 논문작성 흐름

MAXQDA를 사용해서 질적분석을 하여 연구논문을 완성한다고 가정하겠습니다. MAXQDA의 모든 기능을 익히기 전에 개괄적으로 흐름을 살펴보면 다음 표 1.4와 같습니다. 연구초기의 연구계획을 세우고 참여자를 선정하여, 인터뷰를 하는 등의 작업을 제외하고 거의 모든 과정에서 MAXQDA를 사용할 수 있습니다.

표 1.4 MAXQDA로 논문쓰는 흐름

연구계획	인터뷰	전사	자료 분석	코딩자료검출	논문에 보고하기
Proposal	인터뷰 녹음 (오디오 파일)	녹음파일 전사하기	• 코딩(코드생성) • 메모 • 코드시스템구축: • 범주 생성 (개념-하위범주-상위범주)	범주와 개념(코드)에 따라 인용할 자료검출	• 범주화과정 기술 • 자료*코드(메모) → 분석내용 • 시각화 • 추출된 자료내용 → 인용
연구자의 작업		연구자가 MAXQDA의 기능을 활용 가능			

1.4.5 논문결과 제시의 예

자료의 코딩을 비롯한 분석작업을 통해서 추출된 코드와 범주시스템을 논문의 결과에 제시한 예를 보겠습니다. MAXQDA에서 구축한 코드시스템을 문서의 표에 정렬해 옮겨놓은 것입니다. 물론 하나씩 수작업으로 하는 것이 아니라 Word문서나 엑셀로 내보내기가 되기 때문에 빠르게 정돈할 수 있습니다.

표 1.5 범주화과정의 예(개념, 하위범주, 범주)

범주	하위 범주	개념
진입과정	취업보다 창업	기존 업종 잘 준비된 창업
		새로운 아이디어로 혁신적 창업
		새로운 직업을 창직
	일을 시작한 계기	우연한 계기로 시작
		의도적으로 좋아하는 일 선택
	어릴적 흥미, 관심, 꿈	어릴적 꿈을 직업으로 실현
		중고생 시절 흥미, 관심, 진로를 실현
		청소년기 경험이 특기로 발전

출처: 서형준(2018). 청년달인의 성장과정과 특성분석.

결과보고의 본문에 흔히 등장하는 인터뷰 내용의 인용구절을 추출하는 것은 아주 간단한 일입니다. 위의 코드(범주)시스템에 따른 주제에 해당하는 코딩구절 가운데 꼭 보고하고 싶은 부분을 골라 인용하면 됩니다. 여기서 많은 내용을 설명해도 지금 이해하기 어렵기 때문에 이 정도로 줄이겠습니다.

1.5 질적분석 소프트웨어에 대한 오해

질적분석에서 소프트웨어의 사용에 관해 많은 논쟁이 있어왔습니다. 근거이론의 핵심이론가들인 Corbin과 Strauss(2008/2009)는 자신들의 저서 3판 서문에서 질적분석은 연구자가 이끄는 사고과정과 분석이며, 컴퓨터 소프트웨어는 그것을 지원support하는 것이라고 명확히 밝히고 있습니다. 저자들은 이 책의 곳곳에서 분석의 단계와 구체적인 면에서의 소프트웨어 사용법을 제시하였습니다. 2008년 당시에도 Corbin은 MAXQDA 프로그램이 연구자인 자신이 원하는 방식대로 분명하게 잘 조직화되어 있고 배우기 쉽다고 언급하였습니다.

질적분석 소프트웨어를 이용하는 것에 관해 양쪽의 극단적인 오해가 있습니다. 첫 번째 오해는 질적분석 자체를 연구자가 아닌 컴퓨터가 한다는 오해입니다. 두 번째 정반대방향의 오해는 4차 산업혁명 시대에 질적데이터를 컴퓨터나 인공지능AI이 해야지 사람이 하는 분석보다 정확하다는 것입니다.

첫 번째 오해가 질적분석 소프트웨어의 사용에 대한 대표적인 오해입니다. 실제로 질적분석 논문이나 보고서를 심사하는 심사위원들이나 교수들의 지적이기도 합니다. 그러나 이것은 질적분석 소프트웨어에 대한 이해부족이 낳은 명백한 오해입니다. MAXQDA를 비롯한 전 세계의 수십 종 이상의 질적분석 소프트웨어들은 모두 질적분석 자체를 수행하지 않습니다. 핵심적인 질적분석 작업은 당연히 사람인 연구자가 직접 수행합니다. 다만 컴퓨터가 아니라면 손으로 종이 위에서 하던 작업을 체계적이고 편리하게 하도록 지원합니다. 즉, 밑줄 긋기, 형광펜, 네모 상자 그리기, 화살표 긋기, 메모 붙이기 등과 같은 작업을 컴퓨터가 체계적이고 편리하게 해 줍니다. 이 복잡하고 번거로운 작업은 사람이 하게 되면 실수나 편향이 자주 발생하는 작업입니다. 한 연구 프로젝트당 최소한 A4 용지 수백장 이상의 인쇄물에 수작업으로 한 작업을 엑셀시트나 한글이나 워드문서의 표에 옮겨적고, 수정하고, 이동하는 일은 많은 실수와 편향을 낳을 수밖에 없습니다. 코드는 수정, 삭제, 이동, 통합, 분리 등 다양한 과정을 수반하는데, 수작업으로 코드와 코딩구절을 함께 수정, 이동, 분리하는 것은 너무도 어려운 일입니다. 바로 이러한 번거롭고 고된 작업이 질적연구를 어렵다고 하는 이유의 핵심자리를 차지하는 것입니다.

두번째 오해는 극히 일부의 지적입니다. 컴퓨터나 AI가 사람보다 질적분석을 잘 수행한다고 믿을만한 근거가 아직 부족합니다. 다만 MAXQDA를 비롯한 질적분석 소프트웨어가 서양 언어를 중심으로 개발되었기 때문에 콘텐츠 분석, 어휘분석 등 일부 분석은 자동으로 할 수 있습니다. 언론이나 일반적인 분석은 몰라도 학술연구에서 컴퓨터와 인공지능의 성능이 좋아져도 사람이 하는 연구는 당분간 유지될 것입니다.

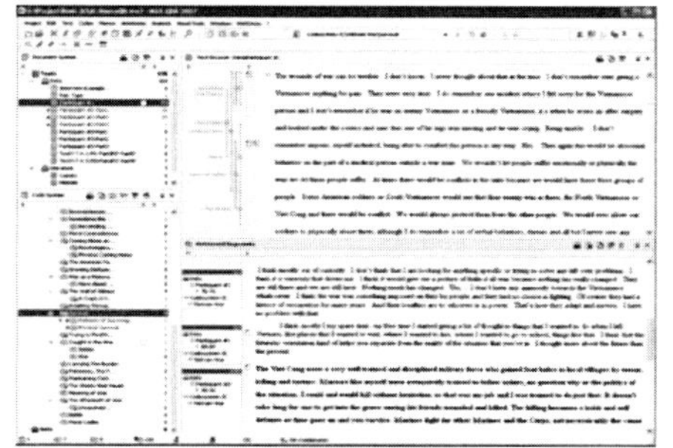

그림 1.2 Cobin의 저서 3판에 실린 스크린샷

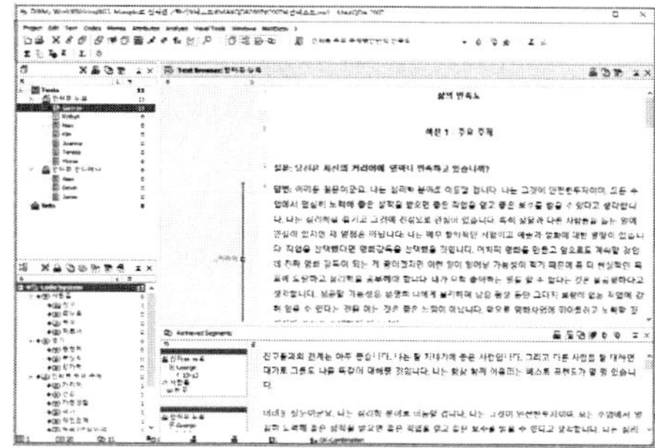

그림 1.3 MAXQDA 2007 당시 전체화면: 2021년 MAXQDA 2007을 실행한 모습

1.6 왜 MAXQDA인가?: 선택의 기준

많은 질적분석 소프트웨어 가운데 MAXQDA를 선택하기 전에, 국내 연구자로서 질적분석 소프트웨어를 선택하는 기준을 제시하면 더욱 분명해집니다. 필자의 경험과 지식에 따라 다음의 7가지 기준을 제시합니다. 핵심적인 기준은 코드시스템과 코딩, 한글처리, 인터페이스 등이 될 것입니다.

1.6.1 질적분석 소프트웨어를 선택하는 7가지 기준

① 코드시스템 편리

- 근거이론의 바이블인 Corbin과 Strauss(2008)의 저서들에서 사용자 인터페이스가 그대로 이어져 왔습니다. 즉, 코드, 범주, 개념 등의 용어가 Corbin과 Strauss의 저서와 동일하여 익숙합니다.
- 코드시스템에서 하위코드subcode의 배열, 계층적(위계적) 코드시스템으로 이루어져 범주도출이 쉬워야 합니다.
- 근거이론에 적합하면서 다른 모든 질적연구에도 적합해야 합니다.

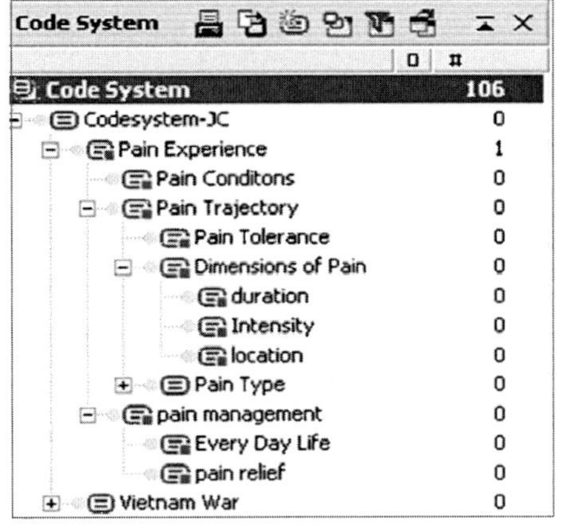

그림 1.4 Corbin & Strauss(2008)에 실린 스크린 샷(코드시스템)

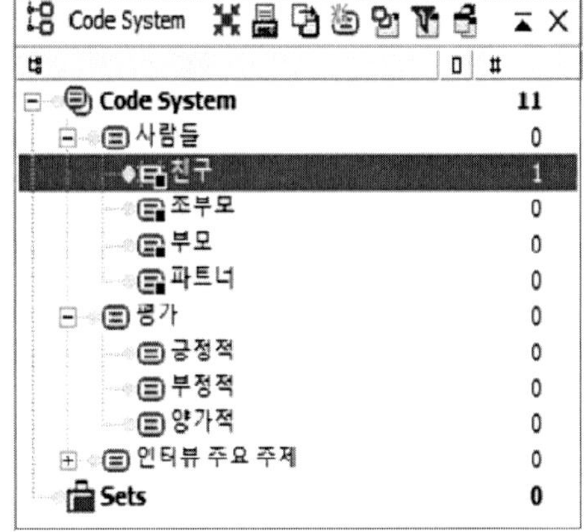

그림 1.5 MAXQDA2007 당시 코드시스템: 최근에 MAXQDA2007 실행

② 한글코딩이 편리

- MAXQDA는 한글코딩이 자유롭고 편리합니다. 텍스트 문서는 물론 오디오, 비디오 파일에서도 깨지거나 탈락없이 순조로워야 합니다.
- 코드시스템과 코딩 중인 문서간에 마우스만으로 쉽게 코딩할 수 있어야 합니다.
- 색상코딩Color Coding은 편리한 도구입니다.

③ 직관적인 사용자 인터페이스

- 직관적이고 우수하고 친숙한 화면구성이어야 합니다. 소프트웨어를 사용하면 수없이 여러번 프로그램을 열어야 하는데 직관적이고 디자인측면에서 아름다워야 좋습니다.
- 문서(자료)시스템, 코드시스템, 문서(자료)브라우저, 코딩구절을 한 화면에서 볼 수 있어야 합니다. 그래야 늘 입체적으로 자료에 충실하면서 전체를 조망할 수 있습니다. 나와 숲을 동시에 보는 인터페이스여야 좋습니다.

④ 메모(분석)기능 우수

- 질적연구에서 메모memo는 단순한 작은 기록이 아니라 연구자의 분석기능

이 담긴 주된 분석의 하나입니다. 즉, 메모는 연구자의 아이디어, 분석, 비평 등을 기록하는 포스트잇 같은 기능입니다. 포스트잇처럼 직관적이면서 소프트웨어로 정돈과 검색이 잘 되어야 합니다.

- 이 메모는 다양한 기능을 가질 수 있습니다. MAXQDA에서는 문서, 문서그룹, 텍스트 일부 등 모든 자료, 코드별, 범주별로 다양한 차원에서 입력이 가능하며 메모관리자를 통해 관리가 쉽습니다.
- 소프트웨어인 만큼 각 메모는 작성시간, 내용, 메모의 색깔 등을 자동 또는 자유롭게 수정할 수 있어야 합니다.
- 풍부한 메모의 내용은 나중에 논문의 결과물을 작성할 때 중요한 기초내용이 됩니다.

⑤ 전사transcription기능이 포함

- 인터뷰 녹음파일을 텍스트 문서로 변환하기 위해서는 전사transcription하여야 합니다. 음성-문서 자동변환 기능은 아직 완성도가 낮아 수정하는데 더 오랜 시간이 필요합니다. 따라서 아직 오디오파일을 들으면서 전사하는 것이 연구자들의 세계적 대세입니다.
- 전사기능은 보통 별도의 소프트웨어, 하드웨어를 겸해서 사용하여야 합니다. 별도의 프로그램과 페달 등의 하드웨어 비용도 상당히 소요되기 때문에 이 모든 것을 질적분석 소프트웨어가 해결해 준다면 매우 좋은 일입니다.
- MAXQDA는 전사기능이 내장되어 있고, 같은 화면에서 단축키만으로 재생, 멈춤, 전사, 발언자의 교대 등을 통제할 수 있어 시간과 비용을 크게 절감합니다. MAXQDA로 전사하면 재미있습니다.

⑥ 코딩한 텍스트구절 추출 쉬움

- 코드시스템의 코드로 코딩한 구절을 쉽게 검색하여 결과보고 때, 인용할 수 있어야 합니다.
- 텍스트 추출 또는 검색Retrieving 기능은 원자료(텍스트문서)에 코딩구절Coded segment을 쉽게 모아보는 기능입니다.
- MAXQDA에서는 원자료들 x 코드(활성화) = 코딩한 텍스트 추출이라는

구조로 쉽게 해결됩니다.

- 검출된 텍스트 구절은 논문을 작성할 때 참여자interviewee들의 진술을 직접 인용할 때 매우 편리한 기능입니다. 중요한 구절과 반드시 인용해야 하는 핵심구절을 검색하고 추출하는 데 매우 유리합니다.

⑦ 디지털 연구일지(연구자노트) = 로그북

- 질적연구는 시작부터 논문(출판물)의 최종 완성까지 연구자의 느낌, 생각, 심지어 감정까지 기록하는 일이 중요합니다. 마치 일기장과 연구기록을 합쳐놓은 듯한 자유로운 양식으로, 타임스탬프를 기록해가며 모든 느낌과 생각을 기록할 필요가 있습니다.
- MAXQDA의 로그북Logbook은 자료에 대한 연구자의 분석인 '메모'와 비슷할 수도 있고, 시간과 일자의 흐름에 따라 연구자가 어떻게 생각과 느낌이 변화해가는지 따라갈 수 있습니다.
- 또한, 로그북에서는 연구자가 놓쳐서는 안 될 사항, 보완할 사항 등을 꾸준히 기록해 나갈 수도 있어 무결한 연구자로서 든든한 비서역할을 합니다. 이 모든 것을 프로그램 자체에서 손쉽게 해결한다는 것은 얼마나 다행스런 일인가요?

1.7 MAXQDA로 분석할 수 있는 데이터 유형

질적데이터의 예시를 보인 표 1.6과 같이 다양한 종류의 질적데이터는 다양한 형식으로 표현됩니다. MAXQDA로 분석할 수 있는 데이터 유형은 다음과 같습니다.

MAXQDA로 가져온 모든 텍스트 및 표문서는 문서브라우저Document Browser에서 편집할 수 있습니다. 오타 수정, 텍스트 삭제 또는 추가 등의 작업을 할 수 있습니다. 텍스트 편집작업은 코딩과 메모작업 후에도 가능합니다. 즉, 코딩을 시작하기 위해 반드시 완성된 문서가 필요한 것은 아닙니다. 또한 프로젝트 파일이 열린 상태에서 언제든지 새 텍스트 또는 스프레드시트를 만들어 클립보드의 콘텐츠를 붙여넣을 수도 있습니다. 다만, PDF, 이미지 및 오디오, 비디오파일은 MAXQDA에서 편집할 수 없습니다.

표 1.6 MAXQDA가 지원하는 데이터 유형

데이터	형식(포맷)	사용예 및 참고
텍스트, 전사본transcripts, 타임스탬프가 있는 전사, 포커스그룹전사본	Word(DOC/X) OpenOffice(ODT[4]) RTF(서식있는 텍스트) 텍스트(TXT)	인터뷰기록, 현장기록, 관찰기록. 타임스탬프를 사용하면 대본과 사운드의 동기화 가능. 그룹토론의 발언자는 자동으로 코딩됨.
문서Documents	PDF	학술저널, 문헌, 뉴스기사
테이블(표)	Excel(XLS/X)	설문조사결과가 포함된 스프레드시트
이미지	PNG, TIF, JPG, GIF, SVG, BMP	그림일기, 사진, 광고이미지, 그림
오디오 파일	MP3, WAV 등	녹음된 인터뷰(전사본transcripts과 동기화)
비디오 파일	MP4, AVI, MPG, MOV 등	그룹상호작용, YouTube 영상 영상 전사본transcripts과 동기화 비디오 · 오디오에 직접코딩 가능
서베이, 설문조사	SurveyMonkey에서 Excel (XLX/S), SPSS(SAV) 직접 가져오기	오픈소스 소프트웨어 LimeSurvey에서 내보낸 데이터 매트릭스
웹사이트	MAXQDA Web Collector에서 다운로드(Chrome 브라우저 확장프로그램)	회사 프레젠테이션, 뉴스 기사
트윗	트윗 직접 가져오기	유행하는 주제에 대한 소셜 미디어 분석
YouTube 댓글	YouTube에서 직접 가져오기	유행하는 주제에 대한 소셜 미디어 분석
비디오 자막	SRT	영화 분석
서지데이터	RIS, TXT	문헌 리뷰

4) Windows에서 ODT문서는 컴퓨터에 Microsoft Office(2003 이상)가 설치된 경우에만 MAXQDA로 가져올 수 있습니다. 그렇지 않으면 문서를 RTF형식으로 저장한 다음 MAXQDA로 가져올 수 있습니다.

1.8 MAXQDA로 가능한 접근방법과 연구분야

1.8.1 적용가능한 접근방법

MAXQDA는 질적연구의 모든 접근방법에 적용할 수 있습니다. 알려진 바로는 질적연구 접근방법에는 수십가지가 있습니다. 근거이론Grounded Theory, 현상학적 연구Phenomenological Research, 사례연구Case Study Research, 내러티브 연구Narrative Inquiry, 문화기술지Ethnography 등 대표적 다섯 가지 접근법을 비롯하여 질적 콘텐츠분석Qualitative Content Analysis, 비판적 담론분석Critical Discourse Analysis, 실행연구Action Research, 주제분석Thematic Analysis, 포토보이스Photo Voice 등 모든 접근방법을 포괄합니다.

질적데이터는 무엇이며 어떤 목적으로 분석하는가에 대한 다양한 답변이 위와 같이 다양한 접근법들일 수 있습니다. 사실 방법은 너무 다양해서 'MAXQDA를 사용한 근거이론', 'MAXQDA를 사용한 현상학' 또는 'MAXQDA를 사용한 사례연구'와 같은 완전히 다른 텍스트를 작성하는 것이 바람직할 수 있습니다. 그러나 이 단계에서 그런 계획은 너무도 야심찬 것이 될 것입니다. 그 대신 접근법을 초월한 방법지향적인 MAXQDA를 통한 데이터 분석에 관한 책을 쓰고자 합니다.

1.8.2 적용가능한 연구 · 실용분야

질적연구의 다양한 접근방법에 적용가능한 것과 같이 MAXQDA는 학문분야도 거의 모든 인문, 사회과학, 예술, 자연과학 등의 분야의 한계가 없습니다. 학문적 연구는 물론 마케팅, 언론, 행정, 정책 등 다양한 분야에서 적용 가능합니다. 공통적으로 모든 과학분야의 표준 관행과 마찬가지로 문헌검토를 수행하는 데 특히 적합합니다. MAXQDA는 또한 대량의 텍스트를 체계적으로 색인화하고 자동으로 코딩하는 데 사용할 수 있습니다. 조금 더 구체적으로 살펴보면 다음과 같은 분야에서 이미 MAXQDA를 활용하고 있거나 활용할 수 있습니다. 한마디로 질적데이터가 있는 모든 곳에서 활용할 수 있습니다.

- 질적연구를 하는 대학원생, 교수들은 학술연구에서 MAXQDA를 사용합니다. 학문분야는 간호학, 사회복지학, 교육학, 심리학, 의학, 행정학, 아동학, 언어학, 언론학, 문학 등 질적연구를 수행하는 대부분의 사회과학은 물론 인문학, 예술, 자연과학에서도 사용하고 있거나 사용가능합니다.
- 기업이나 컨설팅 회사의 마케팅 담당자 또는 연구원들도 MAXQDA를 사용합니다. 최근 마케팅 조사방법에서 설문조사와 같은 양적방법 뿐만 아니라 포커스그룹 인터뷰를 통한 소비자 의견분석 등 다양하게 활용가능합니다.
- 기업에서는 이사회 회의록을 관리할 수도 있습니다. 교회에서는 목사의 설교를 기록, 관리할 수 있습니다.
- 언론과 커뮤니케이션 분야에서 기사, 인터뷰, 취재기록을 분석하는 데 활용할 수 있습니다.
- 수사기관에서 진술분석, 증거분석 등의 절차에서 활용이 가능합니다.
- 역사연구에서 사료정리, 분류, 현대사의 경우 인터뷰 분석 등에도 활용가능합니다.
- 예술분야에서는 그림, 사진, 영화를 연구하고 비교분석하는데 MAXQDA는 제 역할을 할 수 있습니다.
- 양적연구의 하나인 척도개발 연구의 경우, 초기 개방형 설문에서 기초 요인을 발굴, 도출하는데 MAXQDA는 손쉬운 방법을 제공합니다. 개방형 설문 분석에서 단어카드, 엑셀시트 등을 활용하지만 개수가 많을 때 MAXQDA 같은 질적분석 소프트웨어는 효과적인 방법을 제공합니다.

1.9 MAXQDA의 분석기능

MAXQDA가 수행하는 기본적인 분석기능은 다음 표 1.7과 같습니다.

표 1.7 MAXQDA의 질적데이터 분석의 기본적 기능

분석 기능	정의
코딩Coding	문서(텍스트, 이미지, 비디오클립 등)의 일부에 코드를 지정하는 것. 인-비보In-vivo코딩, 색상코딩, 이모티콘코딩, 코드즐겨찾기 등을 사용.
텍스트검색과 자동코딩	프로젝트의 문서에서 용어를 검색. 검색결과를 자동코딩.
계층적 범주시스템 (코드시스템Code System)	계층적 범주시스템(코드시스템) - 최대 10단계의 하위범주 생성 가능. Drag and Drop을 통해 범주시스템과 계층구성. 코드 모음으로 코드즐겨찾기 및 코드세트Code sets를 사용. 코딩구절에 가중치와 주석comments 추가.
메모Memos와 주석Comments	사용자의 의견, 아이디어, 가설을 문서, 코드, 데이터 일부에 메모를 첨부. 프로젝트메모, 문서메모, 코드메모 등. 12가지 유형의 메모 레이블. 메모관리자, 메모검색. 코딩구절에 주석comments 추가.
의역Paraphrasing	텍스트의 일부를 선택하고 그 내용을 자신의 말로 요약.
주제 요약Thematic summaries	사례별로 동일한 코드가 지정된 텍스트 구절을 요약. 즉, 각 문서의 특정 주제에 대한 설명요약을 작성.
코드 검색	문서와 코드를 선택(활성화)하여 코딩한 데이터 구절을 검색. 결과가 포함된 대화형 목록, 원본문서에 구절을 동시에 표시.
혼합방법Mixed methods, 변수로 분류	인구통계와 기타 표준화된 정보를 문서의 변수로 지정. 변수값을 사용하여 데이터를 그룹화하고 검색. 양적데이터와 질적데이터를 결합한 혼합방법 연구의 틀 사용.
링크와 참조	개별 텍스트 구절 또는 이미지를 서로 연결하거나 외부파일, 웹페이지 또는 지리정보와 연결.
로그북Logbook	연구자 노트. 연구일지에 연구프로젝트의 작업과정에 대한 중요한 정보를 기록. 연구자의 느낌과 아이디어 일자별로 자유롭게 기록.

CHAPTER 02

MAXQDA 인터페이스

MAXQDA로
질적연구 쉽게 하기

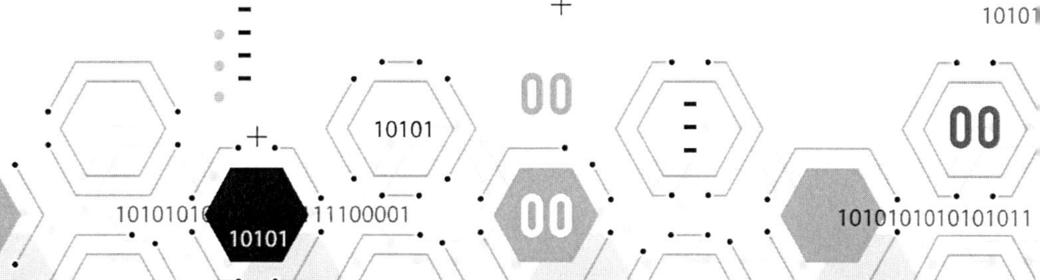

CHAPTER
02

MAXQDA 인터페이스

2.1 MAXQDA 프로그램 시작하기

2.1.1 설치방법

MAXQDA 프로그램의 설치는 일반 응용프로그램의 설치와 다르지 않습니다. 보통 유료버전을 구입하기 전에 30일간의 Trial 버전을 사용하여 체험해 보는 것이 좋습니다. MAXQDA의 웹사이트(https://www.maxqda.com/trial)에서 쉽게 다운로드 받을 수 있습니다.

설치는 기본으로 하여도 됩니다만, 사용자가 작성하는 파일의 안전성을 위해 프로그램이 설치되는 드라이브(보통 C:₩ 드라이브)와 데이터 파일 저장공간은 다른 드라이브(보통 D:₩ 드라이브)를 지정하는 것이 좋습니다.

2.1.2 프로그램 시작방법

MAXQDA 프로그램 아이콘을 클릭하여 구동하면 그림 2.1과 같은 대화상자가 나타납니다. 대화창의 가장 위에는 MAXQDA 버전명이 보입니다.

- 사용자user 이름을 입력.
- 새 프로젝트New Project를 선택.
- 기존 프로젝트 열기Open Project를 선택.
- 예제프로젝트 열기Open Examples를 선택.
- 대화창의 오른쪽 부분은 MAXQDA의 최신 뉴스, 블로그, 비디오튜토리얼

등이 표시됩니다.

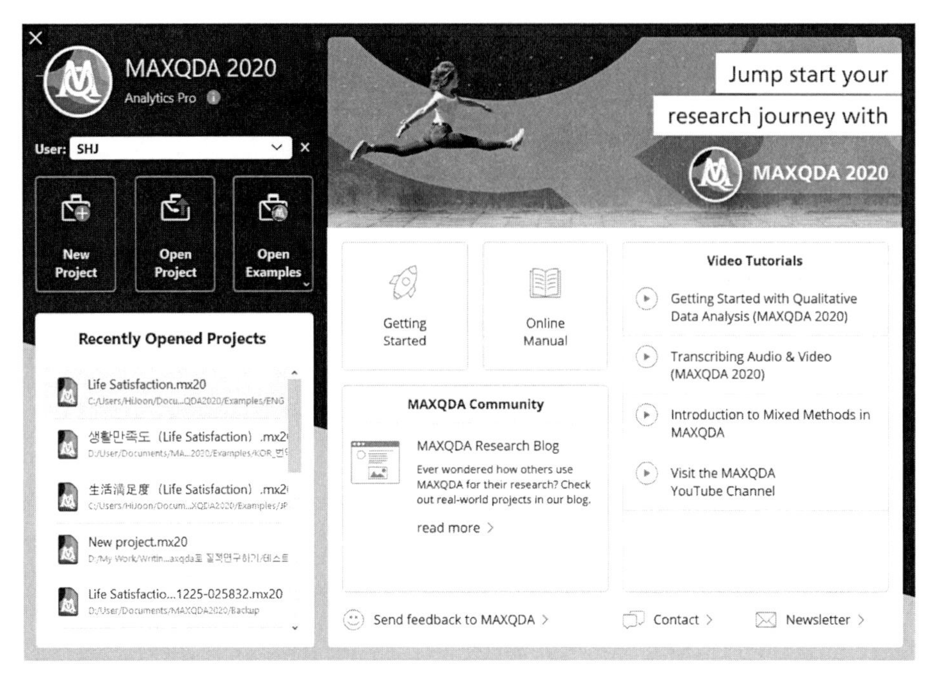

그림 2.1 MAXQDA 시작화면 대화상자

① 사용자명user 입력

사용자명user 필드에 이름을 입력하면 문서(데이터) 가져오기, 편집, 코딩, 메모 등 MAXQDA에서 수행하는 모든 작업에 이 사용자명이 추가됩니다. 보통 사용자의 이름이나 이니셜을 사용합니다. 사용자명이 길지 않게 하는 것이 편리합니다.

② 새 프로젝트의 시작

MAXQDA로 데이터를 분석하는 첫 단계는 새 MAXQDA 프로젝트를 만드는 것입니다. 새 프로젝트New Project를 클릭하고 프로젝트 이름을 입력한 후 프로젝트를 저장할 위치를 선택합니다.(아래 파일 저장 위치에 대한 참고 사항을 참조하십시오.) 새 프로젝트를 생성하자마자 데이터 가져오기를 시작할 수 있습니다.

③ 기존 프로젝트 열기

MAXQDA는 시작화면 창의 하단 영역에 최근에 열었던 프로젝트를 나열합니다. 이 목록에 나타나지 않는 기존의 프로젝트를 열려면 프로젝트 열기open project를 클릭하고 나타나는 대화상자 창에서 프로젝트 파일(*.mx20)을 선택하면 됩니다.

④ 예제 프로젝트 열시

예제 프로젝트 열기Open Examples를 클릭하면 6개국 언어로 된 예제 프로젝트 파일을 열 수 있습니다. MAXQDA의 거의 모든 기능을 시험해 볼 수 있는 예제 프로젝트 가운데 하나를 선택해서 엽니다. 아쉽게 아직 한글예제가 없습니다. 하지만 이 책에서는 저자가 한글로 번역한 프로젝트를 가지고 예제를 선보일 예정입니다.

⑤ 프로젝트 자동저장

MAXQDA 프로그램에는 프로젝트 작업을 마치거나 중간에 클릭해야 하는 저장기능이 없습니다. MAXQDA는 데이터베이스 프로그램으로 작동하기 때문에 프로젝트에 대한 모든 변경사항이 자동으로 저장됩니다. 즉, 연구자의 분석작업의 일환인 코드만들기, 코딩, 메모 등은 모두 자동저장됩니다. 예외는 텍스트, 메모 및 MAXMaps에 대한 편집edit입니다. 이는 몇 분마다 자동으로 저장되며, 창과 프로젝트를 닫을 때 자동으로 저장됩니다.

2.2 프로젝트 백업

MAXQDA 프로그램이 기본적으로 자동저장된다고 하더라도 더 안전한 프로젝트 파일을 관리하기 위해서 안전한 백업backup은 필수입니다. 아무리 능숙한 컴퓨터 사용자라도 사고의 순간은 철저히 예방하는 것이 좋습니다.

2.2.1 프로젝트 파일 백업

예상치 못한 컴퓨터의 문제 발생시 손실을 최소화하기 위해 정기적으로 프로젝트 파일을 백업합니다. 만든 백업파일은 외장하드 디스크 또는 USB 드라이브에 저장하는 것이 좋습니다. 백업파일은 컴퓨터와 같은 위치에 저장하면 안됩니다. 프로그램 설치를 C:₩ 드라이브에 하고, 백업파일 위치를 D:₩ 드라이브에 했다고 하더라도 이 백업파일을 다시 외장하드 디스크에 저장해 두는 것이 안전합니다. MAXQDA 2020 프로젝트 파일의 확장자는 'MX20'이 됩니다.

Windows 탐색기 또는 Mac Finder를 사용하여 MAXQDA 프로젝트 파일을 외부저장 디스크로 전송할 수 있습니다. 또는 MAXQDA에서 파일을 열고 상단 메뉴에서 **홈**Home > **다른 이름으로 프로젝트 저장**Save Project As을 선택합니다. 저장할 위치와 파일명을 지정하고 확인을 클릭합니다.

2.2.2 프로젝트 자동백업

MAXQDA를 사용하면 프로젝트를 자동으로 백업할 수 있습니다. MAXQDA에서 하루 이상 백업하지 않은 프로젝트를 열면 MAXQDA는 선택한 폴더에 사본을 저장합니다. MAXQDA는 날짜 및 시간 스탬프가 있는 백업 파일을 자동으로 저장합니다.

프로젝트가 자동으로 저장되는 시간간격과 백업용 사본폴더는 모두 MAXQDA **기본환경설정**preferences에서 지정할 수 있습니다. MAXQDA 창의 오른쪽 상단 모서리에 있는 기어모양 아이콘( )을 클릭하여 기본환경설정을 엽니다.

프로젝트 백업은 다음 그림 2.2와 같이 자동백업 여부, 백업일 간격, 백업파일이 저장될 폴더위치를 사용자가 편리한 곳에 지정할 수 있습니다.

Preferences

General	
Folder for external files	D:/User/Documents/MAXQDA2020/MAXQDA_Externals
Default weight	0
Autosave documents in Edit mode and memos [Minutes]	5
Confirm deletion of objects	☑
User interface	
Interface theme	Light
Interface language	English
Spellcheck language	English (US)
Font Size	Large
Reset user settings	☐
PDF and image documents	
Do not embed if larger than [MB]	5
Program updates	
Search for updates automatically	☑
Automatic project backups	
Back up projects automatically	☑
Time interval [days]	1
Folder for backup files	D:/User/Documents/MAXQDA2020/Backup

OK Cancel

그림 2.2 프로젝트의 자동백업에 대한 설정 정의

2.3 MAXQDA 메인메뉴

MAXQDA의 새 프로젝트를 만들면 다음 그림 2.3과 같이 MAXQDA의 인터페이스가 나타납니다.

- 화면 맨 위에는 제목표시 줄Title bar에는 저장위치를 포함한 프로젝트 파일명이 표시됩니다.
- 프로젝트 파일명 아래에는 MAXQDA 기능에 빠르게 접근할 수 있는 여러 탭이 있는 **메인메뉴**main menu가 표시됩니다.
- MAXQDA의 4개의 **메인창**main window는 화면의 주요 부분을 차지합니다.
- 화면의 가장 하단에 상태표시 줄status bar이 위치합니다.

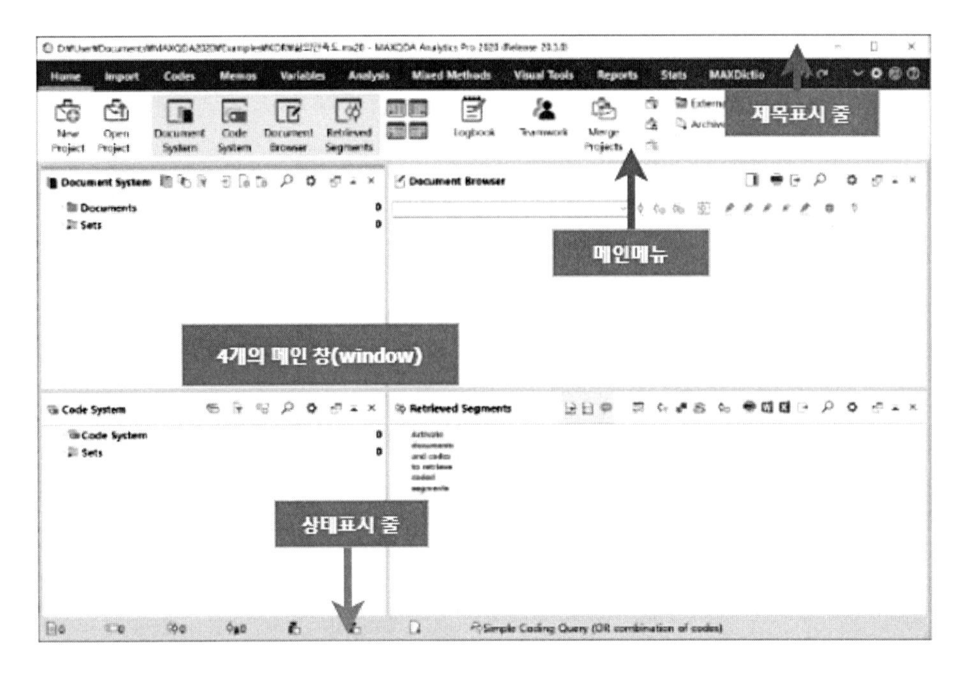

그림 2.3 MAXQDA 인터페이스

2.3.1 메뉴 둘러보기

MAXQDA 인터페이스의 상단 가장자리를 메인메뉴라고 합니다. 메인메뉴에는 홈Home 탭을 비롯해 여러 탭이 있습니다.

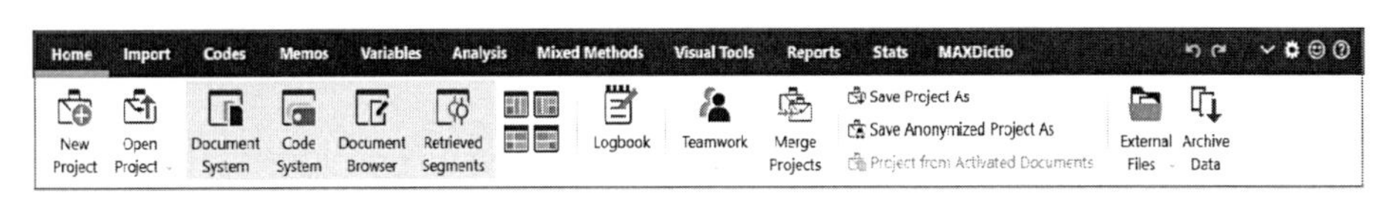

그림 2.4 MAXQDA의 메인메뉴

각 탭에 들어 있는 주요 기능(리본) 중 하나에 마우스 포인터를 놓으면 간략한 설명이 나타납니다. 각 탭이 보유한 기능을 간단히 살펴보겠습니다. 지금은 각 메뉴(탭)에 포함된 기능을 둘러보는 것이므로 자세한 기능과 사용법은 해당 내용에서 설명할 것입니다.

2.3.2 홈Home 탭

Home 탭에서 새 프로젝트를 만들거나New Project 기존 프로젝트를 여는Open Project 기본기능을 수행합니다.

- 네 개의 메인창을 숨기거나 표시하거나 배열을 변경할 수 있습니다(Document System−Code System−Document Browser−Retrieved Segments).
- 연구자노트에 해당하는 **로그북**Logbook을 열 수 있습니다.
- 팀워크Teamwork의 경우 사용자 관리기능과 팀원의 프로젝트를 내보내거나 가져오는 기능이 있습니다.
- 두 개의 프로젝트 등의 병합하는 기능Merge Projects이 있습니다.
- 프로젝트를 다른 이름으로 저장Save Project As하고 익명화하여 저장할 수 있습니다.

2.3.3 가져오기Import 탭

가져오기Import 탭은 데이터를 새 MAXQDA 프로젝트로 가져오는 기능의 탭입니다.

- 텍스트 문서를 비롯해 표, 스프레드시트 등의 자료를 가져옵니다.
- 이미지, 오디오, 비디오 파일 등을 가져올 수 있습니다.
- 서베이 데이터, 트위터 데이터, 유튜브 데이터, 웹 데이터를 가져올 수 있습니다.
- 외부 전사 프로그램Transcripts에서 작성한 문서를 불러올 수 있습니다.
- 이 탭에는 새 문서 작성Creat Document하는 기능도 있습니다.
- 문서변환Convert Text 기능이 있어 텍스트를 표나 포커스그룹 문서로 변환할 수 있습니다.

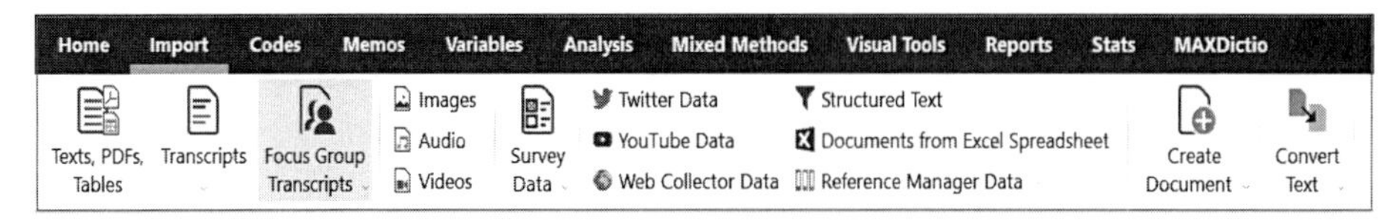

그림 2.5 Import(가져오기) 탭

2.3.4 코드Codes 탭

코드Codes와 관련된 다양한 기능을 수행하는 탭입니다.

- 이 기능 중 일부는 "코드시스템Code System"창의 컨텍스트 메뉴에서 열 수 있습니다.
- 새 코드New Code를 만들 수 있습니다.
- 크리에이티브 코딩Creative Coding은 시각적 도구를 활용해 코드의 계층적 구조를 만듭니다.
- 스마트코딩도구Smart Coding Tool는 코딩한 텍스트구절 작업을 수행합니다.
- 코드 즐겨찾기, 코드 바로가기 및 코드별명 테이블을 관리할 수 있습니다.
- 코드시스템을 내보내고, 가져오기를 할 수 있습니다.
- 엑셀시트에서 작성된 코드와 메모를 가져올 수 있습니다.

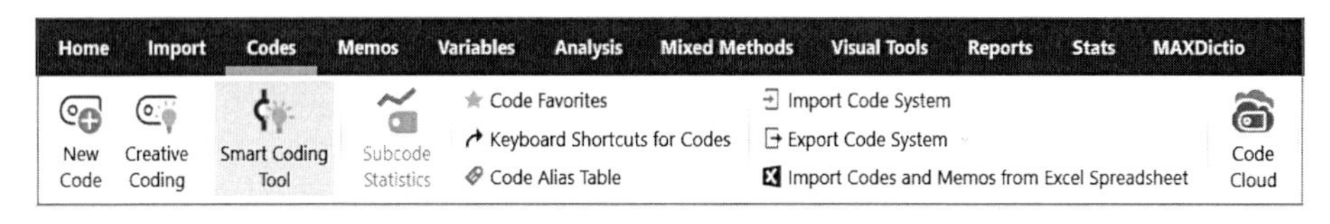

그림 2.6 Codes(코드) 탭

2.3.5 메모Memos 탭

데이터에 대한 연구자의 생각, 가설, 메모 및 아이디어를 기록하는 메모작업을 위한 중요한 기능을 사용하는 탭입니다.

- 탭에서 **새 자유메모**New Free Memos를 생성하고 관리할 수 있습니다.
- 개별 메모유형에 대한 **메모관리자**Memo Manager(All Memos)를 열거나 관리할 수

있습니다.

- 메모 내 검색Serarch in Memos을 통해 메모내용을 검색할 수 있습니다.
- (주의) 메모Memos 탭에 속해 있는 여러 리본 중에 비화성화된 리본이 있을 수 있습니다. 그것은 작성된 메모가 없기 때문에 비활성화된 것입니다.

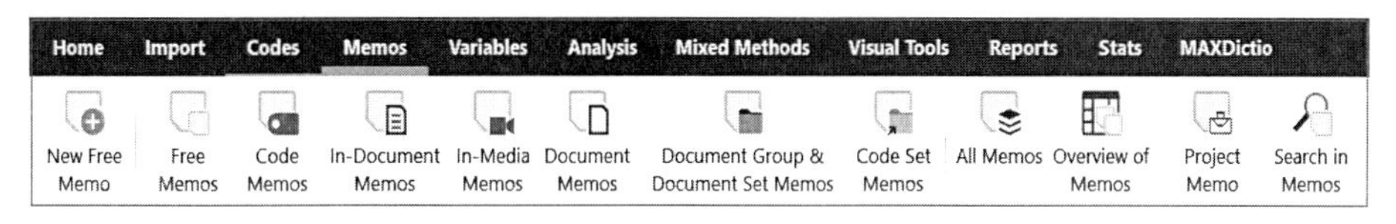

그림 2.7 Memos(메모) 탭

2.3.6 변수Variables 탭

문서, 코드 및 포커스그룹 변수를 확인 및 편집하는 탭입니다.

- 데이터 편집기에서 개별변수의 값을 확인, 추가 및 편집할 수 있습니다.
- 변수를 내보내고 가져올 수 있습니다.
- 변수에 대한 빈도표와 차트를 생성할 수 있습니다.

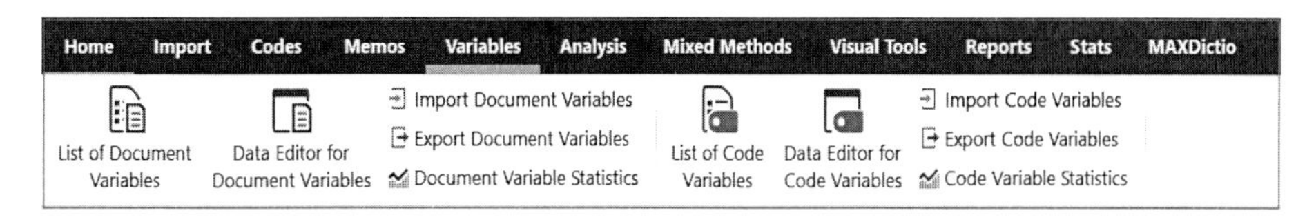

그림 2.8 Variables(변수) 탭

2.3.7 분석Analysis 탭

이 탭에는 MAXQDA의 광범위한 분석기능이 있습니다.

- 단순 및 고급 어휘검색Lexical Search기능을 수행합니다.
- 코딩구절Segment에 대한 검색기능(코딩 쿼리Coding query라고 함)과 질적 및 양적그룹 비교기능이 포함되어 있습니다.
- 요약Summary작업을 수행합니다. 코딩구절의 요약을 만들고, 요약테이블에

표시할 수 있습니다. 이러한 요약은 데이터에 대한 추가분석 수준입니다

- 코더간 일치확인Intercoder Agreement 기능을 제공합니다.
- 텍스트 의역Paraphrase기능과 설문조사 데이터의 분류Categorize Survey Data, 트위터 데이터의 분석 및 코딩기능을 수행할 수 있습니다.
- 코드구성을 사용하면 코드의 동시발생을 분석하고, 코드빈도Code Frequencies는 코드사용 빈도를 확인하고, 코드 적용범위Code Coverage는 코딩구절의 범위를 확인합니다.

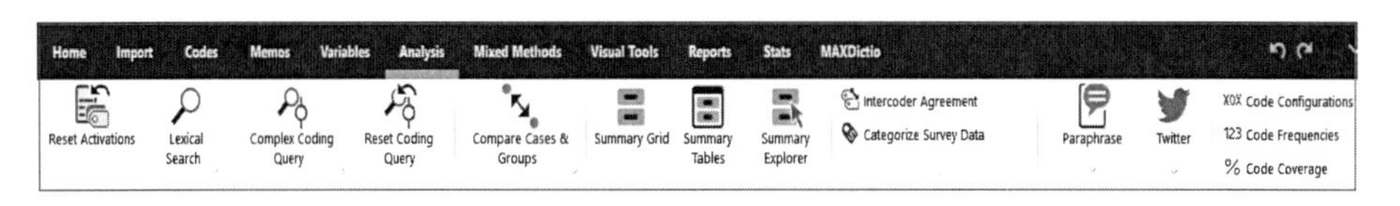

그림 2.9 Analysis(분석) 탭

2.3.8 혼합방법Mixed Methods 탭

문서 및 변수를 사용하여 질적 및 양적데이터를 조합하는 다양한 기능의 탭입니다.

- 변수를 통한 활성화Activate Documents by Variables를 사용하면 추가분석을 위해 지정된 변수값을 기반으로 문서 또는 문서그룹을 선택할 수 있습니다.
- 인용매트릭스Quote Matrix 및 크로스탭Crosstabs 기능은 코딩구절과 선택한 변수 또는 변수범주 간의 연결을 보여주는 서로 다른 시각화 방법입니다.
- 유형표Typology Table는 비슷하며 질적으로 설계된 유형에 대한 백분율과 평균값 및 표준편차를 보여줍니다.
- 문서유사성 분석Similarity Analysis for Documents을 사용하면 코딩구절 및 변수값과 관련하여 문서를 비교할 수 있습니다. 양적 데이터화 기능을 사용하여 활성화된 코드의 코드빈도를 문서변수로 저장할 수 있습니다.
- 질적데이터 분석을 사용하여 얻은 병렬Side-by-Side 디스플레이 또는 질적그룹에 대한 통계Statistics by QUAL Groups 같이 질적 및 양적 데이터를 시각적 표현에 통합하는 광범위한 공동 디스플레이 기능을 수행합니다.

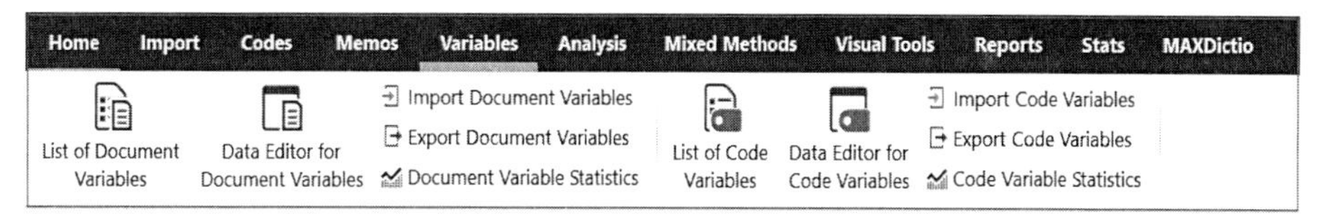

그림 2.10 Mixed Methods(혼합방법) 탭

2.3.9 시각화도구Visual Tools 탭

다양한 시각화 옵션을 선택할 수 있는 탭입니다.

- 질적 모델링 도구인 MAXMaps와 코드매트릭스 브라우저Code Matrix Browser, 코드관계 브라우저Code Relations Browser, 문서비교차트Document Comparison Chart 등이 있습니다.
- 문서초상화Document Portrait와 코드라인Codeline은 항상 단일 텍스트를 참조합니다. 즉, 문서브라우저Document Browser창에서 적합한 문서가 열린 경우에만 선택할 수 있습니다. 워드클라우드Word Cloud는 현재 열려있는 텍스트, PDF 또는 표의 가장 일반적인 단어를 표시하며 제외목록을 사용하여 조정할 수 있습니다.

Home Import Codes Memos Variables Analysis Mixed Methods Visual Tools Reports Stats MAXDictio
MAXMaps | Code Matrix Browser | Code Relations Browser | Code Map | Document Map | Document Comparison Chart | Document Portrait | Codeline | Word Cloud

그림 2.11 Visual Tools(시각화도구) 탭

2.3.10 보고서Reports 탭

이 탭에서는 모든 코딩구절의 개요 및 메모개요와 같은 중요한 분석 데이터에 대한 다양한 테이블 개요를 만드는 탭입니다.

- **스마트 퍼블리셔**Smart Publisher를 사용하여 코딩구절에 대한 보고서를 미리 만들 수 있으며, **코드북**Codebook에는 코드와 코드메모, 범주의 정의가 담긴 보고서입니다.

- 요약테이블을 내보내고 프로젝트정보Project Information는 프로젝트의 요약을 보여줍니다.
- 코딩구절 개요Overview of Coded Segments, 코드 개요Overview of Codes, 링크 개요Overview of Links, 요약 개요Overview of Summaires를 보여줍니다.
- 또한 프로젝트의 데이터를 인쇄하거나 모든 데이터를 내보낼 수 있습니다.

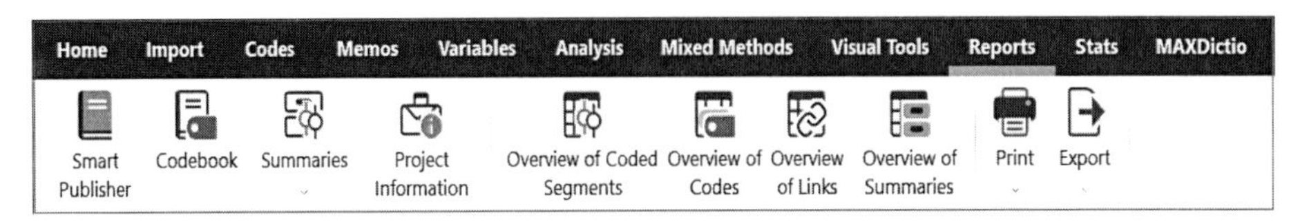

그림 2.12 Reports(보고서) 탭

2.3.11 통계Stats 탭 (옵션)

MAXQDA Analytics Pro 버전 라이센스를 실행중인 경우에만 사용할 수 있습니다.

- 통계는 빈도표, 교차분석, 일원분산분석, 상관관계 및 척도생성과 같이 자주 사용되는 기술통계 및 추론통계기능을 제공하는 모듈입니다.

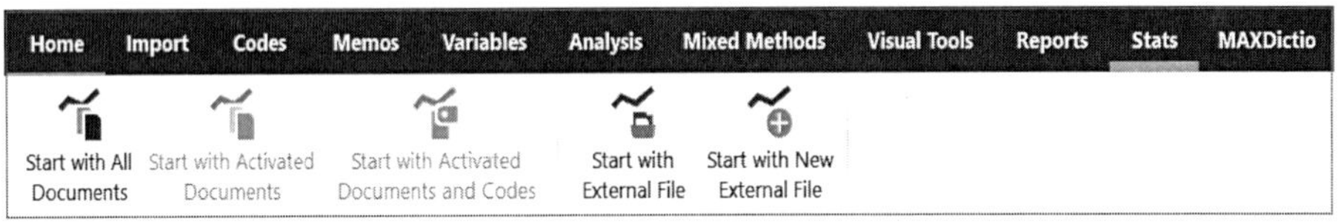

그림 2.13 Stats(통계) 탭

2.3.12 MAXDictio 탭 (옵션)

이 탭은 MAXQDA Plus 버전 또는 MAXQDA Analytics Pro 버전 라이센스를 실행중인 경우에만 사용할 수 있습니다.

- MAXDictio는 사전을 기반으로 한 양적 콘텐츠분석뿐만 아니라 단어빈도, 단어조합 및 기타 텍스트 탐색도구에 대한 다양한 기능을 제공하는 모듈입니다.

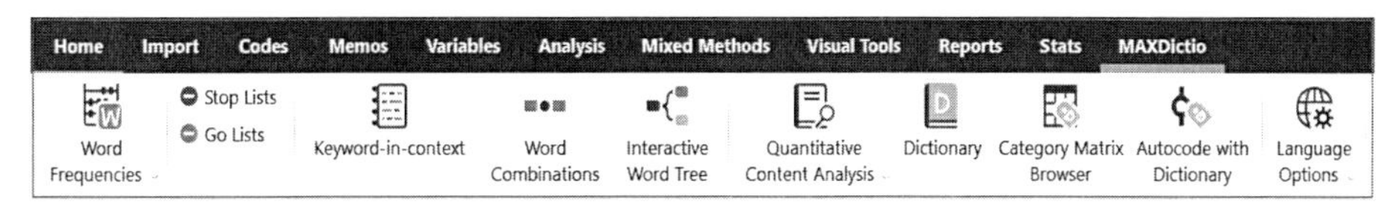

그림 2.14 MAXDictio 탭

2.3.13 메인메뉴의 부가 기능

메뉴 오른쪽에 MAXQDA의 부가적인 기능을 제공하는 여러 아이콘이 있습니다.

① 실행취소 옵션

- 실행취소(undo): 코드 또는 문서 삭제와 같은 마지막 작업을 실행 취소합니다.
- 다시 실행(redo): 실행취소한 작업을 다시 실행합니다.

② 메인메뉴 축소 또는 확장

- 메뉴축소 / 메뉴확장 : 이 아이콘을 클릭하면 MAXQDA의 4개 메인 창에서 메인메뉴를 축소할 수 있습니다. 메뉴가 축소되면 탭 제목을 클릭하여 탭의 기능을 엽니다. 윗방향 화살표 아이콘을 클릭하면 메뉴가 다시 확장됩니다.

③ 전체 환경설정

- 환경설정Preferences: 여기서 MAXQDA 기본 환경설정 메뉴를 열 수 있습니다.

④ MAXQDA팀에 피드백

- MAXQDA 팀에 피드백 보내기: 스크린 샷을 포함한 메시지를 MAXQDA 팀에 보낼 수 있는 창이 열립니다.

⑤ 도움말 메뉴

도움말: 물음표는 MAXQDA의 온라인 도움말 및 튜토리얼과 라이센스 정보에 대한 액세스를 제공하는 포괄적인 도움말 메뉴입니다.

그림 2.15 상단 메뉴 바

2.4 4개의 메인창

MAXQDA의 새 프로젝트를 만들면 아래 그림 2.16과 같이 4개의 메인창Main Windows이 보입니다. 처음 프로젝트를 만들면 각각의 창은 비어 있게 됩니다. 4개의 메인창은 각기 다른 기능을 갖습니다.

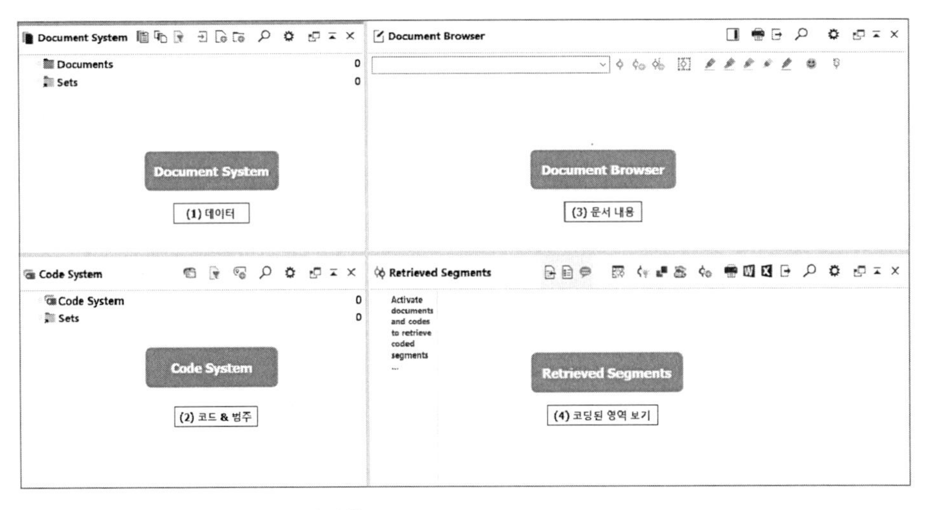

그림 2.16 4개의 MAXQDA 메인창

2.4.1 문서시스템

문서시스템Document System은 프로젝트의 모든 자료를 저장하고 관리하는 곳입니다. 텍스트, PDF 파일, 표, 그림 및 미디어 파일에 대한 개요를 트리구조로 보여줍니다. 개별자료나 텍스트뿐만 아니라 폴더 역할을 하는 문서그룹Document group으로 구성할 수도 있습니다. 각각의 자료는 사용자의 PC에서 복제해와서 만들어지는 것이므로 여기서 편집을 하더라도 원래의 자료에는 영향을 미치지 않습니다. 자유롭게 위치변화, 문서그룹 만들기, 수정, 이동의 기능을 수행할 수 있습니다.

2.4.2 코드시스템

코드시스템Code System은 코드와 범주시스템 창입니다. 모든 코드, 하위코드 subcode 및 코드메모를 관련된 코딩구절Segments 수와 함께 표시합니다. 코드, 개념, 하위범주, 범주 등을 자유롭게 만들고 수정, 이동, 통합할 수 있습니다. 종이 위에 코딩을 한다면 별도로 표나 엑셀시트로 정리하는 코드와 범주를 직관적이고, 언제나 수정가능하도록 만든 유연한 코드와 범주시스템입니다. 이 작업을 마우스로도 할 수 있다는 점은 MAXQDA의 큰 장점입니다.

2.4.3 문서브라우저

문서브라우저Document Browser는 문서시스템Document System의 문서(자료) 중 선택한 자료 또는 문서가 표시되며, 여기에서 작업하는 창입니다. 이 창에서 강조 표시, 편집, 코드 작성, 링크 작성 또는 메모를 첨부할 수 있습니다. 기본적으로 작업창이기 때문에 텍스트 자료를 선택하여 편집할 경우 워드프로세서 같은 문서편집기Editor와 유사한 형태입니다.

2.4.4 검색구절

검색구절Retrieved Segments은 결과 창입니다. 선택한 문서에서 특정한 코드로 지정한 구절을 표시합니다. 종이로 분석할 경우는 검색구절 창을 보는 것이 불가능합니다. 문서(자료)를 선택하고, 선택한 코드가 지정된 부분이 어디인지 쉽게 추출해 볼 수 있는 창입니다. 연구결과를 보고하거나 논문으로 작성할 때 인용할 부분을 추출할 때 유용한 기능입니다.

2.4.5 메인창 숨기고 표시

네 개의 창을 모두 개별적으로 표시하거나 숨길 수 있습니다. 화면의 창 배열을 제어하고 작업공간을 최적화 할 수 있습니다. 메인창 중 하나를 숨기거나 표시하려면 홈Home 탭에서 4개의 창 기호 중 하나를 클릭합니다. 4개의 창을 표시하는 리본을 클릭하면 그 창은 비활성화됩니다.

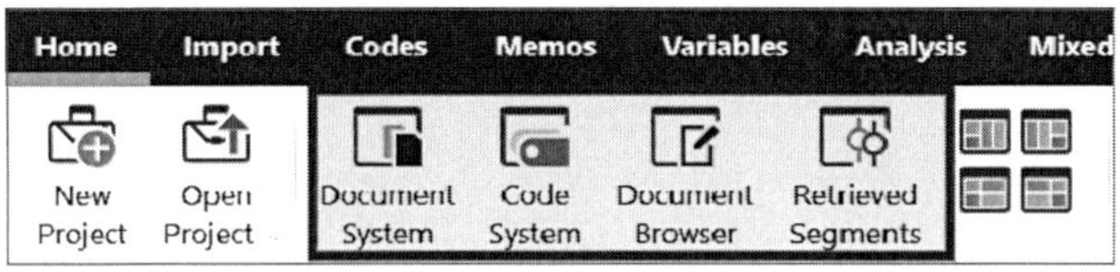

그림 2.17 4개의 메인창 숨기고 표시 리본

2.4.6 메인창 레이아웃 조정

4개의 메인창은 필요에 따라 2열보기, 3열 보기와 각 창의 배열에 따라 네 가지의 레이아웃으로 수시로 전환할 수 있습니다. 4개로 모두 전환해 보고 선택하면 편리합니다.

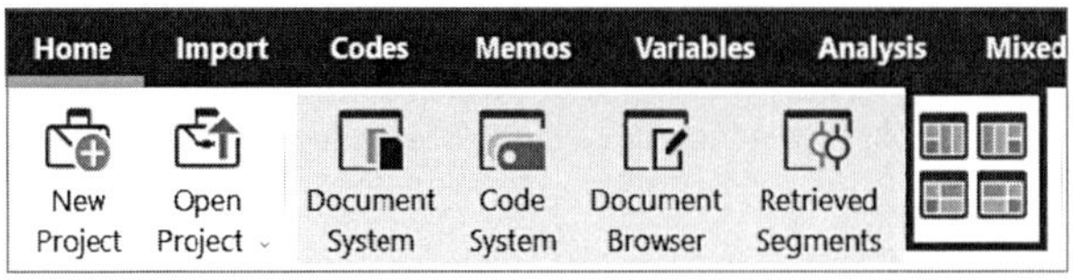

그림 2.18 홈(Home) 탭에서 메인창 조정

2.5 문서시스템 둘러보기

메인메뉴 외에도 MAXQDA는 4개의 메인창 각각에서 도구모음과 컨텍스트 메뉴를 사용할 수 있습니다. 문서(자료)처리와 관련된 기능은 **문서시스템**Document System창에서 사용할 수 있습니다.

2.5.1 문서시스템의 도구모음

문서시스템의 맨 위에 있는 **도구모음**tool bars을 통해 자주 사용하는 기능을 빠르게 접근할 수 있습니다.

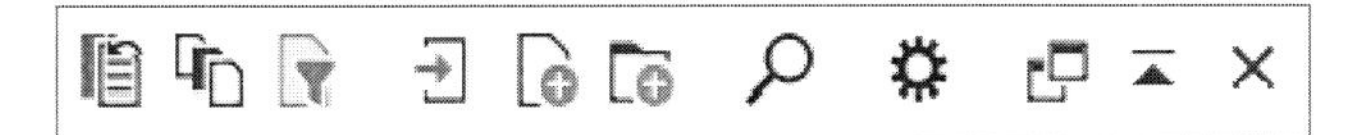

그림 2.19 문서시스템의 도구모음

- **활성화 재설정**: 현재 활성화를 재설정. 즉, 바꿈.
- **~로 활성화**: 변수값과 색상에 따라 문서를 활성화하고 임의 활성화를 수행.
- **활성화된 문서만 표시**: 현재 활성화된 문서만 표시.
- **문서가져오기**: 텍스트, PDF 파일, 스프레드시트, 이미지 및 미디어 파일 등.
- **새 텍스트 문서**: 새 텍스트 문서를 만들고 편집모드에서 편집.
- **새 문서그룹**: 목록의 최상위 문서그룹 바로 위에 새 문서 그룹을 만들기.
- **검색 도구모음**: 특정 문서명을 검색.
- **설정**: 문서시스템의 설정 대화상자.
- **창 도킹 해제**: 문서시스템 도킹을 해제하여 별도의 창으로 분리.
- 창 최대화
- 창 숨기기

2.5.2 문서시스템의 로컬설정

문서시스템 상단 도구모음의 기어모양(⚙)을 클릭하면 문서시스템의 옵션 설정을 열 수 있습니다. 그림 2.20의 대화상자와 같이 나타납니다.

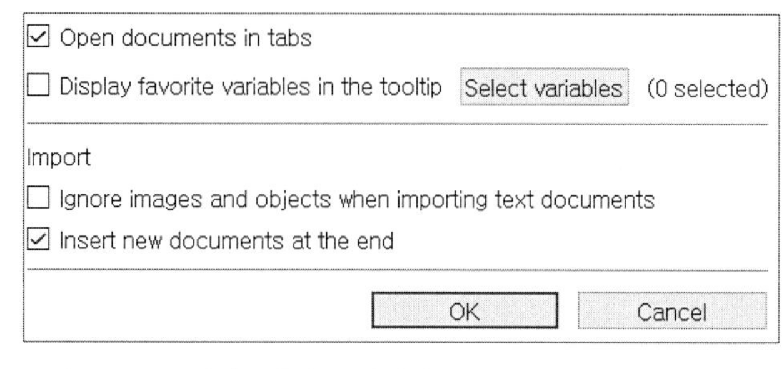

그림 2.20 문서시스템의 로컬설정

- 탭tabs에서 문서열기: 이 옵션을 체크하면 복수의 문서를 열면 문서브라우저의 새 탭에 표시.
- 마우스를 가리킬 때 변수값 표시: 문서명에 마우스를 갖다대면 표시할 문서변수를 선택.
- 텍스트문서를 가져올 때 이미지와 개체를 무시.
- 목록 끝에 새 문서 삽입: 기본적으로 새 문서는 문서시스템 트리의 맨 위에 삽입. 하지만 이 옵션을 체크하면 맨 아랫부분에 삽입.

2.5.3 문서그룹의 용도

문서시스템의 문서나 자료들을 체계적으로 관리하기 위해 문서그룹을 만들 수 있습니다. 사용자의 의사에 따라 필수적인 것은 아닙니다. 문서시스템의 루트폴더 아래에 폴더를 새로 만드는 것과 같은 이치입니다. 인터뷰를 뉴욕주와 인디애나 주에서 했다면 '뉴욕'과 '인디애나' 문서그룹을 만들 수 있을 것입니다.

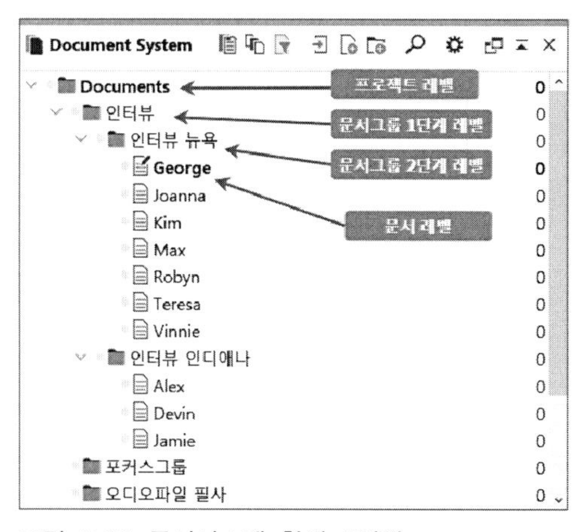

그림 2.21 문서시스템 창의 4레벨

문서시스템에서는 네 가지 레벨로 구분할 수 있으며 각 레벨은 서로 다른 컨텍스트메뉴를 표시합니다.

- 프로젝트 레벨
- 문서그룹 1단계 레벨
- 문서그룹 2단계 레벨
- 문서 레벨

2.5.4 문서시스템의 컨텍스트메뉴

MAXQDA 프로그램에서 **컨텍스트 메뉴**Context menu라 함은 해당 항목에 마우스를 놓고 오른쪽 버튼을 클릭했을 때 나타나는 메뉴를 말합니다. 컨텍스트메뉴는 모든 윈도우즈 프로그램에서 같은 명칭을 사용합니다. 위의 네 가지 레벨 모두 각각의 컨텍스트메뉴가 제공됩니다.

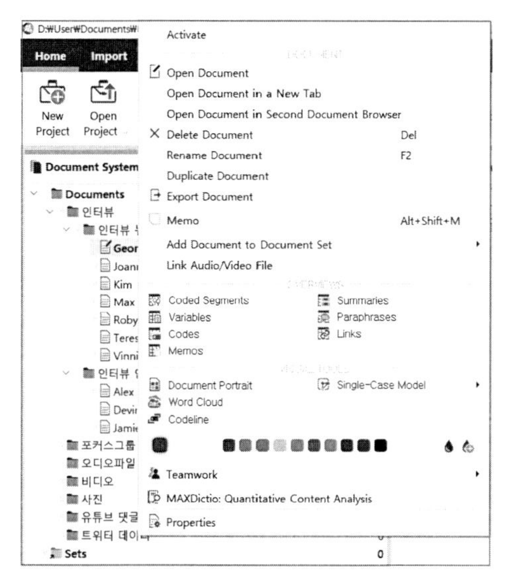

그림 2.22 문서레벨의 컨텍스트메뉴

- 프로젝트 레벨: 문서시스템의 최상위 레벨입니다. 프로젝트를 처음 새로 만들면 Documents 타이틀 항목을 제외하고 문서시스템은 비어 있습니다.
- 문서그룹 레벨: 문서시스템의 중간 레벨입니다. 컨텍스트메뉴는 해당 문서그룹 레벨에서 사용할 수 있는 메뉴만 나타납니다.
- 문서 레벨: 문서시스템의 최하위 레벨입니다. 컨텍스트메뉴는 문서레벨에서도 사용할 수 있으며 해당 문서에 연결된 다양한 기능을 제공합니다. 문서 한 개를 선택하고 오른쪽 버튼을 클릭하면 그림 2.22와 같은 컨텍스트메뉴가 나타납니다.

문서레벨에서의 컨텍스트메뉴에는 다양한 기능이 있습니다. 대부분 메뉴의 명칭만으로 그 기능을 알 수 있습니다. 낯선 명칭의 메뉴들은 이 책의 해당 부분에서 자세하고 쉬운 설명이 있을 것입니다.

2.6 문서브라우저 둘러보기

MAXQDA가 제공하는 4개의 메인창 가운데 문서브라우저Document Browser는 MAXQDA의 기본적인 작업창입니다. 문서브라우저는 텍스트와 이미지를 코딩하고, 메모를 작성하고, 텍스트 또는 이미지를 함께 연결하고, 외부링크를 추가하는 등의 작업을 할 수 있습니다. 문서브라우저 역시 고유한 도구모음과 컨텍스트메뉴를 가집니다. 가장 일반적으로 사용되는 기능은 문서브라우저 상단 오른쪽의 도구모음에서 사용할 수 있습니다. 문서브라우저에서 수행하는 대부분의 기능은 컨텍스트메뉴에서도 사용할 수 있으며, 창에서 마우스 오른쪽 버튼을 클릭하기만 하면 쉽게 사용할 수 있습니다.

2.6.1 문서브라우저의 도구모음

문서브라우저의 도구모음의 기능은 다음과 같습니다.

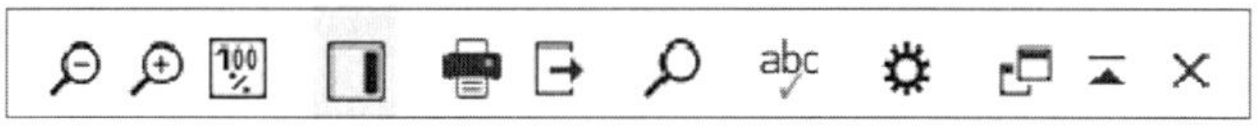

그림 2.23 문서브라우저 도구모음

- 사이드바 표시: 문서 오른쪽에 사이드 바를 표시. 메모, 주석comment, 의역 표시.
- 문서 인쇄: 열린 문서를 인쇄(옵션: 메모, 코딩띠).
- 문서 내보내기: 문서브라우저에서 열려 있는 문서를 내보내기하여 저장.
- 검색 도구모음: 열려있는 문서 내에서 검색.
- 설정: 문서브라우저의 로컬설정 대화상자.

- 창 도킹 해제
- 창 최대화
- 창 숨기기

2.6.2 문서브라우저의 로컬설정

문서브라우저 상단 도구모음의 기어모양(⚙)을 클릭하면 문서브라우저의 옵션설정을 할 수 있습니다. 그림 2.24의 대화상자와 같이 나타납니다.

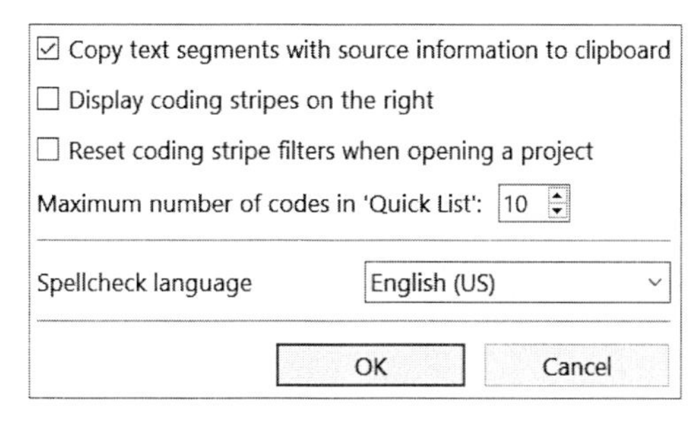

그림 2.24 문서브라우저 로컬 창 설정

- **소스 정보가 있는 텍스트 구절을 클립보드에 복사:** 이 옵션을 사용하면 원본표시(문서그룹, 문서명 및 문서 위치)가 클립보드에 복사하는 모든 텍스트 구절에 추가.
- **오른쪽에 코딩띠 표시:** 기본적으로 코딩띠는 문서 왼쪽에 표시. 문서 오른쪽에 코딩띠를 표시하고 싶으면 이 옵션 선택.
- **프로젝트를 열 때 코딩띠 필터 재설정:** 이 옵션을 선택하면 프로젝트를 열 때 코딩띠 필터 재설정.
- **'퀵리스트'의 최대 코드 수:** 이 설정은 문서 위의 코딩 도구모음에서 최근에 사용한 코드의 개수를 지정.

2.6.3 문서브라우저의 컨텍스트메뉴

텍스트 구절을 강조 표시하거나, 문서브라우저에 열려있는 그림의 섹션을 선택한 구절이나 영역을 마우스 오른쪽 버튼으로 클릭하면 다양한 기능을 선택할 수 있는 그림 2.25와 같은 컨텍스트메뉴가 나타납니다.

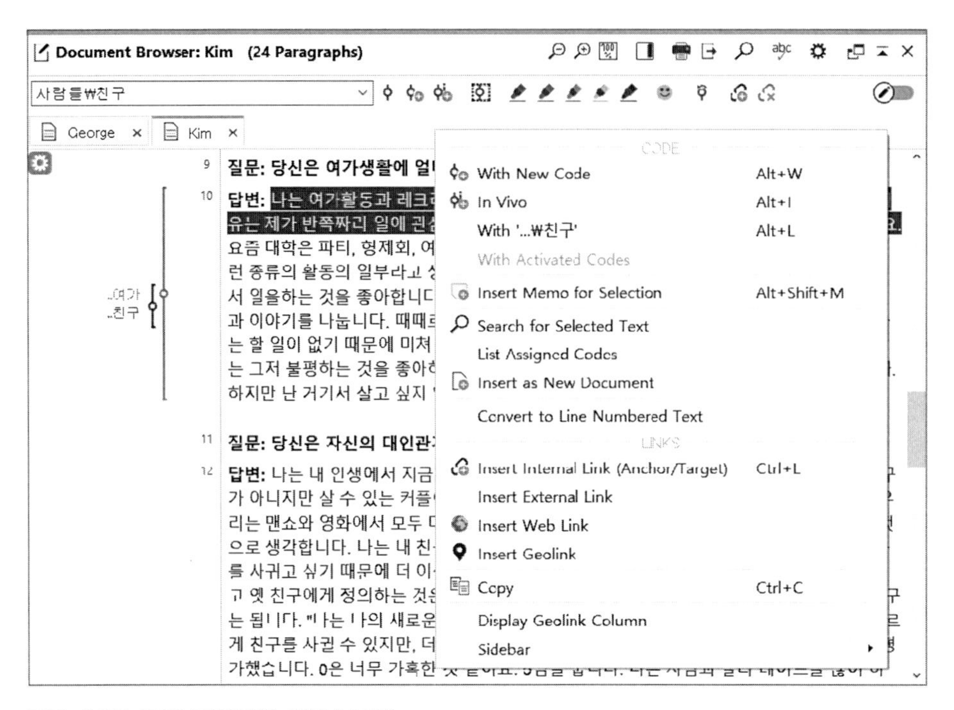

그림 2.25 문서브라우저의 컨텍스트메뉴

사용 가능한 컨텍스트메뉴들은 쉽게 기능을 알 수 있지만 자세한 내용은 해당 기능에서 쉽게 설명할 것입니다.

2.7 코드시스템 둘러보기

코드시스템Code System 창은 코드와 코드의 구조를 관리하고 운영하는 창입니다.

2.7.1 코드시스템의 도구모음

코드시스템 창의 맨 위에 있는 도구모음을 통해 제공하는 기능은 다음과 같습니다.

그림 2.26 코드시스템 도구모음

활성화/비활성화: 현재 코드를 활성화/비활성화.

활성화된 코드만 표시: 활성화된 문서 중 1개 이상에 지정된 코드로 코드시스템 줄임.

새 코드: 코드시스템에서 새 코드를 만들기.

검색 도구모음: 특정 코드 또는 코드명의 일부로 검색 가능.

설정: 코드시스템의 로컬설정 대화상자.

2.7.2 코드시스템의 로컬설정

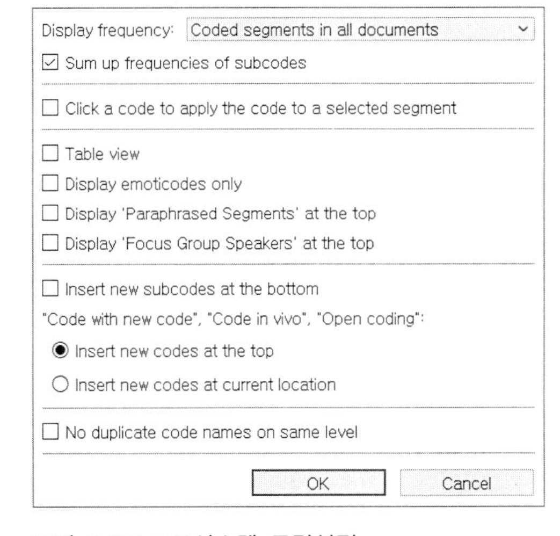

그림 2.27 코드시스템 로컬설정

코드시스템에서 기어모양(⚙)을 클릭하면 코드시스템 내의 로컬설정 옵션을 설정할 수 있습니다.

- **표시 빈도:** 코드의 오른쪽 끝에 있는 숫자가 표시하는 내용의 정의. 프로젝트를 변경할 때 모든 문서의 코딩구절 설정으로 재설정.
- **하위코드의 빈도 합계 여부:** 코드의 오른쪽 끝의 숫자에 하위코드 빈도를 포함시키는지 여부.
- **코드를 클릭하여 선택한 구절에 코드를 적용 여부:** 드래그 앤 드롭을 사용하는 대신 코드를 클릭하여 선택한 구절에 적용. 하지 않는 것이 편리함.
- **테이블 보기:** 코드시스템에 있는 코드의 배열을 트리구조에서 표보기로 전환.
- **이모티코드만 표시:** 이모티코드만 표시되고 다른 모든 항목은 숨기는 기능.

- **의역된Paraphrased 구절 상단 표시**: 기본적으로 의역된 구절 항목은 코드들의 아래에 표시. 맨 위로 올리려면 이 옵션을 선택.
- **포커스그룹 발언자Speaker 상단 표시**: 기본적으로 포커스그룹 발언자 항목은 코드들의 아래에 표시. 코드시스템의 맨 위로 올리려면 이 옵션을 선택.
- **새 하위코드Subcode 맨 아래 삽입**: 기본적으로 새 하위코드는 클릭한 상위코드 바로 아래에 삽입. 즉, 새로 만든 하위코드가 위에 위치. 기존 하위코드 아래에 새 하위코드를 추가하는 옵션 선택.
- **'새 코드 만들기', '인비보 코딩', '오픈 코딩'을**
  - 새 코드 상단에 삽입: 나열된 세 가지 유형의 새 코드를 코드시스템 상단에 삽입.
  - 새 코드 현재 위치에 삽입: 새로 추가한 코드를 현재 위치에 삽입. 즉, 파란색 표시된 코드의 하위코드로 삽입.
- **동일한 레벨에 중복코드 방지**: 동일한 계층 레벨에서 같은 이름을 가진 코드(중복코드)가 생성되는 것을 방지.

2.7.3 코드시스템의 컨텍스트메뉴

코드시스템에서도 컨텍스트메뉴Context menu를 사용할 수 있습니다. 코드시스템의 컨텍스트메뉴는 최상위 레벨과 개별코드 레벨 및 하위코드 레벨에서 조금 다르게 표시됩니다.

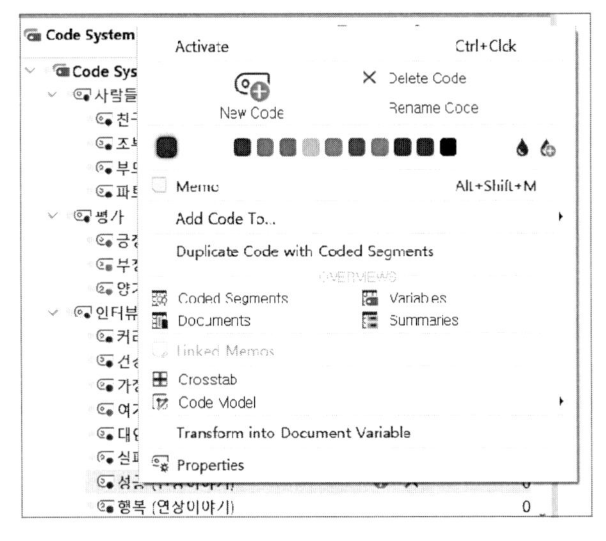

그림 2.28 코드시스템의 컨텍스트메뉴

- 최상위 레벨: 새 프로젝트를 만들 때 '코드시스템' 아이콘과 레이블label을 제외하고 코드시스템은 비어 있습

니다. 코드시스템 계층구조의 루트디렉터리 또는 폴더를 나타냅니다. 기호 또는 그 옆에 있는 레이블을 마우스 오른쪽 버튼으로 클릭하면 컨텍스트메뉴가 나타납니다.

- 개별코드 및 하위코드 레벨: 단일코드/하위코드 레벨에 대한 컨텍스트메뉴도 있으며, 이는 마우스 오른쪽 버튼으로 클릭한 코드에 영향을 주는 기능을 제공합니다.

개별코드/하위코드 레벨에서의 컨텍스트메뉴에는 다양한 기능이 있습니다. 대부분 메뉴의 명칭만으로 그 기능을 알 수 있습니다. 모르는 메뉴들은 이 책의 해당 부분에서 자세하고 쉬운 설명이 있을 것입니다.

2.8 검색구절 창 둘러보기

검색구절Retrieved Segments 창은 선택한 문서와 코드로 코딩 한 구절을 표시합니다.

2.8.1 검색구절Retrieved Segments 창의 도구모음

검색구절 창의 맨 위에 있는 도구모음을 통해 제공하는 기능은 다음과 같습니다.

그림 2.29 검색구절 창의 도구모음

원점 표시: 각 구절이 시작된 문서를 표시하고 문서 내 위치 표시.

즐겨찾는 변수 표시: 정렬순서에 따라 각 문서 또는 코딩구절의 변수목록에서 즐겨찾기로 표시된 문서와 해당 값에 속하는 변수를 표시.

코딩구절의 주석 표시: 코딩구절에 대한 주석Comment이 있는 열을 표시.

검색구절 개요: 추출된 모든 구절의 개요를 표 형식으로 새 창에 표시.

스마트코딩 도구: 코드 지정을 사용자정의 할 수 있는 스마트코딩 도구에서 표시된 검색구절 열기.

코드관계 브라우저: 검색구절에서 겹치는 코드를 시각화하는 도구.

워드클라우드: 검색구절에서 가장 자주 사용되는 단어 클라우드 만들기.

검색구절에 코딩: 현재 검색구절의 모든 구절은 기존 코드로 추가코딩 가능.

코딩구절에 새 코드로 코딩: 현재 검색구절의 모든 구절은 새 코드로 추가코딩 가능.

검색구절 인쇄: 출처 표시와 함께 구절을 인쇄.

Word문서로 열기: 워드형식의 텍스트문서를 만들고 열기.

Excel로 열기: 엑셀문서에서 검색구절 열기.

HTML표로 열기: 기본 브라우저에서 검색구절을 열기.

검색구절 내보내기: 워드, 엑셀 또는 HTML형식으로 내보내기.

검색 도구모음: 검색구절 내에서 검색.

설정: 로컬설정 대화상자.

2.8.2 검색구절의 로컬설정

검색구절 창의 도구모음에서 기어모양( )을 클릭하면 그림 2.30과 같은 대화상자가 나타나 로컬옵션을 설정할 수 있습니다.

- **문서시스템 정렬:** '검색구절'창의 구절은 문서시스템의 순서로 정렬.
- **코드시스템 정렬:** '검색구절'창의 구절은 코드시스템의 순서로 정렬.
- **가중치점수로 정렬(오름차순/내림차순)**
- **하위코드 포함:** 코드시스템에서 활성화된 각 코드의 하위코드를 자동으로 포함.
- **가중치필터 사용/편집**

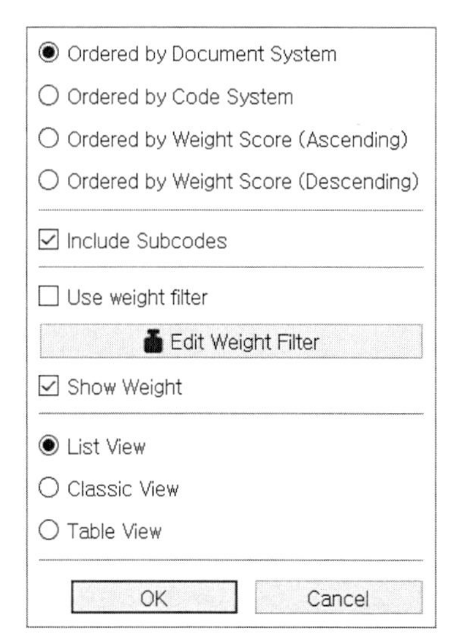

그림 2.30 검색구절 창 로컬설정

- 가중치 표시
- 목록으로 보기
- 이전버전의 MAXQDA로 보기
- 표형식 목록

2.8.3 검색구절의 컨텍스트메뉴

검색구절Retrieved Segments에 마우스를 놓고 오른쪽 버튼을 클릭하면 컨텍스트메뉴를 사용할 수 있습니다.

- 가중치 수정
- 지정된 코드목록 표시
- 주석comment 편집: 주석이 이미 있는 경우엔 편집하고, 없을 땐 새로 만드는 기능
- 메모 삽입
- 출처정보 포함하여 구절 복사

2.9 일반환경설정(General Preferences)

MAXQDA 창의 오른쪽 상단에 있는 기어기호를 클릭하여 기본환경을 설정할 수 있습니다. 이 설정은 MAXQDA 프로젝트 전체에 영향을 주는 기본환경입니다.

그림 2.31 기본환경설정 (전체 창의 오른쪽 상단)

일반환경설정을 열면 그림 2.32와 같은 대화상자가 나타나고 총 5개의 섹션이 있습니다.

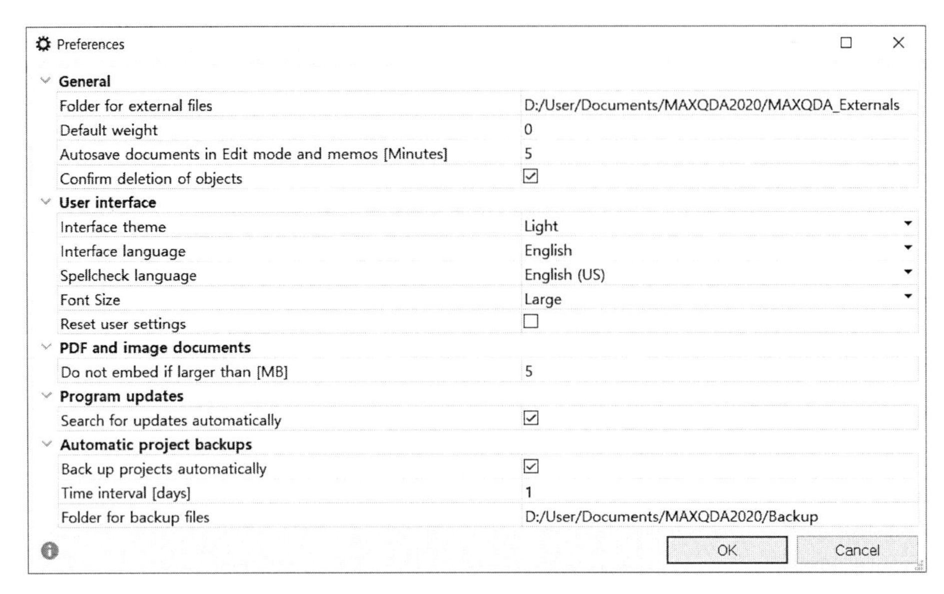

그림 2.32 MAXQDA 프로젝트 전체의 기본환경설정 대화창

① 일반설정

- **외부파일용 저장폴더**: 모든 외부링크 파일을 저장. 예를 들어, 용량이 너무 커서 프로젝트 파일에 포함할 수 없는 오디오, 비디오 파일이 여기에 속함. PDF와 이미지 파일도 크기에 따라 저장될 수 있음.
- **기본 가중치**: 코드의 기본 가중치는 0으로 되어 있지만 변경 가능.
- **편집모드 및 메모에서 문서 자동저장**: 문서 및 메모를 편집하는 동안 프로젝트가 자동으로 저장되는 시간을 분 단위로 지정.
- **개체삭제 확인**: 이 옵션을 비활성화(체크 해제)하면 코드지정, 코드, 문서, 메모 등을 삭제할 때 더 이상 확인을 요청하지 않고 이 데이터를 직접 삭제. 그런 다음 실행취소 기능을 사용해서만 복원 가능.

② 사용자 인터페이스

- **인터페이스 테마**: 인터페이스 테마를 밝음Light, 어두움Dark으로 변경 가능.
- **인터페이스 언어**: MAXQDA의 메뉴, 대화상자, 창의 언어를 설정. 한국어는 아직 지원 안 함.

- 맞춤법 검사 언어: MAXQDA는 영어(영국), 영어(미국), 독일어, 이탈리아어 및 스페인어로 맞춤법 검사를 제공.
- 글꼴 크기: 프로그램 인터페이스 레이블(메뉴, 제목 표시 줄 등)을 더 큰 글꼴 크기로 보려면 선택.
- 사용자설정 재설정(리셋): 사용자 설정을 재설정하여 기본값으로 되돌림.

③ PDF와 이미지 설정

- 삽입할 PDF 용량(크기) 제한: 가져온 PDF 또는 이미지 파일이 MAXQDA 프로젝트 파일이 아니라 외부에 저장된 파일의 폴더에 저장되는 크기를 제한. 기본 크기는 5MB. 필요한 경우 이 값을 더 높거나 낮게 조정.

④ 프로그램 업데이트

- 업데이트 자동 확인: 프로그램을 열면 업데이트 항목이 있는지 자동 검색하는 기능.

⑤ 프로젝트 자동백업

- 자동으로 프로젝트 백업: 프로젝트가 열릴 때마다 MAXQDA에서 마지막으로 저장한 시간을 확인하고 요청시 프로젝트 백업을 생성.
- 시간 간격(일): MAXQDA가 프로젝트의 다음 백업을 시작하는 날짜 수를 설정
- 백업 폴더 지정: 프로젝트의 백업 사본을 저장할 폴더를 지정.

2.10 MAXQDA의 중요한 용어

MAXQDA로 작업하기 위해 알아야 하는 중요한 용어는 다음과 같습니다. MAXQDA의 메뉴명칭이 영어이기 때문에 영어를 병기합니다.

① 프로젝트(Project)

시스템 파일 또는 MAXQDA의 작업 단위입니다. 여기에는 텍스트, PDF, 이미지, 표, 생성한 코드, 메모, 주석 등의 모든 가져온 데이터를 포함합니다. 한 개의 프로젝트는 한 개의 파일(확장자 .mx20)이 만들어집니다.

② 문서 또는 자료(Documents)

문서는 분석하려는 단위입니다. Documents는 종이나 텍스트구절로 된 문서만을 의미하지 않고 모든 분석대상이 되는 자료를 의미합니다. 인터뷰, 포커스 그룹 기록, 비디오 또는 오디오 녹음, 학술저널의 기사 등이 모두 문서가 될 수 있습니다.

③ 코드(Codes)

코드는 MAXQDA의 가장 중요한 분석 도구입니다. 텍스트 구절, 이미지의 특정 부분 또는 비디오의 일부 등 표시할 필요가 있는 모든 항목에 지정할 수 있습니다.

④ 코드시스템(Code System)

코드시스템 또는 코드 트리[tree]는 계층적으로 배열되는 모든 코드와 하위코드의 전체를 보여주는 곳입니다.

⑤ 코딩(Coding)

코딩은 자료에 표시된 구절[segment]에 코드를 지정하는 행위입니다. 텍스트 문서, 오디오, 비디오 파일의 특정 구절이나 부분을 지정하고 특정 코드를 부여하는 행위를 말합니다.

⑥ 코딩구절(Coded Segments)

코딩구절은 코드가 지정된 자료의 구절 또는 부분을 말합니다. 구절[segment]은 한 개 또는 몇 개의 단어로 이루어질 수도 있고, 몇 개의 문장으로 이루어질 수도 있습니다. 이미지나 동영상 자료에서는 코딩한 영역으로 이해합니다.

⑦ 메모(Memos)

연구자의 중요한 분석적 사고, 초기 가정 및 데이터에 대한 가설, 분석 중에 발생하는 질문을 기록하는 데 사용합니다. 또한 프로젝트 및 진행 상황에 대한 메모 및 설명에도 적합합니다. 메모는 매우 유연하며 프로젝트의 여러 요소(예: 문서, 코드, 텍스트 구절 등)에 첨부할 수 있으며 각각 매우 다른 기능을 수행할 수 있습니다.

⑧ 주석(Comments)

주석은 코딩구절Coded segments에 주석을 달 수 있습니다. 메모와 달리 데이터를 코딩한 후에만 생성할 수 있습니다. 그래서 '주석'이란 용어만 독립적으로 사용하지 않고 코딩 주석Coding Comments 이라고 합니다. 주석의 중요한 작업은 "모순되는 진술" 또는 "중요한 부분"과 같이 코딩에 대한 메타정보를 기록하는 것입니다. 주석은 또한 키워드 형식으로 코딩구절의 중요한 내용을 캡처하는 범주기반 접근방식에 매우 적합하므로 언제든지 범주의 내용에 대한 빠른 개요를 제공합니다.

⑨ 의역(Paraphrases)

자신의 단어로 된 텍스트 또는 이미지 구절의 요약입니다. 코딩기술을 사용하지 않지만 주로 해석학 및 언어 사회학 기술로 작동하는 분석 접근방식에 특히 적합합니다. 의역은 또한 시장조사, 마케팅 및 언론인에게 흥미로운 도구가 되어 인터뷰 또는 포커스그룹의 가장 중요한 진술을 체계적으로 요약할 수 있습니다. 범주기반 접근방식의 프레임워크 내에서 의역은 무엇보다도 데이터에 익숙해지고 데이터기반 범주구축을 연습하는 데 적합합니다.

⑩ (주제)요약 [(Thematic) Summaries]

사례case의 코딩한 부분을 요약하는 데 사용합니다. 따라서 요약을 통해 연구자의 관점에서 주제의 코딩된 부분의 내용을 공식화 할 수 있습니다. 이것은 더 이상 연구 참가자의 일상언어로 말한 내용의 단순한 요약이 아니라 연구자의 언어로 된 경험적 요약이라는 것을 의미합니다. 따라서 요약을 작성할 수 있으려면 먼저 데이터를 코딩해야 합니다. 추가분석 및 프레젠테이션을 위해 요약을 표로 작성할 수 있습니다.

⑪ 개요: 둘러보기(Overview)

개요는 MAXQDA의 표 형식의 제시방식입니다. 코딩한 문서영역, 메모, 변수, 링크 등에 대한 개요가 있습니다. 모든 MAXQDA의 개요는 동일한 원칙에 따라 개별 요소에 쉽게 접근할 수 있으므로 데이터의 모든 기록을 한눈에 살펴보는 기능입니다.

⑫ 문서변수(Document variables)

문서변수에는 각 사례에 대한 표준화된 정보(예: 교육수준 및 인터뷰 참여자의 연령)가 포함됩니다.

⑬ 링크(Links)

링크를 사용하면 데이터 자료의 지점 또는 섹션을 자료, 웹 사이트, 파일 또는 지리적 위치의 다른 지점에 연결할 수 있습니다.

⑭ 컨텍스트메뉴(Context menu)

MAXQDA의 메인메뉴 외에 문서시스템, 문서브라우저, 코드시스템, 검색구절에서 오른쪽 버튼을 클릭하면 나타나는 메뉴입니다. 해당 위치에서 사용가능한 기능이 출현합니다.

⑮ 구절 or 영역 or 부분(Segment)

MAXQDA에서 세그먼트[segment]라는 용어가 자주 나옵니다. 세그먼트는 구절, 영역, 부분으로 이해하면 좋습니다. 텍스트 문서에서 Coded Segment는 코딩한

'구절'을 의미합니다. 이미지 파일의 Coded Segment는 코딩한 '영역'으로 이해합니다. Retrieved Segments는 추출한 '구절'로 이해하는 것이 바람직합니다.

CHAPTER 03

데이터 가져오기

CHAPTER 03

데이터 가져오기

3.1 사전 고려사항

모든 연구는 매우 정확하든 다소 모호하든 연구 질문으로 시작됩니다. 조사를 하지 않고 특정 기관, 회사 또는 협회 등의 회의록을 분석하려는 경우에도 이 데이터를 어떻게 분석해야 하고 어떻게 준비하고 구성해야 하는지에 대한 질문이 여전히 발생합니다.

이 섹션에서는 분석을 시작하기 전에 명확히 해야 하는 MAXQDA의 데이터 구성과 관련하여 자주 제기되는 몇 가지 관련 질문과 답변을 수집했습니다.

3.1.1 사례의 정의

한 개의 사례case를 무엇으로 볼 것인가는 데이터 관리에서 중요한 질문 가운데 하나일 것입니다. 거의 모든 MAXQDA 분석기능은 개별문서를 분석 및 비교 대상으로 삼으므로 일반적으로 '**1 사례 = 1 문서**'라는 간단한 원칙을 적용하는 것이 가장 좋습니다. 예를 들어, 분석할 각 인터뷰가 별도의 문서로 존재하는 경우, MAXQDA를 사용하여 인터뷰를 비교하고 분석을 위해 함께 그룹화하는 것이 쉽습니다. 반면, 여러 인터뷰가 하나의 문서로 통합작성될 경우 분석은 매우 어렵습니다. 또한 MAXQDA를 통해 하나의 질적 문서와 하나의 양적 데이터 세트를 연결할 수 있다는 점에서도 이러한 '1 사례 = 1 문서'원칙이 적용됩니다. 예를 들어, 인터뷰 대상자의 인구통계학적 데이터를 각 인터뷰에 대해 입력할 수 있습니다.

설문조사의 개방형 질문에 대한 응답은 데이터 매트릭스의 관련 양적데이터로 표시됩니다. 즉, 단일 표문서에 함께 제시되는 경우가 많습니다. 개방형 질문을 분석할 때 MAXQDA의 분석기능을 최대한 활용하고 나중에 통계패키지로 질적 코딩결과를 분석할 수 있도록 MAXQDA 프로젝트 내에서 각 사례에 대해 별도의 문서를 작성할 것을 권장합니다. MAXQDA는 설문조사결과를 가져올 때 자동으로 이 작업을 수행할 수 있습니다.

이러한 점에서 반복인터뷰, 비디오녹화 또는 관찰을 통해 질적 종단연구가 수행된 경우, 각 데이터가 수집된 그 시점에 별도의 문서를 작성하는 것이 좋습니다. 이렇게 하면 분석 중에 사례의 진행을 더 쉽게 추적할 수 있습니다.

3.1.2 문서의 체계적 구성

인터뷰와 문서가 많은 경우 데이터(문서)를 어떻게 체계적으로 구성할지 고려해야 합니다. 문서를 어떻게 그룹화하는 문제라고 할 수 있습니다. MAXQDA는 매우 유연하며 문서그룹 및 문서세트를 사용하여 데이터 자료에 대한 다른 조직구조를 만들 수 있습니다. 여러 사례를 다른 그룹으로 조직화하는 것은 연구설계 때부터 고려할 수 있습니다. 예를 들어, 사례는 인터뷰 기간, 인터뷰 지역, 인터뷰 대상자 그룹(부모, 친구, 동료), 직업상태, 교육수준 또는 데이터 유형(인터뷰, 포커스그룹, Twitter 데이터)에 따라 분류할 수도 있습니다. 연구질문이 이미 둘 이상의 그룹 비교를 수반하는 경우 MAXQDA의 문서그룹에 반영해야 합니다. 문서그룹을 미리 정하는 것이 도움이 되지만 나중에 쉽게 재정렬 할 수 있습니다. 문서(자료)를 가져오는 동안 설정한 시스템에 고착되지 않습니다.

3.1.3 모든 데이터를 하나의 프로젝트에 저장

일반적으로 단일 MAXQDA 프로젝트에 연구의 모든 데이터를 저장하는 것이 좋습니다. 그래야 데이터에 쉽게 접근할 수 있으며 다양한 데이터 수집방법 및 다양한 자료세트를 포함하는 교차분석이 가능합니다. 실제로 MAXQDA는 하나의 프로젝트에 모든 데이터를 저장하고 구성하도록 설계되었습니다.

그러나 팀워크로 연구하는 경우는 다릅니다. 여러 명의 연구자가 각각 프로젝트를 만들어 연구하고, 나중에 하나의 프로젝트로 병합하는 경우가 보통입니다. 따라서 통합 프로젝트의 작은 하위프로젝트에서 연구자별로 작업하는 것이 도움이 되는 경우가 많습니다. 이러한 하위프로젝트는 파일 크기가 작아서 가볍고, 작업의 개요가 명확하기 때문입니다. 팀워크에 대한 더 많은 관련 정보를 15장 팀프로젝트 협업에서 다룰 것입니다.

3.1.4 전사와 오디오·비디오 녹음에 관한 고려사항

꽤 많은 질적연구에서 오디오·비디오 파일의 전사transcription는 지루하면서도 필수적 과정입니다. 오디오·비디오 녹음이나 촬영, 전사에 관한 몇 가지 문제를 고려해야 합니다.

① 전사방법(프로그램)의 선택

오디오 파일을 텍스트 문서로 받아쓰는 작업을 전사transcription라고 합니다. MAXQDA라는 소프트웨어를 잘 알지 못하는 연구자의 경우에 전사방법과 프로그램을 선택하는 것은 고민거리 중의 하나입니다. 전사방법도 몇 가지 유형이 있습니다. 먼저, 가장 진화한 형태의 음성파일을 자동으로 텍스트로 변환해주는 전사 소프트웨어Transcription software들이 무척 많습니다. 자동화, 정확도, 유·무료에 따라 종류가 무척 다양합니다. 한국어 전사도구도 개발 중이라는 정보도 있습니다. 두 번째로, 음성입력을 하고 받아쓰는 방식으로 전사하는 방법이 있습니다. 구글문서에서 음성입력하는 방식이 대표적입니다. 세 번째로, 전사 소프트웨어에서 오디오를 재생하면서 사용자가 받아적는 방식입니다. 앞의 두 가지의 문제점은 특히 한국어 처리에 있어 정확도가 부족하기 때문에 세 번째 방식이 꽤 이용됩니다. 속도와 정확도를 높이기 위해 전사용 페달을 별도로 구입하기도 합니다. 전사용 소프트웨어를 사용하지 않고 보통의 오디오파일을 재생하면서 사용자가 직접 텍스트를 입력하는 방식도 유사합니다.

그러나 MAXQDA는 자체 프로그램의 기능 중에 전사기능이 있습니다. 재생플레이어가 내장되어 있고 같은 창에서 입력하고, 타임스탬프가 첨부되기 때문에 해당 위치 검색에도 편리한 기능입니다.

② 전사의 범위에 관하여

MAXQDA를 사용하여 녹음을 전사하려면 무엇보다도 어떤 전사방법을 사용하고 싶은지 미리 고려하는 것이 좋습니다. 모든 내용을 단어 단위로 기록할 것인지 아니면 연구질문에 답하기 위해 부분 또는 요약된 전사본으로 충분한지 말입니다. 일반적으로 전사는 오디오 내용 전부를 전사하는 경우가 많습니다. 부분 또는 요약은 자칫하면 연구자의 관점이 너무 이른 시기부터 영향을 미칠 수 있기 때문입니다. 특히 질적연구의 초보연구자는 모든 내용을 전사하는 것이 좋습니다. MAXQDA로 전사하는 방법에 대한 자세한 내용은 4장 인터뷰 파일 전사하기에서 다룰 것입니다.

3.1.5 양적데이터 사용 여부

MAXQDA를 통해 각 문서에 양적데이터 세트를 지정하여 인터뷰 대상자의 연령 및 직업적 상태를 연결할 수 있습니다. 개별문서에 대한 양적 정보의 연결은 공동디스플레이Joint Displays와 같은 MAXQDA의 수많은 혼합방법 기능의 핵심입니다(Kuckartz & Radiker, 2019)[1]. 혼합방법 연구를 수행할 때, 어떤 질적데이터와 어떤 양적데이터가 사용 가능하고 어떤 수준과 어느 시점에 이 데이터를 통합해야 하는지 미리 고려하는 것도 유용합니다. 최근에는 시장조사, 정치여론조사 등 설문조사와 같은 양적연구 중심의 조사영역에서도 질적데이터를 결합하는 추세가 늘고 있습니다. 또한 인터뷰 조사를 비롯한 질적연구 분야에서도 인터뷰 대상자의 인구통계학적 데이터를 연결하는 연구가 증가하고 있습니다.

3.1.6 비디오 직접코딩 vs. 전사?

비디오 작업을 할 때 오디오 전사transcription와 같이 먼저 전사를 해야 할지

1) Kuckartz, U. & Radiker, S. (2019). Analyzing Qualitative Data with Maxqda: Text, Audio, and Video: Springer International Publishing.

아니면 즉시 코딩을 시작해야 할지에 대한 의문이 생깁니다. 처음에는 전사과정을 건너뛰고 바로 비디오 코딩을 시작하고 싶을 수 있습니다. 전사에는 많은 작업이 필요하며 다소 지루한 작업처럼 느껴질 수 있습니다. 반면에, 인터뷰의 경우에는 전사하는 것이 훨씬 더 쉽습니다. 전사 문서에서 단어나 특정 주제를 검색할 수 있습니다. 즉, 구두로 연결하는 데 몇 분이 걸리는 텍스트 섹션을 매우 빠르게 코딩할 수 있습니다.

따라서 개별 경우에는 전사가 바람직한지 여부를 고려할 필요가 있습니다. 주로 상호작용, 언어적 의사소통, 바디랭귀지 등에 관심이 있다면 비디오 전사를 포기할 가능성이 높습니다. 음성언어가 분석에서 더 많은 역할을 할수록 비디오 데이터를 전부 전사하거나 최소한 부분적으로라도 전사하는 것이 좋습니다. 모든 전사는 행동적 정보 손실을 수반하며 데이터의 해석을 구성한다는 점에 유의해야 합니다. 캡처된 풍부한 영상정보가 텍스트 버전을 훨씬 뛰어 넘는 비디오 데이터의 경우 중요합니다.

오디오 녹음에서는 전사한 문서로만 분석작업을 하는 것이 일반적입니다. 하지만 대부분의 비디오 녹화에 대해서도 영상이 분석되고 필요한 부분만 텍스트로 전사할 수도 있습니다. MAXQDA를 사용하면 분석작업에서 텍스트와 영상을 조합하여 작업할 수 있으므로 비디오의 일부분에 직접 코딩한 다음 다른 부분의 내용을 전사한 텍스트에 코딩할 수도 있습니다. 이것은 결국 연구자 자신의 선택입니다.

3.2 데이터 가져오기와 문서그룹 만들기

3.2.1 가져오기 탭에서 데이터 가져오기

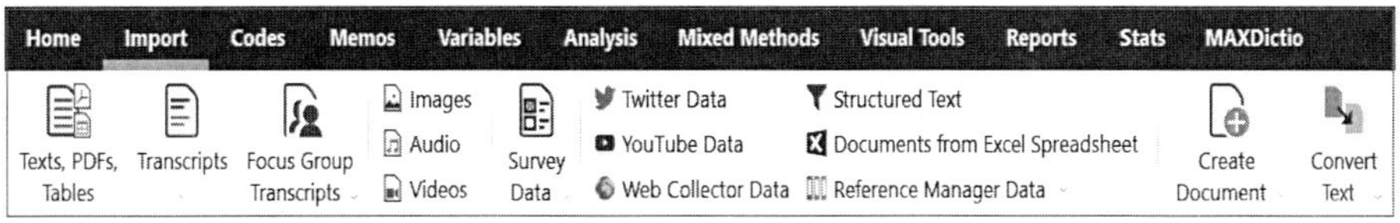

그림 3.1 Import 탭에서 데이터 가져오기

가져오기Import 탭은 다양한 데이터 유형을 가져오기 위한 기능이 있습니다. 새 프로젝트를 만들면 탭이 자동으로 열리므로 데이터 가져오기를 바로 시작할 수 있습니다.

텍스트, PDF, 표, 이미지, 오디오, 비디오 파일과 같은 표준데이터를 가져오는 방법은 간단합니다.

- **가져오기**Import 탭에서 데이터 유형에 해당하는 아이콘(리본)을 클릭.
- 가져올 파일을 선택하는 대화상자가 나타나면, Ctrl키를 누르고 여러 파일을 선택.
- 선택하면 파일들은 MAXQDA 프로젝트에 삽입되고 **문서시스템**Document System에 표시.

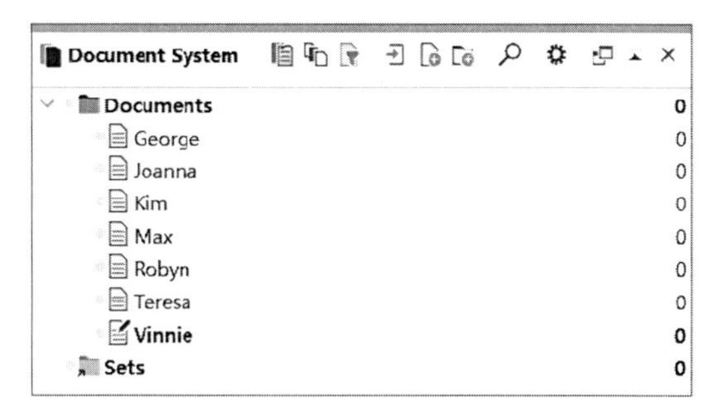

그림 3.2 문서를 가져온 후 문서시스템의 표시

다음 그림 3.2는 7개의 텍스트 문서를 가져온 후의 문서시스템의 모습입니다.

기본적으로 프로젝트에 삽입된 모든 텍스트를 비롯한 다양한 파일은 프로젝트 파일에 저장됩니다. 이것은 프로젝트 파일에 영향을 주지 않고 원본파일을 편집할 수 있다는 뜻입니다. 반대로 MAXQDA에서 파일을 편집·변경하더라도 원본파일에 영향을 주지 않음을 뜻합니다.

단, 예외적으로 오디오·비디오파일은 용량이 크기 때문에 프로젝트에 저장하지 않고 외부파일용 특수폴더에 저장됩니다. 제한크기(예: 5MB)를 초과하는 PDF 문서와 이미지도 같은 규칙이 적용됩니다.

삽입 후에는 가져온 파일이름을 문서명으로 사용하며 나중에 수정하여 원본파일과 중복을 피할 수 있습니다. 문서유형에 따라 다른 아이콘이 붙습니다.

3.2.2 문서그룹과 정렬

문서시스템으로 문서를 가져오고 나면 일단 분석을 시작할 준비가 된 것입니다. 하지만 많은 사람들은 즉시 분석을 시작하지 않습니다. 문서시스템의 다양한 데이터를 컴퓨터의 폴더구조처럼 정돈하는 것을 좋아합니다. MAXQDA는 폴더 대신 문서그룹을 사용합니다. 문서그룹은 컴퓨터의 폴더처럼 작동합니다. 이름을 자유롭게 지정하고 문서를 마우스로 끌어다 놓을 수 있습니다.

새로운 문서그룹을 만드는 방법은 두 가지입니다.

- **문서시스템**Document System 도구모음에서 **새 문서그룹**New document group 아이콘()을 클릭
- 문서시스템 루트 폴더를 마우스 오른쪽 버튼으로 클릭하고 컨텍스트메뉴에서 **새 문서그룹**을 선택

3.2.3 문서의 이동과 정렬

① 개별문서의 이동

문서시스템에서 자유롭게 문서를 이동할 수 있습니다. 문서를 클릭하고 원하는 위치로 드래그하여 놓기만 하면 됩니다.

② 여러 문서의 이동

Alt키를 누른 상태에서 여러 개별문서를 선택한 다음 마우스 버튼을 누른 상태에서 문서들을 이동할 수 있습니다. 문서 범위를 지정하여 한꺼번에

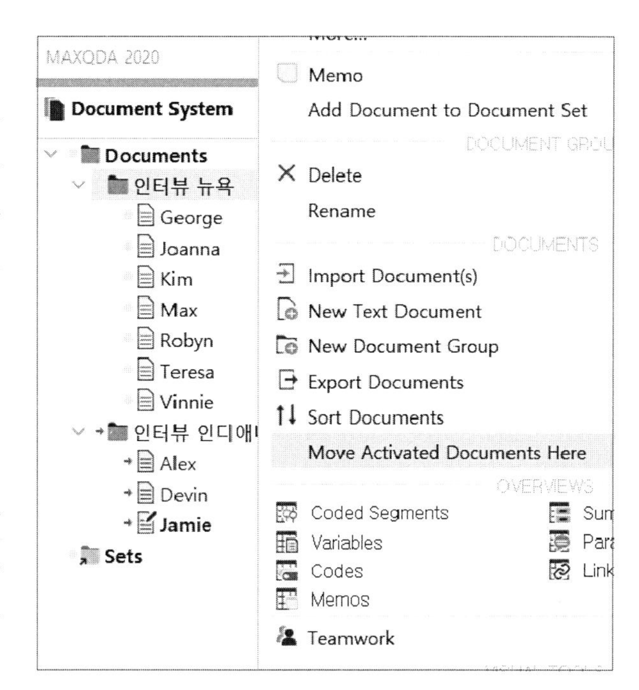

그림 3.3 활성화한 모든 문서를 한번에 문서그룹으로 이동

여러 문서를 선택하려면 먼저 한 문서를 클릭한 다음 Shift키를 누른 상태에서 범위의 마지막 문서를 클릭하면 범위 내의 모든 문서가 선택됩니다. 그런 다음 개별문서의 이동과 같은 원리로 마우스로 드래그하여 이동합니다.

③ 여러 문서를 활성화하여 이동

한 번에 여러 문서를 이동하려면 먼저 Ctrl키를 누른 상태에서 해당 문서들을 클릭하여 활성화합니다. 이제 마우스 오른쪽 버튼으로 목적지가 되는 문서그룹을 클릭하고 **여기로 활성화된 문서 이동**Move Activated Documents Here을 선택합니다. 그림 3.3과 같습니다.

④ 문서정렬

문서그룹 내에서 문서를 정렬하려면, 정렬할 문서그룹을 선택한 후 컨텍스트 메뉴(오른쪽 버튼 클릭)에서 **↑↓문서정렬**Sort Documents메뉴에서 원하는 정렬기준을 선택합니다. 정렬기준에는 문서이름(오름차순/내림차순), 최종편집시각(오름차순/내림차순), 텍스트 길이(오름차순/내림차순) 등 세 가지가 있습니다.

문서그룹을 이름별로 정렬하려면 문서의 루트폴더의 컨텍스트메뉴에서 오름차순정렬을 선택하여 A－Z 순으로 정렬하거나 역순으로 정렬할 수 있습니다. 문서명이 영문이름 A－Z 또는 Z－A순으로, 한글이면 가－하 또는 하－가순으로 정렬됩니다. 문서그룹 내에 문서명이 한글과 영문이 함께 있을 때는 영문명으로 정렬이 된 후 한글명이 정렬됩니다.

3.2.4 데이터 가져오기 추가옵션

데이터 가져오기 기능은 **가져오기**Import 탭뿐만 아니라 다른 기능을 통해 가져올 수도 있습니다.

- **문서시스템**의 도구모음에서 **문서 가져오기** 아이콘 을 클릭.
- 또는 단축키 Ctrl + D를 사용.
- 또는 문서시스템의 루트폴더에서 마우스 오른쪽 버튼을 누르고 **문서 가져오기**Import Document(s)를 선택.

• 또는 특정 문서그룹에서 마우스 오른쪽 버튼을 누르고 **문서 가져오기**Import Document(s)를 선택.

① 마우스로 끌어서 놓기로 문서 가져오기Import

끌어서 놓기drag and drop를 통해 파일을 가져올 수 있습니다. Windows 탐색기에서 개별문서나 여러 문서를 마우스로 선택하여 문서시스템으로 끌어다 놓기만 하면 됩니다.

폴더 전체를 문서시스템으로 가져오려면 Windows 탐색기에서 그 폴더를 문서시스템으로 끌어다 놓으면 됩니다. 그러면 문서시스템의 맨 위에 Windows 탐색기의 파일 폴더와 동일한 이름으로 새 문서그룹이 만들어집니다. 폴더 안의 모든 문서들도 함께 가져옵니다. 폴더에 하위 폴더가 있는 경우에는 하위 문서그룹이 아니라 같은 레벨에서 별도의 문서그룹으로 만들어집니다.

3.2.5 문서세트

일반적인 문서그룹 외에 문서의 임시그룹을 만들 수 있습니다. 각 개별문서는 하나의 문서그룹에만 속할 수 있습니다. 하지만 **문서세트**Sets는 일종의 문서 '바로가기'들로 구성되기 때문에 원하는 만큼 문서세트에 속할 수 있습니다. 즉, 문서세트는 문서에 영향을 주지 않고 추가, 삭제할 수 있습니다. 그러나 동일한 문서가 문서그룹에서 삭제되면 모든 메모, 코딩구절, 링크 등과 함께 프로젝트에서 삭제됩니다.

활성화를 통해 문서세트를 만드는 방법은 다음과 같습니다.

• **문서활성화: 문서세트**set로 구성할 문서를 컨텍스트메뉴(오른쪽 버튼 클릭)에서 **활성화**Activate를 선택하여 문서를 활성화합니다. 문서가 빨간색으로 바뀌고 문서기호 바로 왼쪽에 빨간색 화살표가 나타나기 때문에 문서가 활성화되었음을 알 수 있습니다.

• **문서세트 만들기**: 문서시스템의 맨 아래에 있는 **세트**Sets를 컨텍스트메뉴에서

새 세트 New Set를 선택합니다.

- 그러면 'Set 1'이라는 이름의 새 세트를 만들고 첫 번째 항목에서 활성화된 모든 문서들이 세트에 추가됩니다. 물론 Set 1의 이름은 얼마든지 다른 이름으로 바꿀 수 있습니다. 이후부터 문서세트는 문서그룹처럼 작업할 수 있습니다.

보너스 / 문서세트를 만드는 간편한 방법

① 문서시스템의 여러 문서를 선택(**Alt키**를 누른 상태에서 복수의 문서 선택),
② 문서시스템의 맨 아래에 있는 **세트**Sets에 마우스로 끌어다 놓으면,
③ **'Set 1'**과 같이 세트의 이름이 나오고 새로 만들어진 세트 아래 문서들이 자동으로 배치됩니다. 따라서 문서세트는 마우스 drag and drop으로 쉽게 이동할 수 있습니다.

3.3 새 텍스트, 표문서 만들기

MAXQDA에서 기존의 텍스트와 자료를 가져올 뿐만 아니라 새로 만들 수 있습니다. 기본적으로 새로운 텍스트 문서, **표문서**Table를 만드는 방법을 알아봅니다.

3.3.1 새로운 텍스트 문서 만들기

새로운 텍스트 문서를 만드는 방법에는 여러 가지가 있습니다.

- **문서시스템**Document System의 도구모음에서 **새 텍스트 문서**New text document 아이콘 을 클릭.
- 문서시스템에서 **문서**Documents의 루트 폴더의 컨텍스트메뉴(마우스 오른쪽 버튼)에서 **새 텍스트 문서**New Text Document를 선택.

- **가져오기**Import 탭에서 **문서만들기**Creat Document 아이콘을 클릭.
- 문서그룹의 컨텍스트메뉴(마우스 오른쪽 버튼)에서 **새 텍스트 문서**New Text Document를 선택.
- 단축키 Ctrl + T 입력.

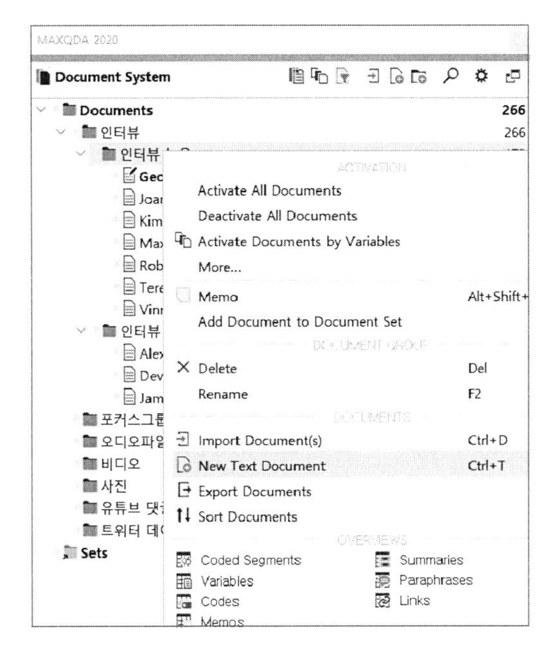

그림 3.4 문서그룹의 컨텍스트메뉴에서 새문서 만들기

MAXQDA는 'Document(숫자)' 형식으로 문서명을 자동으로 부여합니다. 문서명의 숫자는 연속된 번호입니다. 물론 언제든지 문서명을 변경할 수 있습니다. 새 문서를 만들면 **문서브라우저**Document Browser에서 자동으로 열리고 편집모드로 전환되므로 다른 프로그램에서 입력한 텍스트를 붙여넣을 수도 있습니다.

3.3.2 새로운 표 만들기

새로운 **표**Table를 만들려면 **가져오기**Import 탭에서 **문서만들기**Creat Document(아이콘 바로 아래 글자로 된 부분)를 클릭합니다. 그런 다음 나타나는 메뉴에서 **새로운 표 문서**New Table Document를 클릭합니다. 그림 3.5와 같이 열과 행의 수를 자유롭게 지정할 수 있습니다.

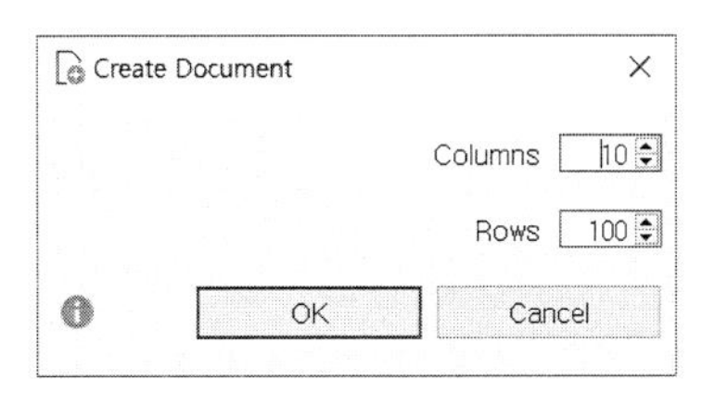

그림 3.5 새로운 표 만들기 대화상자

단, 한 번 새로운 표를 만들고 나면 나중에 열이나 행을 추가할 수 없습니다.

3.3.3 텍스트 문서를 표로 변환

텍스트 문서를 자동으로 테이블 문서로 변환할 수 있습니다. 예를 들어, 원본 텍스트를 왼쪽 열column에 배치하고, 오른쪽 열에는 **의역**paraphras을 배치할 수 있습니다.

- **문서시스템**Document System에서 텍스트문서를 두 번 클릭하여 문서를 엽니다.
- 그런 다음 **가져오기**Import 탭으로 이동하여 **텍스트 변환**Convert text 〉 **표시된 텍스트를 표 문서로 삽입**Insert Displayed Text as a Table Document을 클릭합니다.
- **열**Column 수를 지정할 수 있는 대화상자가 나타납니다.

원본 텍스트를 표로 변환하더라도 원본 텍스트는 보존됩니다. 문서시스템에 새로운 표 문서가 나타납니다. 이 문서는 아이콘 으로 구별할 수 있습니다. 원본문서와 동일한 이름을 갖게됩니다. 원본 텍스트의 각 단락은 새 표의 별도 줄에 나타납니다. 만들어진 표의 둘 이상의 열Column을 지정한 경우 텍스트는 첫 번째 열에만 표시됩니다.

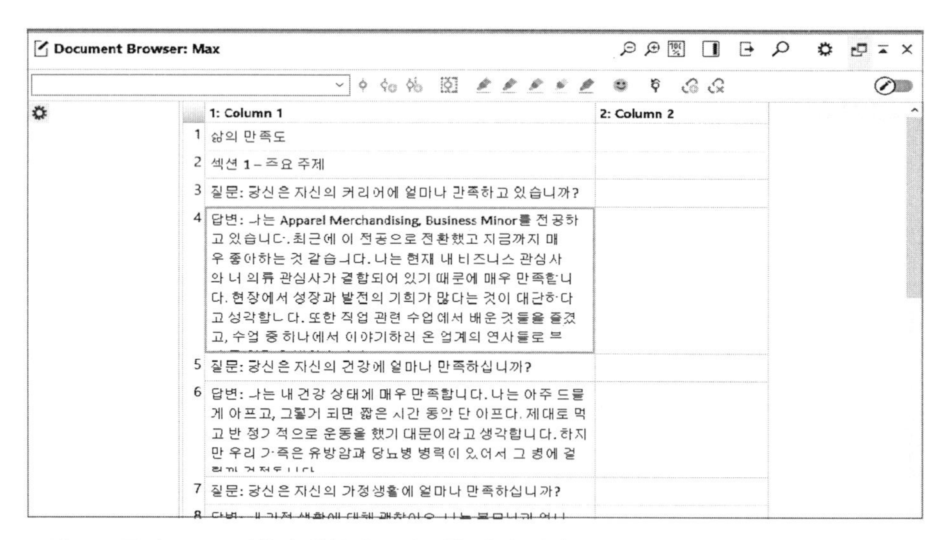

그림 3.6 문서 → 표 변환시 원본텍스트는 첫 번째 열에만 표시

위 그림 3.6과 같이 원본텍스트가 첫 번째 열에 표시되면, 두 번째 열에는 원본텍스트에 쉽게 **의역**Paraphrase하거나 요약할 수 있습니다.

3.4 외부파일

일반적으로 MAXQDA의 모든 문서는 프로젝트 파일로 가져오므로 원본파일은 그대로 보존됩니다. MAXQDA에서 가져온 문서에 영향을 주지 않고 원본파일을 수정하거나 삭제할 수 있습니다. 이 개념은 기본파일이 외부에서 계속 수정될 위험이 있는 다른 질적데이터 분석QDA 소프트웨어에 비해 큰 이점이 됩니다.

MAXQDA를 사용하면 오디오 또는 비디오 파일을 **전사**transcription하고 PDF와 이미지 파일을 가져올 수 있습니다. 즉, '**하나의 프로젝트 = 하나의 파일**' 개념이 항상 최상의 상태는 아닙니다. 예를 들어, 많은 오디오·비디오, 이미지 또는 PDF 파일로 작업하는 경우 프로젝트 파일이 너무 커질 수 있습니다. MAXQDA의 구동속도가 느려지고 파일을 이동하는 것이 거의 불가능하게 됩니다.

따라서 MAXQDA는 프로젝트 파일에 오디오·비디오 파일을 저장하지 않고 PDF 및 이미지 파일을 특정 크기(기본설정: 5MB)까지만 가져옵니다. 대신 외부폴더에 저장합니다. 이렇게 외부폴더에 저장하는 파일을 **외부파일**External Files이라고 합니다. MAXQDA에서 문서로 작업하는 방식에는 차이가 없습니다. 문서브라우저Document Browser의 아이콘은 문서가 프로젝트 파일에 저장되었을 때와 똑같습니다. 파일 크기에 대한 제한값은 전체 MAXQDA **기본환경설정**Preferences에서 설정할 수 있습니다. MAXQDA 메인메뉴의 오른쪽 상단 모서리에 있는 기어모양을 클릭하면 기본설정을 열 수 있습니다.(▶ **참조: 2.9 일반환경설정(General Preferences)**

3.4.1 외부파일 저장위치

외부파일을 저장할 위치를 설정할 수도 있습니다. 변경하지 않으면 모든 외부파일의 기본위치는 다음과 같습니다.

- 휴대용 라이센스 설치용(Portable license): MAXQDA2020₩MAXQDA_Externals

- Windows 일반라이센스 설치: 문서(C:₩Users₩윈도우즈 사용자명₩Documents₩MAXQDA2020 MAXQDA_Externals
- Mac 일반라이센스 설치: [내 문서] / MAXQDA_Externals

참고

모든 외부문서는 전용 외부폴더global external folder에 저장됩니다. 프로젝트별 폴더에 외부파일을 저장하려면 해당 프로젝트에 대한 폴더를 만들어야 합니다. 그러나 여러 MAXQDA 프로젝트 파일에서 외부파일에 접근할 수 있는 전용 외부폴더로 작업하는 것이 편리할 수 있습니다. 때문에 문서를 삭제할 때 파일이 다른 문서에 링크될 수 있으므로 확인없이 연결된 미디어 파일이 삭제되지 않습니다.

3.4.2 외부파일 전송

현재 사용자의 컴퓨터에서 다른 컴퓨터로 외부파일을 전송할 수 있습니다. 외부파일을 포함하여 팀원이나 동료와 프로젝트를 공유하려면 다음 절차대로 하면 됩니다.

▲ 송신측 절차

- MAXQDA 프로젝트 파일(* .MX20)을 보냅니다.
- 홈Home 탭에서 **외부파일**External Files 〉 **데이터파일 묶기**Bundle External Data Files를 클릭하여 모든 외부파일을 번들로 묶습니다. 그런 다음 MAXQDA는 현재 프로젝트와 관련된 모든 외부파일을 프로젝트 이름을 딴 Zip 파일(예: **프로젝트이름.mx20.zip**)로 압축하고 프로젝트 파일과 동일한 위치에 저장합니다.
- 새로 생성된 zip파일을 전송합니다.

▲ 수신측 절차

- MX20 프로젝트 파일을 엽니다.
- 홈Home 탭에서 **외부파일**External Files 〉 **번들 데이터파일 풀기**Unpack Bundled Data

Files를 클릭하고 대화상자에서 Zip 압축파일을 선택합니다. 그런 다음 MAXQDA는 압축을 풀고 링크된 파일을 외부파일 폴더로 이동합니다. 프로젝트 파일과 동일한 폴더에 zip파일을 저장한 경우 MAXQDA는 자동으로 압축파일에 접근하고 파일의 압축을 풉니다.

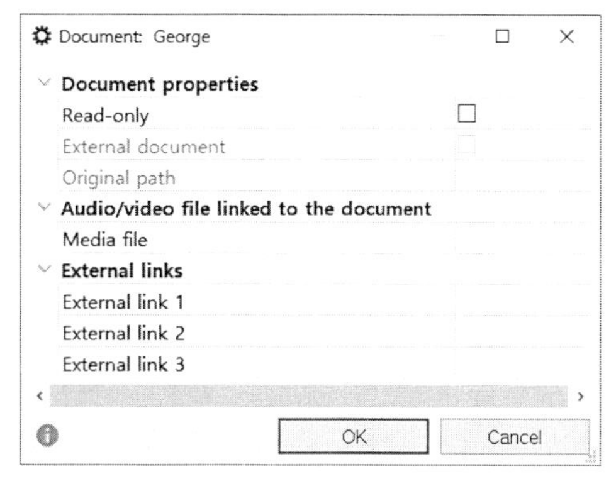

그림 3.7 문서속성창

문서가 오디오 또는 비디오 파일에 링크된 경우 오디오/비디오 파일의 원래 위치가 문서속성에 나열됩니다. 이 이름의 문서가 적절한 폴더에 없으면 외부파일 폴더의 파일이 열립니다. 문서의 컨텍스트메뉴(마우스 오른쪽 클릭)에서 **속성**Properties을 클릭하면 그림 3.7과 같이 나타납니다.

3.5 텍스트 문서 가져오기

앞서 '3.2 데이터 가져오기와 문서그룹 만들기'에서 안내한 대로 텍스트 파일을 MAXQDA로 가져올 수 있습니다.

- **문서시스템**Document System의 도구모음에서 **문서 가져오기** 아이콘 을 클릭.
- **가져오기**Import 탭에서 **텍스트**Texts, **PDF**, **표**Tables 아이콘을 클릭.

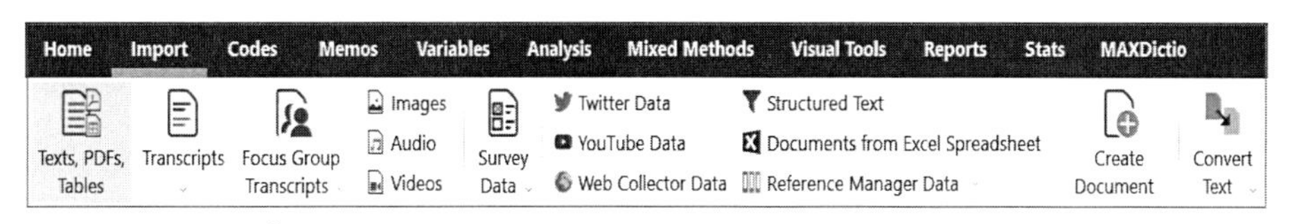

그림 3.8 가져오기Import 탭에서 데이터 가져오기

텍스트 문서를 MAXQDA로 가져오기 위해 문서를 준비하는 방법에 대해 간략하게 생각해야 합니다. 예를 들어, 텍스트의 특정 섹션을 한 단위로 분석하려

는 경우 동일한 단락에 함께 넣는 것이 좋습니다. MAXQDA는 엔터키 입력 후에 새 단락 번호를 입력합니다. 이렇게 하면 MAXQDA에서 이러한 단락을 자동으로 코딩하기가 더 쉬워집니다.

텍스트 문서를 가져올 때 기억해야 할 사항은 다음과 같습니다.

- 볼드체, 이탤릭체 등과 같은 모든 서식은 MAXQDA로 따라옵니다.
- 모든 글꼴과 텍스트 크기가 그대로 유지됩니다.
- 단락 서식(예: 왼쪽 맞춤, 줄 간격)도 적용됩니다.
- 텍스트에는 표, 그림, 그래픽 등이 포함될 수 있습니다.
- 그래픽과 같은 개체를 가져오거나 가져올 수 없는 경우 문서시스템의 로컬 설정에서 확인할 수 있습니다. 창 오른쪽 상단에 있는 기어 기호를 클릭하여 열 수 있습니다.
- 머리글과 바닥글의 내용은 무시됩니다.

3.5.1 텍스트 내의 표

위에 제시한대로 MAXQDA는 텍스트 문서에 들어있는 표[table]를 가져올 수 있으며 MAXQDA에서 이러한 표의 일부 또는 전체 셀을 코딩할 수 있습니다. 단, 여기서 한 가지 한계는 표를 가져온 후에는 더 이상 열과 행의 수를 변경할 수 없다는 것입니다.

참/ 고/

일반적으로 텍스트 문서의 표는 적게 사용하는 것이 좋습니다. 그러면 분석옵션(예: 단락 수준의 자동코딩)이 향상될 뿐만 아니라 디스플레이 성능도 향상됩니다. 특히 각 응답이 별도의 행에 표시된 표의 구조로 인터뷰를 가져오지 않는 것이 좋습니다.

3.5.2 텍스트에 들어 있는 웹사이트 링크

MAXQDA로 가져온 문서에는 웹사이트 링크(하이퍼링크)도 포함될 수 있습니다. MAXQDA에서 링크를 클릭하면 기본브라우저에 웹페이지 또는 HTML 파일이 나타납니다.

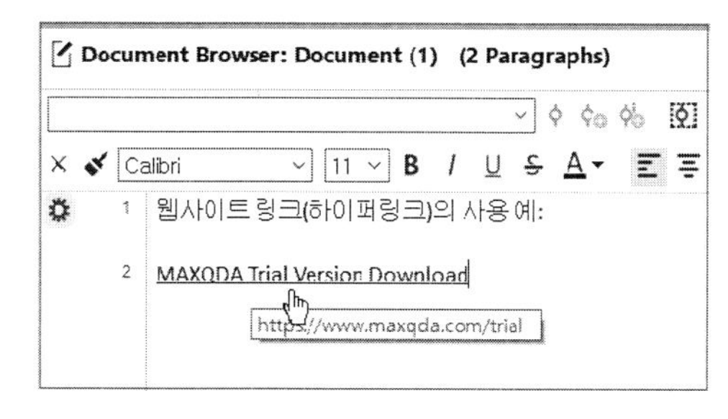

그림 3.9 텍스트의 웹사이트링크(하이퍼링크)

하이퍼링크는 항상 두 부분으로 구성됩니다. 시각화(단추, 그림 또는 텍스트)와 Url(WWW 주소)정보입니다. 링크 위로 마우스를 가져가면 표시되는 툴팁에서 위치/Url을 볼 수 있습니다.

MAXQDA의 텍스트 문서 내부에 인터넷주소Url를 입력하고 편집모드를 닫으면 자동으로 클릭 가능한 하이퍼링크로 변환됩니다.

3.6 PDF문서 가져오기

3.6.1 PDF파일 가져오기

앞서 '3.2 데이터 가져오기와 문서그룹 만들기'에서 안내한 대로 PDF문서파일을 MAXQDA로 가져올 수 있습니다.

- 문서시스템Document System의 도구모음에서 **문서 가져오기** 아이콘 을 클릭.
- 가져오기Import 탭에서 **텍스트**Texts, PDF, **표**Tables 아이콘을 클릭.(▶ **참조: 그림 3.8**)

3.6.2 PDF문서를 별도의 텍스트문서로 만들기

PDF문서를 MAXQDA 프로젝트로 가져온 후 PDF문서에서 텍스트를 추출할 수 있습니다. 이미지와 서식은 무시되고 일반 텍스트만 문서시스템에 새 텍스트 문서로 삽입됩니다.

문서시스템Document System에서 PDF문서를 클릭하고 **PDF 텍스트를 새문서로 삽입**Insert PDFText as New Document기능을 선택합니다. 클릭한 PDF문서 바로 아래에 새 텍스트가 나타납니다.

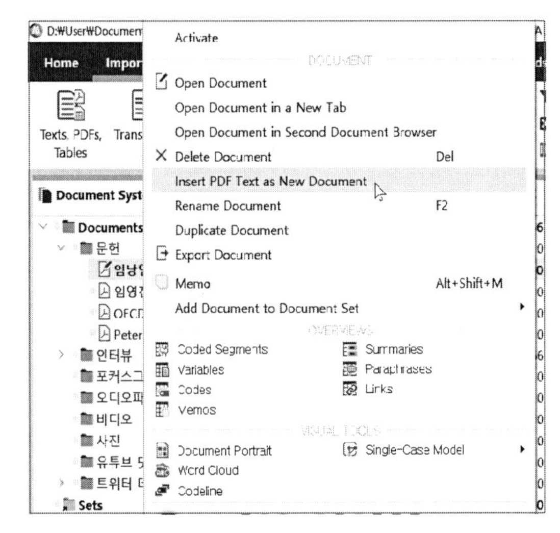

그림 3.10 PDF 텍스트를 새문서로 삽입

3.6.3 프로젝트 PDF문서 작업하기

① MAXQDA 프로젝트 파일 외부에 PDF파일 저장

기본적으로 5MB보다 작은 모든 PDF파일은 프로젝트 파일에 저장됩니다. 5MB보다 큰 PDF파일은 MAXQDA 프로젝트 자체에 저장되지 않고 **외부파일 저장용 폴더**에 저장되며 외부에 저장된 데이터에 대한 참조만 생성합니다. MAXQDA의 **일반환경설정**Preferences을 통해 외부에 저장된 파일의 위치와 최대 파일 크기를 지정할 수 있습니다. MAXQDA의 오른쪽 상단 모서리에 있는 기어모양 아이콘을 클릭하면 일반환경설정 창을 열 수 있습니다.(▶ **참조: '2.9 일반환경설정'**)

② 텍스트 및 이미지 영역 코딩

PDF문서의 텍스트 및 이미지 영역은 마우스로 코딩합니다. 그림 3.11과 같이 원하는 구절이나 영역에 프레임을 선택하여 코딩합니다. MAXQDA는 코드 빈도와 관련하여 텍스트 코딩과 이미지 코딩을 구분하지 않습니다. 그러나 겹침을 검색할 때 코딩쿼리에서 쿼리는 텍스트 및 이미지 문서에서 겹침/교차를 별도로 검색합니다. 텍스트 구절과 이미지 영역 사이의 겹침은 무시됩니다.

텍스트가 스캔된 PDF 파일 형식이면 MAXQDA로 가져오기 전에 적절한 프로그램을 사용하여 광학 문자인식 또는 텍스트인식 프로세스인 OCR을 수행해야 합니다. 이 프로세스를 통해 나중에 MAXQDA에서 텍스트를 표시하고 코딩할 수 있습니다. 그렇지 않으면 이미지만 표시할 수 있습니다.

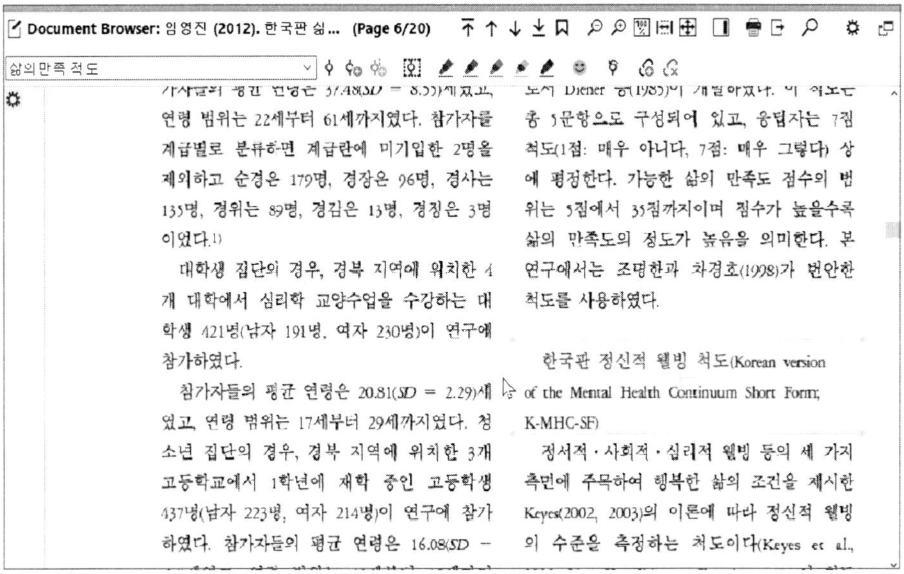

그림 3.11 PDF문서 내에서 텍스트 및 이미지영역 코딩

③ 문서브라우저를 통해 탐색

PDF문서가 **문서브라우저**Document Browser에 나타나면 **도구모음**에 클릭 가능한 여러 아이콘이 나타납니다. 문서 내에서 앞뒤로 넘기고, 확대/축소를 조정하고, **책갈피**Bookmarks를 탐색에 사용할 수 있습니다(많은 PDF 파일에는 여러 책갈피가 있습니다).

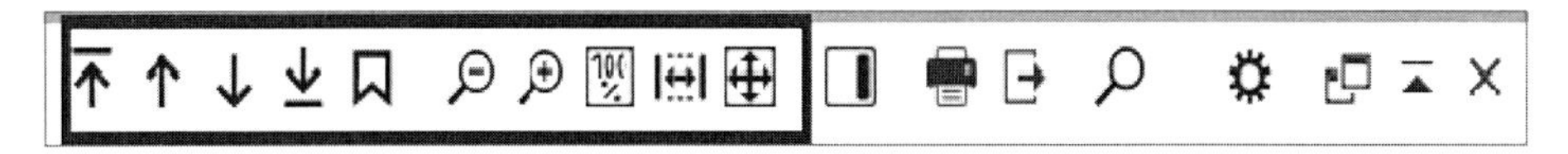

그림 3.12 PDF문서를 보는 문서브라우저의 도구모음

3.7 이미지 자료 가져오기

3.7.1 이미지 파일 가져오기

앞서 '3.2 데이터 가져오기와 문서그룹 만들기'에서 설명한 대로 이미지파일을 MAXQDA로 가져올 수 있습니다.

- 문서시스템Document System의 도구모음에서 **문서 가져오기** 아이콘 을 클릭.
- 가져오기Import 탭에서 **이미지**Images 아이콘을 클릭.

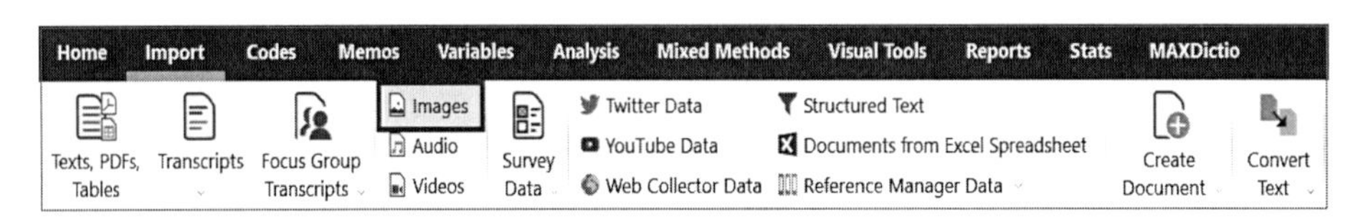

그림 3.13 가져오기(Import) 탭에서 이미지파일 가져오기

3.7.2 이미지에서 작업

이미지로 작업할 때 여기서 설명하는 몇 가지 특별한 측면을 고려해야 합니다.

① MAXQDA 프로젝트 외부에 이미지 파일 저장

일반적으로 5MB 미만의 모든 이미지 문서는 MAXQDA 프로젝트에 직접 저장됩니다. 5MB보다 큰 이미지 파일은 프로젝트에 직접 저장되지 않고 **외부파일 저장용 폴더**에 저장됩니다. 외부에 저장된 데이터에 대한 참조만 생성합니다. MAXQDA의 일반환경설정preferences를 통해 외부에 저장된 파일의 위치와 최대 파일 크기를 지정할 수 있습니다. MAXQDA의 오른쪽 상단 모서리에 있는 기어모양 아이콘을 클릭하면 일반환경설정 창을 열 수 있습니다.(▶ **참조: '2.9 일반환경설정'**)

큰 이미지 파일(예: 총 크기가 1GB 이상)로 작업하는 경우 MAXQDA 파일이 작게 유지되고 잘 보호되도록 외부에 저장하는 것이 좋습니다. 최적의 성능을 위해 외부에 저장된 파일을 로컬 하드디스크에 저장 가능하면 네트워크(네트워크 드라이브 또는 클라우드)가 아닌 위치에 두는 것이 좋습니다.

② 이미지 영역 코딩

이미지 문서에서 마우스로 선택한 영역 주위에 사각형의 프레임을 그릴 수 있습니다. 나중에 텍스트 구절처럼 코딩할 수 있습니다. 즉, 테두리에 코드로 끌어서 놓을 수 있습니다.

③ 이미지 회전 및 확대

이미지 문서가 **문서브라우저**Document Browser에 표시되면 이미지를 볼 수 있는 여러 아이콘이 도구모음에 나타납니다. 이미지를 확대/축소할 수 있고, 시계방향으로 회전할 수도 있습니다.

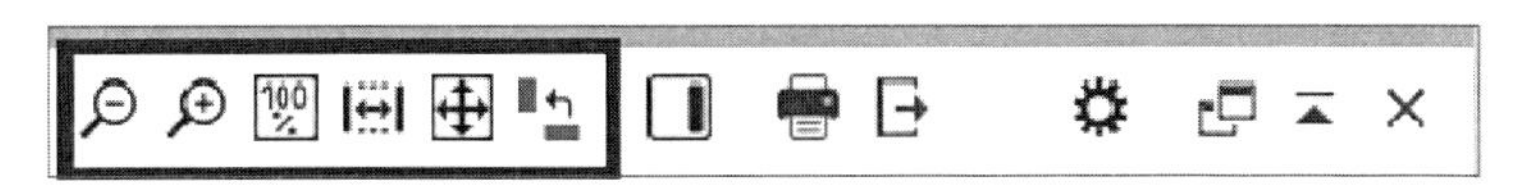

그림 3.14 이미지를 보는 문서브라우저의 도구모음

3.8 오디오 · 비디오 파일 가져오기

3.8.1 오디오 · 비디오 파일 가져오기

앞서 '3.2 데이터 가져오기와 문서그룹 만들기'에서 설명한 대로 오디오와 비디오파일을 MAXQDA로 가져올 수 있습니다.

- **문서시스템**Document System의 도구모음에서 **문서 가져오기 아이콘** 을 클릭.
- **가져오기**Import 탭에서 **오디오**Audios 또는 **비디오**Videos 아이콘을 클릭.

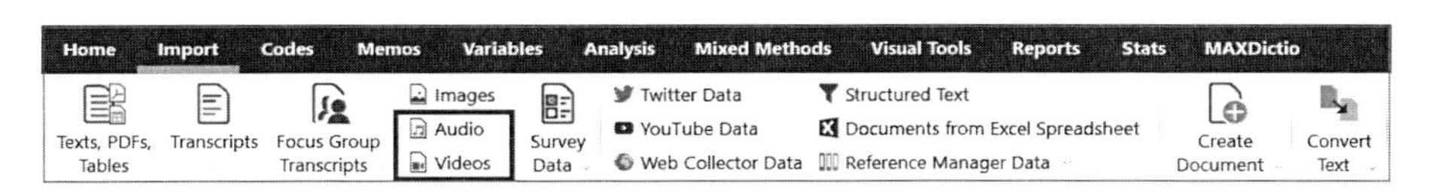

그림 3.15 가져오기(Import) 탭에서 오디오 · 비디오파일 가져오기

오디오·비디오 파일은 일반적으로 MAXQDA로 직접 가져오지 않습니다. 대신 MAXQDA **외부파일용 저장폴더**에 저장되고 필요한 경우 대화내용을 저장할 수 있는 텍스트문서에 링크됩니다.

오디오 또는 비디오 파일을 가져올 때 MAXQDA는 미디어 파일의 이름으로 새 텍스트 문서를 만들고 새로 추가된 문서에 삽입된 미디어 파일을 지정합니다. 미디어 파일 자체는 MAXQDA **외부파일용 저장폴더**에 저장됩니다. 같은 이름의 파일이 **외부파일용 저장폴더**에 이미 존재하는 경우 MAXQDA는 기존 파일을 덮어쓸지 여부를 묻습니다. MAXQDA **일반환경설정**에서 **외부파일용 저장폴더**의 위치를 조정할 수 있습니다. 설정은 창의 오른쪽 상단 모서리에 있는 기어모양 아이콘을 클릭해 엽니다.

문서시스템Document System에서는 문서기호 외에 추가기호(오디오파일은 음표 , 비디오파일은 비디오카메라)로 연결된 미디어 파일이 있는 텍스트문서를 인식합니다.

3.8.2 기존 대화내용을 오디오 또는 비디오 파일에 지정

오디오 또는 비디오 파일을 가져오는 동안 MAXQDA는 미디어 파일에 지정할 **전사본**transcript이 이미 있는지 묻습니다. Yes를 선택하면 대화상자가 나타나서 전사본 파일을 선택할 수 있습니다.

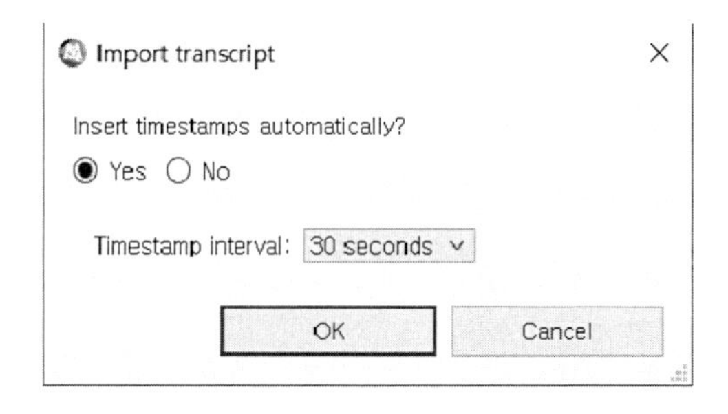

그림 3.16 자동생성될 타임스탬프 선택 옵션

그림 3.16과 같이 선택한 **전사본**에 **타임스탬프**time stamps가 포함되어 있지 않으면 MAXQDA는 자동생성 여부를 묻습니다. MAXQDA는 선택한 시간 간격으로 **전사본**에 타임스탬프를 자동으로 삽입하여 선택한 텍스트 구절의 원래 소리를 더 쉽게 들을 수 있습니다.

3.8.3 텍스트 문서에 오디오/비디오 파일 지정

기존 텍스트 문서에 미디어 파일을 지정할 수도 있습니다. **문서시스템**에서 문서를 마우스 오른쪽 버튼으로 클릭하고 **속성**Properties을 선택합니다. 여기에서 미디어 파일에 대한 링크를 언제든지 지정하거나 변경할 수 있습니다. 이 작업을 더 빨리 수행하려면 문서를 마우스 오른쪽 버튼으로 클릭하고 **오디오/비디오 파일 연결**Link Audio/Video file을 선택합니다.

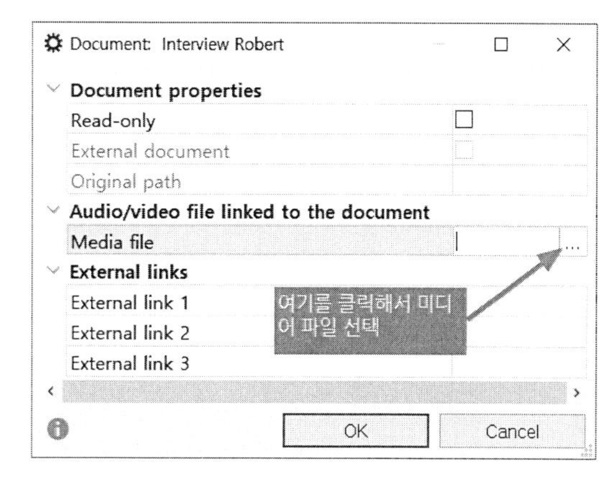

그림 3.17 문서에 오디오/비디오 파일 지정

3.9 표문서 가져오기

3.9.1 표로 된 문서 가져오기

앞서 '3.2 데이터 가져오기와 문서그룹 만들기'에서 안내한 대로 Excel 문서를 MAXQDA로 가져올 수 있습니다.

- **문서시스템**Document System의 도구모음에서 **문서 가져오기 아이콘** 을 클릭.
- **가져오기**Import 탭에서 **텍스트**Texts, PDF, **표**Tables 아이콘을 클릭.(▶ 그림 3.8 참조)

Excel 스프레드시트 문서를 MAXQDA 프로젝트로 가져올 때 알아둘 사항:

- Excel 통합문서의 첫 번째 워크시트를 가져옵니다.
- Excel의 숨겨진 열도 가져옵니다.
- 열은 순서에 따라 번호가 매겨지며 첫 번째 행의 내용이 열 머리글로 사용됩니다.
- 표의 첫 번째 줄에 있는 항목이 제목으로 사용됩니다.

- 가져올 때 행 순서는 동일하게 유지됩니다.
- 글꼴이 표준화됩니다.

3.9.2 문서브라우저에서 표형식문서 보기

MAXQDA의 테이블 문서는 자동으로 포맷됩니다. 텍스트 형식은 수정할 수 없습니다. 문서브라우저의 도구모음의 확대/축소 아이콘을 사용하여 테이블을 확대/축소할 수 있습니다. 글꼴은 그에 따라 더 크거나 작게 표시됩니다. 행 높이는 자동으로 가장 큰 셀의 높이로 설정됩니다.

참/고/

스프레드시트를 가져올 때 Excel 문서의 순서에 따라 열Column에 번호가 지정됩니다. 번호는 각 열 머리글의 시작부분에 있으며 가져오기 후에 변경할 수 없습니다.

가져오는 동안 가져온 문서의 첫 번째 줄이 제목줄로 복사됩니다. 열을 마우스 오른쪽 버튼으로 클릭하고 항목 **편집**Edit을 선택하여 제목을 수정할 수 있습니다. 열의 제목줄의 컨텍스트메뉴를 실행(마우스 오른쪽 버튼)해 다음 옵션을 열 수 있습니다.

Hide column
Edit
Select columns
Reset sorting

그림 3.18
스프레드시트 열 제목줄의 컨텍스트 메뉴

- **숨기기**Hide column: 열을 숨깁니다.
- **편집**Edit: 열 제목 및 열 유형을 수정합니다.
- **열 선택**Select columns: 표시할 열을 선택하는 창을 엽니다.
- **정렬 리셋**Reset sorting: 가져온 후 원래 순서로 복원합니다.

① 스프레드시트 문서 편집

개별 셀의 내용을 수정할 수 있습니다. 문서브라우저의 오른쪽 상단 모서리에 있는 **편집모드 켜기/끄기** 버튼을 활성해야 가능합니다. 셀 내에 단락을 삽입하려면 Alt키를 누른 상태에서 Enter키를 누르면 됩니다.

② 표형식 문서 코딩

모든 셀 내의 모든 텍스트 구절을 코딩할 수 있습니다. 먼저 내용을 선택하기 위해 셀을 두 번 클릭합니다. 그러면 셀의 윤곽선이 노란색으로 표시되고 텍스트 구절을 표시할 수 있습니다. 셀을 한 번만 클릭하면 셀의 윤곽선이 파란색으로 표시됩니다. 단순히 셀의 지정된 것을 표시합니다. 스프레드시트와 같은 표형식의 문서에서도 모든 일반적인 MAXQDA **코딩**Coding 옵션을 사용할 수 있습니다. **메모**Memo기능도 같습니다.

③ 표형식 문서 내보내기

표형식 문서는 MAXQDA에서 직접 인쇄할 수 없습니다. 그러나 Excel 형식으로 내보낼 수 있습니다. **문서브라우저**Document Browser에서 **표시된 문서 내보내기**Expoet displayed document 버튼 을 클릭하면 됩니다. 또 **메인메뉴**에서 **보고서**Reports 〉 **인쇄**Print 〉 **표시된 문서**Displayed Document를 선택합니다. 또는 **문서시스템**에서 문서를 마우스 오른쪽 버튼으로 클릭하고 **문서 내보내기**Expoet document를 선택할 수 있습니다.

3.10 전사파일 가져오기

MAXQDA를 사용하면 녹음내용을 쉽게 글로 기록할 수 있습니다. MAXQDA는 자동 발언자Speaker교환, 단축키 및 타임스탬프를 통한 자동완성과 같은 모든 표준전사기능을 제공합니다. 즉, 전사를 오디오 또는 비디오파일과 완벽하게 동기화할 수 있습니다. 여기서는 MAXQDA에서 전사transcribing를 위한 모든 기능을 소개합니다.

사실 연구자들에게 전사작업ranscribing은 힘들고 번거로운 작업입니다. 연구자들은 전사프로그램, 받아쓰기 프로그램, 스피치투텍스트Speech to text 기능을 다양하게 활용합니다. 그러나 전사프로그램은 주로 외국산이고 서양언어를 비교적 잘 처리합니다. 스피치투텍스트 기능도 많이 진전되었으나 완벽하지 않아 실제 녹음내용과 대조작업에 많은 시간이 소요되기 때문에 실용성이 부족합니다.

또한 MAXQDA를 사용하면 f4/5 transcript, Inqsubscribe 또는 Transscriber Pro를 비롯한 특수전사 소프트웨어를 사용하여 자동으로 생성된 전사본transcripts을 가져올 수 있습니다. 후자는 일반적으로 전문 전사업체가 사용자의 녹음을 전사한 경우입니다.

이러한 소프트웨어로 만든 기록에는 일반적으로 특정 오디오 또는 비디오파일에 해당하는 타임스탬프timestamps가 들어 있습니다. MAXQDA에는 이러한 타임스탬프를 자동으로 삽입합니다. 대부분의 전사프로그램은 표준텍스트 형식으로 전사기록을 만들기 때문에 변환없이 MAXQDA로 직접 가져올 수 있습니다.

전사기록을 만들 때 단락 내에서 알아듣기 어려운 지점뿐만 아니라 단락 끝에 타임스탬프를 삽입하는 것이 좋습니다. 타임스탬프를 사용하면 클릭 한 번으로 원본 오디오파일을 열고 재생할 수 있습니다.

3.10.1 타임스탬프 없이 전사기록 가져오기

전사파일에 타임스탬프가 없는 경우 **가져오기**Import > **전사파일**Transcripts > **타임스탬프 없는 전사파일**Transcripts without Timestamps 을 통해 가져올 수 있습니다. 또는 Windows 탐색기에서 **문서시스템**Document System으로 전사파일을 드래그하기만 하면 됩니다.

3.10.2 타임스탬프 있는 전사기록 가져오기

해당 오디오 또는 비디오 파일과 결합된 **전사파일**transcripts 가져오기:

❶ 가져오려는 모든 전사파일transcripts에 대해 적절한 오디오 또는 비디오 파일이 있는지 확인. 같은 폴더에 같은 이름으로 전사기록과 미디어파일 사용 가능.

❷ MAXQDA에서 **가져오기**Import 탭에서 **전사**Transcripts기능을 선택.

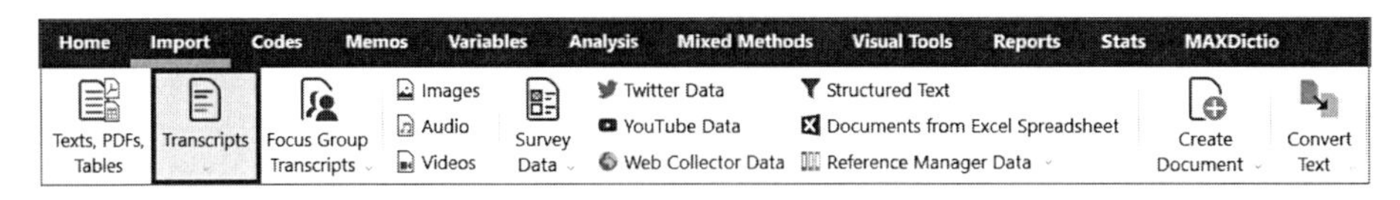

그림 3.19 타임스탬프 있는 전사파일 가져오기

❸ 드롭다운 메뉴에서 전사기록을 만드는데 사용한 전사소프트웨어 항목을 선택. 사용한 소프트웨어를 모르는 경우 **타임스탬프가 있는 전사파일**Transcript with Timestamps 선택.

❹ 가져올 전사파일을 선택하는 대화창 표시. Ctrl키를 누르면 여러 전사파일 선택 가능.

❺ **열기**Open를 클릭하면 MAXQDA가 파일에서 타임스탬프를 검색하고 연결된 미디어파일을 요청. 열린 대화창에서 해당항목을 선택하고 **열기**Open를 클릭. 전사파일에 미디어파일을 연결하지 않으려면 **취소**Cancel를 클릭. MAXQDA는 미디어파일 없이 전사파일을 가져올지 여부와 타임스탬프를 텍스트에 유지할지 물음.

① 전사소프트웨어의 종류

MAXQDA가 전사파일을 가져올 수 있는 자동 음성인식 기능을 가진 전사transcript 앱들은 다음과 같습니다. **가져오기**Import > **전사파일**Transcripts을 클릭했을 때 나타나는 목록은 다음 그림 3.20과 같습니다.

Transcripts with Timestamps
Transcripts without Timestamps
From AmberScript
From HappyScribe
From Otter.ai
From Simon Says
From Sonix
From TEMI
From Trint
From easytranscript
From f4/f5transkript
From HyperTRANSCRIBE
From Inqscribe
From Rev
From Transana
From Transcribe
From Transcriber Pro
From Transcriva

그림 3.20 전사파일 종류

② 전사파일을 가져온 후의 변화

- MAXQDA는 전사파일로 새 텍스트 문서를 생성.
- 오디오 또는 비디오파일이 외부파일용 폴더로 복사되고 **전사파일**Transcripts에 지정.
- 관련 미디어파일이 있는 텍스트문서는 문서시스템의 특수기호(오디오파일은 음표 🎵, 비디오파일은 비디오카메라 🎥)로 인식.

MAXQDA는 전사파일의 타임스탬프를 내부 MAXQDA 타임스탬프 및 타임스탬프 표의 항목으로 변환하는 동시에 텍스트에서 타임스탬프를 제거하여 가독성을 높입니다: 타임스탬프의 연혁은 텍스트에서 확인됩니다. 이전 시간보다 앞선 시간을 참조하는 타임스탬프가 제거됩니다.

3.10.3 지원되는 타임스탬프 포맷

MAXQDA는 전사파일에서 다음 표 3.1과 같은 타임스탬프 형식을 자동으로 인식합니다.

표 3.1 MAXQDA가 자동으로 인식하는 타임스탬프 포맷

소프트웨어	타임스탬프 형식Timestamp format
easytranscript, f4 및 f5transcript	#hh: mm: ss-x #
HyperTRANSCRIBE	[hh: mm: ss.xxx]
Inqscribe Transcriva	[hh: mm: ss.xx]
Transana	(h: mm: ss.xx)
Transcribe	[hh: mm: ss]
Rev, HappyScribe	[hh: mm: ss]
Transcriber Pro	hh: mm: ss
일반	hh: mm: ss.x
	hh: mm: ss.xx
	[h: mm: ss]

3.11 Excel의 설문조사데이터 가져오기

3.11.1 Excel에서 설문조사데이터 및 기타 구조화된 데이터 가져오기

MAXQDA를 사용하면 XLS/S 형식의 Excel 스프레드시트의 구조화된 문서를 가져올 수 있습니다. 그동안 개별 표의 셀이 자동으로 코딩됩니다. 또한 개별 텍스트에 변수값을 지정할 수 있습니다. 이는 특히 표준화된 개방형 답변을 사용하여 (온라인)설문조사를 가져올 때 유용합니다.

3.11.2 Excel 표의 구성규칙

MAXQDA로 가져오면 표의 각 행은 새로운 문서가 되며, 여기서 셀의 내용은 문서내용을 형성하고 각 열 헤더로 코딩됩니다. Excel 표의 구조는 표준화된 설문조사의 데이터 매트릭스 원리에 해당합니다. 이 논리는 아래 표 3.2에 설명되어 있습니다.

MAXQDA로 가져오면 표의 각 행은 새로운 문서가 되며, 여기서 셀의 내용은 문서내용을 형성하고 각 열 헤더로 코드화됩니다. Excel 테이블의 구조는 표준화된 설문조사의 데이터 매트릭스 원리에 해당합니다. 이 논리는 아래 표 3.2에 설명되어 있습니다.

표 3.2 Excel의 설문조사 데이터의 구성의 예

문서그룹	ID [문서명]	긍정적인 피드백 [개방형질문 1]	부정적인 피드백 [개방형질문 2]	나이 [변수1]	사전지식 [변수2]
그룹 A	사람 1	훌륭한 회의!	음식은 조금 빡빡했습니다	22	높음
그룹 A	사람 2	오랫동안 들은 최고의 기조연설		25	중간
그룹 B	사람 3	저는 특히 콘퍼런스 전 워크숍을 즐겼습니다	없음	21	중간
그룹 B	사람 4	훌륭합니다 - 계속하세요!	앞으로 워크숍을 더 길게 만드세요	31	낮음

표의 각 행은 사례case에 해당합니다. '개방형질문 1'과 '개방형질문 2' 열에는 각 질문에 대한 응답자들의 응답이 들어 있습니다. 변수 열에는 각 사례에 대한 표준화된 정보가 들어 있습니다. 특히 중요한 것은 표의 개별 행을 MAXQDA의 **문서시스템**Document System에 있는 문서에 지정하는 처음 두 열 **문서그룹**Document Group과 **문서명**Document Name입니다.

3.11.3 가져오기 프로세스의 시작

Excel 파일에서 설문조사데이터를 가져오려면 **가져오기**Import 탭에서 **조사데이터**Survey Data > **Excel 스프레드시트에서 데이터 가져오기**Import data from Excel spreadsheet 기능을 선택합니다. **Excel 스프레드시트에서 문서**Documents from an Excel Spreadsheet 기능에서도 가져올 수 있습니다. 그러나 원칙적으로 두 경로 모두 같은 결과를 나타냅니다.

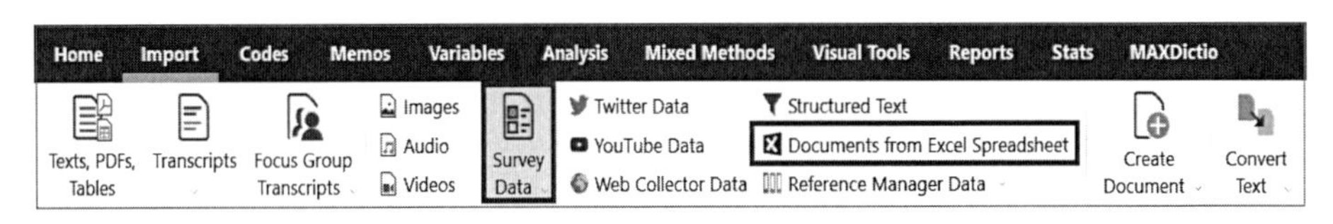

그림 3.21 엑셀 조사파일 가져오기

① 가져오기 설정

기능을 불러온 후 파일 대화상자에서 원하는 Excel 파일을 선택해야 합니다. 가져오기 설정을 입력할 수 있는 창이 열립니다(참조: 그림 3.22).

대화상자의 상단 2개의 설정은 **문서그룹**document group과 **문서명**document name이 들어있는 열을 결정합니다. 문서그룹과 문서명이라는 이름이 표에서 열 머리글로 사용되는 경우 MAXQDA가 자동으로 선택하지만 언제든지 변경할 수 있습니다.

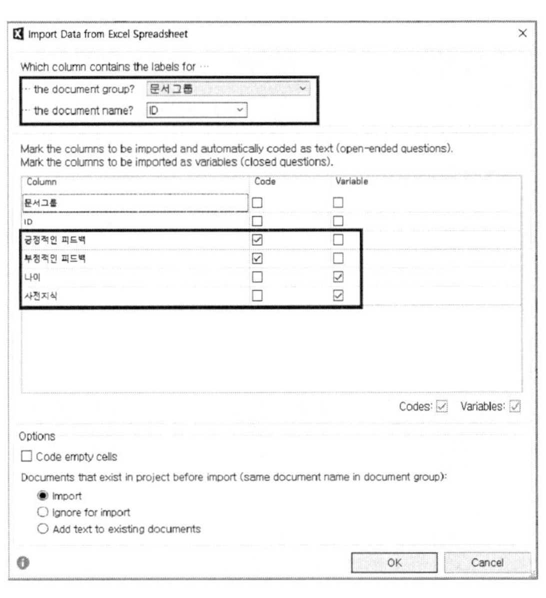

그림 3.22 Excel 스프레드시트에서 조사데이터 가져오기 설정

문서그룹 항목에 대해 '**새 문서그룹 생성**Creat new document group'을 선택하면 MAXQDA는 모든 문서를 새 문서그룹으로 자동으로 가져옵니다. 표에 문서그룹

이라는 제목의 열이 없는 경우 MAXQDA는 이 옵션을 자동으로 선택합니다.

참/ 고/

설문조사 데이터를 가져올 때 문서명 열로 응답자의 ID를 선택하는 것이 좋습니다. 이렇게 하면 이후에 데이터를 통계소프트웨어로 내보내는 동안에도 사례에 대한 응답 연결의 모호성을 피할 수 있습니다.

중간 섹션에서 코딩한 텍스트 또는 변수로 가져올 열을 선택할 수 있습니다. **코드**Code와 **변수**Variable를 모두 선택하면 MAXQDA는 이 열의 내용을 코딩한 텍스트와 변수로 모두 가져옵니다.

3.11.4 Excel 조사자료에서 가져온 텍스트

예제에서 빈 MAXQDA 프로젝트로 엑셀 조사데이터를 가져오면 다음 그림 3.23과 같이 나타납니다.

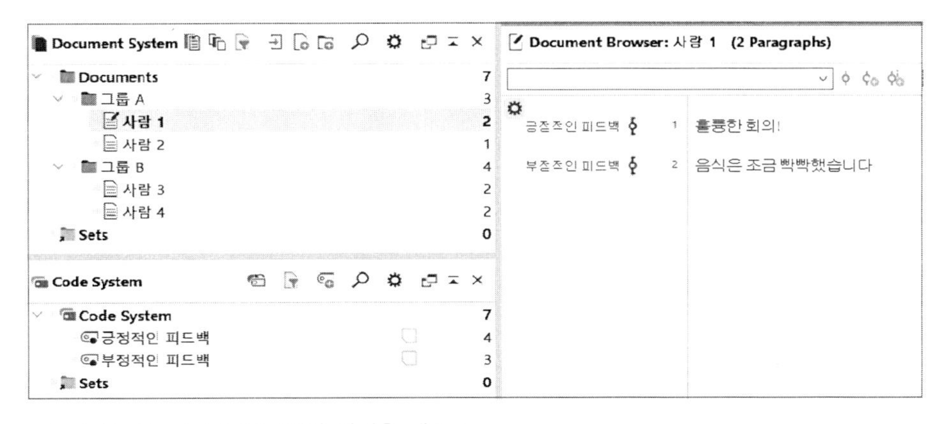

그림 3.23 Excel 조사자료에서 가져온 텍스트

가져올 때 MAXQDA는 다음과 같이 진행됩니다.

- 아직 존재하지 않는 새로운 **문서그룹**Document Group이 생성됩니다.
- 코드 열의 제목은 새 코드명으로 코드시스템에 삽입됩니다. 코드 열의 모든 텍스트 구절은 해당 열 제목으로 코딩됩니다. 각 열의 전체제목은 코드 메모Code memo에 기록됩니다.
- 변수가 아직 없으면 해당 변수가 생성됩니다. 각 문서에는 변수 열의 변수 값이 지정됩니다.

CHAPTER 04

인터뷰파일 전사하기

4.1 전사모드 Transcription mode
4.2 발언자 자동변경과 자동입력
4.3 타임스탬프로 녹음파일 위치 연결하기
4.4 타임스탬프 개요

CHAPTER 04

인터뷰파일 전사하기

앞서 '3.10 전사파일 가져오기'에서 언급한 바와 같이 많은 연구자들은 인터뷰 녹음을 자동으로 기록할 수 있는 소프트웨어가 있기를 바랍니다. 그러나 불행히도 완벽하게 믿을만한 방법은 아직 없습니다. 그래서 대부분의 경우 전통적인 방식으로 인터뷰녹음을 전사transcribe해야 합니다. MAXDQA의 전사모드Transcription Mode는 이 작업을 훨씬 쉽도록 도와줍니다. 이러한 결정적 도움에도 불구하고 전사에는 여전히 많은 시간과 노력이 필요합니다. 그러나 언제든지 녹음파일을 재생할 수 있고 타임스탬프를 통해 녹음의 관심지점으로 빠르게 이동할 수 있다는 점은 든든한 힘이 됩니다. 비디오녹화 전사는 모든 경우에 절대적으로 필요한 것은 아니므로 자료의 특정부분만 전사할 수도 있습니다(▶ **참조: 3.10.2 타임스탬프 있는 전사기록 가져오기**)

4.1 전사모드Transcription mode

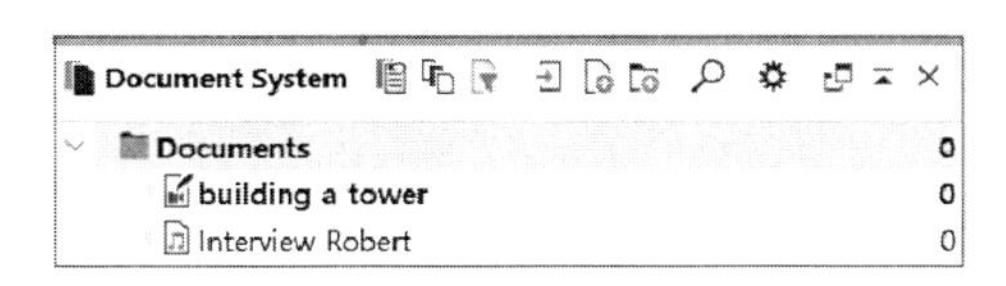

그림 4.1 오디오와 비디오파일을 표시하는 특수 아이콘

MAXQDA를 사용하면 멀티미디어 브라우저에서 오디오와 비디오파일을 전사transcribe할 수 있습니다. MAXQDA에서 첫 번째 전사작업transcription을 시작하려면 먼저 **가져오기**Import 탭에서 오디오 또는 비디오 아이콘을 클릭하여 오디오 또는 비디오파일을 가져와야 합니다.

녹음을 가져올 때 오디오 또는 비디오 파일이 지정되고 스크립트를 작성할 수 있는 빈 텍스트 문서가 **문서시스템**Document System에 생성됩니다. 연결된 미디어 파일이 있는 이러한 텍스트 문서는 문서시스템의 특수기호로 쉽게 알아볼 수 있습니다. 오디오파일의 전사본에는 음표와 비디오파일의 전사본에는 비디오 카메라가 있습니다(**▶ 참조: 3.10.2 타임스탬프 있는 전사기록 가져오기**).

4.1.1 전사모드 켜기

오디오 또는 비디오 자료에 마우스 오른쪽 버튼으로 클릭하고 **오디오파일 전사하기**Transcribe Audio File 또는 **비디오파일 전사하기**Transcribe Video File 옵션을 선택합니다. 이렇게 하면 전사모드Transcription Mode를 켤 수 있습니다.

- 멀티미디어 브라우저Multimedia Browser가 화면 상단에 표시.
- 전사본transcript이 있는 문서브라우저가 바로 아래에 표시되며, 여기서 전사기록을 작성.
- 전사에 대한 설정을 조정할 수 있는 대화창이 멀티미디어 브라우저의 왼쪽에 표시.

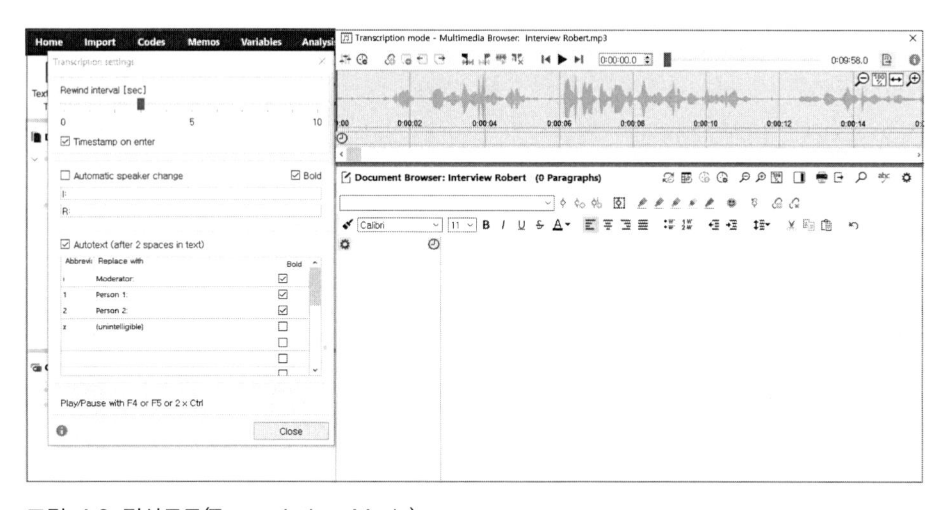

그림 4.2 전사모드(Transcription Mode)

4.1.2 전사 시작하기

이제 오디오녹음을 재생하면서 받아쓰기를 시작할 수 있습니다.

- 재생 및 일시 중지하려면 F4키 또는 F5키를 누릅니다.
- 또는 Ctrl(Windows)키를 연속으로 두 번 눌러도 됩니다.
- 또는 멀티미디어 브라우저에서 **재생**play 및 **일시중지**pause 아이콘을 사용합니다.

오디오파일의 특정지점으로 빠르게 이동하려면 멀티미디어 브라우저 창에서 슬라이드 컨트롤을 사용하거나 F12(5초 앞으로 가기), Shift + F12(5초 되감기)를 사용합니다.

전사 텍스트는 5분마다 프로젝트 파일에 자동으로 저장됩니다. 이 시간 간격은 기본환경설정에서 변경할 수 있습니다. 환경설정창을 열려면 MAXQDA 창의 오른쪽 상단에 있는 기어 아이콘을 클릭합니다.(▶ **참조: 2.9 일반환경설정**)

4.1.3 되감기 간격, 재생속도 조정

되감기 간격은 기본적으로 2초로 설정되어 있으므로 재생을 다시 시작할 때 흐름을 이어갑니다. 이 간격은 전사설정transcription settings에서 0~10 초 사이의 시간으로 언제든지 조정할 수 있습니다.

필요하지 않은 경우 전사설정 창을 닫을 수 있습니다. 멀티미디어 브라우저의 왼쪽에 있는 전사설정 아이콘(⚙)을 클릭하여 언제든지 열 수 있습니다(그림 4.4).

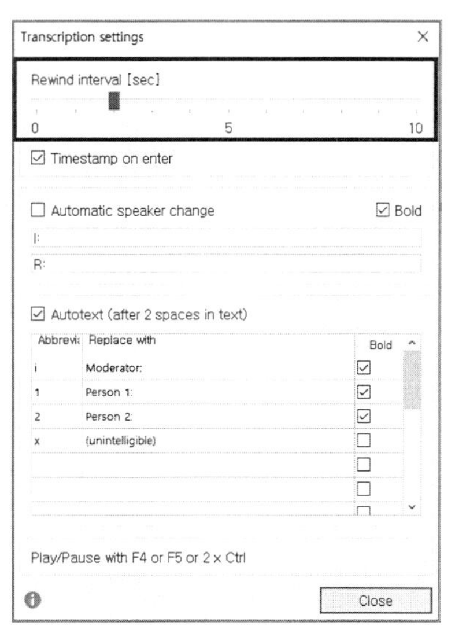

그림 4.3
전사설정(transcription settings)에서 되감기 간격 조정하기

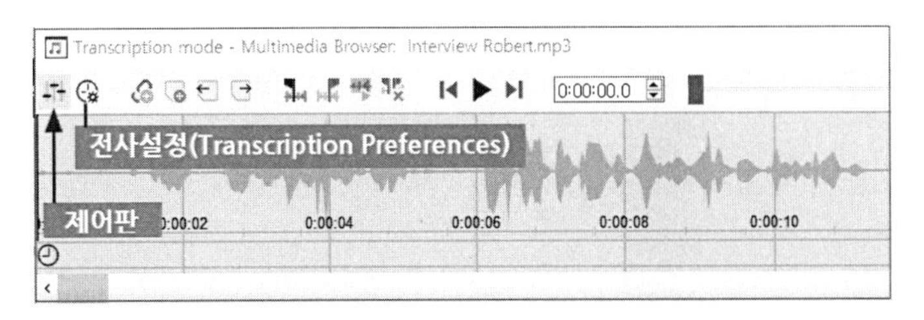

그림 4.4 전사설정과 제어판 열기

볼륨 및 재생속도를 조정하려면 멀티미디어 브라우저에서 **제어판**Control panel 아이콘을 클릭합니다. 다음 그림 4.5와 같은 대화창이 나타나서 볼륨과 재생속도를 조절할 수 있습니다.

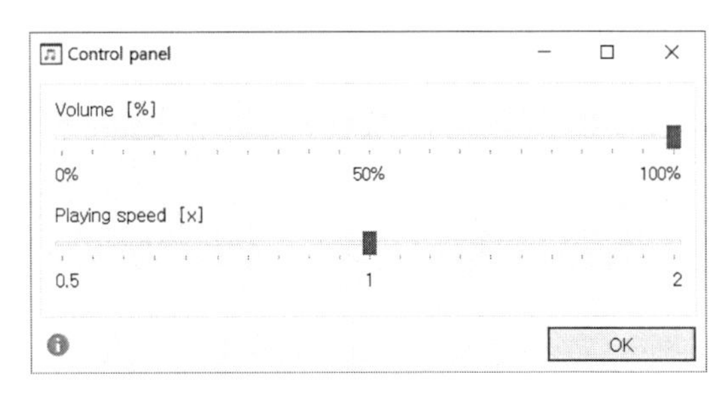

그림 4.5 제어판에서 볼륨과 재생속도 조절

4.1.4 전사 시작과 중지

전사모드는 언제든지 시작하고 중지할 수 있습니다. 멀티미디어 브라우저를 닫으면 됩니다.

전사작업을 다시 시작하려면 문서를 마우스 오른쪽 버튼으로 클릭하고 **오디오파일 전사하기**Transcribe audio file 또는 **비디오파일 전사하기**Transcribe video file를 선택합니다.

4.2 발언자 자동변경과 자동입력

전사작업을 할 때 가장 번거로운 작업 중 하나는 교대로 나타나는 발언자명과 단락구분입니다. MAXQDA는 다음 두 가지 기능을 사용하여 전사작업을 단순화해 줍니다.

4.2.1 발언자Speaker 자동변경

두 명의 발언자speaker를 사용하여 녹음을 텍스트로 변환할 때 전사설정transcription settings에서 발언자 자동변경automatic speaker change을 켤 수 있습니다. 결과적으로 각각의 새 단락은 자유롭게 정의할 수 있는 이름, 별명 또는 약어로 자동으로 시작됩니다. 다음 차례를 따릅니다.

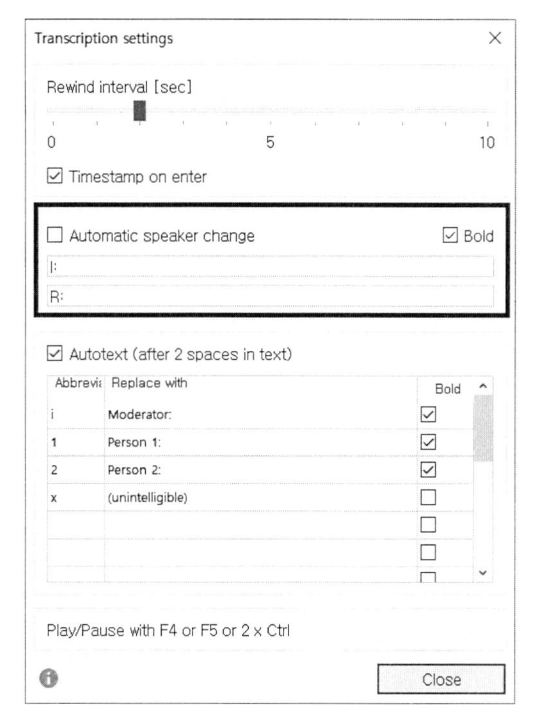

그림 4.6 전사설정에서 발언자 자동변경

❶ 연결된 오디오 또는 비디오파일이 있는 텍스트 문서를 마우스 오른쪽 버튼을 클릭하고 **오디오파일 전사하기**Transcribe audio file/**비디오파일 전사하기**Transcribe video file를 선택하여 전사모드를 시작합니다.

❷ **전사설정**Transcription Settings 대화창에서 **발언자 자동변경**Automatic speaker change 옵션을 선택합니다.

❸ 각 발언자의 이름을 입력합니다. 맨 끝에 공백을 추가하는 것이 좋습니다.

❹ 각 이름을 강조하려면 **굵게**Bold 옵션을 선택합니다.

그림 4.7과 같이 두 발언자speaker의 이름이 'I:' 와 'R:'로 표시되어 있으면 전사기록의 각 단락변경에 따라 이름이 자동으로 입력되어 많은 시간과 노력을 절약할 수 있습니다.

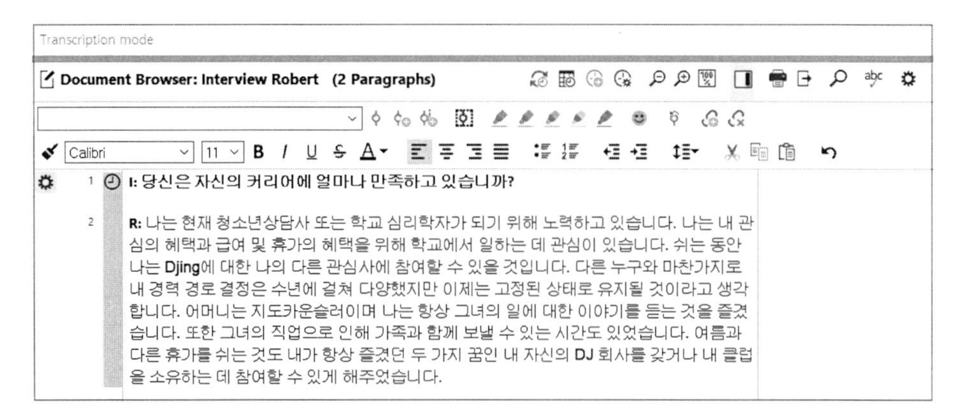

그림 4.7 발언자 자동변경 입력

4.2.2 그룹인터뷰에서 상용구 자동입력Autotext

그룹인터뷰를 전사할 경우 **전사설정**Transcription Settings에서 스페이스바를 두 번 누르면 자동으로 텍스트가 입력되는 약어를 정의할 수 있습니다. 이것은 여러 발언자와 함께 그룹인터뷰나 토론을 전사할 때 특히 유용합니다. 발언자의 이름을 단축키로 입력할 수 있고 많은 타이핑을 절약할 수 있기 때문입니다. 또한, 자주 반복되고 괄호가 있는 전사요소를 입력하기 어려운 경우(예: '(이해할 수 없음)' 또는 '(2)'를 2초 동안의 의미로 사용할 수도 있습니다.

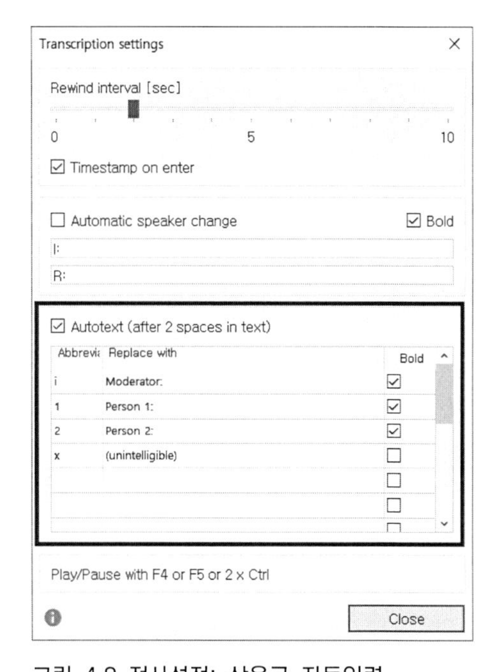

그림 4.8 전사설정: 상용구 자동입력

그림 4.8에 표시된 상용구는 기본적으로 모든 새 MAXQDA 프로젝트에 대해 정의됩니다. 약어는 최대 1자까지 가능합니다.

'굵게 Bold' 설정을 사용하여 텍스트를 굵게 입력할 수 있습니다.

자동텍스트는 프로젝트에 저장되어 필요한 자동텍스트를 다시 입력할 필요 없이 MAXQDA가 설치된 다른 컴퓨터에서도 사용할 수 있습니다.

총 15개의 자동텍스트를 저장할 수 있습니다. 전체 자동텍스트 기능은 전사설정Transcription settings에서 이 옵션을 끌 수도 있습니다.

4.3 타임스탬프로 녹음파일 위치 연결하기

타임스탬프를 사용하면 전사기록을 원본녹음과 연결하여 항상 원본사운드에 접근하고 이해하기 어려운 부분을 다시 들을 수 있습니다.

기본적으로, MAXQDA는 녹음된 단락의 각 끝에 자동으로 타임스탬프를 삽입합니다. 이것은 보통 발언자의 발언 끝에 위치합니다. 타임스탬프는 **문서브라우저**Document Browser의 별도 열에 시계모양 아이콘과 더불어 표시됩니다.

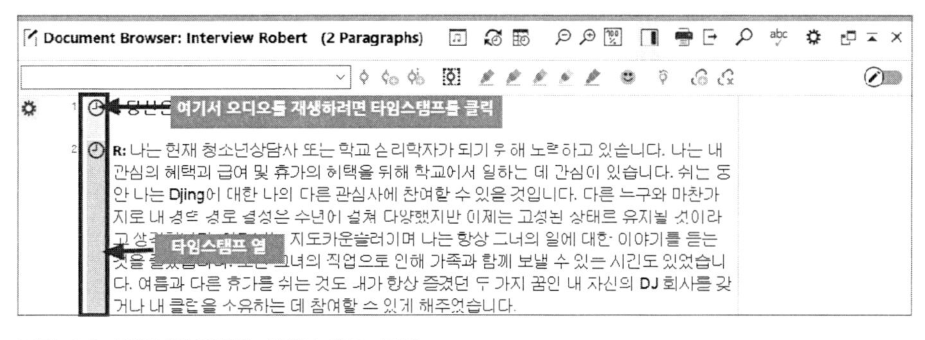

그림 4.9 문서브라우저의 타임스탬프 표시

타임스탬프 또는 두 타임스탬프 사이의 범위를 클릭하면 관련 오디오파일이 열리면서 저장된 위치에서 재생이 시작됩니다. 재생은 다음 타임스탬프에서 자동으로 끝납니다.

자동 타임스탬프 추가는 **전사설정**Transcription settings창에서 조정할 수 있습니다. 창이 숨겨져 있는 경우 멀티미디어 브라우저 왼쪽에 있는 전사설정 아이콘을 클릭하여 열면 됩니다.

참고

텍스트를 마우스 오른쪽 버튼으로 클릭하고 **타임스탬프 열 표시**Display Timestamp Column를 선택 취소하여 텍스트문서에서 타임스탬프 표시를 감출 수 있습니다.

4.3.1 수동으로 타임스탬프 추가

알아듣기 어려운 부분을 표시하는 등 타임스탬프를 전사기록에 수동으로 삽입할 수도 있습니다. 두 가지 방법이 있습니다.

- 문서브라우저Document Browser에서 **새 타임스탬프**New timestamp 아이콘을 클릭합니다.
- 또는 F6키를 누릅니다.

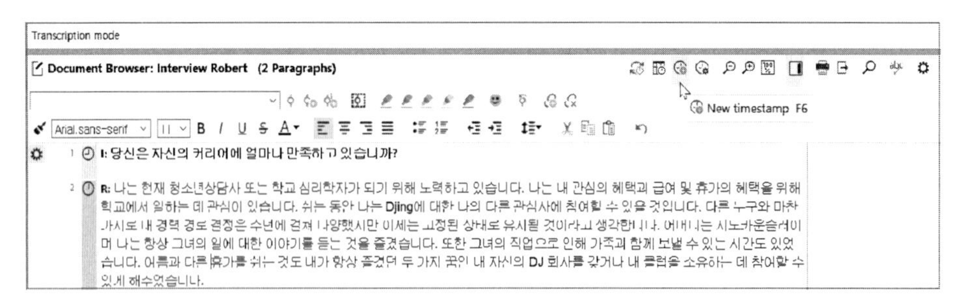

그림 4.10 수동으로 타임스탬프 추가

그런 다음 MAXQDA는 커서가 텍스트에 있는 위치에 타임스탬프를 추가하며, 왼쪽 여백의 타임스탬프 열에 표시됩니다. 한 행에 여러 개의 타임스탬프를 추가할 수도 있지만 타임스탬프 열에는 하나의 타임스탬프만 표시됩니다.

새 타임스탬프New timestamps는 편집모드Edit mode와 전사모드transcription mode에서만 삽입할 수 있습니다.

4.3.2 타임스탬프 삭제

타임스탬프를 삭제하려면 마우스 버튼으로 클릭하고 컨텍스트메뉴(마우스 오른쪽 버튼)에서 **타임스탬프 삭제**Delete timestamp를 선택합니다.

현재 열린 전사기록의 모든 타임스탬프를 나열하는 **타임스탬프 개요**Overview of Timestamps에서 삭제할 수도 있습니다. 문서브라우저 상단에서 **타임스탬프 개요** 아이콘을 클릭하여 개요를 열 수 있습니다. 개요에서 하나 이상의 행을 지정하고 삭제 아이콘을 클릭하여 **타임스탬프 삭제**Delete timestamp할 수 있습니다.

4.3.3 전사와 소리를 동시에 보고 듣기

MAXQDA를 사용하면 전사기록transcription과 동시에 오디오 또는 비디오 파일을 재생할 수 있습니다. TV진행자를 위한 텔레프롬프터나 노래방과 같이 전사된 텍스트와 동기화된 미디어 파일을 볼 수 있습니다. 이를 통해 사운드재생과 함께 텍스트를 읽을 수 있습니다.

- 동기화된 재생을 시작하려면 문서브라우저Document Browser 도구모음에서 **동기화모드**Sync Mode 버튼을 클릭합니다.
- **재생기호** 또는 F4키를 클릭하여 시작합니다.

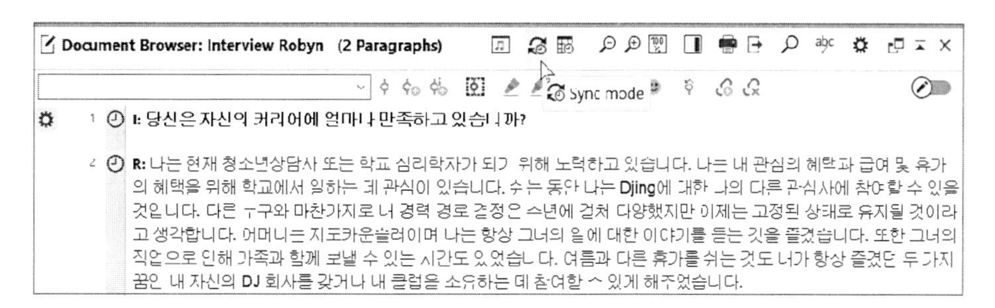

그림 4.11 문서브라우저에서 동기화모드 열기

동기화모드는 양방향으로 작동합니다. 슬라이더를 사용하여 재생위치를 변경하면 전사기록이 해당 텍스트 지점으로 이동합니다. 이는 미디어 파일의 아무 곳이나 클릭할 때도 작동하며, 그러면 재생위치가 변경됩니다.

4.4 타임스탬프 개요

타임스탬프 개요Overview of Timestamps에는 현재 열려있는 전사문서의 모든 타임스탬프가 나열됩니다. 이 개요를 열려면 문서브라우저 도구모음에서 **타임스탬프 개요**Overview of Timestamps 아이콘을 클릭합니다.

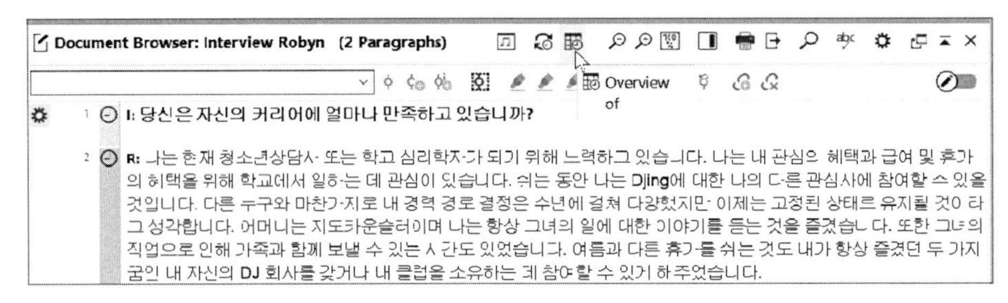

그림 4.12 타임스탬프 개요 열기

타임스탬프 개요에는 문서의 타임스탬프 전체를 행과 열이 있는 표 형태로 표시한 것입니다. 처음 두 열에는 해당 구절segment의 시작점과 끝점이 표시됩니다. 세 번째 열에는 특정 구절에 대한 간단한 설명을 작성할 수 있는 옵션이 있습니다. 기간Duration열은 각 구절의 길이를 나타냅니다.

Timestamps

Document: Interview Robyn

2 Timestamps

Beginning	End	Comment	Duration	Modified by	Modified
0:00:00.0	0:00:15.0	첫 번째 개방형 질문	0:00:15.0	SHJ	… 오후 4:14
0:00:15.0	0:09:58.0		0:09:43.0	SHJ	… 오전 3:48

그림 4.13 타임스탬프 개요

이 타임스탬프 개요 테이블과 **주석**Comment열은 모두 다른 MAXQDA 테이블처럼 작동합니다. 주석순서를 정렬하거나 주석을 검색합니다.

참고

주석Comment을 검색하려면 돋보기 모양 아이콘을 클릭하거나, 주석Comment열 헤더를 마우스 오른쪽 버튼으로 클릭하고 검색Search을 선택하면 됩니다.

타임스탬프 목록에 주석을 작성하는 옵션은 미디어파일의 섹션을 찾는 새로운 방법이 됩니다. 주석을 사용하여 특정 섹션을 구성하고 빠르게 찾아갈 수 있습니다. 행을 두 번 클릭하면 문서브라우저에서 텍스트의 해당 지점으로 이동하고 해당 지점에서 미디어 파일의 재생을 시작합니다.

CHAPTER 05

데이터 보기 및 편집

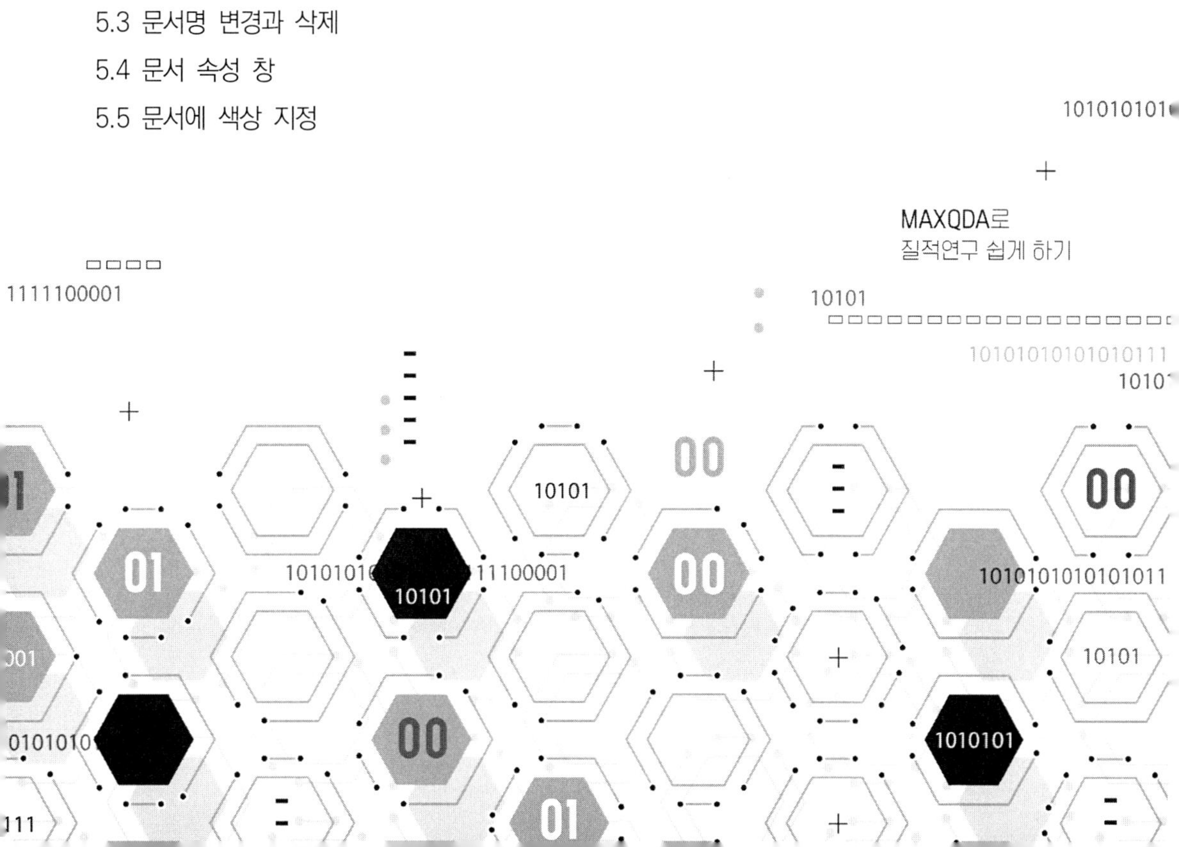

CHAPTER
05

데이터 보기 및 편집

5.1 데이터(문서) 보기

문서를 보고 편집하려면 문서가 열려 있어야 합니다. MAXQDA는 가장 최근에 가져온 문서를 자동으로 엽니다. MAXQDA에서 특정 문서를 열려면 다음을 수행합니다.

- 문서시스템Document System에서 문서를 두 번 클릭double-click하거나
- 문서시스템에서 문서를 마우스 오른쪽 버튼으로 클릭right-click하고 문서 열기Open document를 선택합니다.

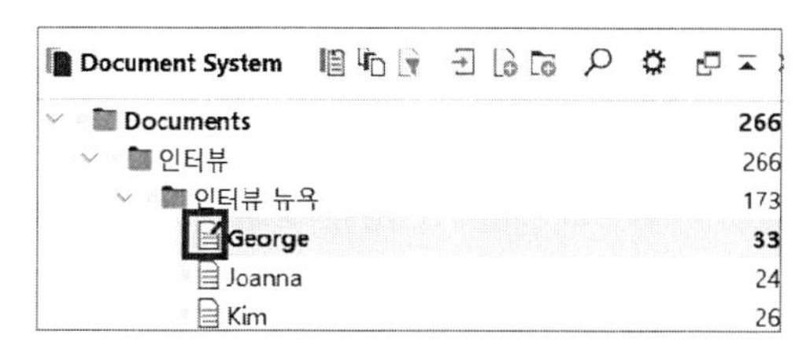

그림 5.1 문서보기 시 아이콘 변경

그러면 문서가 문서브라우저Document Browser에서 열리고 문서시스템의 문서명 옆에 있는 아이콘이 종이에서 연필이 있는 종이로 변경됩니다(그림 5.1).

이제 문서브라우저에서 문서작업을 시작할 수 있습니다. 문서 또는 이미지의 구절 또는 영역을 코딩하고, 메모를 첨부하고, 구절segments을 연결하고, 외부링크를 삽입하고, 텍스트를 편집하거나, 새 텍스트를 추가할 수 있습니다.

5.1.1 문서브라우저 설정하기

문서브라우저Document Browser 창에는 다음 그림 5.2와 같은 설정이 있습니다.

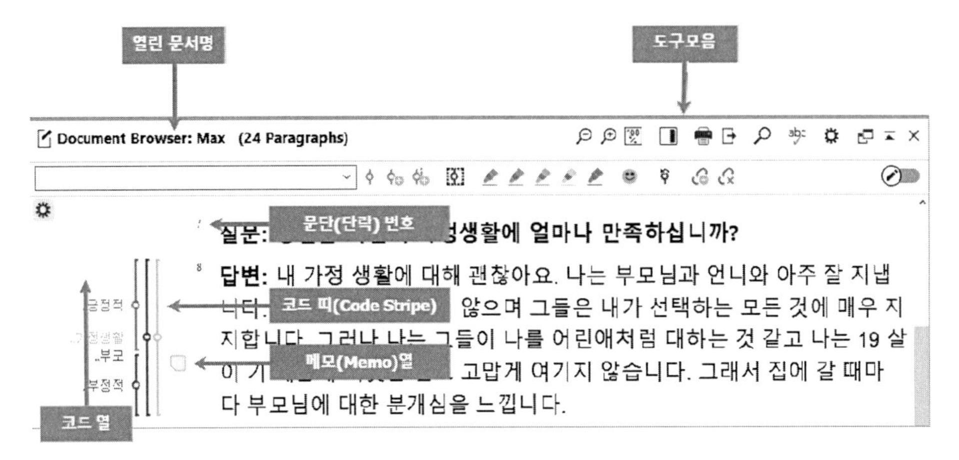

그림 5.2 문서브라우저 설정

문서브라우저 창 제목은 열려있는 문서명을 표시하고 오른쪽에는 확대/축소/원본 사이즈 등 표시 제어, 인쇄, 내보내기 및 검색아이콘이 있습니다. 코딩도구는 문서브라우저의 도구모음 바로 아래에 있으며, 문서를 코딩합니다. 문서의 코딩구절Coded segments은 이른바 코딩띠Codding Stripes로 측면의 회색 영역에 시각화됩니다. 메모 열Memo column에는 데이터에 메모가 있는 노란색 메모를 첨부할 수 있습니다.

텍스트의 경우 예와 같이 텍스트 바로 왼쪽에 단락번호가 있는 열이 있으며 비어있지 않은 각 문단은 MAXQDA가 연속번호를 부여합니다. 이 번호를 자료의 인용출처로 사용할 수 있습니다.

5.1.2 2개의 문서 창 열기

MAXQDA의 문서브라우저Document Browser에서는 하나의 문서만 열고 편집할 수 있습니다. 그러나 두 개의 문서를 각각 별도의 문서브라우저에서 동시에 열 수 있습니다. 이는 문헌리뷰를 수행하는 데 특히 유용합니다. 하나의 창에서

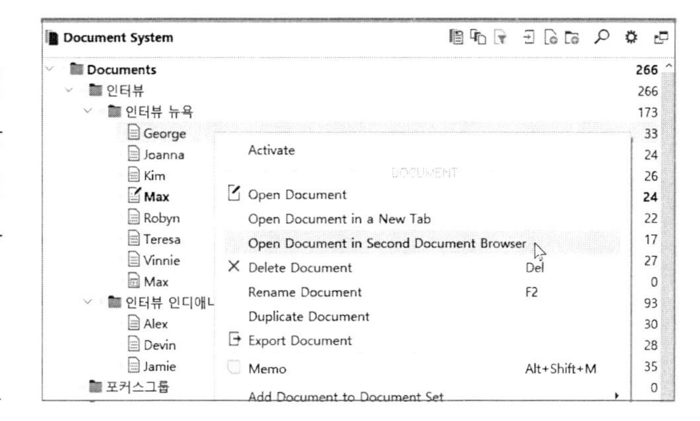

그림 5.3 두 번째 문서브라우저에서 문서열기

PDF문서를 열고 직접 코딩합니다. 두 번째 창에서 노트를 작성한 텍스트문서를 동시에 열고 코딩할 수 있습니다.

자체 문서브라우저에서 문서를 열려면 문서시스템에서 문서의 컨텍스트메뉴(오른쪽 버튼 클릭)에서 **두 번째 문서브라우저에서 문서열기**Open document in second Document Browser 옵션을 선택합니다. 두 번째 문서브라우저가 열리고 선택한 문서가 표시됩니다.

두 번째 문서브라우저로 작업하기 위해 다음 기능을 사용하면 작업이 더 쉬워집니다.

① 내부링크Internal links

문서 내의 내부링크를 클릭하면 두 번째 문서브라우저에서 열리고 원본 문서 또는 섹션은 계속 표시됩니다. 이렇게 하면 링크된 두 문서 섹션을 동시에 볼 수 있습니다. 내부링크를 삽입하는 방법은 다음과 같습니다.

❶ 마우스로 문서브라우저에서 텍스트 구절 또는 이미지 영역 일부를 선택합니다.

❷ 컨텍스트메뉴(오른쪽 버튼 클릭)에서 **내부링크 삽입**Insert Internal Link 옵션을 선택합니다. 또는 단축키 Ctrl + L을 사용하거나 문서브라우저의 **코딩 도구모음**에서 내부링크 삽입 아이콘( )을 클릭합니다. 선택된 텍스트 구절에서는 파란색 밑줄이 있는 파란색 링크가 나타납니다.

❸ 이제 동일한 문서 또는 다른 문서에서 링크의 대상지점을 선택하고 ❷단계를 반복합니다.

이렇게 하면 동일한 문서의 두 부분 또는 다른 문서의 링크 지점이 서로 연결됩니다.

참고

두 번째 문서브라우저가 열려 있으면 MAXQDA는 자동으로 다른 문서브라우저 창의 링크로 이동합니다. 이렇게 하면 두 개의 링크된 문서위치를 동시에 볼 수 있습니다.

② 문서 편집

두 번째 문서브라우저에서 언제든지 편집버튼( )을 클릭하여 편집모드로 전환하여 문서를 변경할 수 있습니다. 열려있는 두 문서 중 하나만 편집모드로 변경할 수 있습니다.

참고

두 문서브라우저에서 동일한 문서가 열려있으면 문서를 편집할 수 없습니다.

5.1.3 탭에서 문서열기

MAXQDA에는 문서브라우저에서 한 번에 둘 이상의 문서를 여는 옵션이 있습니다. 각 문서는 별도의 탭에서 열립니다. 이를 통해 문서들 사이를 빠르게 앞뒤로 전환할 수 있습니다. 탭에서 문서를 연 후에는 문서브라우저 상단의 해당 탭을 클릭하여 문서로 전환할 수 있습니다. Shift키를 누른 상태에서 문서를 두 번 클릭하거나 문서를 마우스 오른쪽 단추로 클릭하고 **새 탭에서 열기**Open in a new tab를 선택하여 탭에서 문서를 열 수 있습니다.

이 방식으로 문서를 열면 각 문서의 이름이 열려있는 문서브라우저 상단에 탭이 나타납니다. 해당 탭을 한 번 클릭하여 문서 간에 전환할 수 있습니다. 탭은 개별적으로 닫을 수 있습니다.

탭이 이미 열려있는 경우 문서시스템에서 일반적인 방식으로 열린 문서가 문서브라우저에서 현재 선택된 탭에 나타납니다.

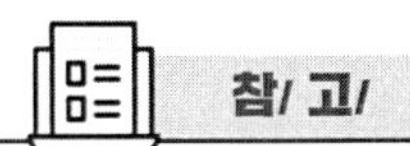

참고

문서그룹의 모든 문서를 탭으로 동시에 열려면 마우스 왼쪽 버튼을 사용하여 문서그룹을 문서브라우저로 끈 다음 놓습니다.

문서시스템 창의 **로컬설정**local preferences에서 문서가 기본적으로 새 탭에서 열리도록 설정할 수 있습니다. 문서시스템의 오른쪽 상단 모서리에 있는 기어모양 아이콘을 클릭하고 **탭에서 문서열기**Open documents in tabs 옵션을 선택하면 됩니다(그림 5.4).

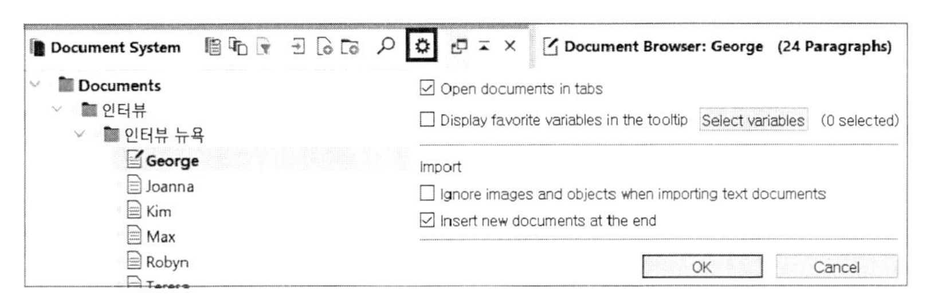

그림 5.4 문서시스템 로컬설정: 탭에서 문서열기

5.2 텍스트 문서와 표 편집

5.2.1 편집모드 켜기/끄기

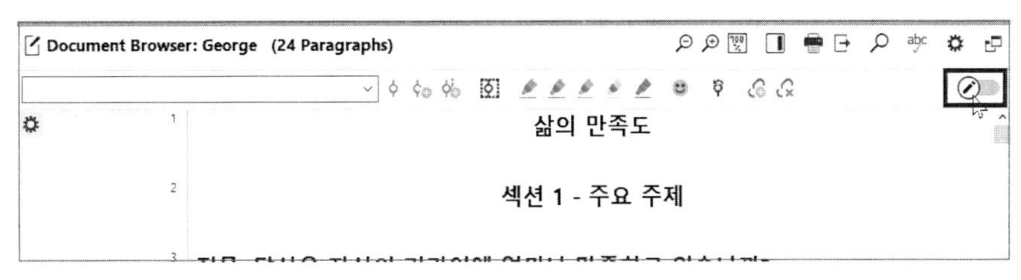

그림 5.5 편집모드 켜기 / 끄기

분석 중에 문서가 의도하지 않게 변경되는 것을 방지하기 위해 문서브라우저Document Browser에서 텍스트 문서와 표를 연 후에는 수정할 수 없습니다. 그러나 언제든지 **편집모드**Edit Mode에서 문서를 열 수 있습니다. 이를 통해 텍스트를 조정하여 예를 들어, 오타나 오류를 수정할 수 있습니다. MAXQDA에서 새 텍스트를 만들려면 편집모드를 활성화해야 합니다.

편집모드를 켜려면 다음과 같이 합니다.

- 아래 이미지와 같이 문서브라우저 도구모음에서 **편집모드**Edit Mode 아이콘을 클릭합니다(참조: 그림 5.5).
- 또는 단축키 Ctrl + E를 사용합니다.

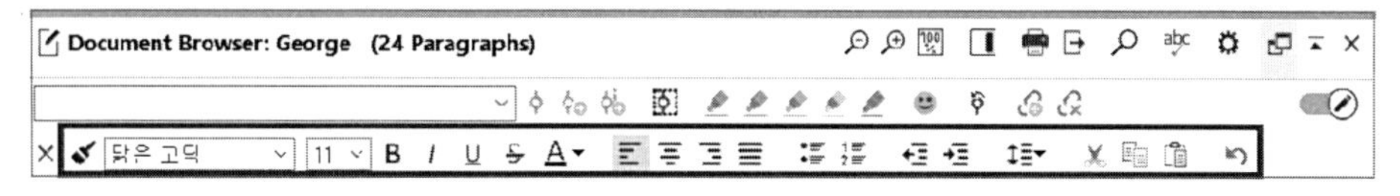

그림 5.6 텍스트 문서용 서식 도구모음

텍스트 문서의 경우, 글꼴 크기와 같은 일반적인 텍스트 서식기능을 편집모드에서 사용할 수 있습니다. 편집모드를 켜면 코딩도구모음 아래에 별도의 서식 도구모음이 나타납니다(참조: 그림 5.6).

표 문서에서 텍스트의 내용과 표현을 모두 편집할 수 있습니다.

주의 /

MAXQDA 내에서 PDF, 이미지, 오디오파일 또는 비디오파일의 내용은 수정하거나 편집할 수 없습니다.

5.2.2 텍스트 편집 저장

편집모드에서 변경한 텍스트의 내용은 편집모드가 닫히면 MAXQDA 프로젝트 파일로 전송됩니다. 수정된 텍스트는 이동하면서 5분마다 자동 저장됩니다. 이 백업 간격은 MAXQDA의 **일반환경설정**Preferences에서 설정할 수 있으며 MAXQDA

창의 오른쪽 상단에있는 기어모양을 통해 열 수 있습니다 .

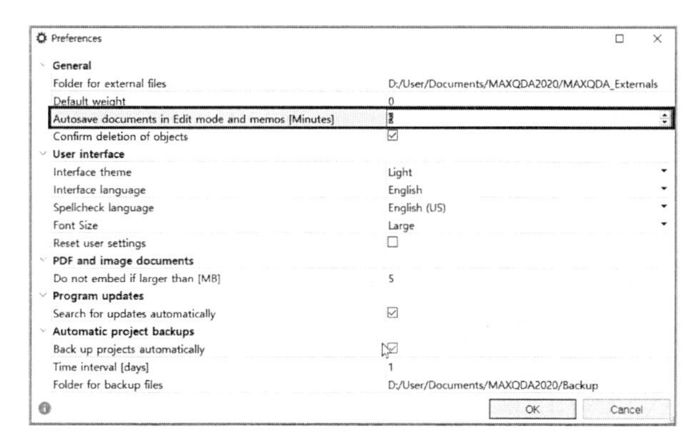

그림 5.7 일반환경설정: 편집모드 자동저장간격 설정

5.2.3 텍스트 변경 실행취소

편집모드에서 변경한 내용을 실행취소할 수 있습니다. 이는 Word에서와 동일한 방식입니다. 예를 들어, 텍스트 구절을 삭제하거나 다시 삽입하는 경우 이러한 모든 단계를 실행취소 할 수 있습니다. 문서브라우저Document Browser에서 컨텍스트메뉴(오른쪽 버튼 클릭)를 띄워 **텍스트변경 실행취소**Undo Text Changes 옵션을 선택하면 됩니다.

또는 도구모음에서 실행취소 기호(↶)를 클릭합니다.

모든 텍스트변경 실행취소 Undo All Text Changes 옵션을 사용하면 마지막으로 편집모드를 연 이후의 모든 변경사항을 한 번의 클릭으로 취소할 수 있습니다.

5.3 문서명 변경과 삭제

문서그룹, 문서세트 및 개별문서는 언제든지 이름을 바꿀 수 있습니다. 이러한 개체를 컨텍스트메뉴(마우스 오른쪽 버튼)에서 선택만 하면 됩니다. 이름이 같은 문서가 두 개 이상 있는 것은 바람직하지 않습니다. 같은 문서명이 2개 존재는 가능하지만 매우 혼란스러울 수 있기 때문입니다.

문서의 컨텍스트메뉴에서 **문서삭제**Delete document 옵션이 표시됩니다. 이 옵션은 코딩구절, 메모 및 연관된 링크도 삭제합니다. 문서그룹의 컨텍스트메뉴에는 한 번의 작업으로 그룹의 모든 문서를 삭제하는 **문서그룹 삭제**Delete document group 옵션도 있습니다.

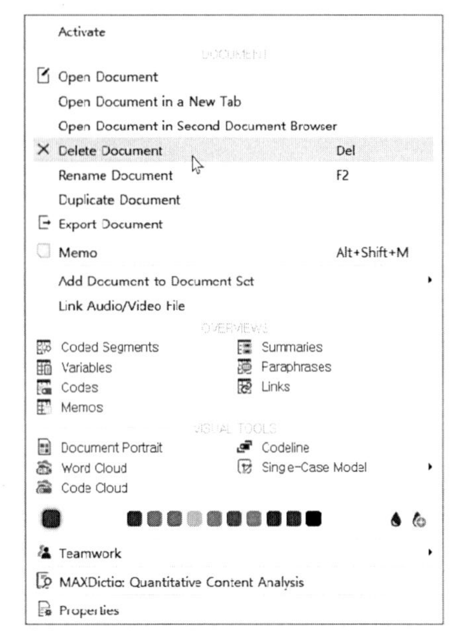

그림 5.8 문서의 컨텍스트메뉴에서 삭제하기

5.4 문서 속성 창

문서시스템Document System에서 개별문서의 컨텍스트메뉴(마우스 오른쪽 버튼)에서 **속성**Properties을 선택하면 해당 문서에 대한 특정 설정을 변경할 수 있는 그림 5.9의 창이 나타납니다.

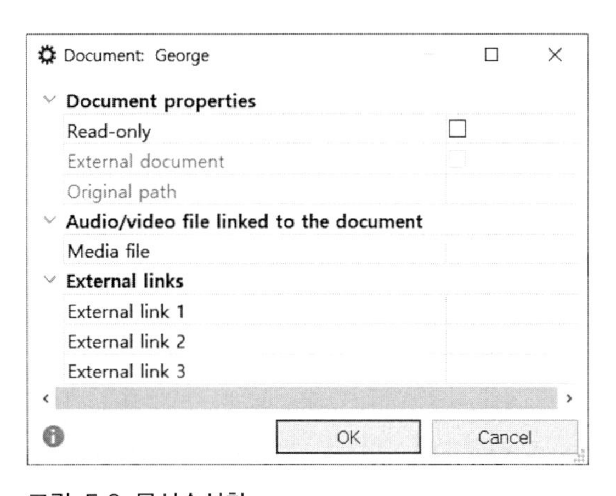

그림 5.9 문서속성창

읽기 전용 Read-only: 이 확인란을 선택하면 편집모드에서도 문서를 더 이상 편집할 수 없습니다. PDF 및 이미지 파일의 기본설정입니다.

외부 문서 External Document: 이 상자를 선택하면 문서가 실제로 MAXQDA 프로젝트 파일의 일부가 아님을 의미합니다. 대신 외부링크 파일용 폴더에 복사됩니다. 이 경우 파일이름은 **원래 경로**Original Path 아래에도 표시됩니다. 외부에 저장된 문서를 MAXQDA 프로젝트 파일로 가져오려면 **외부문서 포함**Embed external document 버튼을 클릭합니다.

미디어 파일 Media file: 문서를 오디오 또는 비디오파일에 연결하려는 경우 이 필드에 해당 문서의 경로를 삽입하면 됩니다.

외부 링크 External link 1/2/3: 컴퓨터에서 접근할 수 있고 예를 들어, 인터뷰 대상자 또는 이미지에 대한 추가 정보를 포함하는 파일에 대한 링크를 만들려면 외부링크 행을 클릭한 다음 줄 끝에 있는 세 점을 클릭합니다.

MAXQDA의 기본색상인 파란색을 선택하면 문서아이콘에 색상 사각형이 나타나지 않습니다.

5.5 문서에 색상 지정

각 문서에 색상을 지정할 수 있습니다. 이 색상은 MAXMaps를 포함한 모든 표문서 및 시각화에 사용됩니다. 예를 들어, 색상 속성을 사용하여 문서의 처리상태를 나타내거나 인터뷰어interviewer 또는 위치와 같은 다른 기능을 표시할 수 있습니다.

색상을 지정하려면 문서의 컨텍스트메뉴(마우스 오른쪽 버튼)에서 **색상**Color을 선택합니다.

문서기호에 표시될 표준색상 중 하나를 클릭합니다. 색상 사각형 오른쪽에 있는 아이콘을 클릭하여 원하는 색상을 선택하세요.

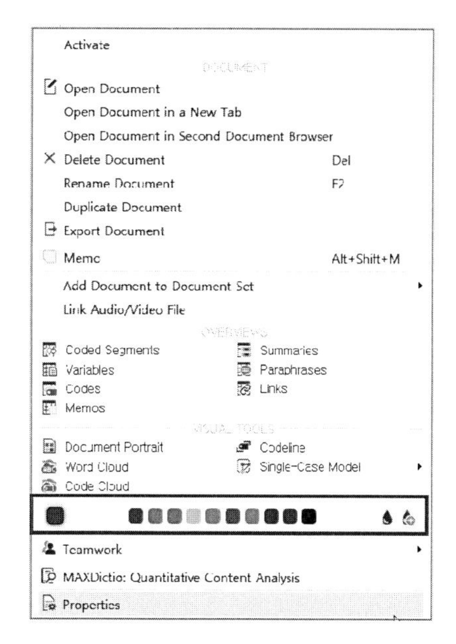

그림 5.10 컨텍스트메뉴에서 색상 선택

문서의 색상 속성은 기본적으로 **문서변수용 데이터편집기**Data editor for document variables 및 **문서개요**Document overview의 첫 번째 열에 나열됩니다. 각 열을 정렬기준으로 사용할 수 있으므로 개요를 색상별로 정렬할 수도 있습니다. 그러면 동일한 색상을 가진 문서가 속한 문서그룹에 관계없이 차례로 나열됩니다.

개념지도concept maps 및 모델링을 위한 도구인 MAXMaps는 문서의 색상 속성을 포함합니다. 문서기호가 해당 색상으로 표시됩니다.

CHAPTER 06

코드와 코드시스템

CHAPTER 06

코드와 코드시스템

6.1 코드시스템이란

코드code는 개체나 현상을 추상적으로 표현하는 것입니다.[1] 더 실용적으로 이해하자면, 코드는 텍스트에서 주제를 식별하는 방법입니다.[2]

코드시스템Code System은 코드Codes와 범주Categories를 관리하는 MAXQDA의 구조입니다. 코드에는 계층구조가 있습니다. 즉, 여러 개의 코드를 만든 다음 각 코드의 하위코드subcodes를 만들 수 있습니다. 모든 코드는 코드시스템 창에 표시됩니다. 프로젝트 시작시 코드시스템 창은 **코드시스템**Code System과 **세트**Sets아이콘을 제외하고 비어 있습니다.

MAXQDA의 **코드시스템**Code System은 다음과 같은 특징을 가지고 있습니다.

- 코드a code는 하나 이상의 단어로 구성된 최대 63자(한글은 31자)의 텍스트입니다. 코드에는 공백과 특수문자가 포함될 수 있습니다.
- 코드의 개수는 무제한 생성이 가능합니다.
- 계층구조는 최대 10단계 레벨까지 만들 수 있습니다.
- 코드에 색상을 지정할 수 있습니다.
- 색상코드color codes는 특별한 역할을 합니다. 형광펜처럼 표시된 텍스트의 배경색을 변경합니다.

---

1) Corbin, J. & Strauss, A. (2008). Basics of Qualitative Research: Techniques and Procedures for Developing Grounded Theory. 3rd Edition. London: Sage.

2) Bernard, H. R., Wutich, A., & Ryan, G. W. (2016). Analyzing Qualitative Data: Systematic Approaches (2e): SAGE publications.

- 이모티코드emoticode는 또한 특정한 역할을 합니다. 코드기호 대신 이모티콘 기호가 코드시스템에 나타나고 변경가능한 미리 정의된 이름이 표시됩니다.
- 포커스그룹 참가자용 특수코드도 있습니다. 이러한 코드는 아이콘으로 식별할 수 있습니다. 이 코드는 특수기능을 수행할 수 있습니다.

코딩한 영역(텍스트, 이미지 및 비디오)과 코드시스템 작업은 컴퓨터 지원 분석computer-supported analysis의 핵심 요소입니다. 이 작업은 소프트웨어에 의해 자동으로 수행되지 않고, 연구자가 수행하지만 상당한 시간이 소요됩니다. 코드시스템은 화면에 트리구조로 표시됩니다. 익숙한 Windows 탐색기의 파일/폴더시스템과 비슷합니다. 코드명 앞의 삼각형 기호는 코드에 하위코드가 있는지 여부를 나타냅니다. 이 버튼을 클릭하여 하위코드를 확장하거나 닫을 수 있습니다.

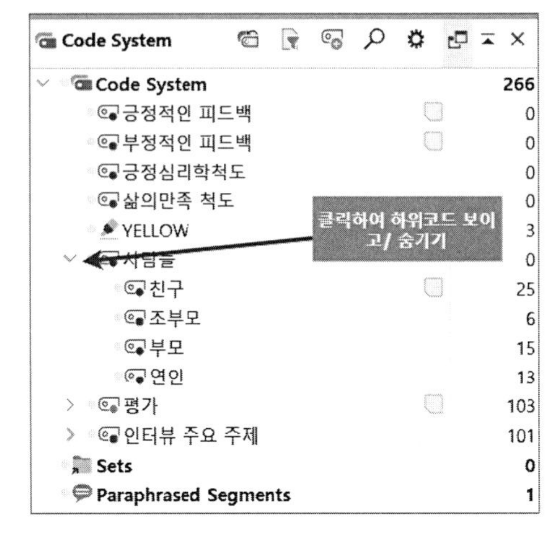

그림 6.1 하위코드 보이기/숨기기

코드 앞의 삼각형 기호를 클릭하여 하위코드를 표시하거나 숨길 수 있습니다.

참/고/

코드시스템의 최상위 레벨Top level의 컨텍스트메뉴(마우스 오른쪽 버튼)에서 **모든 하위코드 축소**Collapse all subcodes 기능을 사용하면 모든 하위코드를 축소하여 최상위코드top level codes만 표시할 수 있습니다.

① 코드시스템의 도구모음

코드시스템 창의 상단에 있는 도구모음에서 선택합니다.(▶ **참조: 2.7.1 코드시스템의 도구모음**)

6.2 코드와 범주, 개념

6.2.1 코드와 범주

질적데이터 분석에서 범주categories를 사용하면 데이터의 이름 지정, 서술 및 데이터 체계화, 구성 및 요약에 이르기까지 다양한 기능이 수행됩니다. 따라서, 예를 들어, 질적내용분석의 전통에서, 범주는 내용 구조화, 유형 생성 및 진술의 평가에 사용됩니다(Kuckartz, 2014)[3]. 특히 근거이론접근법Grounded theory approach을 따르는 연구에서 범주는 이론 개발에 중요한 역할을 합니다(Charmaz, 2014[4]; Corbin & Strauss, 2014[5]). 범주는 흔히 간단한 단어 또는 몇 개의 단어조합으로 구성됩니다. 긴 단어 조합 또는 문장은 매우 드뭅니다.

범주는 내용의 폭, 추상화 수준 및 경험적 자료에 기반한 정도를 포함하여 다양한 특성에 따라 정의되고 구분될 수 있습니다. 또한 분석된 데이터에 대한 적용가능성 및 조직적 효율성뿐만 아니라 개발 및 이론적 틀의 맥락은 모두 범주를 차별화하는 데 중요한 기준입니다. 범주의 특징과 기능을 사용하여 다음을 포함하여 몇 가지 두드러진 범주의 유형을 구별할 수 있습니다(Rädiker & Kuckartz, 2019)[6].

- **사실범주**Factual categories는 데이터에서 쉽게 식별할 수 있는 사실을 나타냅니다. 예를 들어, 누군가가 특정 지역인 경우입니다.
- **내용기반범주** 또는 **주제범주**Content-based or thematic categories는 일반적으로 내용을 구성하는 역할을 합니다. 우리는 그것들을 '이정표'로 연상할 수 있습니다. 이것은 텍스트에서 주제 영역이나 주제를 가리킵니다.
- **분석범주**Analytical categories는 데이터의 집중적인 검토 결과이며, 데이터에 존재하는 원래 용어(예: 연구참가자가 사용하는 단어)를 사용하여 형성된 인

3) Kuckartz, U. (2014). Qualitative Text Analysis: A Guide to Methods, Practice & Using Software.

4) Charmaz, K. (2014). Constructing Grounded Theory (2e).

5) Corbin, J. & Strauss, A. (2014). Basics of Qualitative Research: Techniques and Procedures for Developing Grounded Theory. 4th Edition.

6) Kuckartz, U. & Rädiker, S. (2019). Analyzing Qualitative Data with Maxqda: Text, Audio, and Video.

비보범주in vivo categories보다 더 높은 수준의 추상화를 반영합니다.

- **평가범주**Evaluative categories는 주로 평가기능을 가정합니다. 그들은 종종 순서형 척도를 형성합니다. 예를 들어, 낮은 책임감, 중간 또는 높은 책임감입니다.
- **이모티콘과 기호형태의 범주**Categories in the form of emoticons and symbols는 특별한 역할을 합니다. 사실, 그것들은 MAXQDA에 의해 질적데이터의 분석에 체계적으로 적용되었습니다. 글자 언어를 사용하지 않고 기호와 같은 범주로 작업할 수 있습니다. 문자메시지나 WhatsApp을 통해 통신함으로써 알 수 있듯이 기호는 글자 없는 정서, 감정 또는 일상생활의 대상을 표현할 수 있습니다.

6.2.2 코드와 개념

위에서는 '범주categories'만 언급했지만, '코드codes'와 '개념concepts'이라는 용어는 질적데이터의 범주기반 분석에 대한 문헌에서도 자주 나타납니다. 이러한 용어들은 때로는 다른 의미로, 때로는 동의어로 사용되기 때문에 혼동하기 쉽습니다. 예를 들어, 근거이론접근법을 따르는 연구에서는, 이른바 '개념concepts'(때로는 '코드codes'와 동의어로 사용되기도 함)이 분석과정의 초기에 사용되는 반면, 범주 개발은 무엇보다도 주요범주main category는 이 분석의 주요 목표를 나타냅니다(Corbin & Strauss, 2014). 질적데이터 코딩에 관한 교과서에서 Saldaña(2015, p.12)[7]는 적어도 언어적으로는 다른 개념적 경로를 그립니다. 그의 입문 차트에서는 코드는 개념과 이론에 대한 범주를 통해 발전합니다.

MAXQDA 프로그램 내에서는 위에서 언급한 용어에 대한 혼동을 겪지 않을 것입니다. 왜냐하면 인터페이스는 거의 '코드codes'라는 용어만 사용하기 때문입니다. 그러나 이것은 MAXQDA가 연구자들이 하나의 특정한 의미를 사용하도록 권하는 것이 아닙니다. 오히려 그 반대입니다. 즉, 연구자들이 MAXQDA 코드를 좁은 의미의 코드로 취급하는지 아니면 개념으로 취급하는지는 전적으로 연구자 자신에게 달려 있습니다. 따라서 연구자들이 분석적 사고의 방식으로 범주를 사용하는 것은 여전히 중요한 과제입니다. MAXQDA와 같은 질적데이터분석

7) Saldaña, J. (2015). The coding manual for qualitative researchers (3rd ed.).

Qualitative data analysis 소프트웨어를 사용하면 코딩을 매우 빠르고 간단하게 만들어주므로 코딩과정을 분석과정이 아닌 기술적인 작업만으로 보려는 유혹을 느낄 수 있습니다. 그러나 좋은 연구과정을 확보하기 위해서는 분석방법론 내에서 각 특정 MAXQDA 코드의 기능과 해석에 대해 명확히 하는 것이 필수적입니다.

6.3 코드시스템에서 범주 만들기

질적연구의 핵심 가운데 한 가지는 누가 뭐래도 코드-(개념)-하위범주-범주로 이어지는 귀납적 분석입니다. 질적분석을 통하여 생성된 많은 코드들을 위계적 범주로 묶어가는 과정은 질적연구의 묘미가 아닐 수 없습니다. 그렇다면 코드를 범주로 상향 발전시켜 나가는 기준이 되는 '속성properties'과 '차원dimensions'에 관한 이해가 앞서야 합니다. 범주화categorization는 속성이나 차원에 따라 비슷한 코드나 개념들을 그룹으로 묶어가는 과정이라고 할 수 있습니다.

6.3.1 코드의 속성과 차원

질적연구 특히 근거이론접근방법에서 속성properties과 차원dimensions에 따라 범주를 생성하는 것은 중요합니다. 기존의 많은 연구논문들에서 속성과 차원에 대한 불충분한 이해로 결과제시에 '속성'과 '차원'을 잘못 표시하는 경우가 많습니다. 우리나라에 질적연구와 근거이론이 처음 도입되기 시작했을 때 초기 학자들의 공헌에도 불구하고 실수를 범한 것이 반복되고 있는 것으로 추정됩니다. 뒤의 연구자는 앞선 연구자의 연구결과를 참고하거나 배우기 때문입니다.

우선 근거이론의 창시자들이 제시하고 있는 속성과 차원의 의미[8]를 살펴봅

---

8) Corbin, J. M. & Strauss, A. L. (2019). 근거이론(4판) [Basics of Qualitative Research: Techniques and Procedures for Developing Grounded Theory. 4th Edition]. (김미영, 정승은, 차지영, 강지숙, 권유림, 김윤주, 박금주, 서금숙 역). 서울: 현문사. (원전은 2014년에 출판): p.239
Corbin, J. M. & Strauss, A. L. (2009). 근거이론 (3판) [Basics of Qualitative Research: Techniques and Procedures for Developing Grounded Theory. 3rd Ed]. (신경림, 김미영, 김정선, 신수진, & 강지숙 역). 서울: 현문사. (원전은 2008년에 출판): p.173.

니다. 속성이란 개념concepts을 정의하고 기술하는 특성입니다. 차원이란 속성 내의 다양성을 말합니다. 즉, 차원은 속성 내의 다양한 변이를 가리킵니다. 차원은 개념에 특수성과 범위를 부여한다고 제시하고 있습니다.

속성과 차원에 대한 쉬운 예를 들어보겠습니다. 색color은 세 가지 속성을 지닙니다[9]. 그것은 색상, 명도, 채도입니다. '색상'이란 속성은 빨강, 파랑, 노랑 등과 같은 다양한 차원을 지닙니다. 색의 '명도'라는 속성은 밝음에서 어두움까지 다양한 차원을 지니는 것입니다. 색의 '채도'는 투명함에서부터 불투명함까지 다양한 차원을 지닙니다. 위의 색의 세 가지 속성과 차원을 표로 나타내면 다음 표 6.1과 같습니다.

표 6.1 색의 세 가지 속성과 차원(속성과 차원의 예)

색의 세 가지 속성	차원(속성 내의 다양한 변이)
색상	빨강
	노랑
	파랑
	보라
명도	밝음
	어두움
채도	투명
	불투명

사람의 예를 들어도 비슷합니다. 사람은 유전 혹은 환경적, 사회적으로 다양한 속성과 차원을 지닙니다. 사람에게 많은 속성이 있지만 그 가운데 성별, 연령, 교육수준만을 비교해 보면 다음 표 6.2와 같습니다.

9) 한유리 (2018). 초보연구자를 위한 질적 자료 분석 가이드. 서울: 박영story: p.82.

표 6.2 사람의 인구통계적 속성과 차원

(사람의) 속성	차원(속성 내의 다양한 변이)
성별	여
	남
연령	20대 이하
	30대
	40대
	50대
	60대 이상
교육수준	고졸 이하
	대졸
	대학원 이상

6.3.2 자료기반(귀납적) 범주형성 절차

질적연구의 전형적인 예는 자료에 기반한 범주의 형성입니다. 이를 자료기반 또는 귀납적 범주형성이라고 합니다. 그러나 귀납적inductive이라는 것은 단순히 데이터로부터 범주를 얻는다는 것을 의미하는 것은 아닙니다. 범주 형성에 관련된 사람들의 적극적인 참여, 지식 및 이해, 언어적 역량 없이는 상상할 수 없는 적극적 과정입니다.

자료에 기초한 범주 형성data-based category building에는 여러 가지 접근방식이 있습니다(Charmaz, 2006[10]; Kuckartz, 2014[11]; Strauss & Corbin, 1990[12]). 연구과정을 진행하는 방법에 대한 지침은 Kuckartz(2014)에서 찾을 수 있습니다. 텍스트자료에 대해 자료기반 범주형성의 6단계는 다음과 같습니다.

❶ 연구질문을 바탕으로 범주 구축의 목적을 결정합니다.

---

10) Charmaz, K. (2006). Constructing grounded theory . Thousand Oaks, CA: SAGE.

11) Kuckartz, U. (2014). Qualitative text analysis: A guide to methods, practice & using software. Thousand Oaks, CA: SAGE.

12) Strauss, A. L., & Corbin, J. M. (1990). Basics of qualitative research: Grounded theory procedures and techniques . Newbury Park, CA: Sage Publications.

❷ 범주의 유형과 추상화 수준을 결정합니다.
❸ 자료를 숙지하고 코딩 단위의 유형, 즉 코딩할 자료의 범위를 결정합니다.
❹ 텍스트를 순차적으로 처리하고 새 범주 또는 기존 범주를 지정하여 텍스트로 작업하는 동안 범주를 만듭니다.
❺ 형성된 코드를 그룹화하고, 범주시스템을 체계화 및 조직화하고, 범주가 의미 있는 전체를 형성하는지 확인합니다.
❻ 범주시스템을 설정·수정합니다.

6.4 MAXQDA의 코드와 코딩

문서의 코딩 부분(또는 구절segments)은 MAXQDA의 핵심기능 중 하나입니다. 코딩은 문서브라우저에서 마우스로 선택한 구절에 하나 이상의 코드를 지정하는 과정입니다. 이 절차를 통해 체계적인 질적 내용분석을 수행할 수 있습니다. 간단히 말하면, MAXQDA에서 코딩coding은 문서의 부분이나 구절에 코드codes를 지정하는 과정입니다.

그렇다면 코드code는 정확히 무엇을 의미할까요? 도서관은 항상 키워드 카탈로그를 사용해 왔으며, 사회과학분야의 연구자들은 범주categories의 사용에 익숙해야 합니다. 예를 들어, 근거이론접근법grounded theory approach이나 내용분석content analyses이 여기에 해당합니다. 코드의 다른 동의어는 키워드keyword 또는 레이블label입니다. 코드가 나타내는 것은 작업과 주어진 상황에 따라 다릅니다. 그러나 일반적으로 말해서 코드는 문서의 내용을 식별하고 분류하여 다시 쉽게 찾게 도와주는 도구입니다.

코드 생성순서는 키워드 카탈로그catalogs의 예를 통해 설명할 수 있습니다. 이 카탈로그는 올바른 책을 찾는 데 도움이 되며 동시에 도서관에 책이 많거나 적은 주제에 대한 개요를 보여줍니다. 물론 이러한 카탈로그가 얼마나 유용한지는 색인시스템index system의 복잡성과 유용성 및 사용된 키워드의 정확성에 달려 있습니다.

기술적인 용어인 MAXQDA의 코드는 최대 63자(한글 31자)의 텍스트입니다. 코드는 텍스트 구절, 이미지의 일부 또는 비디오 영역이 첨부되고 범주이름이 맨 위에 쓰여지는 색인카드index cards가 들어있는 카드 색인상자index box와 같습니다. 코드이름은 색인상자에서 탭 역할을 하는 레이블과 같습니다. 이 레이블은 색인상자의 구조나 색인카드 자체에 영향을 주지 않고 쉽게 변경할 수 있습니다.

결론적으로, MAXQDA에서 코딩을 통해 자료의 일부분 또는 특정 영역에 코드를 지정합니다. 만든 코드는 해당자료를 빠르게 찾아볼 수 있는 키워드나 색인카드가 됩니다. 도서관의 색인카드 시스템은 디지털화되어 MAXQDA 프로그램 내에서 쉽게 검색하고 인출하는 시스템인 것입니다.

6.5 새 코드 만들기

코드시스템 목록의 맨 위에 있는 **코드시스템**Code System이라는 단어는 코드시스템(또는 계층적 코드 트리Code Tree)의 루트를 나타냅니다. 이 시점부터 점차 범주시스템을 구축할 수 있습니다.

6.5.1 코드시스템Code System의 최상위 레벨에 코드 추가

최상위 레벨에 코드를 삽입하는 방법은 다음과 같습니다.

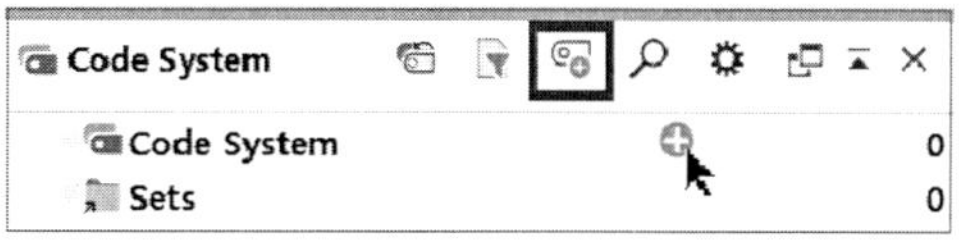

❶ 마우스를 코드시스템의 첫 번째 줄 위로 이동할 때 나타나는 녹색플러스 기호 를 클릭.

❷ 코드시스템의 도구모음에서 새 코드New code 아이콘 을 클릭.

그림 6.2 새 코드 만들기

❸ 단축키 Alt + N 키로 최상위에 새로운 코드를 생성.

❹ 맨 위 줄 Code System이라는 단어의 컨텍스트메뉴(마우스 오른쪽 버튼)에서 새 코드New Code를 선택.

어떤 방식을 선택하든 코드 정의에 대한 그림 6.3의 대화상자가 항상 나타납니다.

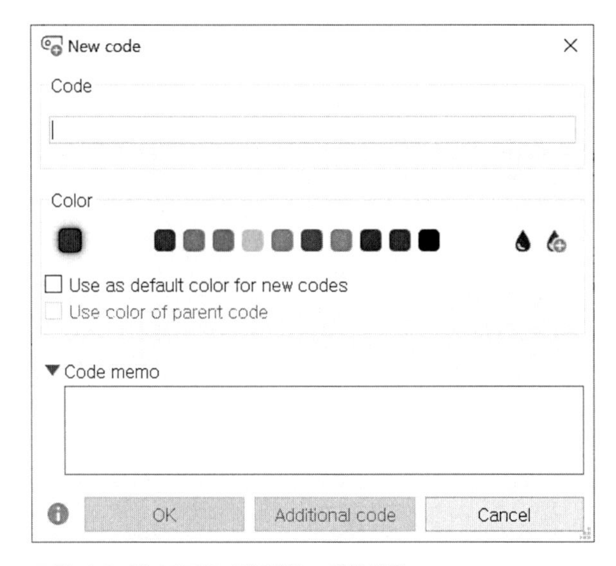

그림 6.3 새 코드를 입력하는 대화상자

창의 상단에 있는 텍스트필드에 새 코드의 이름을 입력합니다. MAXQDA는 코드이름으로 63자(한글 31자)의 길이를 허용합니다.

그 아래 섹션에서 새 코드에 대한 색상을 선택할 수 있습니다.

새 코드의 기본색상으로 사용 Use as the default color for new codes 옵션을 선택하면 프로젝트에서 새로 생성된 모든 코드가 여기서 선택한 색상을 사용합니다. 물론 이 대화상자를 사용하여 새 코드를 만들 때마다 기본색상을 변경할 수 있습니다.

코드메모Code memo 섹션은 코드메모를 기록하는 공간입니다. 일반적으로 코드에 대한 설명(예: 코드 정의)을 입력합니다. 대화상자를 닫은 후, 코드메모 필드에 입력한 내용이 있으면 새로 생성된 코드 옆에 코드메모의 기호가 나타납니다(참조: 그림 6.4).

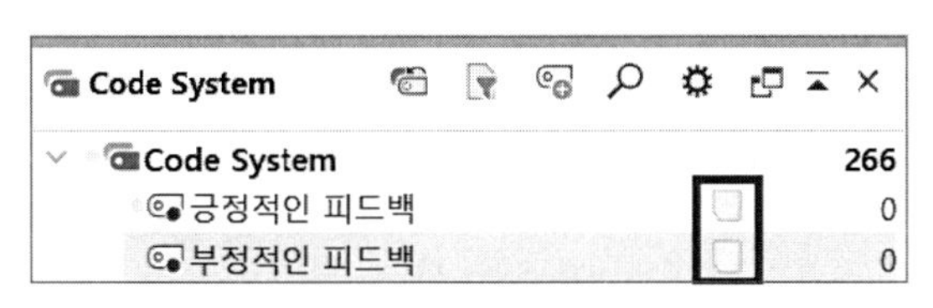

그림 6.4 메모기호가 있는 새로 추가된 코드

확인OK을 클릭하여 새 코드를 만들고 창을 닫습니다. 반면에 **코드추가**Additional code를 클릭하면 창이 열린 상태로 유지되며 최상위 수준에서 새 코드를 추가적으로 정의할 수 있습니다.

6.6 새 하위코드subcodes 추가하기

그림 6.5 상위코드에서 녹색 플러스기호를 사용하여 새 하위코드 만들기

코드시스템은 코드의 계층적·위계적 구조를 이룹니다. 최상위 레벨의 아랫단계에 **하위코드**subcodes를 추가할 수 있습니다. 하위코드를 추가하는 방법은 다음과 같습니다.

1. 원하는 상위코드parent code 위로 마우스를 이동하면 나타나는 녹색플러스 기호 ⊕를 클릭.
2. 상위코드의 컨텍스트메뉴(마우스 오른쪽 버튼)에서 **새 코드**New Code를 선택.
3. 상위코드에 마우스로 선택하고 단축키 Alt + N 키를 입력.
4. 도구모음의 새 코드 아이콘 을 클릭.

주의 /

위의 하위코드subcodes를 만드는 방법들은 모두 하늘색 포커스가 하위코드를 생성할 상위코드parent code에 있어야 합니다.

하위코드를 정의할 때 상위코드의 색상사용 옵션에 체크표시가 있으면 새로 생성된 하위코드에 상위코드의 색상이 지정됩니다.

참/ 고/

새로 정의된 코드는 항상 코드시스템 창의 범주시스템 상단에 삽입됩니다. 이는 계층의 모든 수준에 적용됩니다. 대신 기존 하위코드 끝에 하위코드를 삽입하려면 코드시스템의 로컬설정에서 **맨 아래에 새 하위코드 삽입**Insert new subcodes at the bottom 옵션을 선택할 수 있습니다. 로컬설정은 코드시스템의 도구모음에서 기어 아이콘을 클릭하여 열 수 있습니다.(참조: 그림 6.6)

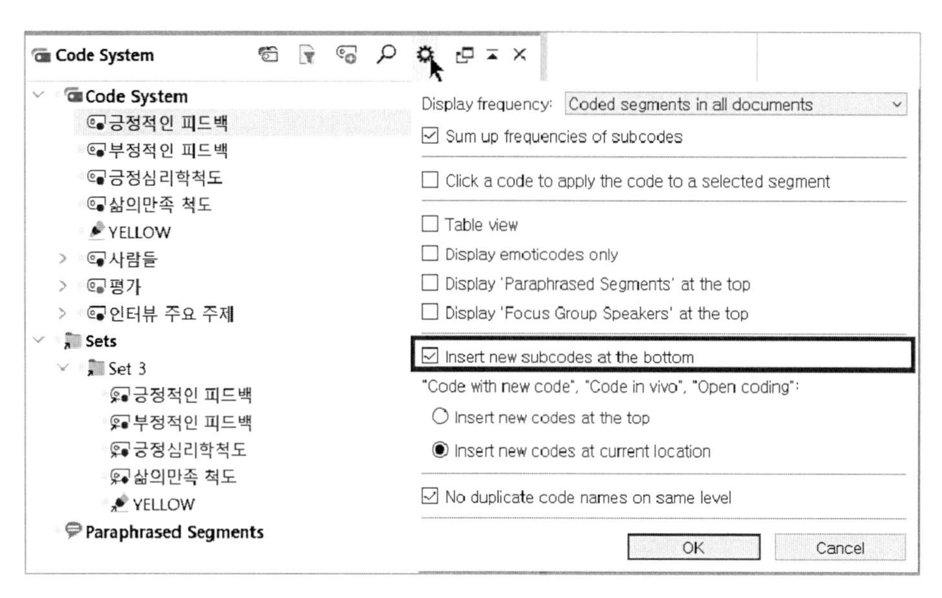

그림 6.6 코드시스템의 로컬설정 화면

6.7 Excel에서 코드와 코드메모 가져오기

MAXQDA는 Excel 스프레드시트에서 코드시스템을 만들 수 있습니다. 스프레드시트에서 코드시스템을 읽는 것은 여러 코드를 미리 정의하려는 경우 유용합니다.

테이블의 첫 번째 행에는 Code와 Memo 키워드가 머리행에 있어야 합니다. 각 추가 행은 새 코드 및 관련 메모에 해당합니다. 코드열에서 백슬래시 '\'[13](또는 ₩)를 사용하여 하위코드를 정의할 수 있습니다. Excel 스프레드시트에서 코드code와 (코드)메모memo를 미리 만들어 MAXQDA로 가져온 예는 표 6.3과 같습니다.

13) 한글폰트에서는 백슬래시 '\'가 '₩'로 입력되지만 백슬래시와 같은 입력값으로 인식되기 때문에 같은 효과를 나타냅니다.

표 6.3 Excel에서 만든 코드와 메모

Code	Memo
부모	참여자의 부모님에 관한 내용입니다.
부모₩어머니	참여자의 어머니에 관한 내용입니다.
평가₩긍정적	진술내용이 긍정적 평가의 내용입니다.
평가₩긍정적₩좋음	긍정적_좋음으로 평가한 내용입니다.
평가₩긍정적₩매우 좋음	긍정적_매우 좋음으로 평가한 내용입니다.

가져오기를 시작하려면 **코드**Codes 탭에서 Excel **스프레드시트에서 코드 및 메모 가져오기**Import Codes and Memos from Excel Spreadsheet 기능을 선택합니다.

가져오기가 이루어지면 다음과 같이 진행됩니다.

❶ MAXQDA 프로젝트에 없었던 6개의 코드가 생성됩니다. '부모'와 '평가'는 최상위 레벨에서 생성됩니다. '부모'에는 하위코드 '어머니'가 생성되고, '평가'에는 하위코드 '긍정적'이 만들어지고, 이 하위코드에는 다시 '좋음'과 '매우 좋음'이라는 하위코드가 만들어집니다.

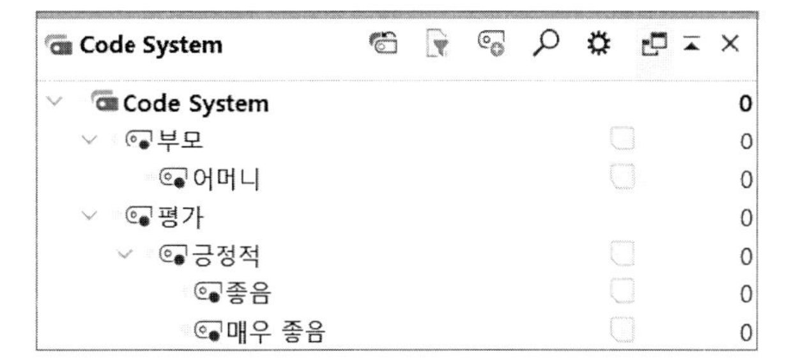

그림 6.7 Excel에서 가져온 코드와 코드메모

❷ 새로 삽입된 각 코드에는 두 번째 열(Memo 열)의 해당 텍스트가 코드메모로 첨부됩니다.

참고

Excel에서 미리 만든 코드와 메모를 MAXQDA로 가져오더라도, 코드시스템에서 언제든지 코드명과 메모내용은 변경하거나 편집할 수 있습니다.

6.8 코드이동 마우스로 하기

코드시스템Code System의 구조를 변경하는 것은 쉽습니다. 모든 코드는 마우스와 드래그 앤 드롭drag-and-drop 기능으로 이동할 수 있습니다.

다음 예에서 코드시스템은 4개의 코드(부모, 친구, 동료, 연인)가 있습니다.

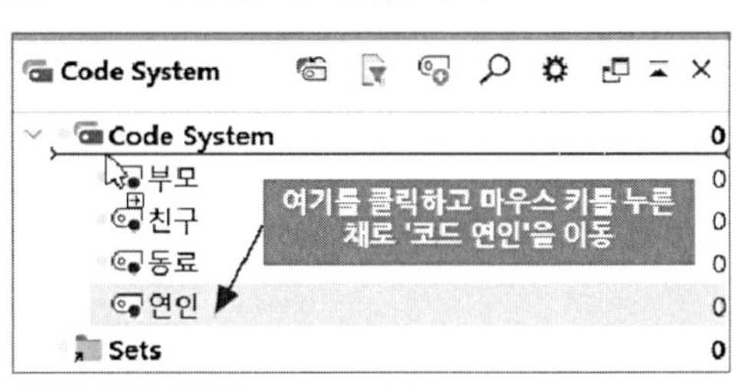

그림 6.8 마우스로 코드이동

코드 '연인'을 목록의 맨 위로 이동하려면 다음을 수행합니다. 코드 '연인'을 클릭하고 마우스 왼쪽 버튼을 누른 채로 코드 '부모' 앞으로 드래그한 다음 녹색줄이 나타나면 코드를 놓습니다.

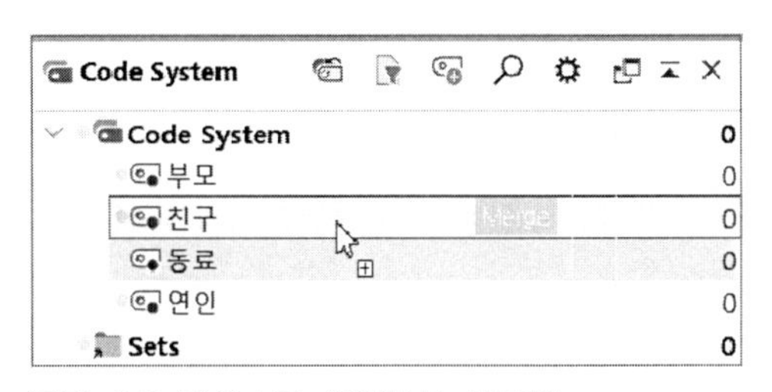

그림 6.9 마우스로 하위코드 만들기

코드를 다른 코드의 하위코드subcode로 만드는 것도 쉽습니다. 예를 들어, 코드 '동료'를 '친구'의 하위코드로 만들려면 다음 작업을 수행합니다. 코드 '동료'를 클릭하고 코드 '친구'로 드래그한 다음 코드 '친구'가 녹색 배경이 되는 즉시 놓습니다. 그러면 코드 '동료'가 코드 '친구'의 하위코드로 추가됩니다.

6.8.1 여러 코드 이동

Alt키를 누른 상태에서 여러 개의 개별코드를 선택한 다음 마우스 버튼을 누른 채로 이동할 수 있습니다. 선택할 코드의 범위를 지정하려면 먼저 코드를 클릭한 다음 Shift키를 누른 상태에서 두 번째 코드를 클릭합니다. 그러면 클릭한 코드 사이의 모든 코드가 선택됩니다.

6.8.2 하위코드 정렬

상위코드의 컨텍스트메뉴(마우스 오른쪽 버튼)에서 **하위코드**subcodes... > **정렬**Sort을 선택하여 하위코드를 **이름**name 및 **빈도**Frequency에 따라 오름차순 및 내림차순으로 정렬할 수 있습니다.

6.8.3 새로운 최상위코드 추가

코드로 작업할 때 일반적인 절차는 이전에 만든 코드를 새롭고 더 추상적인 범주 아래에 그룹화하는 것입니다. MAXQDA의 계층적 코드시스템Code System에서 기존 코드를 새로운 최상위 코드 아래에 쉽게 그룹화할 수 있습니다. 코드시스템의 재구성은 분석과정 중 언제든지 수행할 수 있습니다.

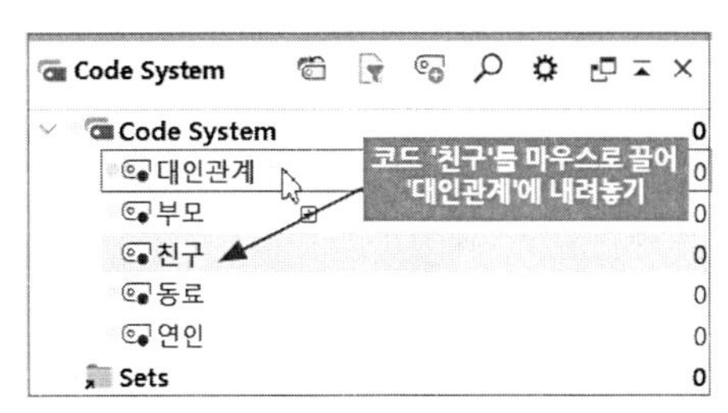

그림 6.10 기존 코드를 새로 만든 최상위코드의 하위코드로 이동하기

❶ 계층구조의 최상위 수준에서 새 코드를 만듭니다(예: '대인관계')
❷ 코드 '친구'를 '대인관계'로 끌어다 놓습니다.

6.9 코드 병합

자료에서 유사한 것이 있는 두 개 이상의 코드를 단일코드로 결합해야 하는 경우가 있습니다.

그림 6.11 코드병합의 구조

6.9.1 마우스로 두 개의 코드 병합

두 코드를 병합하려면 드래그 앤 드롭을 통해 쉽게 수행할 수 있습니다. 병합할 코드를 클릭하여 대상 코드의 오른쪽에 나타나는 강조표시된 단어 Merge병합로 끌어다 놓고 마우스를 놓으면 됩니다.

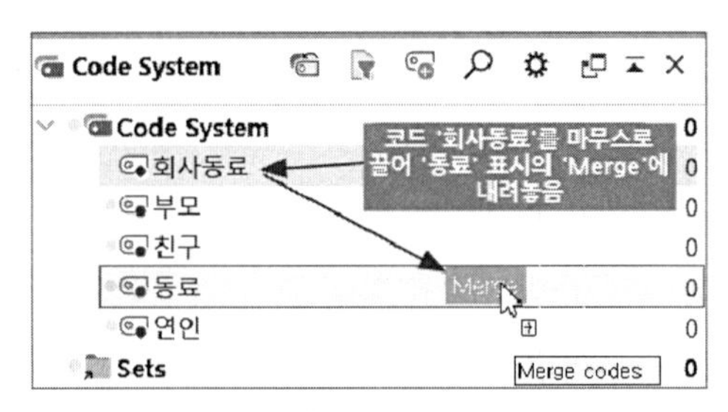

그림 6.12 마우스로 코드 병합

'Merge'라는 단어에서 마우스버튼을 놓으면 MAXQDA는 출발지 코드의 모든 코딩을 목적지 코드로 이동하고 출발지 코드를 삭제합니다. 그림 6.12의 예에서는 코드 '회사동료'의 코딩구절이 '동료'에 이미 존재하는 구절에 추가됩니다. 그런 다음 코드 '회사동료'가 삭제됩니다.

다른 코드가 병합에 의해 코드에 삽입되었음을 나타내기 위해 목적지 코드 뒤에 괄호 '(+)'에 플러스기호가 추가됩니다.

참/ 고/

하위코드가 있는 코드를 다른 코드와 병합하면 하위코드가 보존된 채로 목적지 코드의 하위코드로 첨부됩니다. 상위코드를 자신의 하위코드와 병합할 수 없습니다.

6.9.2 컨텍스트메뉴에서 여러 코드 병합

한 번에 여러 코드를 병합할 수도 있습니다.

❶ Alt키를 누른 상태에서 병합하려는 모든 코드를 마우스 버튼으로 선택.

❷ 마우스 오른쪽 버튼으로 클릭.

❸ 나타난 컨텍스트메뉴에서 **코드 병합**Merge Codes을 선택.

6.9.3 병합 중 코드 메모

MAXQDA에서 각 코드는 하나의 코드메모만 가질 수 있으므로 병합되는 코드의 코드메모는 어떻게 변화될까요?

- 병합된 코드 중 하나에만 메모가 있는 경우 목적지 코드에 첨부됩니다. 이 경우 메모를 열어보면 원래 첨부되었던 코드와 생성일자가 표시됩니다.
- 여러 코드에 메모가 있는 경우 MAXQDA는 메모 텍스트를 대상 코드에 결합해야 하는지 또는 메모를 자유메모free memo로 변환해야 하는지 묻습니다. 메모가 결합되면 하나의 메모에 모든 내용이 합해집니다. 반면, 자유메모는 MAXQDA의 어떤 요소에도 직접 지정되지 않으며 예를 들어, 메모 탭을 통해 표시할 수 있습니다.

6.10 코드 분할(Deviding)

코드시스템에서 작업할 때 하나의 코드 아래에 그룹화된 요소들을 구분하는 것이 바람직합니다. MAXQDA에서 이것은 코드를 둘 이상의 하위코드로 나누는 것에 해당합니다. 예를 들어, **"친구"**라는 코드를 만들고 인터뷰 대상자가 자신의 친구에 대해 이야기하는 문서구절을 이 코드에 지정했다고 가정합니다. 그런 다음 **'유년기친구'**, **'동네친구'**, **'학교친구'**를 구분할 필요가 있다고 연상하면 됩니다.

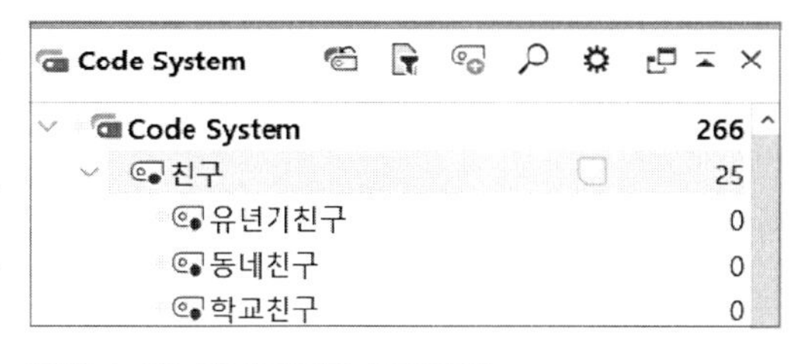

그림 6.13 하위코드로 코드분할

이러한 범주의 분할은 자동으로 작동하지 않지만 이전에 '친구'로 코딩된 각 구절을 연구자가 다시 읽고 세 개의 새로운 하위범주 중 하나에 지정해야 합니다. 이 목적을 위해 특별히 설계된 스마트코딩도구Smart Coding Tool에서 특히 편리하게 수행할 수 있습니다.

코드는 다음과 같이 나눌 수 있습니다.

❶ 모든 문서와 코드 '친구'를 활성화합니다.

❷ 상위코드 '친구'에 '유년기친구', '동네친구', '학교친구'의 세 가지 하위코드를

만듭니다. 재지정을 편리하게 수행하려면 분할할 코드(이 경우 '친구')만 활성화해야 하며 세 개의 새로운 하위코드는 활성화하지 않아야 합니다.

③ **검색구절**Retrieved Segments 창에서 첫 번째 구절로 시작하여 이 구절을 지정할 세 개의 하위코드를 결정합니다.

④ 왼쪽에 있는 **코딩띠**Coding Stripe를 클릭하고 마우스 왼쪽버튼을 누른 상태에서 선택한 하위코드로 이동합니다. 이 과정에서 코딩구절은 선택한 하위코드로 이동합니다. 즉, 상위코드가 지정되었던 코딩은 즉시 삭제됩니다.

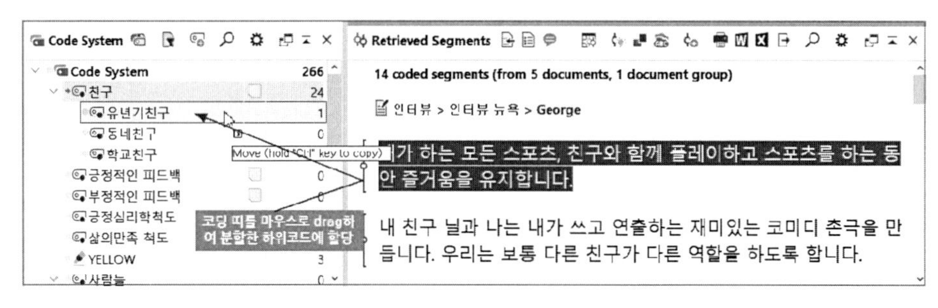

그림 6.14 검색구절 창에서 하위코드로 분할하기

이것이 모든 구절에 대한 작업방법이므로 두 번째에도 동일한 방식으로 계속합니다. 목록의 끝에 도달하면 모든 구절이 재분류됩니다. 해당 세 가지 코드 중 하나에 지정되는 것입니다.

또는 ④단계의 **검색구절**Retrieved Segments 창에서 구절 아래에 있는 문서명을 클릭하여 문서브라우저에 구절을 표시할 수 있습니다. 마우스로 클릭한 다음 드래그하여 원하는 하위코드에 지정하여 평소와 같이 코딩할 수 있습니다. 그러나 이 절차를 사용하면 상위코드의 이전 코딩이 계속 유지됩니다. 즉, 모든 구절이 여전히 코드 '친구'에 지정되어 있습니다.

그러나 이것은 처음에 바란 상태가 아닙니다. 상위코드의 이전 코딩을 제거해야 합니다. 상위코드를 두 번 클릭하여 **코딩구절 개요**Overview of Coded Segments에 코딩을 나열하고 모든 코딩을 선택한 다음 도구모음에서 삭제기호를 클릭하여 제거할 수 있습니다.

6.11 코드속성 편집하기

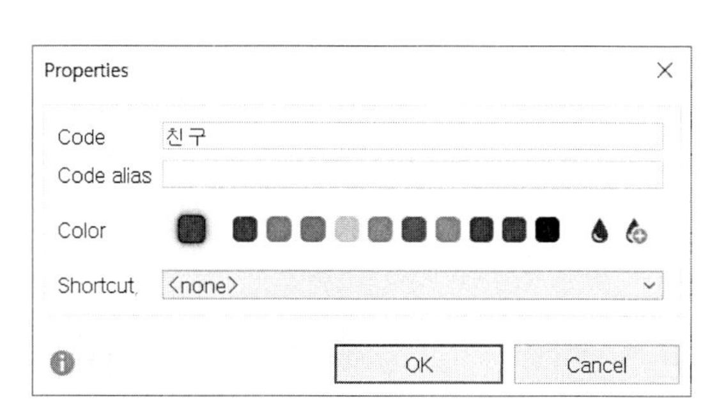

그림 6.15 코드의 속성 창

코드의 속성을 편집하려면 코드명을 클릭하고 컨텍스트메뉴(마우스 오른쪽 버튼)에서 속성Properties을 선택하여 속성 창을 열 수 있습니다.

이 속성 창에서 다음을 수행할 수 있습니다.

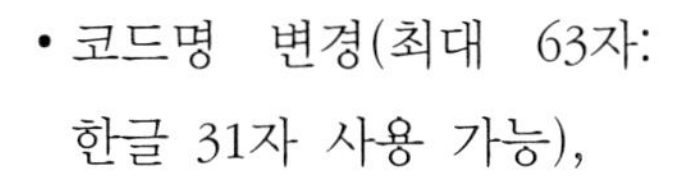

- 코드명 변경(최대 63자: 한글 31자 사용 가능),
- 코드별칭 지정 또는 조정(최대 255자),
- 코드색상을 수정.
- 키보드 단축키를 지정.

코드의 문자 수는 63자(한글 31자)로 제한되므로 더 긴 코드 지정을 원할 경우 코드별명으로 지정할 수 있습니다.

6.11.1 코드에 색상 지정

MAXQDA는 각 코드 또는 하위코드에 색상을 지정할 수 있습니다. 이렇게 하려면 해당 코드의 컨텍스트메뉴(마우스 오른쪽 버튼)에서 열 가지 기본색상 중 하나를 클릭합니다. 컨텍스트메뉴의 오른쪽 끝에 있는 녹색 플러스 아이콘을 사용하면 기본색상 외에 새로운 색상Choose new color...을 정의할 수 있습니다. 또한 끝에서 두 번째 아이콘을 클릭하면 프로젝트에서 이미 사용된 색상을 나열할 수 있습니다.

참/ 고/

코드 색상의 기본값은 파란색입니다. 또한 상위코드의 색상을 변경하면 MAXQDA는 모든 하위코드의 색당도 변경할지 묻습니다.

색상은 **문서브라우저**Document Browser에서 시각적으로 표현됩니다. 문서브라우저에서 코딩띠coding stripes는 해당 코드의 색상으로 표시됩니다. 이렇게 하면 코딩구절을 쉽게 식별할 수 있습니다(참조: 그림 6.16).

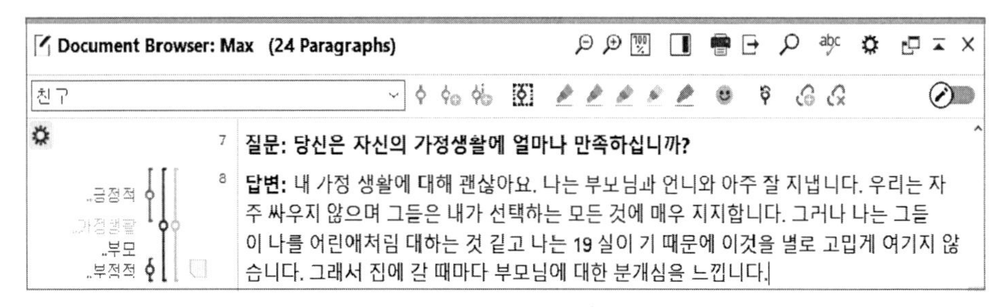

그림 6.16 문서브라우저에서 색상코드의 표현

색상은 **코드시스템**Code System의 각 코드 옆 아이콘의 오른쪽 하단에도 표시됩니다.

상위코드의 색상을 변경하면 하위코드에 모두 적용할지 묻기 때문에 Yes를 선택하면 같은 색이 적용됩니다. No를 선택하게 되면 상위코드의 색상만 변경됩니다.

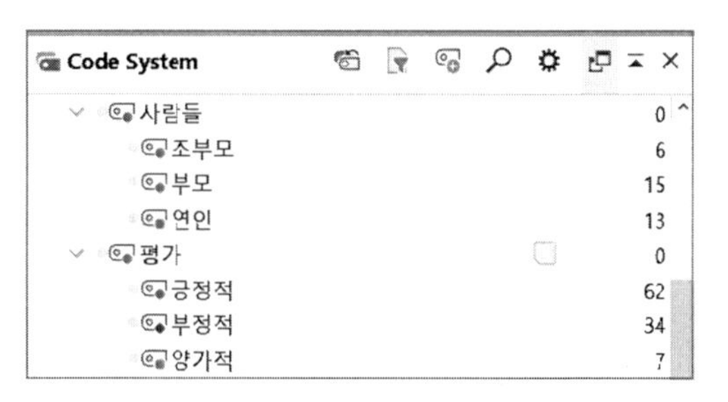

그림 6.17 코드시스템에서 색상코드의 표현

6.11.2 코드 별명 추가

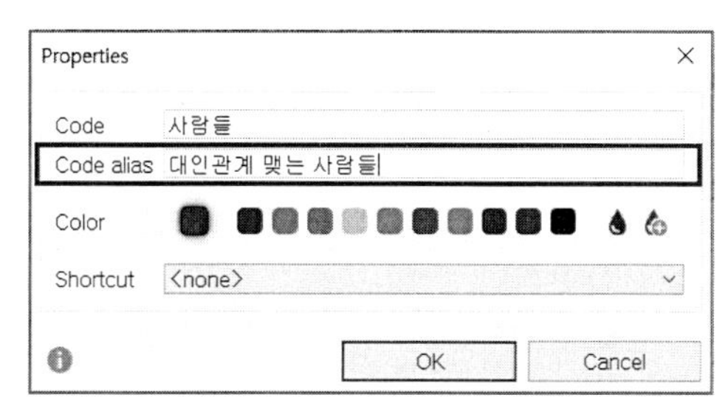

그림 6.18 코드 속성 창에서 코드별명 만들기

MAXQDA의 코드명은 63자(한글 31자)까지 가능합니다. 그러나 코드명 외에 더 짧거나 긴 설명을 덧붙이는 것이 바람직할 수 있습니다. 이렇게 하면 코딩구절과 함께 자동으로 생성된 보고서를 사용할 수 있습니다(예: 스마트 퍼블리셔Smart Publisher).

코드에 대한 코드별명을 만들려면 코드시스템에서 해당 코드의 컨텍스트메뉴(마우스 오른쪽 버튼)에서 '**속성**Properties'을 선택합니다. 다른 옵션 중에서 코드별명을 입력할 수 있는 창이 열립니다.

코드별명은 메인메뉴의 **코드**Codes 탭에서도 작성할 수 있습니다. 코드 탭의 **코드별명 테이블**Code Alias Table을 클릭하면 여러 코드별명을 편리하게 입력할 수 있는 테이블이 생성됩니다. 코드별명이 이미 지정된 코드도 볼 수 있습니다.

Code Alias Table

All　　29 Codes

Parent code	Code	Code alias	Cod. seg. (all documents)
	긍정심리학척도		0
인터뷰 주요 주제	대인관계		10
	삶의만족 척도		0
인터뷰 주요 주제	실패 (연상이야기)		10
	YELLOW		3
	사람들	대인관계 맺는 사람들	0
인터뷰 주요 주제	성공 (연상이야기)		10
	평가		0
인터뷰 주요 주제	행복 (연상이야기)		10
	인터뷰 주요 주제		0
인터뷰 주요 주제	슬픔 (연상이야기)		10
인터뷰 주요 주제	전반적 만족도		10

그림 6.19 코드 탭의 코드별명 테이블(표)

6.12 코드 삭제하기

질적데이터를 분석하다 보면 이미 만든 코드를 삭제해야 할 때가 있습니다. 분석과정의 진행에 따라 자연스러운 현상입니다.

코드시스템에서 코드를 삭제하는 것은 트리[tree]에서 가지를 잘라내는 것과 비슷합니다. 해당 코드를 삭제하면 잘라낸 큰 코드에 연결된 작은 가지와 같은 하위코드[subcodes]도 삭제됩니다. 동시에 해당 코드로 생성된 모든 코딩 구절[coded segments]도 삭제됩니다.

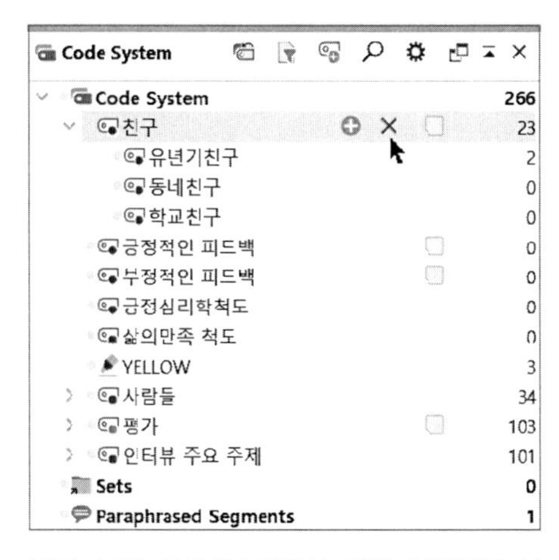

그림 6.20 코드시스템에서 삭제 아이콘을 사용하여 코드삭제

코드를 삭제하는 가장 쉬운 방법은 **코드시스템**[Code System]에서 작업하는 것입니다. 다음의 세 가지 방법이 있습니다.

❶ 삭제할 코드 줄[line] 위로 마우스를 이동하면 나타나는 빨간색 X를 클릭합니다(참조: 그림 6.20).

❷ 삭제할 코드의 컨텍스트메뉴(마우스 오른쪽 버튼)에서 **코드삭제**[Delete Code] 또는 **하위코드 포함 삭제**[Delete Code Incl. Subcodes]를 선택할 수도 있습니다.

❸ 마우스로 삭제할 코드를 선택한 다음 Del키를 누를 수도 있습니다.

참/고/

1. 코드를 삭제하면 정말 삭제할 것인지 확인하는 대화상자가 나타납니다.
2. 그럼에도 실수로 코드를 삭제한 경우에는 MAXQDA 화면 오른쪽 상단에 있는 **실행취소**[undo] 아이콘을 클릭하거나, 단축키 **Ctrl + Z**를 누르면 되살릴 수 있습니다.

6.12.1 여러 코드 동시 삭제

한 번에 두 개 이상의 코드를 삭제하려면 다음의 몇 가지 방법이 있습니다.

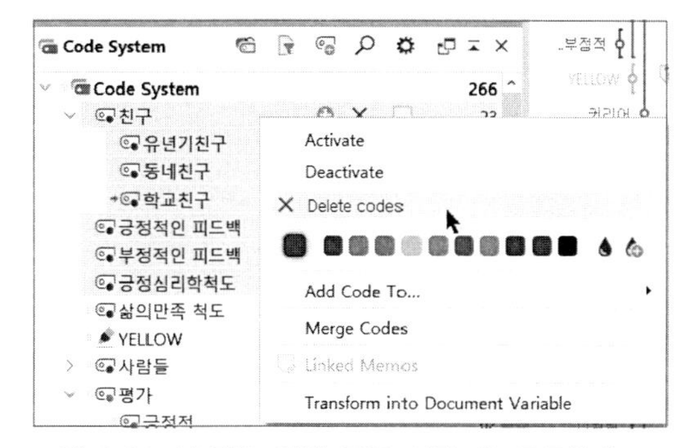

그림 6.21 Alt키로 여러 코드 선택 후 코드삭제

❶ 가장 쉬운 방법은 코드시스템에서 Alt키를 누른 상태로 여러 코드를 선택하거나, Shift키를 누른 상태로 코드의 범위를 정하여 선택한 후, **컨텍스트메뉴**(마우스 오른쪽 버튼)에서 **코드삭제**[Delete codes]를 클릭하여 삭제합니다(참조: 그림 6.21).

❷ 우선 코드시스템의 테이블보기로 전환해야 합니다. **코드시스템의** 도구모음에서 **기어모양**[Preferences]을 클릭한 후 **표보기**[table view] 항목의 체크버튼을 클릭합니다. 다음 Ctrl키를 누른 상태에서 여러 코드를 선택한 후 컨텍스트메뉴(마우스 오른쪽 버튼)에서 **코드삭제**[Delete codes]를 클릭하여 삭제합니다(참조: 그림 6.22).

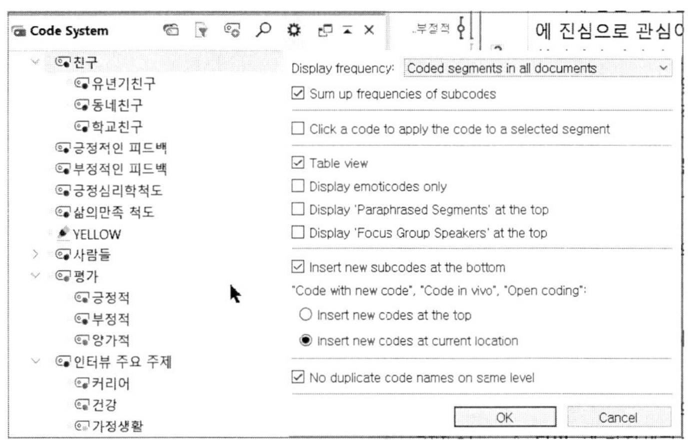

그림 6.22 코드시스템의 도구모음에서 표보기로 전환하여 여러 코드 삭제

❸ 메인메뉴의 **보고서**[Report] 탭 > **코드개요**[Overview of Codes]로 **표보기**로 전환한 다음 Ctrl키를 누른 상태로 여러 코드 선택 후 컨텍스트메뉴에서 **코드삭제**를 클

릭하여 삭제합니다.

❹ **문서시스템**의 루트 최상위 레벨에 마우스를 놓고 컨텍스트메뉴에서 **코드**Codes를 선택합니다. 그러면 **코드개요**Overview of Codes로 전환합니다. 그 다음 Ctrl 키를 누른 상태로 여러 코드를 선택 후 컨텍스트메뉴에서 **코드삭제**를 클릭하여 삭제합니다.

6.13 코드세트 만들기

코드의 임시조합을 **코드세트**Code Sets로 만들 수 있습니다. 이를 통해 동일한 코드를 다른 방법으로 그룹화하거나 자주 사용하는 코드를 사용할 수 있습니다. 즉, 코드세트는 질적분석과정의 범주화로 확정지을 정도는 아니지만 연구자의 필요에 따라 임시 범주화라고 이해해도 됩니다.

코드세트에는 기존 코드에 대한 일종의 바로가기이므로 세트에서 코드를 제거해도 원래 코드는 삭제되거나 변경이 없습니다.

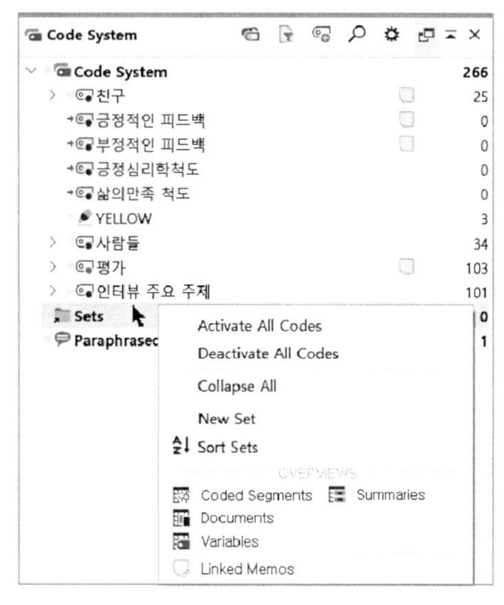

그림 6.23 코드시스템에서 새 코드세트 만들기

새 코드세트를 생성하려면 코드시스템에서 Sets 단어의 컨텍스트메뉴(마우스 오른쪽 버튼)에서 **새 세트**New set를 선택합니다.

세트의 이름을 입력한 후 마우스로 원하는 코드를 새 세트로 끌어다 놓습니다. 코드는 마우스를 사용하여 세트 내에서 또는 다른 세트로 이동할 수도 있습니다.

참/ 고/

Sets에서 새 코드세트를 만들기 전에 새 세트로 복제할 코드를 활성화하면 새 코드세트에 바로 복제해 옵니다.

6.14 코드 개요

코드 개요Overview of Codes는 코드와 코딩구절이나 영역을 일목요연하게 볼 수 있는 표형식의 보기입니다. 각 코드가 단독, 다중 또는 모든 문서에 지정된 횟수를 한눈에 살펴보는 것이 좋습니다. 프로그램의 여러 위치에서 **코드 개요**를 열 수 있습니다.

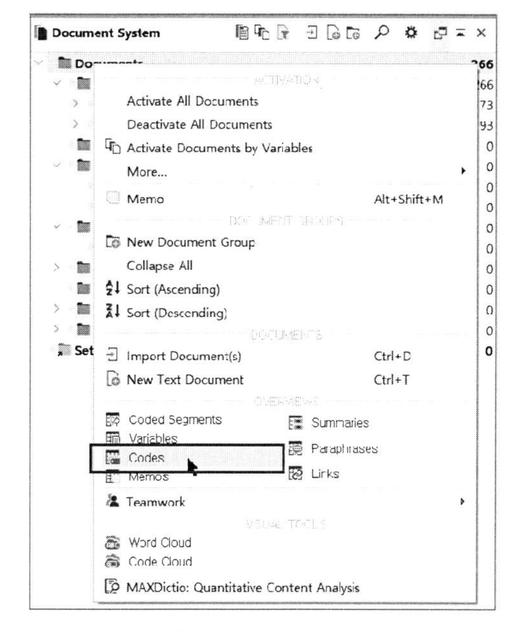

그림 6.24 문서시스템 루트의 컨텍스트메뉴에서 코드개요 열기

- 메인메뉴의 **보고서**Reports 탭에서 **코드 개요**Overview of Codes 선택
- **문서시스템**Document System의 루트의 **컨텍스트메뉴**(마우스 오른쪽 버튼)에서 **코드**Codes 선택
- **문서그룹**Document Group 또는 **문서세트**Sets의 **컨텍스트메뉴**(마우스 오른쪽 버튼)에서 **코드**Codes 선택
- 개별 **문서**Document의 **컨텍스트메뉴**(마우스 오른쪽 버튼)에서 **코드**Codes 선택

관련 문서에서 발생하는 모든 코드의 표보기가 나타납니다. 표에는 호출된 위치에 따라 행이 더 많거나 더 적을 수 있습니다. 개요제목에서 개요가 적용되는 문서와 구절이 지정된 문서의 코드 개수를 볼 수 있습니다.

참고

보고서Reports 탭 에서 **코드 개요**Overview of Codes를 열면 코딩구절이 지정되지 않은 코드도 볼 수 있습니다. 그렇지 않으면 관련 문서에서 하나 이상의 코딩구절이 지정된 코드만 표시됩니다.

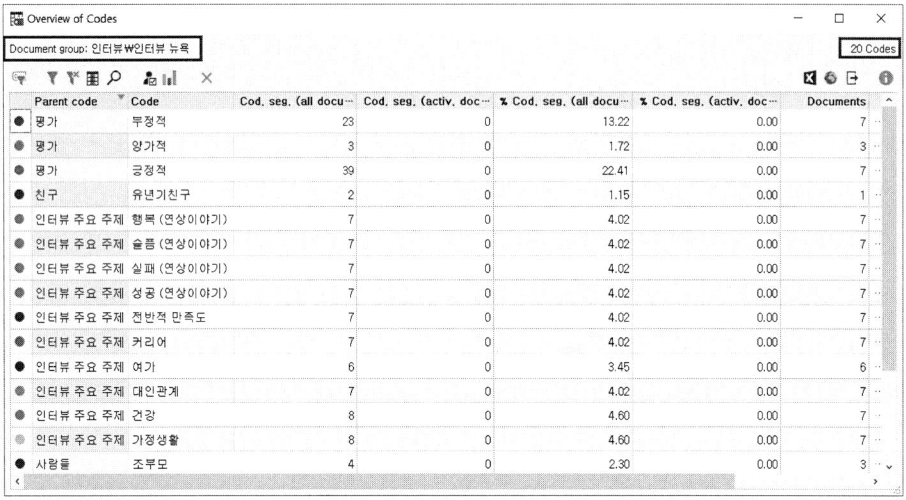

Overview of Codes

Document group: 인터뷰₩인터뷰 뉴욕 | 20 Codes

Parent code	Code	Cod. seg. (all docu…	Cod. seg. (activ. doc…	% Cod. seg. (all docu…	% Cod. seg. (activ. doc…	Documents
평가	부정적	23	0	13.22	0.00	7
평가	양가적	3	0	1.72	0.00	3
평가	긍정적	39	0	22.41	0.00	7
친구	유년기친구	2	0	1.15	0.00	1
인터뷰 주요 주제	행복 (연상이야기)	7	0	4.02	0.00	7
인터뷰 주요 주제	슬픔 (연상이야기)	7	0	4.02	0.00	7
인터뷰 주요 주제	실패 (연상이야기)	7	0	4.02	0.00	7
인터뷰 주요 주제	성공 (연상이야기)	7	0	4.02	0.00	7
인터뷰 주요 주제	전반적 만족도	7	0	4.02	0.00	7
인터뷰 주요 주제	커리어	7	0	4.02	0.00	7
인터뷰 주요 주제	여가	6	0	3.45	0.00	6
인터뷰 주요 주제	대인관계	7	0	4.02	0.00	7
인터뷰 주요 주제	건강	8	0	4.60	0.00	7
인터뷰 주요 주제	가정생활	8	0	4.60	0.00	7
사람들	조부모	4	0	2.30	0.00	3

그림 6.25 20개 코드가 코딩된 문서그룹 내 모든 문서의 코드개요

그림 6.25의 코드 개요에서 각 열의 의미는 다음과 같습니다.

- **상위코드**Parent Code: 코드를 더 쉽게 지정할 수 있도록 상위코드가 표시됩니다.
- **코드**Code: 코드시스템에 나타나는 코드의 이름을 표시합니다.
- **모든 문서의 코딩된 구절**Coded segments of all documents: 특정 코드 또는 하위코드로 코딩된 문서구절의 개수를 나타냅니다.
- **활성화된 문서의 코딩된 구절**Coded segments of activated documents: 활성화된 문서만 다룹니다. 이 열에 모두 0이 표시되면 문서가 선택되지 않았기 때문일 수 있습니다. 문서를 활성화하면 이 열의 값이 어떻게 변경되는지 직접 관찰할 수 있습니다.
- **모든 문서의 코딩된 구절**Coded segments of all document %: 모든 코딩된 구절 열에 있는 코딩된 구절의 총 수와 관련하여 특정 코드 또는 하위코드로 코딩된 구절의 비율입니다. 이 열의 합계는 100%입니다.

- **활성화된 문서의 코딩된 구절 비율**Coded segments of activated documents %: 모든 코딩된 구절 비율 % 열에서와 같지만 활성화된 문서만 다룹니다.
- **문서**Documents: 코드 또는 하위코드가 표시되는 문서 수입니다.

6.15 코드시스템을 다른 프로젝트로 전송

전체 **코드시스템**Code System을 내보내고 다른 MAXQDA 프로젝트 파일로 가져올 수 있습니다. 이 기능은 한 프로젝트에서 코드시스템을 구축한 다음 다른 프로젝트에 적용할 수 있으므로 특히 유용합니다. 이 때 코드시스템을 가져오고 내보내면 새로 코드를 만들거나 입력할 필요가 없습니다. 따라서 팀원들이 협력할 때나 논문쓰는 연구자가 지도교수에게 코드시스템을 제출할 때도 유용합니다.

코드시스템을 내보내려면 그림 6.26과 같이 메인메뉴의 **코드**Codes 탭에서 **코드시스템 내보내기**Export Code System > **MAXQDA 포맷**MAXQDA Format을 선택합니다.

그림 6.26 코드 탭에서 코드시스템 내보내기/가져오기

내보내진 코드시스템은 확장자가 *.MTR인 파일형식으로 변환됩니다. 그런 다음 해당 **코드시스템 가져오기**Import Code System를 사용하여 코드시스템 파일을 새 MAXQDA 프로젝트로 가져올 수 있습니다.

6.16 코드시스템 구축요령

종합적으로 코드시스템을 현명하게 설계하기 위한 몇 가지 일반적인 힌트와 조언을 드리고자 합니다. 코드시스템을 잘 구축하는 것은 구체적 자료를 분석하여 추상화로 나아가는 구조입니다. 따라서 코드시스템을 Kuckartz(2019)[14]의

14) Kuckartz, U. & Rädiker, S. (2019). Analyzing Qualitative Data with Maxqda: Text, Audio,

제언을 참고하여 필자의 지식과 연구경험을 바탕으로 몇 가지 제시하겠습니다.

- 전체적인 코드의 수와 코드의 계층적 구조에서 단계 수를 관리할 수 있도록 유지하는 것이 좋습니다. 코드는 분석을 위한 도구입니다. 너무 많은 코드나 하위코드의 단계는 분석을 어렵게 만듭니다. 일반적으로 코드의 수는 수백 개를 넘지 않는 것이 좋고, 계층적 구조는 많아도 4단계를 넘지 않는 것이 좋습니다. 일반적으로 3단계 레벨이면 충분합니다.
- 범주의 수는 일반적으로 최상위 범주를 20개를 넘지 않는 것이 좋습니다. 또한 상위수준 범주당 하위범주의 수는 10개를 넘지 않는 것이 좋습니다.
- 코드명은 가능한 중복되지 않게 한 개만 만드는 것이 좋습니다. MAXQDA 프로그램 자체는 동일한 코드명을 허용하지만 코드명이 중복될 경우 검색할 때 의도치 않은 결과를 낳을 수 있습니다. 예외적인 경우에만 동일한 하위코드가 다른 상위코드나 범주 아래 위치하는 것이 바람직합니다. 예를 들어, 정서와 행동에 관한 연구가 다른 영역에서 코딩한 경우입니다. 즉, '주요범주 정서 > 부정적, 주요범주 행동 > 부정적'과 같은 경우입니다.
- 코드시스템에서 만든 계층적 구조는 범주 > 하위범주 > 개념과 같다고 보아도 좋습니다. 즉, 코드시스템의 계층적 코드구조가 최상위코드 > 상위코드 > 하위코드로 조직화되었다면 그대로 범주 > 하위범주 > 개념으로 보고할 때 표현하셔도 좋습니다.
- 코드시스템과 코드와 범주의 구성은 연구질문에 대한 데이터를 구성하고 체계화하는 목적이라는 점을 항상 기억해야 합니다. 그것은 엄격한 법칙이 아닙니다. 연구자는 변화에 개방적이어야 하고 코드시스템이 법규와 같이 엄격하고 고착적인 것이라고 보지 않는 유연한 자세를 갖는 것이 좋습니다.

---

and Video: Springer International Publishing.

CHAPTER 07

코딩하기

CHAPTER 07

코딩하기

7.1 기본적 코딩방법

MAXQDA에서 텍스트, 이미지 또는 비디오 장면의 구절 또는 영역에 코드를 지정하는 것을 **코딩**coding이라고 합니다.

원하는 만큼의 코드로 문서 또는 문서구절을 코딩할 수 있습니다. 문서당 **코딩구절**coded segments은 다른 **코딩구절** 내에 겹치거나 교차하거나 완전히 포함될 수 있습니다.

7.1.1 코딩할 구절의 선택

코딩 프로세스는 다양한 방법으로 수행할 수 있지만, 항상 마우스로 문서브라우저Document Browser에서 텍스트 또는 이미지의 일부를 선택하는 것으로 시작합니다. 아래 그림 7.1의 문서브라우저에서 선택한 텍스트 구절의 예를 볼 수 있습니다.

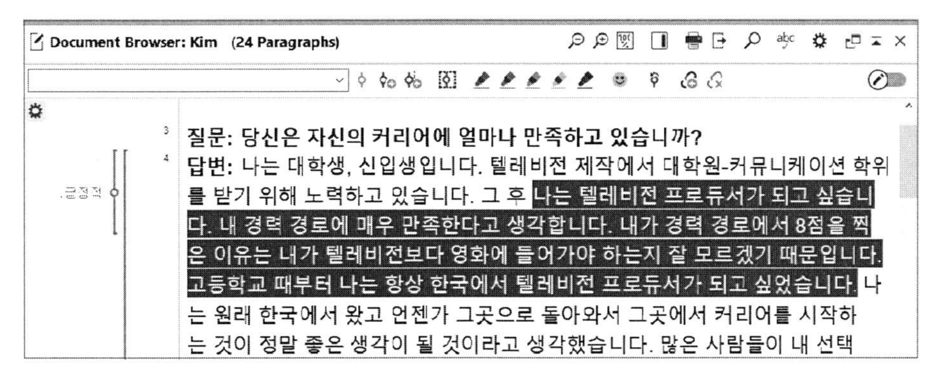

그림 7.1 문서브라우저에서 강조표시된 텍스트의 일부분

참/ 고/

코딩할 수 있는 텍스트의 가장 작은 단위는 단일 문자입니다. 대부분의 경우 적어도 전체 단어를 코딩하려고 할 것입니다.

① PDF에서 텍스트 및 이미지 영역의 코딩

텍스트 문서에서처럼 PDF문서에서 텍스트를 선택할 수 있습니다.

예를 들어, OCR(문자 인식)을 사용하여 텍스트를 선택가능한 텍스트로 변환할 수 없는 스캔된 PDF를 분석하려는 경우, 마우스를 사용하여 프레임을 그릴 수 있습니다. 이렇게 하려면 선택가능한 문자선택이 안되는 영역에서만 선택하면 됩니다. 나중에 모서리를 클릭하고 적절한 크기로 드래그하여 선택한 영역을 조정할 수 있습니다.

② 이미지 영역 선택

이미지 파일에서는 PDF문서에서와 같은 방식으로 마우스 버튼으로 프레임을 그릴 수 있습니다. 나중에 모서리를 클릭하고 드래그하여 프레임의 가장자리를 조정할 수 있습니다.

③ 비디오 영역 선택

비디오는 별도의 창인 멀티미디어 브라우저에서 분석과 코딩을 합니다. 비디오 코딩 섹션에서 동영상 코딩방법에 자세한 설명을 확인할 수 있습니다.

7.1.2 마우스로 선택한 텍스트 코딩

MAXQDA에서 코딩하는 가장 간단한 방법은 선택한 텍스트 또는 이미지 영역을 마우스로 코드에 끌어서 놓는 것입니다.

참/ 고/

동일한 구절을 여러 코드에 연속적으로 지정할 수도 있습니다.

선택한 구절로 마우스를 이동한 다음, 마우스 왼쪽 버튼을 누른 다음 코드시스템의 해당 코드로 마우스를 이동합니다. 바로 여기에 마우스 버튼을 놓고 선택한 구절을 코드에 드롭drop합니다.

또는 반대로, 원하는 코드를 선택한 구절로 드래그한 다음 마우스 버튼을 놓아도 됩니다.

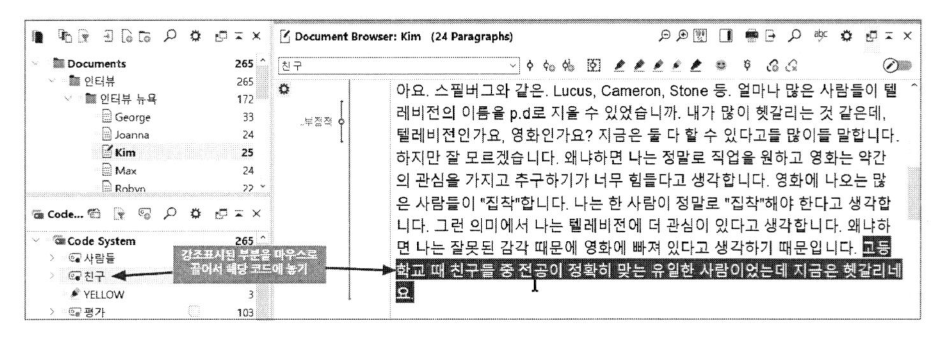

그림 7.2 마우스 drag and drop을 통한 코딩

특히, 이 마우스를 가지고 drag & drop을 통한 코딩기능은 다른 질적분석 소프트웨어에서 제공되지 않는 매우 편리한 기능입니다(유기웅, 정종원, 김영석, 김한별, 2018).[1] 필자의 연구경험에서도 이 기능은 단순히 편리함을 넘어 연구자가 자료에 파묻히지 않고 빠른 속도로 코드와 자료를 오가는 하늘에서 보는 듯한 조망적 시각을 틔워주는 탁월한 기능입니다.

7.2 추가적 코딩방법

드래그 앤 드롭drag and drop의 고전적인 코딩기술 외에도 MAXQDA는 선택한

1) 유기웅, 정종원, 김영석, 김한별 (2018). 질적 연구방법의 이해 (제2판). 서울: 박영story.

구절을 코딩하는 몇 가지 다른 방법을 제공합니다.

❶ **새 코드로 코딩:** 근거이론Grounded Theory에서와 같이 선택한 구절에 새로운 코드를 지정할 수 있습니다.

❷ **In-vivo 코딩:** 텍스트구절 내에서 의미 있는 용어를 선택하여 강조표시하고 코드시스템에서 자동으로 추가합니다.

❸ **퀵리스트 코딩:** 이미 선택된 코드중의 하나에 지정되고 해당되는 경우 바로 코딩합니다.

❹ **여러 코드로 동시코딩:** 선택한 구절이 활성화된 코드로 동시에 코딩합니다.

❺ **코드 즐겨찾기로 코딩:** 선택한 코드가 별도의 창에 표시되며 코딩할 구절에 쉽게 적용합니다.

❻ **단축키로 코딩:** 최대 9개의 코드에 키보드 단축키를 지정할 수 있으며, 이것으로 선택한 구절에 빠르게 코딩합니다.

❼ **MAXMaps로 코딩:** 표시된 구절은 "맵" 또는 다이어그램에 정렬된 선택된 코드로 드래그됩니다.

❽ **개방코딩모드로 코딩:** 구절을 선택하면 새 (개방)코드를 생성하고 지정하는 창이 자동으로 나타납니다.

❾ **컬러(하이라이트) 코딩:** 책에서 컬러 텍스트 마커로 텍스트구절을 하이라이트하는 것과 같습니다. MAXQDA에서는 빨강, 녹색, 노랑, 파랑 또는 자홍색의 다섯 가지 색상을 색상코딩에 사용할 수 있습니다.

❿ **이모티콘 코딩:** 선택한 세그먼트는 이모티콘 또는 기호와 같은 이모티콘으로 코딩됩니다.

이 섹션에서는 위의 여러 방법 가운데 가장 많이 사용하는 새 코드로 코딩, In-vivo코딩, 퀵 리스트 코딩, 여러 코드 동시코딩, 코드 즐겨찾기로 코딩을 설명합니다. 개방코딩모드Open coding mode로 코딩, 컬러 코딩, 이모티콘 코딩은 각각의 절에서 설명합니다.

이러한 기술이 사용되는 방법을 자세히 설명합니다. 문서구절을 선택하고 컨텍스트메뉴(마우스 오른쪽 버튼)에서 다양한 옵션을 선택할 수 있습니다.

7.2.1 새 코드로 코딩

새 코드, 즉 코드시스템Code System에 아직 나열되지 않은 코드를 만드는 방법은 다음의 세 가지입니다.

❶ 가장 쉬운 방법은 코딩할 구절을 선택한 후 단축키 Alt + W를 사용하는 것입니다.

❷ 또는 선택한 구절의 컨텍스트메뉴(마우스 오른쪽 버튼)에서 **새 코드 사용**With new code을 선택합니다.

❸ 또는 문서브라우저 도구모음에서 **새 코드로 코딩**Code with a new code 아이콘을 클릭합니다 .

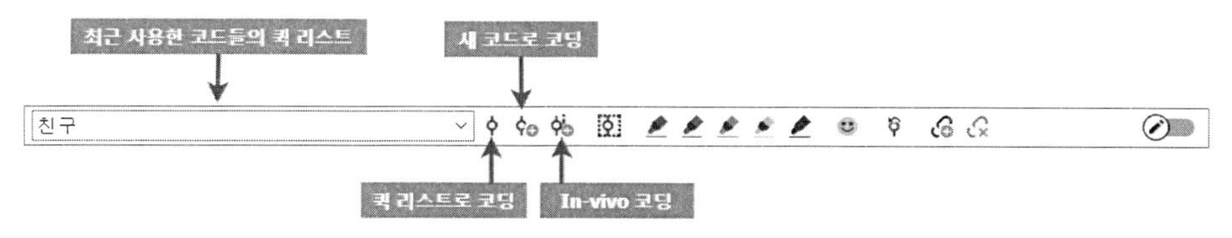

그림 7.3 문서브라우저의 코딩도구모음

새 코드의 이름을 입력하는 대화창이 나타납니다. 코드는 코드시스템 계층구조의 최상위 레벨에 추가됩니다. 필요한 경우 나중에 마우스를 사용하여 코드를 코드시스템의 다른 수준으로 이동할 수 있습니다.

여러 개의 새 코드를 연달아 만들고 선택한 구절에 지정할 수도 있습니다. 이렇게 하려면 대화상자에서 **추가 코드**Additional code 버튼을 클릭합니다.

7.2.2 인-비보In-vivo 코딩

이른바 **인-비보**In-vivo **코딩**은 코딩할 구절 내의 일부 '단어나 구'의 문자 그대로를 코드로 사용하는 코딩방법입니다. 예를 들어, 텍스트 구절 중에 '나는 꽤 만족스럽고 완벽한 가족을 원한다면 불가능한 것을 요구할 것입니다.'라는 문장에서 '완벽한 가족'을 마우스로 선택한 후, 문서브라우저의 도구모음에서 **인-비보코딩**Code in Vivo 아이콘 을 클릭하면 코드시스템에 '완벽한 가족'이 코드로 추가됩니다. '완벽한 가족' 구절을 선택한 후, 컨텍스트메뉴(마우스 오른쪽 버튼)에서 In Vivo를 선택해도 같은 결과입니다. 단축키 Alt + I도 같은 효과입니다.

7.2.3 퀵 리스트 코딩

문서브라우저의 코드 도구모음을 사용하면 자주 사용하는 코딩기능을 빠르게 적용할 수 있습니다. 퀵 리스트Quick list는 코드 도구모음의 가장 왼쪽에 있습니다. 코드시스템에서 코드를 클릭하거나 코딩이 진행 중일 때마다 해당 코드가 퀵 리스트 상단에 표시됩니다. 퀵 리스트 바로 오른쪽에 있는 **강조표시된 구절 코딩**Code highlighted segment 아이콘 을 클릭하여 퀵리스트의 코드를 선택한 구절에 지정합니다. 이러한 방식으로 매번 코드를 선택하지 않고도 문서의 여러 영역을 코딩할 수 있습니다.

단축키 Alt + C를 사용할 수도 있습니다. 이렇게 하면 가장 최근에 사용한 코드로 코딩하게 됩니다.

7.2.4 여러 코드 동시코딩

문서브라우저 텍스트의 지정한 구절에 여러 개의 코드를 동시에 지정하는 방법입니다. 먼저 문서브라우저에서 선택한 구절을 코딩하는 데 사용할 **코드시스템**Code System의 코드를 **활성화**Activate합니다. 코드를 활성화하려면 **코드시스템** 또는 **코드**의 **컨텍스트메뉴**(마우스 오른쪽 버튼)에서 **활성화**Activate를 선택합니다. 그런 다음 문서브라우저의 선택한 텍스트 구절의 **컨텍스트메뉴**(마우스 오른쪽 버튼)에서 **활성화된 코드로 코딩**With Activated Codes 옵션을 선택합니다.

7.2.5 코드 즐겨찾기로 코딩

광범위한 코드시스템으로 작업하는 경우 큰 목록에서 각 코드를 빠르게 찾기가 어렵기 때문에 효율적으로 작업하는 것이 필요할 수 있습니다. 퀵 리스트 코딩은 이 문제를 해결하는 방법을 제공하지만, 특정 상황에서 자주 사용하는 코드 리스트 옵션이 필요합니다. 한 번에 둘 이상의 코드로 코딩할 수도 있습니다. 이 기능을 코드 즐겨찾기라고 합니다.

코드를 마우스 오른쪽 버튼으로 클릭하고 **코드 추가**…Add Code to… > **코드 즐겨찾기**Code Favorites를 선택하면 됩니다. 첫 번째 코드를 추가하면 코드 즐겨찾기 창이 나타납니다. 그런 다음 동일한 방식으로 목록에 더 많은 코드를 계속 추가할 수 있습니다. 코드의 컨텍스트메뉴(마우스 오른쪽 버튼)에서 **코드 즐겨찾기에 코드 추가**를 선택합니다.

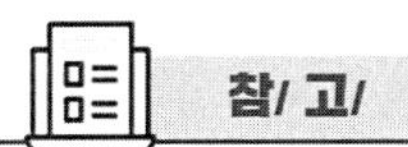

코드시스템에서 **코드 즐겨찾기**Code favorites 창으로 코드를 끌어다 놓을 수도 있습니다.

코드 즐겨찾기를 이용해 코딩을 하려면, 텍스트 구절을 지정하고 코드 즐겨찾기 목록에서 코드를 클릭하기만 하면 됩니다.

코드 즐겨찾기 창의 사용을 마치면 오른쪽 상단 모서리에 있는 x를 클릭하여 창을 닫습니다. 창을 다시 열려면 코드시스템이나 코드의 **컨텍스트 메뉴**를 통해 다른 코드를 추가하거나, 메인메뉴의 **코드**Codes 탭에서 **코드 즐겨찾기**를 선택합니다.

그림 7.4 코드 즐겨찾기 창

코드 즐겨찾기 창의 코드에서 강조 표시된 구절을 끌어서 놓거나 그 반대로 코드를 강조 표시된 구절로 끌어서 놓아도 같은 결과로 코딩됩니다.

7.3 개방코딩 빠르게 하기: 근거이론

주요한 질적연구접근법의 하나인 근거이론Grounded Theory에 기반한 연구에서 많은 이른바 **개방코드**open codes가 생성됩니다. 첫 번째 단계에서는 텍스트를 한 줄씩 검토하고 식별된 측면을 수많은 새 코드에 기록합니다. 이 경우 **개방코딩**Open Coding이 특히 적합합니다. 이는 표시된 구절에 대한 새 코드를 즉시 만들어 지정하고 필요한 경우 코딩구절에 대한 **주석**comment과 **코드메모**code memo를 작성하는 데 사용할 수 있습니다. 개방코딩모드의 활성화와 사용은 많은 시간과 노력이 필요한 1단계 코딩인 개방코딩을 신속하고 성실하게 할 수 있는 획기적인 기능입니다.

7.3.1 개방코딩 모드 켜기

개방코딩 기능을 사용하기 위해서는 **개방코딩모드**Open Coding Mode를 켜야 합니다. 문서브라우저의 도구모음에서 **개방코딩모드**Open Coding Mode 아이콘을 클릭합니다.

Document Browser: Joanna (24 Paragraphs)
사람들
로 돌아가는 것을 기대하지는 않지만 그것이 내가 면허를 취득 할 수 있는 유일한 방법이기 때문입니다.

그림 7.5 개방코딩모드 활성화

7.3.2 개방코딩 모드의 사용

개방코딩 모드를 사용하는 것은 쉽습니다. 텍스트 구절을 선택한 후 마우스 버튼을 놓으면 다음 대화상자가 나타납니다.

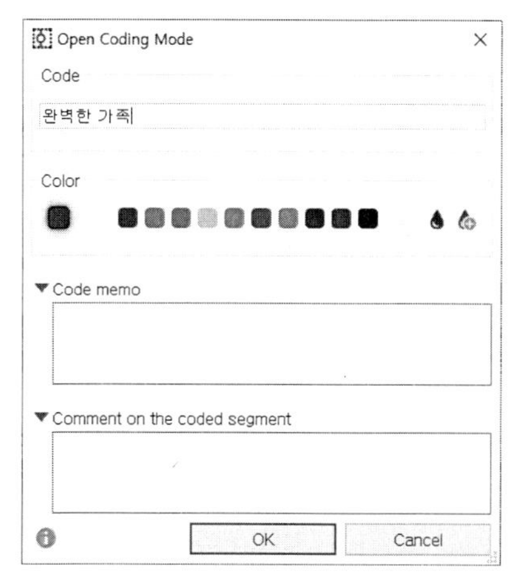

그림 7.6 개방코딩모드 대화창

그림 7.6의 대화상자는 원칙적으로 새 코드를 만드는 대화상자와 매우 유사합니다.

- 대화상자 상단필드에 새 코드의 이름을 입력합니다.
- 그 아래 섹션에서는 새 코드에 대한 **색상**color 속성을 선택할 수 있습니다.
- **코드메모**Code memo 대화상자 필드에 기록된 텍스트는 새로 생성된 코드에 대한 메모로 사용됩니다. 이 메모는 **코드시스템**에서 메모 아이콘을 클릭하여 열 수 있습니다.
- **코딩된 구절에 대한 주석**Comment on the coded segment은 최대 255자를 입력할 수 있으며 코딩된 구절에 직접 지정됩니다.

7.4 색상코딩(하이라이팅)

색상코딩 기능은 분석 프로세스를 시작할 때 특히 유용한 기술입니다. 책의 텍스트에 형광펜을 칠한 것과 유사합니다. 텍스트를 처음 읽을 때 특히 흥미로운 구절을 색상으로 구분할 수 있습니다. 사용할 코드를 결정하기 전과 카테고리에서 텍스트 분석을 시작하기 전에 이 기술을 사용하면 중요해 보이는 것을 쉽게 구분해 볼 수 있습니다.

MAXQDA는 문서브라우저의 코드 도구모음에는 다섯 가지 색상코딩 형광펜이 있습니다.

텍스트 구절에 색상을 지정하려면 표준코딩과 유사한 프로세스를 따릅니다. 마우스로 텍스트 구절을 선택하고 도구모음에서 다섯 가지 색상 중 하나를 클릭합니다. 이제 텍스트구절이 해당 색상으로 강조표시되고 그 색상으로 코딩됩니다. 문서 옆의 코딩 열[coding column]에 새 코딩띠[coding stripe]가 표시됩니다(참조: 그림 7.7).

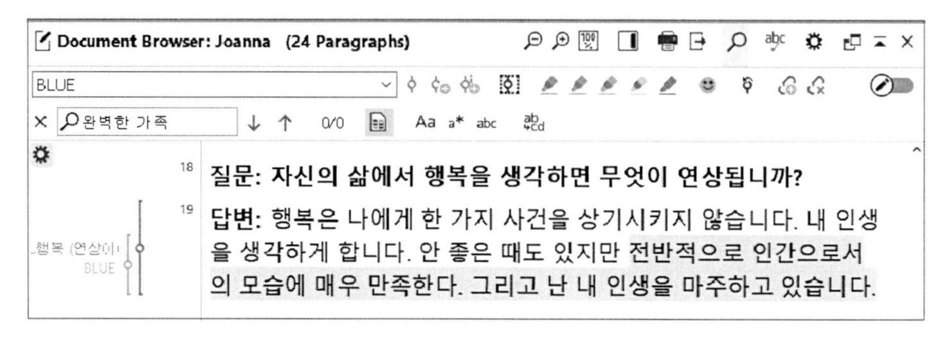

그림 7.7 'BLUE'로 색상코딩된 텍스트 구절

실제로 색상코딩은 텍스트의 색상을 변경하는 것 이상을 수행합니다. 이는 코딩작업의 일환입니다. 즉, 나중에 BLUE 코딩된 구절을 컴파일하고 가장 중요한 구절로 작업할 수 있습니다. 이렇게 하면 이 초기 일반코딩 실행이 완료되면 더 구체적으로 코딩할 수 있습니다. 문서시스템에서 모든 문서를 활성화하고 코드시스템에서 적절한 색상코드를 활성화하여 특정 색상코딩이 있는 모든 코드를 추출할 수 있습니다.

코드시스템에서 색상코드를 삭제하면 색상코드만 삭제되는 것이 아닙니다. 해당 코드에 대해 코딩된 모든 구절도 삭제됩니다. 즉, 해당 색상의 모든 형광펜표시가 문서에서 삭제됩니다. 물론 이는 일반코딩과 마찬가지로 텍스트 자체가 삭제되는 것은 아니고 지정된 색상줄표시가 삭제되는 것입니다.

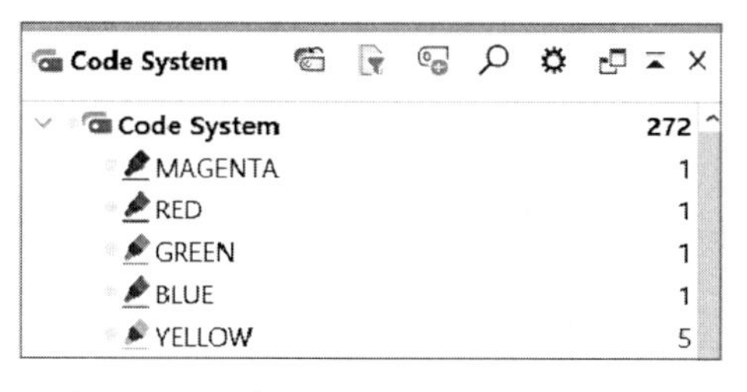

그림 7.8 코드시스템의 색상코드 표시

색상코드는 코드시스템에서 특정 기호로 식별됩니다.

참고

코드시스템에서 언제든지 색상코드의 이름을 변경할 수 있습니다.

7.5 이모티코드

이모티코드Emoticode기능을 사용하면 텍스트 및 이미지 구절은 물론 오디오 및 비디오 클립에 기호와 이모티콘을 지정할 수 있습니다. 일반적으로 일반코딩과 동일한 기능으로 사용할 수 있습니다. 기존 코딩의 모든 기능이 지원됩니다. 즉, 이모티콘과 아이콘으로 코딩된 구절의 개요표와 문서초상화Document Portrait와 같은 시각화에 표시됩니다.

7.5.1 이모티콘 및 기호

MAXQDA에는 서로 다른 주제 그룹으로 구성된 300개 이상의 이모티콘과 기호가 포함되어 있습니다. 이모티콘 아이콘은 스마트폰 사용으로 인해 널리 알려져 있습니다. 여기에는 다양한 유형의 스마일과 다른 많은 기호가 포함됩니다. 각 이모티콘 기호에는 코드명으로 사용되는 이름이 있습니다.

7.5.2 이모티코드Emoticode 창 열기

이모티코드를 사용하여 코딩하려면 먼저 이모티코드 창을 열어야 합니다. 그림 7.9와 같이 문서브라우저의 코딩 도구모음에서 해당 기호를 클릭하면 됩니다.

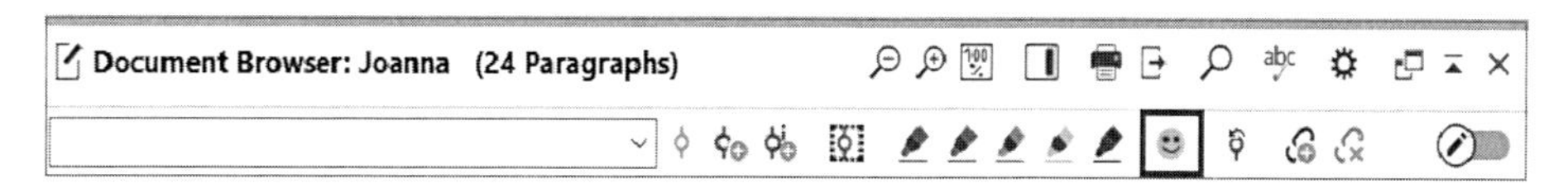

그림 7.9 이모티코드 창 열기

창에 표시할 수 있는 것보다 더 많은 기호가 주제 섹션에 포함된 경우 창 아래쪽에 있는 파란색 화살표를 사용하여 섹션의 모든 기호를 스크롤할 수 있습니다.

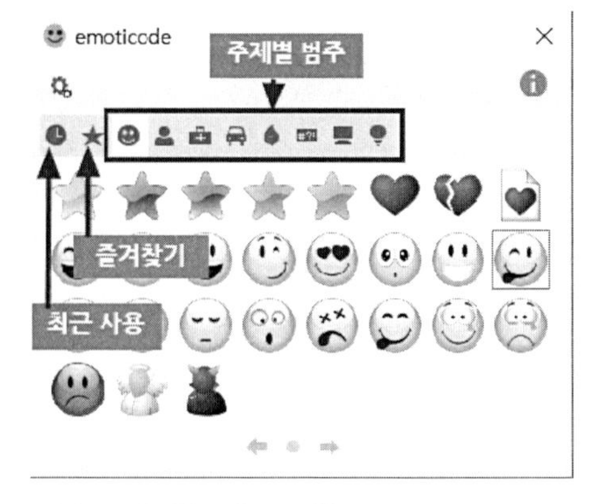

그림 7.10 이모티코드 창

시계 아이콘을 클릭하면 MAXQDA는 가장 최근에 사용한 기호와 이모티콘을 표시합니다. 또한 자주 사용하는 기호를 **즐겨찾기에 추가**Add to favorites할 수 있습니다. 이렇게 하려면 기호를 마우스 오른쪽 버튼으로 클릭하고 즐겨찾기에 추가를 선택합니다. 기호는 별표로 표시된 왼쪽에서 두 번째 탭에 추가로 표시됩니다. 같은 방법으로 즐겨찾기 목록에서 기호를 제거할 수 있습니다.

7.5.3 이모티콘으로 코딩

이모티콘으로 구절을 코딩하는 것은 도구모음을 사용한 코딩 또는 색상코딩과 같습니다. 코딩할 구절은 문서브라우저 또는 멀티미디어 브라우저에서 선택한 다음 나중에 이모티코드 창에서 원하는 기호 또는 이모티콘을 클릭합니다. 이모티콘이 기존 코드시스템에서 이미 사용된 경우 반대도 가능합니다. 즉, 선택한 구절을 코드로 드래그하거나 코드를 구절로 드래그 할 수 있습니다.

7.6 코드시스템에서 코딩구절 표시

특정 코드로 코딩구절이 지정된 여부와 코딩 횟수는 코드시스템에서 확인할 수 있습니다. 이 정보는 코드명 오른쪽 끝의 빈도 열에 표시됩니다.

그림 7.11에서 '커리어' 코드의 오른쪽 끝에 숫자 10이 나타납니다. 이는 총 10개의 구절이 '커리어'라는 코드로 코딩되었음을 나타냅니다.

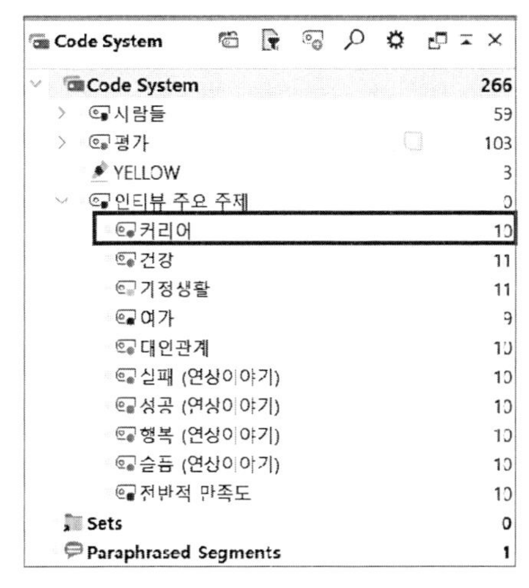

그림 7.11 코딩구절의 횟수에 대한 정보

코드 앞의 삼각형 기호를 클릭하여 코드의 하위코드subcodes를 축소collapse하면 하위코드의 코드 빈도가 상위코드의 빈도에 추가됩니다. MAXQDA는 모든 하위코드를 포함하여 축소된 코드로 코딩된 구절의 개수를 보여줍니다.

7.6.1 코드 시스템에서 빈도를 표시하기 위한 옵션

코드시스템 창의 도구모음에서 검색버튼(돋보기 모양) 옆에 있는 기어모양(⚙)을 클릭하여 로컬설정을 열 수 있습니다(▶ **참조: 2.7.2 코드시스템의 로컬설정**).

로컬설정의 최상단 부분에서 각 코드의 오른쪽 끝에 출력해야 하는 빈도수를 정의할 수 있습니다. 설정창 상단의 **빈도표시**Display frequency 옵션 중에서 선택할 수 있으며, 각 옵션은 서로 다른 분석정보를 보여줍니

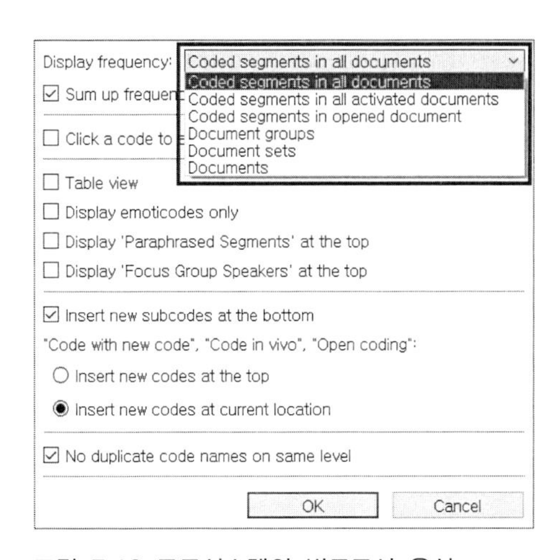

그림 7.12 코드시스템의 빈도표시 옵션

다. 그 내용은 다음 표 7.1과 같습니다.

표 7.1 코드시스템에서 빈도표시에 관한 다양한 옵션

선택한 옵션	분석적 관련성
문서 전체에 코딩구절	모든 문서에 코딩한 횟수: 이것은 위에서 설명한 기본 옵션이며 프로젝트를 열 때 항상 자동으로 설정된 상태입니다.
활성화한 모든 문서에 코딩구절	현재 활성화된 문서에 코딩한 횟수: 문서를 활성화하거나 비활성화하면 빈도수가 자동으로 업데이트됩니다.
열린 문서에 코딩구절	현재 문서브라우저에 열려있는 문서에 코딩한 횟수: 오디오 및 비디오 파일의 코딩은 여기에서 고려되지 않습니다.
문서그룹	해당 문서그룹에 속한 문서들에 코딩한 횟수: 문서그룹에서 코드가 한 번 또는 여러 번 지정되었는지 여부는 중요하지 않습니다.
문서세트	문서세트에 코딩한 횟수: 문서세트에서 코드가 한 번 또는 여러 번 지정되었는지는 중요하지 않습니다.
개별문서	문서에 코딩한 횟수: 코드가 문서에서 한 번 또는 여러 번 지정되었는지는 중요하지 않습니다.

7.7 문서브라우저에서 코딩구절 표시

문서의 구절 또는 이미지 일부 영역을 코딩하는 즉시 문서브라우저에서 문서 옆의 회색 영역에 코딩띠Coding stripe가 나타납니다. 이러한 시각화를 코딩띠Coding stripe라고 합니다. 이러한 코딩띠는 문서가 코딩된 위치를 나타냅니다. 이 시각화의 기본은 문서의 왼쪽에 표시된다는 것입니다. 코딩띠를 문서 오른쪽에 배치하려면 로컬설정에서 **오른쪽에 코딩띠 표시**display coding stripes on the right를 선택할 수 있습니다. 로컬설정을 보려면 검색(돋보기 모양)아이콘 옆에 있는 기어 모양(⚙)을 클릭합니다. 코딩띠 열의 너비는 열 머리글 사이의 구분기호를 클릭하고 오른쪽 또는 왼쪽으로 끌어서 더 크거나 작게 만들 수 있습니다.

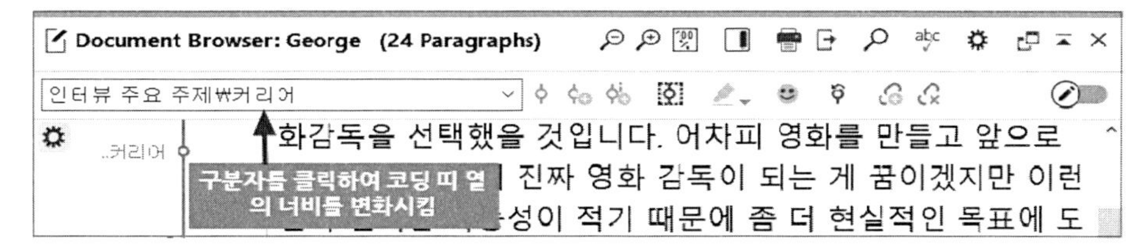

그림 7.13 문서브라우저 왼쪽의 코딩띠 시각화

코딩띠 위로 마우스를 가져가면 나타나는 도구설명에서 코드명을 항상 볼 수 있습니다. 또한 도구설명에는 지정한 가중치, 코딩구절의 작성자, 코딩된 날짜 및 마지막으로 편집된 시간이 표시됩니다.

서로 겹치는 코딩구절이 많은 경우 어떤 코드명이 어떤 코딩띠에 속하는지 정확히 파악하기 어려울 수 있습니다. 마우스를 코딩띠 위로 이동하면 즉시 식별할 수 있으며, 이때 코드명이 더 밝아지고 코드 지정이 표시됩니다.

7.7.1 코딩띠 열 시각화 옵션

코딩띠에서 코드명을 항상 표시할지 여부를 선택할 수 있습니다. 문서브라우저에서 열의 회색 영역을 마우스 오른쪽 버튼으로 클릭하면 다양한 설정옵션창이 열립니다. 이러한 옵션 중 하나는 코드명을 표시하는 것입니다.

이 옵션창에서 다음과 같은 설정을 조정할 수 있습니다.

- 활성화된 코드만 시각화하도록 선택.
- 특정 사용자가 생성한 코딩구절을 시각화하도록 선택.
- 특정 색상으로 코딩된 구절만 시각화하도록 선택.
- 텍스트 색상을 코딩한 코드의 색상과 일치

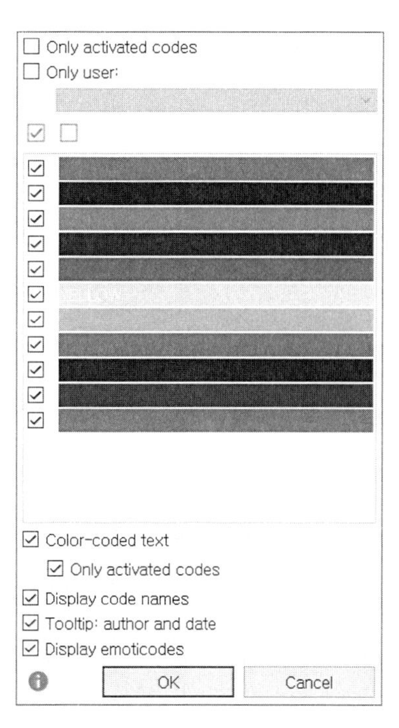

그림 7.14 코딩띠 시각화를 위한 옵션 창

하도록 변경할지 여부를 선택.

- **코드명**code name을 표시할지 여부를 선택.
- 마지막으로 도구설명에 작성자 및 만든 날짜 표시 여부 선택.
- **이모티코드** 표시 여부 선택.

위에서 코드색상에 따라 텍스트 색상을 지정하는 옵션은 겹치는 코드가 많지 않은 경우에만 의미가 있습니다. 코드가 겹치면 텍스트 색상이 겹치는 코드가 혼합되어 해석하기가 매우 어려울 수 있습니다.

7.7.2 텍스트 구절에 지정된 코드목록

분석과정에는 특정 텍스트 또는 이미지 발췌부분에 지정한 코드를 확인하는 것이 필요합니다. 이렇게 하려면 텍스트 구절 또는 이미지 영역을 선택하고 **컨텍스트메뉴**(마우스 오른쪽 버튼)에서 **지정된 코드 나열**List assigned codes을 선택합니다(참조: 그림 7.15).

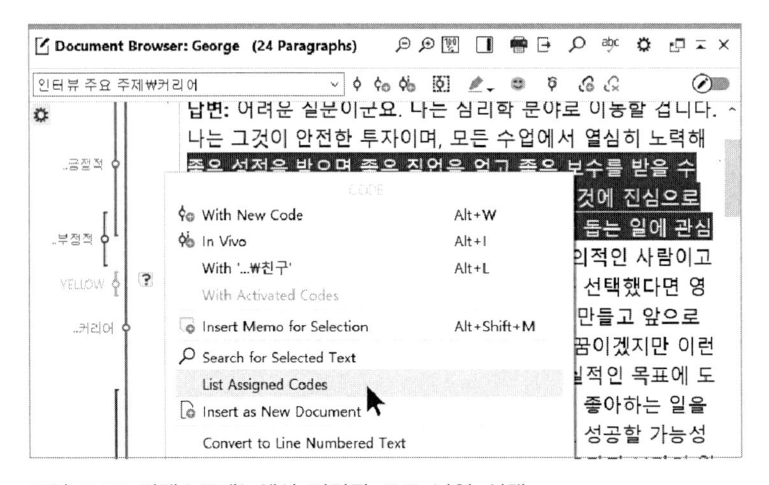

그림 7.15 컨텍스트메뉴에서 지정된 코드 나열 선택

이렇게 하면 지정된 모든 코드가 나열되는 작은 메뉴가 나타납니다. 목록에서 항목을 클릭하면 코드시스템에서 해당 코드가 강조 표시됩니다. 다음 그림

7.16에서 '인터뷰 주요 주제₩커리어' 코드명을 클릭하면, 문서브라우저의 왼쪽에 있는 **코드시스템**에서 '커리어'코드가 자동선택되어 강조표시됩니다.

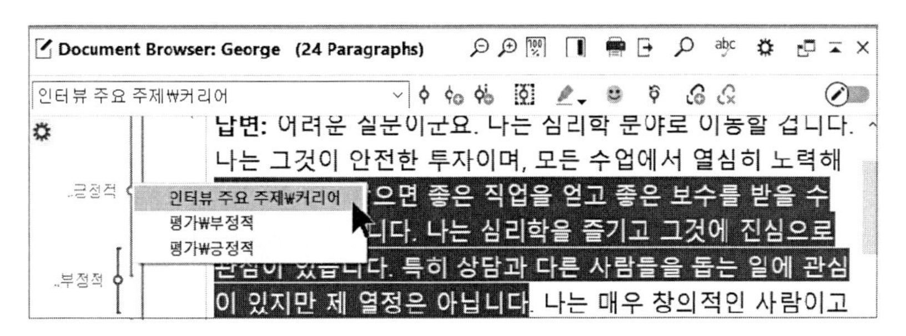

그림 7.16 텍스트구절에 지정된 코드의 목록

7.8 코딩구절 삭제

분석과정에서 이미 코딩된 코딩구절을 삭제할 때가 있습니다. MAXQDA는 여러 위치에서 단일 또는 다중코드를 동시에 삭제할 수 있습니다.

참고

코드시스템에서 코드를 삭제하면 모든 문서의 코딩구절에서 코드가 제거됩니다. 따라서 코드 자체가 아니라 특정의 '코딩구절(부분)'만 삭제하려고 할 경우에는 이 절의 내용을 따르는 것이 좋습니다.

7.8.1 문서브라우저에서 코딩 삭제방법

❶ 문서브라우저의 코딩띠 열에서, **코딩띠**coding stripe 또는 코드명에 마우스를 놓습니다.

❷ 마우스 오른쪽 버튼을 클릭하고 **삭제**Delete를 선택합니다(참조: 그림 7.17).

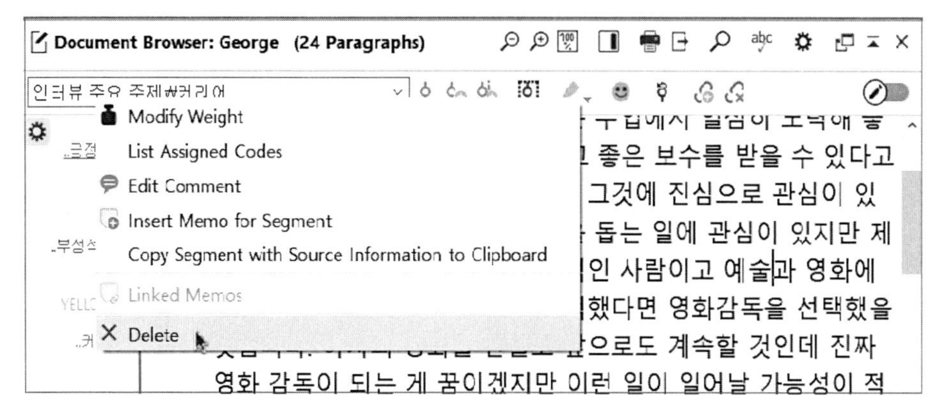

그림 7.17 코딩띠 또는 코드명을 마우스 오른쪽 버튼 클릭하여 코딩 삭제

7.8.2 검색구절Retrieved Segments 창에서 코딩 삭제방법

검색구절Retrieved Segments 창에서 먼저 코딩구절을 추출해야 합니다. 문서시스템의 원하는 문서들을 **활성화**Activate하고, **코드시스템**에서도 원하는 코드를 **활성화**Activate해야 합니다.

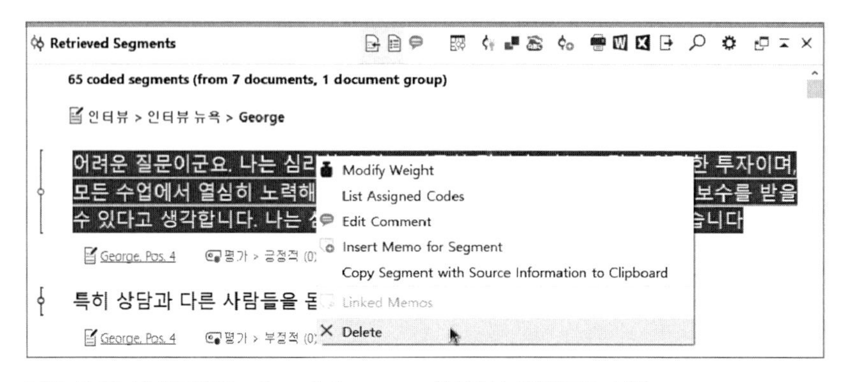

그림 7.18 검색구절(Retrieved Segments)창에서 코딩구절 삭제

❶ 코딩띠 또는 **코딩구절**의 아무 곳이나 마우스 오른쪽 버튼을 클릭합니다.
❷ **삭제**Delete를 선택합니다.

7.8.3 '코딩구절 개요' 또는 표형태의 '검색구절'에서 코딩 삭제방법

한꺼번에 여러 개의 코딩구절을 삭제하려면 표형식의 '코딩구절 개요Overview of coded segments' 또는 '검색구절Retrieved Segments'에서 코딩구절을 삭제해야 합니다.

코딩구절 개요 Overview of Coded Segments는 메인메뉴의 **보고서**Reports 탭 > **코딩구절 개요**Overview of Coded Segments를 선택하거나, **검색구절**Retrieved Segments 창에서 **검색구절 개요**Overview of Retrieved Segments 아이콘 을 클릭합니다. 그럼 결과는 똑같게 표모양의 **코딩구절**Coded Segments이 나타납니다.

❶ 여러 개의 코딩구절을 동시에 삭제하려면 행을 마우스 오른쪽 버튼으로 클릭하거나 Ctrl키를 누른 상태에서 여러 행을 선택합니다.

❷ 삭제Delete를 선택합니다.

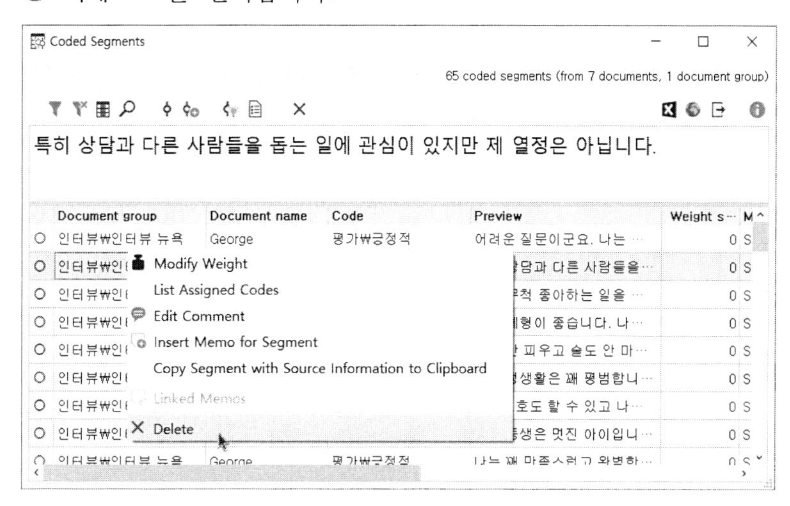

그림 7.19 코딩구절의 개요에서 코딩 삭제

7.9 코딩구절 수정

자료와 분석 사이를 끊임없이 오가는 질적분석에서 기존 코딩구절을 수정해야 할 경우가 있습니다. 코딩구절을 수정하는 방법은 몇 가지가 있습니다.

- 새 코드를 추가로 지정합니다.
- 기존 코드 대신 다른 코드를 지정합니다.

• 지정된 구절의 경계를 수정하여 코드는 제자리에 있는 동안 코딩구절만 확대하거나 축소합니다.

7.9.1 새 코드를 추가로 지정

구절을 코딩한 후 그 구절은 선택된 상태로 유지하면서, 동일한 구절에 새로운 코드를 지정하는 방법입니다. MAXQDA의 편리한 방법인 마우스로 드래그 앤 드롭을 사용하여 언제든 새 코드를 추가할 수 있는 것입니다.

나중에 하나 이상의 코드를 지정하려면 해당 구절을 다시 선택해야 합니다. 가장 쉬운 방법은 마우스 왼쪽 버튼으로 이 구절의 **코딩띠**coding stripe를 클릭하는 것입니다. 구절이 다시 강조표시되고 일반적인 방법으로 코드를 지정할 수 있습니다. 즉, 새로운 코드명을 강조표시된 구절에 마우스로 끌어다 놓거나, 강조표시된 구절을 새로운 코드에 끌어다 놓으면 됩니다.

7.9.2 코딩구절의 교체

텍스트 분석을 검토할 때 텍스트 구절에 잘못된 코드가 지정되었다고 판단할 수 있습니다. 또는 코드시스템이 적절하지 않다고 판단할 수 있으므로 코드시스템을 확장하고 서로 다른 코드를 구분해야 합니다. 두 경우 모두 텍스트에 지정된 코드 하나를 다른 코드로 교체해야 합니다. 이는 여러 가지 방법으로 수행할 수 있습니다.

• **코딩띠**coding stripe를 먼저 클릭하여 구절을 표시한 다음, 구절을 **새 코드**로 끌어서 추가코드로 올바른 새 코드를 지정합니다. 그런 다음 **코딩띠**를 마우스 오른쪽 버튼으로 클릭하고 **삭제**Delete를 선택하여 이전 코딩을 삭제합니다.
• **코딩구절**coded segment을 직접 이동하여 수정하는 방법도 있습니다. Ctrl키를 누른 상태에서 코딩띠를 코드시스템의 **새 코드**New code로 직접 끌어다 놓습니다(**▼ 아래 그림 7.20 참조**).
• **검색구절**Retrieved Segments창에 표시되는 경우 이 절차를 축약할 수 있습니다. 관련 구절 옆에 있는 **코딩띠**를 다른 코드로 끌어다 놓습니다(키를 누르지

않고).

- **코딩구절**coded segment은 동일한 방식으로 표보기 또는 **코딩구절 개요**Overview of Coded Segments에서 다른 코드로 이동할 수 있습니다. 해당 행을 다른 코드로 끌어다 놓기만 하면 됩니다.

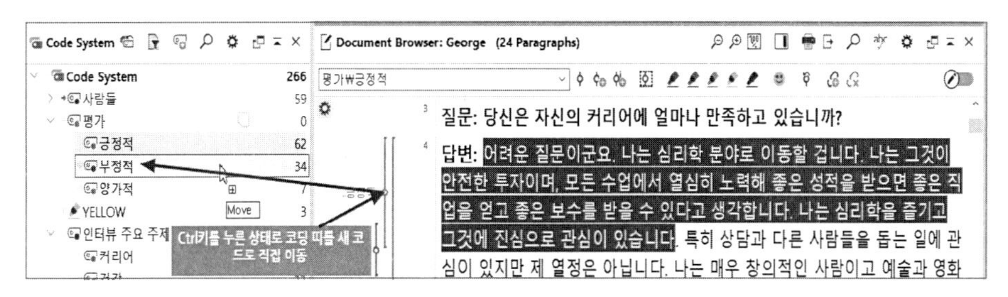

그림 7.20 Ctrl키를 누른 상태로 코딩띠를 새 코드에 직접지정

7.9.3 코딩구절의 크기 조정

때로는 구절이 논리적 경계 외부에 코딩되어 너무 짧거나 너무 긴 경우가 있습니다. 따라서 코딩구절은 문맥에서 벗어났기 때문에 이해하기 어려울 것입니다. 코딩구절의 경계는 다음과 같은 방법으로 조정할 수 있습니다.

❶ 문서브라우저에서 해당 **코딩띠**coding stripe 또는 코드명을 클릭하여 구절을 선택합니다. 그러면 구절이 원본 문서에서 강조표시됩니다(**▼ 아래 그림 7.21 참조).**

❷ 이제 마우스를 사용하여 구절의 경계를 조정할 수 있습니다. 그런 다음 **동일한 코드**로 구절을 다시 코딩합니다.

❸ 또는 **코딩띠**를 마우스 오른쪽 버튼으로 클릭하고 **강조표시된 구절로 새로 코딩**Recode with highlighted segment을 선택할 수 있습니다.

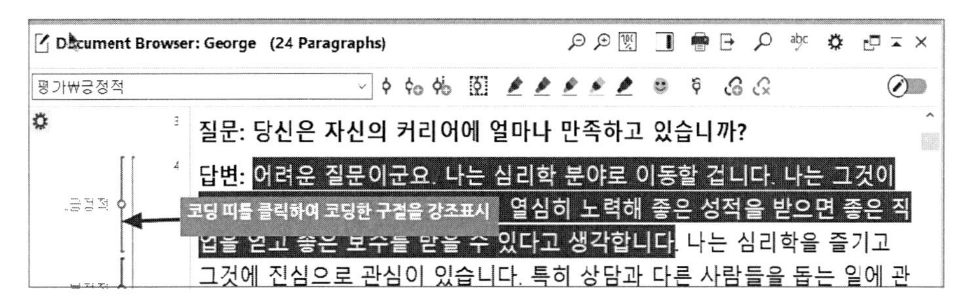

그림 7.21 코딩구절의 크기 조정

'**새로 코딩**Recode'기능은 항상 현재 강조표시된 영역으로 구절의 경계를 조정하지만 새 강조표시로 구절의 경계를 확장할 수도 있습니다.

❶ 기존 구절의 시작 또는 끝과 겹치는 앞 또는 뒤의 구절을 강조표시합니다.

❷ 코딩띠를 마우스 오른쪽 버튼으로 클릭하고 **강조표시된 구절로 확장**Extend with highlighted segment 항목을 선택합니다.

7.10 코드주석

코드주석은 코딩구절에 대해 짧은 주석을 덧붙일 수 있는 기능입니다. 이는 코딩구절의 요약이거나 분석의 의미에 대한 설명일 수 있습니다. 또한 코드 지정과도 영구적으로 연결됩니다. **코드주석**Code Comments은 범주category 개발에 특히 유용합니다.

코딩구절에 대한 **주석**comments을 작성하려면 다음 단계를 따릅니다.

- **문서브라우저에서:** 코딩띠 또는 코드명을 두 번 클릭하거나 코딩띠를 마우스 오른쪽 버튼으로 클릭하고 **주석편집**Edit Comment을 선택합니다.

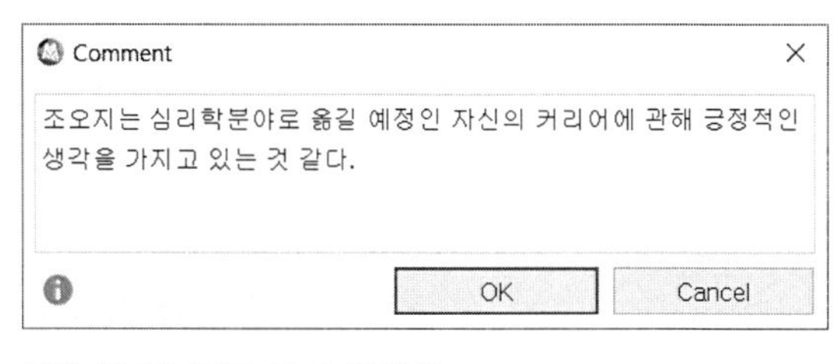

그림 7.22 코드 주석 입력창

- **검색구절**Retrieved Segments**창에서:** 코딩구절 또는 그 옆에 표시된 코딩띠를 더블클릭하거나 마우스 오른쪽 버튼을 클릭합니다.

그림 7.22와 같이 주석을 입력할 수 있는 창이 나타납니다. 주석은 최대 255자까지 작성할 수 있으며, 이는 약 2–3개의 문장에 해당합니다. Shift + Enter를 사용하여 줄 바꿈을 할 수 있습니다(그냥 Enter키만 치면 바로 주석 입력창이 닫히고 편집이 종료됩니다).

코딩띠coding stripe의 기호를 보면 코딩구절에 대한 주석이 작성되었는지 쉽게 확인할 수 있습니다. 일반적으로 작은 원의 안쪽 부분은 코드의 색상과 관계없이 비어있습니다. 그러나 주석이 첨부되면 작은 원은 코드의 색과 같은 색으로 채워집니다(참조: 그림 7.23). 코드명 또는 코딩띠에 마우스를 놓으면 도구설명에 주석comment의 내용이 보입니다.

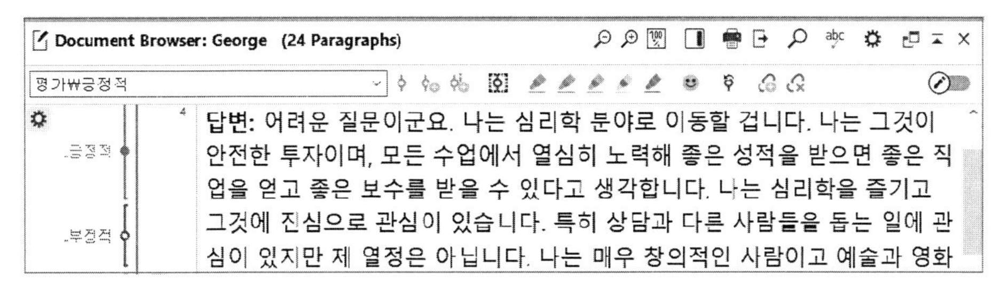

그림 7.23 주석이 있는 코딩구절(코딩띠 중간의 작은 원이 채워짐)

7.10.1 문서브라우저의 사이드바에 주석 표시

문서브라우저의 열려져 있는 문서 바로 옆에 코딩구절의 주석을 표시할 수 있습니다. 문서브라우저에 표시된 문서를 마우스 오른쪽 버튼으로 클릭하고 **사이드바**Sidebar > **주석**Comments을 선택합니다.

사이드바와 문서 사이의 구분선을 좌우로 드래그하여 사이드바의 너비를 조정할 수 있습니다. 사이드바 옵션에서 **메모**Memos나 **의역**Parapharases을 추가로 선택하여 **사이드바**에 표시할 수 있습니다.

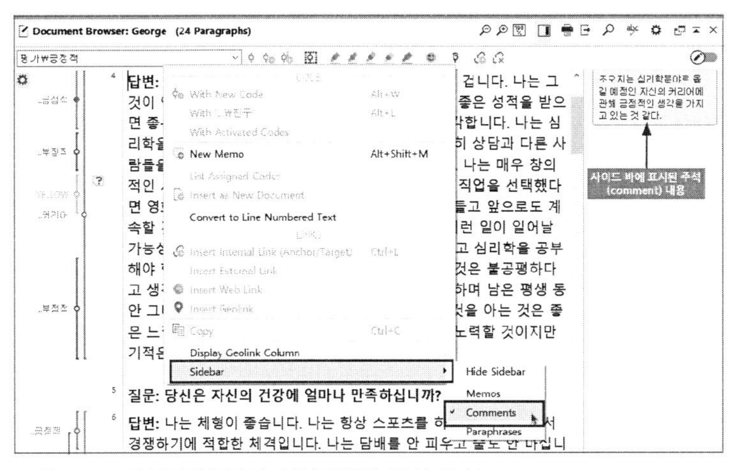

그림 7.24 문서브라우저의 사이드바에 주석 표시

참/ 고/

사이드바에 **주석**Comments과 **메모**Memos는 동시에 표시할 수 있습니다. 그러나 주석과 **의역**Paraphrases을 동시에 표시할 수 없습니다. 의역을 표시하도록 선택하면 주석이 자동으로 꺼지며 그 반대의 경우도 마찬가지입니다.

사이드바의 주석 위로 마우스를 가져가면 아래 그림 7.25와 같이 문서에 해당 구절이 강조표시됩니다. 동시에 주석을 삭제할 수 있는 X 표시가 나타납니다.

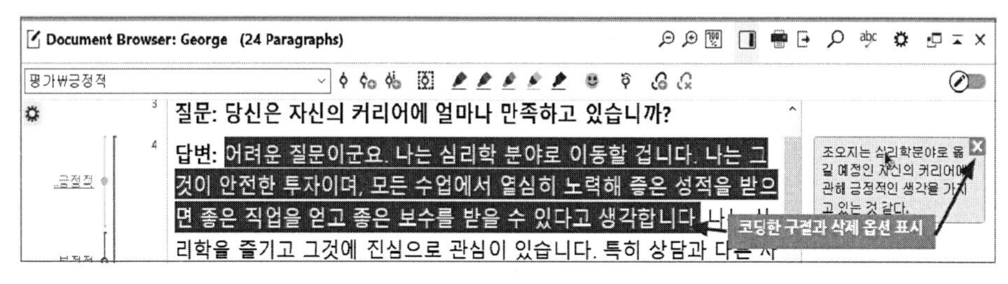

그림 7.25 주석 위로 마우스를 가져가면 코딩구절과 삭제 옵션이 표시됨

7.10.2 코드주석 검색하기

표준보기를 변경하지 않는다면 **코딩구절 개요**Overview of coded segments의 두 번째 열에서 모든 **코드주석**code comments을 검색할 수 있습니다. 이 보기에서 새 주석을 삽입하고 이전 주석을 삭제/변경할 수도 있습니다. 열 헤더를 마우스 오른쪽 버튼으로 클릭하면 이 헤더에 따라 개요가 정렬됩니다. 또한 **주석**Comment을 검색합니다. “주석Comment” 열 머리글을 마우스 오른쪽 버튼으로 클릭하고 검색Search을 선택합니다(참조: 그림 7.26).

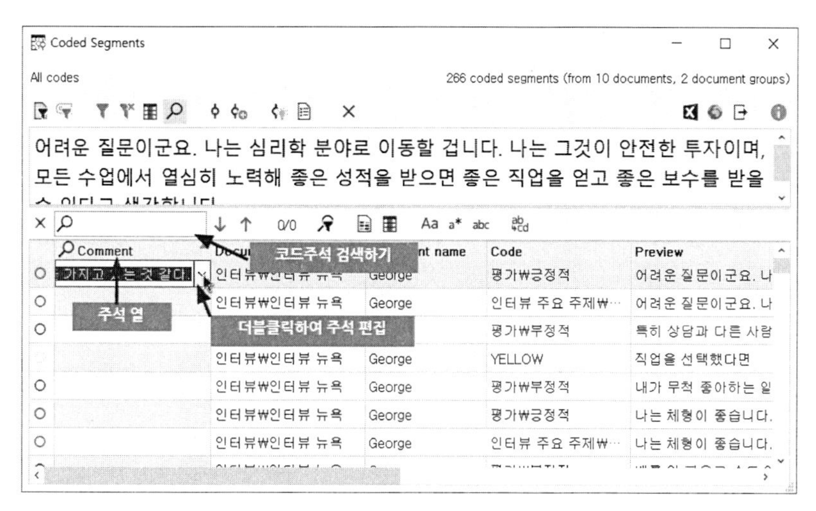

그림 7.26 코딩구절의 개요에서 주석을 생성, 편집, 검색

7.11 코드가중치

문서구절을 코딩할 때 코드시스템의 코드에 텍스트 또는 이미지 영역을 지정합니다. 이러한 코딩구절 각각에 가중치를 지정하여 특정 코딩구절이 얼마나 중요한지 나타낼 수도 있습니다. 이 경우 이러한 구절은 일종의 길잡이입니다. MAXQDA는 0에서 100 사이의 가중치를 부여하여 각 코딩구절이 얼마나 중요하거나 적절한지 나타낼 수 있습니다. 이 가중치는 해당 구절에 정확한 점수를 부여하기 위한 것이 아닙니다. 오히려 가이드가 되는 것이므로 나중에 지정된 가중치에 따라 검색을 정렬할 수 있습니다.

코드가중치Code Weight 점수는 나중에 코딩에 대한 정렬기준으로 사용될 수 있으며 수많은 분석기능에서 선택기준으로 사용될 수 있습니다. 즉, 분석은 특정 가중치를 가진 코딩구절만 참조합니다.

MAXQDA를 처음 사용할 때 기본가중치는 0으로 설정되어 있습니다. 이 값은 프로그램의 두 위치에서 변경할 수 있습니다.

- 오른쪽 상단 모서리에 있는 기어모양 아이콘(⚙)을 클릭하여 **기본환경설정**Preferences에서 조정할 수 있습니다.
- 화면 하단의 상태표시줄에서 기본가중치 아이콘을 클릭합니다. 새로운 기

본가중치를 설정할 수 있는 대화창이 나타납니다. 현재 값은 항상 상태표시줄에 표시됩니다(참조: 그림 7.27).

그림 7.27 상태표시줄에서 기본가중치 설정

7.11.1 코드가중치 점수의 표시

코딩구절의 가중치는 **검색구절**Retrieved Segments 창에서 검색된 각 구절의 아래의 소스정보에 표시됩니다. 코드명 바로 뒤의 괄호 안에 표시됩니다.

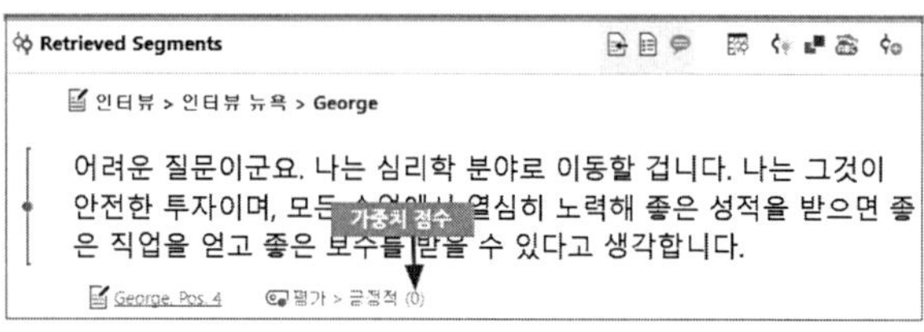

그림 7.28 가중치 점수의 표시

문서그룹, 각 개별문서와 전체 프로젝트에 사용할 수 있는 코딩구절 개요에는 각 코딩구절에 대한 가중치 점수도 보여줍니다.

7.11.2 코드가중치 조정

코딩할 때 기본가중치 점수는 항상 자동으로 설정됩니다. 다른 가중치 점수는 문서브라우저창이나 **검색구절**Retrieved Segments 창, **코딩구절 개요**Overview of Coded Segments에서 지정할 수 있습니다.

참/고/

다른 척도의 가중치를 사용하는 방법은 연구자에게 달려 있습니다. 가장 높은 점수가 1인 순위목록을 만들 수도 있고, 특히 중요한 구절의 경우 가장 높은 점수가 100인 순위목록을 만들 수도 있습니다.

① 문서브라우저에서 가중치 점수 지정

❶ 가중치 점수를 변경하려는 코딩구절의 **코딩띠** 또는 **코드명**을 마우스 오른쪽 버튼으로 클릭합니다.

❷ **가중치 수정**Modify Weight을 선택합니다.

❸ 그런 다음 0에서 100 사이의 숫자를 입력합니다.

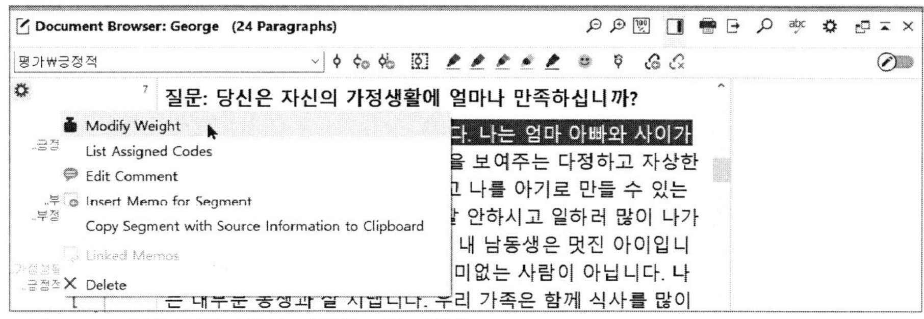

그림 7.29 문서브라우저에서 가중치 점수 변경

② 검색구절Retrieved Segments창에서 가중치 점수 지정

가중치 점수는 **검색구절**Retrieved Segments 창에서 지정 및 수정할 수도 있습니다.

❶ 코딩구절 또는 그 옆에 표시된 **코딩띠**coding stripe의 아무 곳이나 마우스 오른쪽 버튼을 클릭합니다.

❷ 여기서 **가중치 수정**Modify Weight을 선택합니다.

❸ 0에서 100 사이의 숫자를 입력합니다.

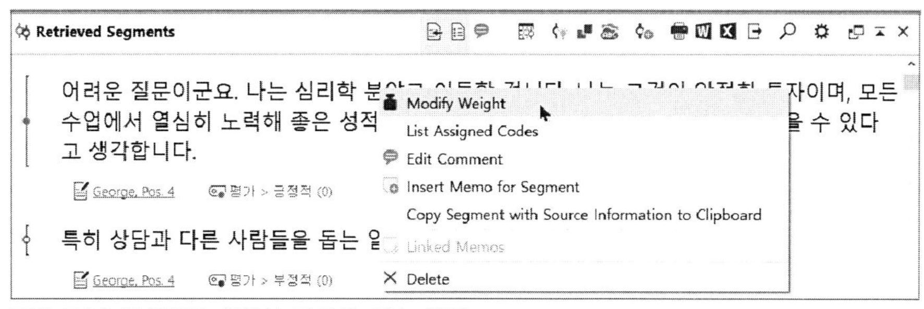

그림 7.30 검색구절 창에서 가중치 점수 변경

③ 코딩구절 개요Overview of Coded Segments에서 가중치 점수 지정

코딩구절 개요표에서 각 코딩구절의 가중치 점수 열을 찾을 수 있습니다. 가중치 열의 해당 셀을 두 번 클릭하면 0에서 100 사이의 새 가중치를 입력할 수 있습니다.

그림 7.31 코딩구절 개요표에서 코드가중치 점수 변경

코딩구절 개요에서 여러 코딩구절의 가중치를 조정할 수도 있습니다. 가중치를 변경하려는 모든 코드 행을 선택(**Ctrl** 또는 **Shift키**)하고 컨텍스트메뉴(마우스 오른쪽 버튼)를 열고 **가중치 수정**Modify Weight 항목을 선택합니다.

7.12 자동코딩

MAXQDA의 자동코딩 기능은 순수하게 컴퓨터 자신이 하는 작업은 아닙니다. 자동코딩은 **어휘검색결과**Lexical search results를 일괄적으로 코딩하는 기능입니다. 즉, 검색에서 찾은 모든 텍스트 구절을 원하는 코드로 지정할 수 있습니다. 자동코딩은 한 번에 수백 개의 코드를 지정할 수 있기 때문에 질적데이터가 대량으로 수집된 경우에도 이 기술이 적합합니다. 그러나 데이터 크기에서도 자동

코딩절차는 데이터에 대한 관심단어를 검색한 다음 해당 단어가 발생하는 맥락을 조회할 수 있기 때문에 여전히 유용합니다.

어휘검색 결과를 자동으로 코딩하려면 다음 단계를 따릅니다.

- 메인메뉴의 **분석**Analysis 탭 > **어휘검색**Lexical Search 아이콘을 클릭합니다.

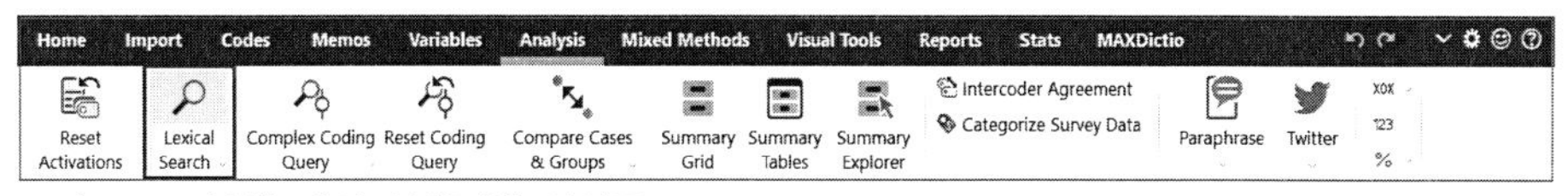

그림 7.32 분석 탭의 어휘검색 아이콘

어휘검색을 선택하면 다음 그림 7.33의 창이 나타납니다.

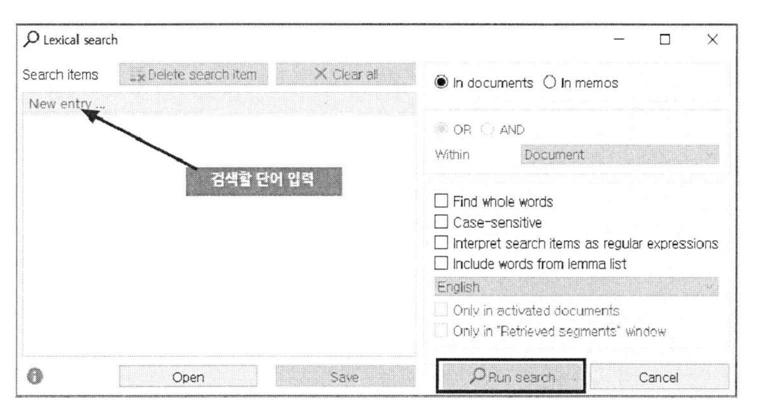

그림 7.33 어휘검색 대화창

검색할 문자를 입력하고 **검색**Run search 버튼을 클릭하면 다음 그림 7.34의 검색결과 화면이 나타납니다.

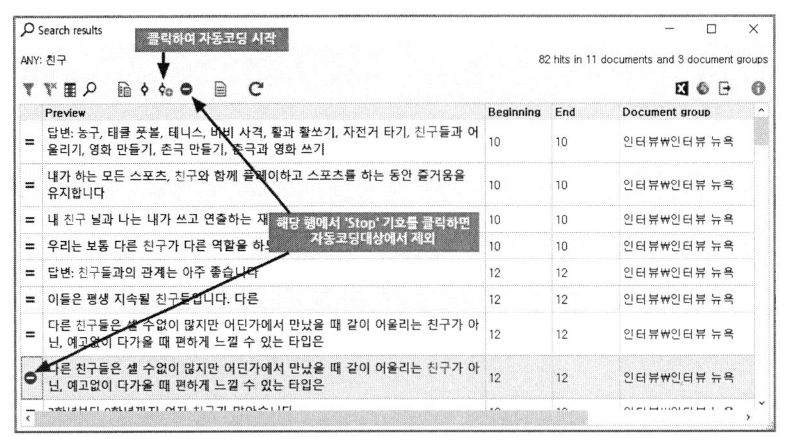

그림 7.34 검색결과 화면에서 새 코드로 코딩

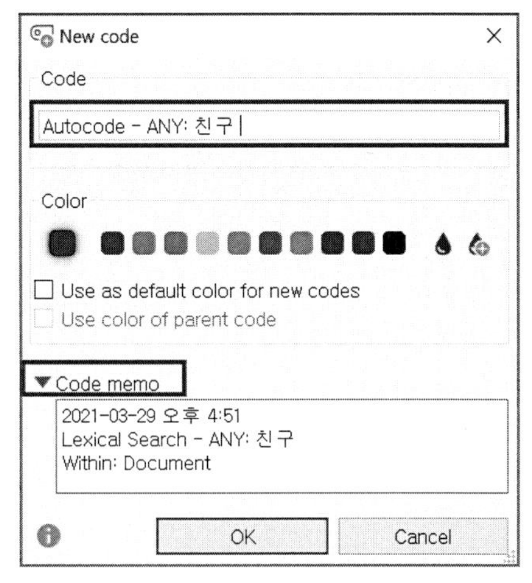

그림 7.35 검색결과 자동코딩: 새 코드 정의

- 검색결과를 자동으로 코딩하는 가장 좋은 방법은 **새 코드 기호**가 있는 자동코드 검색결과를 클릭하는 것입니다.
- 나타나는 대화상자에서 평소와 같이 새 코드를 써넣을 수 있습니다. MAXQDA는 검색 문자열을 코드명으로, 검색설정을 **코드메모**Code memo로 자동입력합니다. 필요한 경우 둘 다 수정할 수 있습니다. 그런 다음 확인을 클릭합니다. 자동코딩으로 생성된 새 코드는 코드시스템의 맨 위에 삽입됩니다(**▶ 그림 7.35 참조**).

- 다음 그림 7.36의 옵션 창에서 검색용어 전후의 범위와 코딩절차 중에 설정되는 **가중치**Weight를 설정할 수 있습니다. 모든 구절이 동일한 가중치로 코딩됩니다.
- **코드**Code 입력필드에서 MAXQDA가 검색결과에 지정할 코드를 설정합니다. 가장 최근에 사용한 코드를 나열하는 퀵리스트목록이 표시됩니다.

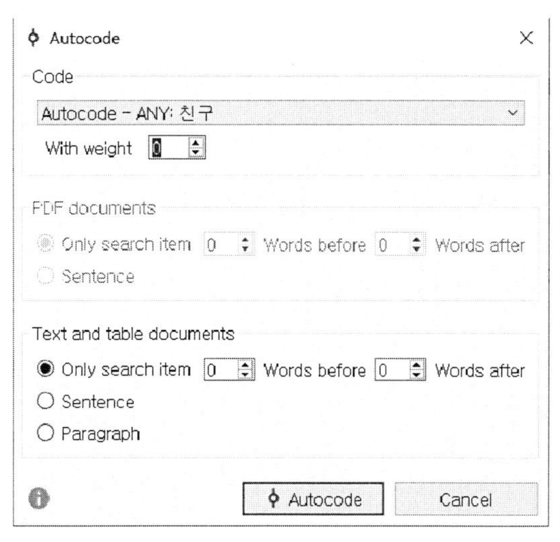

그림 7.36 검색결과의 자동코딩 옵션 설정

7.13 스마트코딩도구

스마트코딩도구Smart Coding Tool를 사용하여 기존 코딩구절을 편집, 조정 및 보완할 수 있습니다. 이 도구는 범주의 생성에 적합합니다. 코드를 구분하고 기존 코드를 병합하며 코드주석을 사용하여 새로운 범주개발을 지원합니다. 또한 범주의 내용과 상호의존성을 빠르게 파악할 수 있기 때문에 보고서를 작성할 때 도움이 됩니다. 스마트코딩도구로 작업할 때의 장점은 많은 코딩관련 정보(코딩구절, 지정된 코드 및 주석)가 단일한 개요표에 표시된다는 점입니다. 한편 코드시스템의 표시는 현재 관련 범주로만 축소되어 집중된다는 것입니다.

스마트코딩도구는 기존 코딩구절에 관한 작업을 위해 설계되었으며 다음 작업을 수행하는 데 매우 적합합니다. 즉, 스마트코딩도구는 코드와 텍스트 코딩에 관한 작업을 똑똑하게 할 수 있게 해줍니다.

- 범주category 내용에 대한 개요 보기.
- 관련 범주의 검토 및 변경(필요한 경우).
- 분류시스템 사용자 정의, 특히 상위코드 구분(즉, 세분화).

스마트코딩도구는 항상 기존 코딩구절을 컴파일하는 데 사용되므로 두 곳에서 열 수 있습니다.

- 검색구절Retrieved Segments창
- 코딩구절의 개요Overview of Coded Segments표

Coded Segments

Code: 사람들₩친구 — 23 coded segments (from 8 documents, 2 document groups)

친구들과의 관계는 아주 좋 Smart Coding Tool 지내기에 좋은 사람입니다. 그리고 다른 사람을 잘 대하면 대가로 그들도 나를 똑같이 대해줄 것입니다. 나는 항상 함께 어울리는 베스

	Document group	Document name	Weight score	Code	Preview	Modi
O	인터뷰₩인터뷰 뉴욕	George	0	사람들₩친구	내 친구 날과 나는 내가 쓰…	SHJ
O	인터뷰₩인터뷰 뉴욕	George	0	사람들₩친구	친구들과의 관계는 아주 좋…	SHJ
O	인터뷰₩인터뷰 뉴욕	George	0	사람들₩친구	2학년부터 9학년까지 여자 …	SHJ
O	인터뷰₩인터뷰 뉴욕	George	0	사람들₩친구	내 친구 중 한 명이 리허설…	SHJ
O	인터뷰₩인터뷰 뉴욕	Joanna	0	사람들₩친구	나 자신이나 친구들과 함…	SHJ
O	인터뷰₩인터뷰 뉴욕	Joanna	0	사람들₩친구	내 친구들은 항상 나를 위…	SHJ
O	인터뷰₩인터뷰 뉴욕	Kim	0	사람들₩친구	고등학교 때 친구들 중 전…	SHJ
O	인터뷰₩인터뷰 뉴욕	Kim	0	사람들₩친구	카페에 앉아 친구들과 책…	SHJ

그림 7.37 코딩구절 개요에서 스마트코딩도구 열기

위 두 위치에서 스마트코딩도구Smart Coding Tool 아이콘 을 클릭하면 다음 그림 7.38의 창이 바로 열립니다.

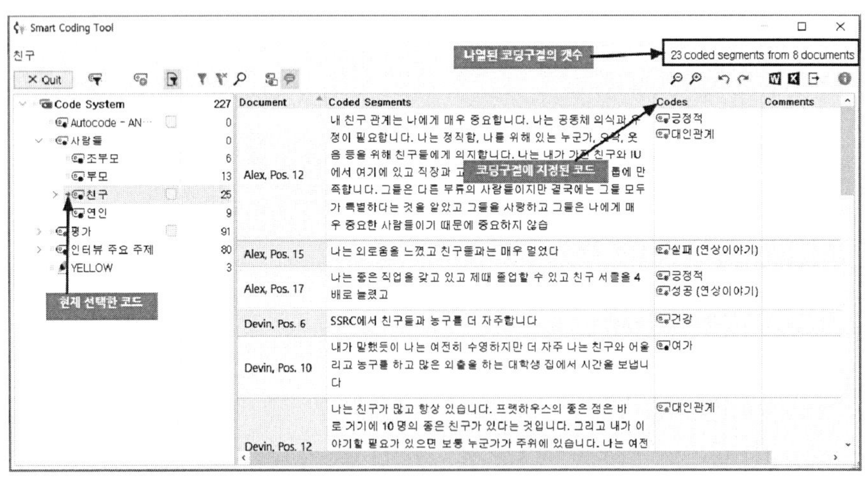

그림 7.38 스마트코딩도구창

스마트코딩도구창은 두 개의 표시영역으로 나뉩니다. 왼쪽 영역에는 **축소된 코드시스템**이 표시됩니다. 컴파일된 코딩구절에 지정된 코드만 코드시스템에 표시됩니다. 계층구조를 유지할 수 있도록 활성화되지 않은 상위코드도 표시됩니다. 코드시스템의 코드 행의 오른쪽 끝에 있는 숫자는 선택한 문서에 코드가 나타난 빈도를 나타냅니다.

오른쪽 영역에는 코딩구절이 나열됩니다. 왼쪽의 계층목록에서 코드가 선택되고 파란색으로 강조표시된 구절이 항상 여기에 표시됩니다. 현재 선택된 코드가 왼쪽 상단에 표시됩니다. 오른쪽 상단에서 테이블에 표시되는 코딩구절의 수, 즉 표에 표시된 코딩구절 행의 수를 확인할 수 있습니다. 스마트코딩도구가 열리면 컴파일된 코딩구절이 생성된 문서만 활성화됩니다. 코딩구절만 표시됩니다.

참/ 고/

스마트코딩도구가 열려 있는 동안 다른 모든 MAXQDA 기능은 잠깁니다. **검색구절**Retrieved Segments창에서 스마트코딩도구가 시작하면 가중치필터가 무시됩니다.

7.13.1 새 코드 생성

스마트코딩도구를 사용하면 선택한 구절을 코딩할 새 코드를 언제든지 추가로 만들 수 있습니다.

❶ **새 코드**New code를 클릭합니다.

❷ 표시되는 대화상자 창에서 새 코드명을 입력하고 필요한 경우 코드색상을 지정합니다. **코드메모**Code memo 텍스트 상자에 새 코드에 대한 설명을 입력할 수도 있습니다.

❸ 새 코드를 연이어 추가하려면 **코드 추가**Additional code를 클릭합니다. **확인**OK을 클릭하여 새 코드 생성을 마칩니다.

TIP/

최상위 수준에서 새 코드를 생성하려면 코드계층의 루트를 마우스 오른쪽 버튼으로 클릭하고 **새 코드**New code를 선택합니다.

새로 만들어진 코드는 자동으로 활성화되어 스마트코딩도구 내의 코드시스템에 표시됩니다.

참/ 고/

새 코드 생성을 포함하여 스마트코딩도구를 사용한 코드시스템의 모든 변경사항은 전체 **코드시스템**Code System에 바로 반영됩니다.

7.13.2 스마트코딩도구에서 코드 지정

코딩구절에 코드를 지정하려면 코드 라인을 클릭하여 코드시스템에 표시된 코드 중 하나로 끌어다 놓습니다. 새로 지정된 코드는 **코드**Codes열에 아이콘과 함께 즉시 표시됩니다. 코딩구절의 일부만 코딩하려면 먼저 전체 코딩구절의 텍스트를 두 번 클릭한 다음 코딩할 텍스트 부분을 선택하고 코드시스템의 코드 중 하나로 끌어다 놓습니다. 코딩구절 텍스트의 여러 섹션에 동일한 코드를 지정하더라도 코드명은 **코드**Codes열에 한 번만 나열됩니다. Ctrl키를 누른 상태에서 전체 줄을 코드로 끌어서 놓으면 전체 코딩구절이 선택한 코드로 **이동**Move합니다. 따라서 더 이상 해당 코드 행에 표시되지 않습니다.

참/ 고/

코드 행을 마우스 오른쪽 버튼으로 클릭하고 **새 코드 생성과 지정**Creat and Assign New Code를 선택하면 새 코드를 만듦과 동시에 지정할 수 있습니다.

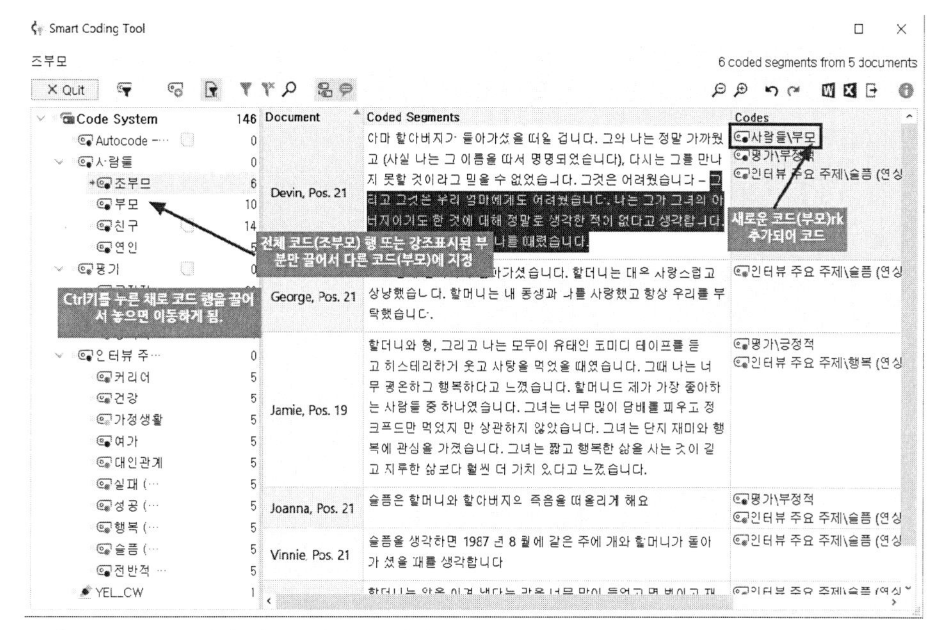

그림 7.39 코딩구절의 텍스트에 코드 지정

7.13.3 코딩구절의 복사와 이동

① 코딩구절의 복사

기본적으로 오른쪽 창의 코딩구절을 왼쪽의 코드로 드래그하면 해당 코드가 다른 이전 코드와 함께 지정됩니다. 이것이 해당 코딩구절의 다른 코드로의 복사와 같습니다.

② 코딩구절의 이동

그러나 Ctrl키를 누른 상태에서 오른쪽 창의 코딩구절 행을 왼쪽 창의 코드로 드래그하면 코드가 대체됩니다. 즉, 현재 오른쪽 창에 나열된 코드가 제거되고 원래의 코딩구절 행이 해당 목록에서 없어집니다. 이 기능은 예를 들어 한 하위 코드에서 다른 하위코드로 코드를 이동하려는 경우 특히 유용합니다.

③ 여러 코딩구절의 복사와 이동

코드의 모든 코딩구절을 다른 코드로 복사하거나 이동하려면, 왼쪽 창의 해당 코드의 컨텍스트메뉴(마우스 오른쪽 버튼 클릭)에서 **코딩구절 복사**Copy Cded Segments 기능이나 **코딩구절 이동**Move Cded Segments 기능을 선택합니다. 그런 다음 대상코드의 컨텍스트메뉴(마우스 오른쪽 버튼 클릭)에서 **코딩구절 붙이기**Paste Cded Segments (from '원래 코드') 하면 됩니다.

7.13.4 지정된 코드의 제거

지정한 코드를 제거하려면 코드Codes 열의 코드 위로 마우스를 가져가면 나타나는 "X"를 클릭합니다. 그러면 지정한 모든 코드가 코딩구절에서 제거됩니다.

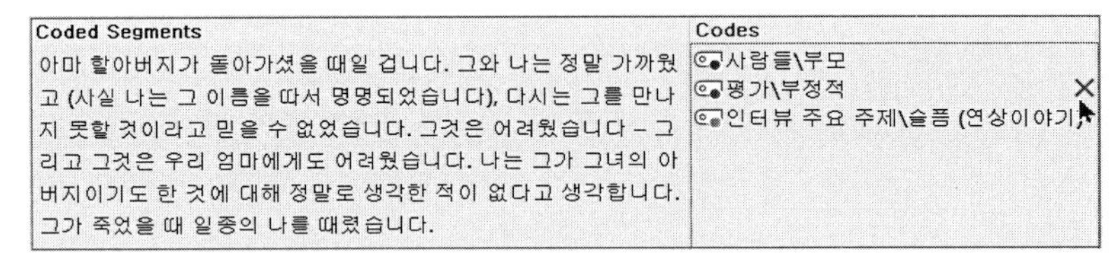

그림 7.40 코딩구절에서 지정된 코드 제거

7.13.5 코드시스템 사용자 설정

스마트코딩도구 내에서도 코드시스템을 쉽게 사용자 정의할 수 있습니다. 마우스로 코드 순서를 변경하고 하위코드로 삽입할 수도 있습니다. 마우스 오른쪽 버튼으로 클릭하면 전체 코드시스템의 모든 기능을 사용하여 코드시스템의 구조를 사용자 지정할 수 있습니다.

- 코드 삭제
- 하위코드 정렬(알파벳순 또는 빈도순)
- 코드색상 변경
- 코드메모 작성 또는 편집

코드시스템에서 코드를 클릭하면 이 코드로 코딩한 모든 구절이 나열됩니다. 이렇게 하면 항상 개별코드 또는 범주의 내용에 대한 개요를 볼 수 있습니다. 코드시스템에서 선택한 코드가 파란색으로 강조표시됩니다. 선택한 코드명도 창 상단에 표시됩니다.

7.13.6 코딩구절에 대한 주석Comment 작업

스마트코딩도구에서는 **주석**Comment 열에서 각 코딩구절에 대한 주석을 작성할 수 있습니다. 주석은 코드 시스템에서 선택한 코드에 대해 코딩구절의 주석으로 저장되고 파란색으로 강조표시됩니다.

주석 열에서 코딩구절에 대한 설명, 새 코드나 범주에 대한 아이디어 등을 추가할 수 있습니다. 또한 분석과정을 검토하는 데 적합합니다. 새 주석을 입력하거나 기존 주석을 편집하려면 **주석**Comment열의 셀을 두 번 클릭합니다.

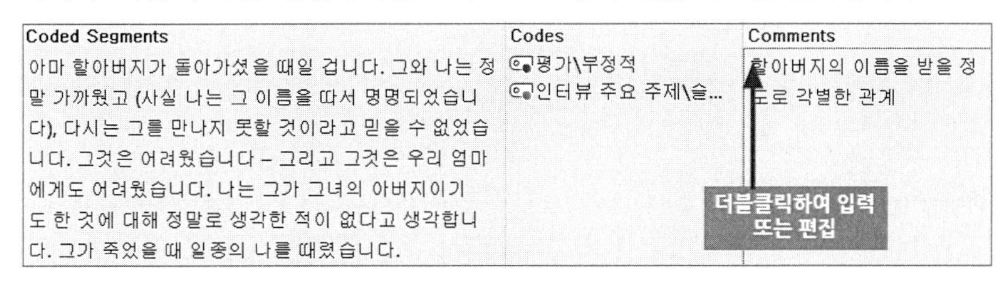

그림 7.41 코딩구절의 주석 입력 또는 편집

7.13.7 현재 상태 내보내기

오른쪽 창의 모든 코딩구절 행은 일목요연한 표형태로 내보낼 수 있습니다. Word, Excel, 웹문서형식 모두 가능합니다.

7.14 코드클라우드

코드클라우드Code clouds는 가장 자주 사용한 코드를 워드클라우드 형태로 시각화하는 도구입니다. 프로젝트에서 코드 사용을 탐색하고 설명하는 데 특히 적합합니다. 코드클라우드는 프로젝트의 모든 문서 또는 선택한 문서에 사용되는 코드를 나타낼 수 있습니다.

7.14.1 코드클라우드 열기

단일문서, 문서그룹, 문서세트 또는 프로젝트의 모든 문서에 대해 코드클라우드를 생성할 수 있습니다. 문서시스템에서 적절한 레벨의 컨텍스트메뉴(마우스 오른쪽 버튼)에서 **코드클라우드**Code Cloud 항목을 선택합니다.

또는 메인메뉴의 **코드**Codes 탭 > **코드클라우드**Code Cloud를 통해 이 기능을 실행할 수도 있습니다. 필요한 문서와 코드를 선택할 수 있는 대화상자가 나타납니다.

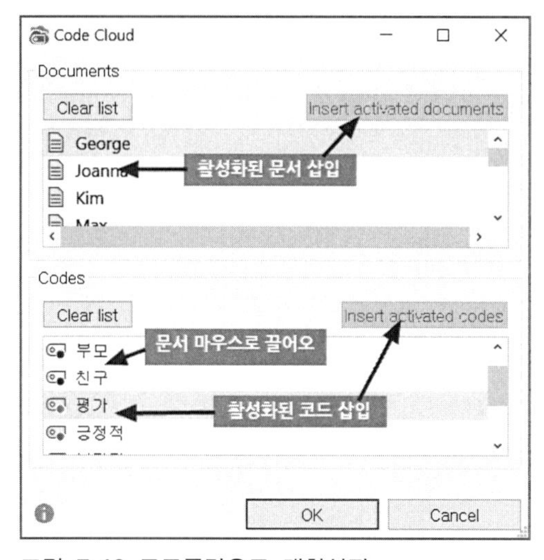

그림 7.42 코드클라우드 대화상자

- 상단의 **문서**Documents 섹션: 코드클라우드를 작성할 대상 문서를 지정하는 곳.
- 하단의 **코드**Codes 섹션: 코드클라우드를 작성할 대상 코드를 지정하는 곳.
- 각 두 섹션에서 문서와 코드를 지정하는 방법도 두 가지입니다. 먼저, 선택할 문서나 **코드를 활성화**Activate하여 지정하는 방법과 해당 문서나 코드를 마우스로 직접 끌어다 놓는 방법이 있습니다.
- **확인**OK버튼을 클릭하면 코드클라우드 창이 나타납니다.

7.14.2 코드클라우드 설정

코드클라우드의 설정은 쉽습니다. 다음 절차를 따릅니다.

- 전체 코드명 ₩ 하위코드명이 항상 표시되므로 "income down"의 예에서와 같이 여러 단어로 구성될 수 있습니다.

- **시작**Start 탭의 **최소빈도**Minimum Frequency 옵션은 코드의 수가 많은 경우 빈도 하한선을 정해줌으로써 지정한 수 이상 빈도를 나타낸 코드만 코드클라우드에서 보여주도록 조정합니다.

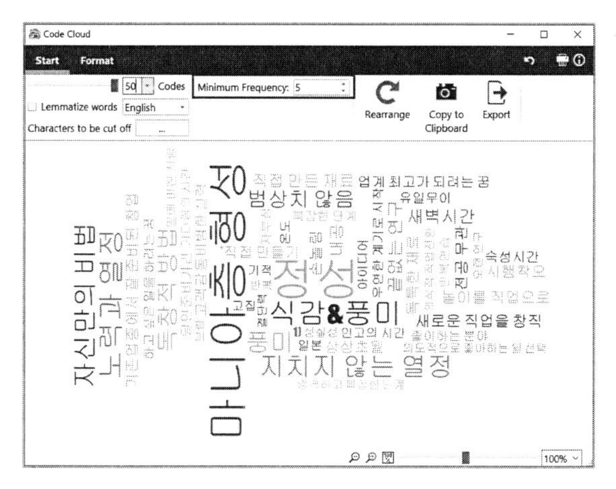

그림 7.43 코드클라우드 설정

CHAPTER 08

메모하기

CHAPTER 08

메모하기

8.1 질적연구에서 메모의 의미

질적연구에서 메모Memos는 연구자의 분석결과의 서면기록입니다. 분석할 때 연구자는 자료와 끝임없이 대화와 소통을 합니다.[1] 그래서 연구자는 분석할 때 메모하는 습관을 들이고, 연구과정 여정에 지속해야 합니다.

MAXQDA를 사용하면 자신만의 메모를 작성하고 포스트잇처럼 텍스트구절, 개별문서, 문서그룹, 이미지, 오디오/비디오클립은 물론 코드에도 첨부할 수 있습니다. MAXQDA에서는 이러한 설명을 '메모Memos'라고 합니다. 메모들은 여러 종류가 있을 수 있습니다. 한 메모에는 인터뷰에 대한 짧은 요약이나 과정에 대한 단서가 포함되어 있습니다. 다른 메모에는 이론개발에 대한 초기 아이디어 또는 개발된 범주 사용에 대한 힌트가 포함되어 있습니다.

특히 사회과학 평가방법론에서는 메모작업이 일반적이며 무엇보다 Glaser와 Strauss[2]가 개발한 근거이론 접근방법에서 메모는 특별한 역할을 합니다. 그러나 연구방법에 상관없이 메모와 질적데이터의 차이를 명확히 하는 것이 중요합니다. 질적데이터는 분석되지만 일반적으로 평가 및 코딩이 시작된 후에는 크게 변경되지 않습니다. 반면에 메모는 역동적 텍스트이며 사용자의 작품이며 언제든지 변경, 보완, 수정 및 통합할 수 있습니다.

MAXQDA에서는 다양한 위치에서 메모를 첨부할 수 있습니다(참조: 그림 8.1).

---

1) Corbin, J. & Strauss, A. (2014). Basics of Qualitative Research: Techniques and Procedures for Developing Grounded Theory. 4th Edition: Sage.

2) Glaser, B. & Strauss, A. (1967). Discovery of Grounded Theory: Strategies for Qualitative Research. London: Routledge.

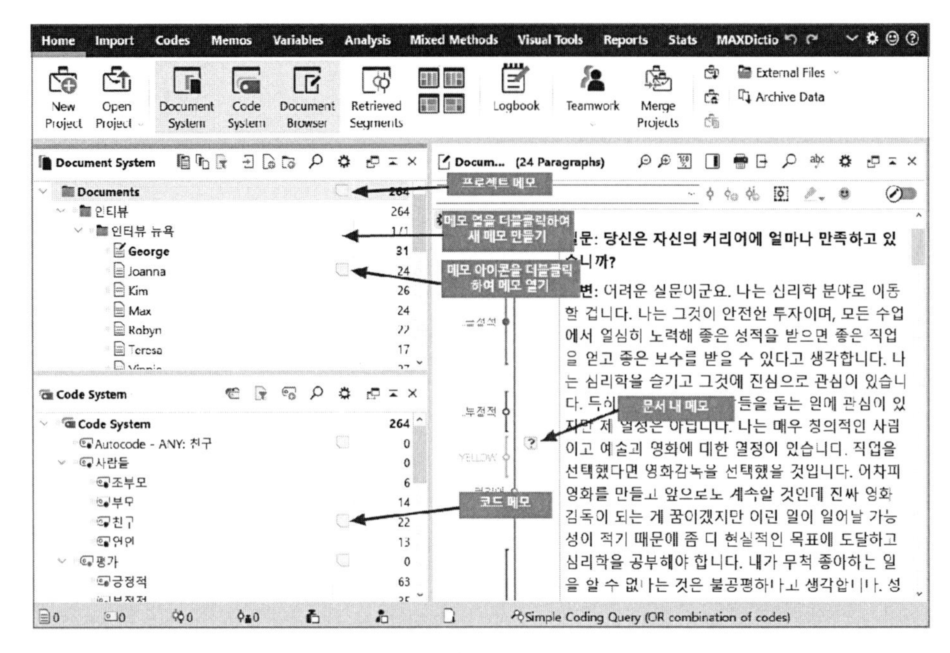

그림 8.1 MAXQDA 인테페이스의 메모 위치 분포

또한 데이터자료의 위치나 문서 또는 코드에 직접 지정되지 않은 메모유형인 **자유메모**free memo가 있습니다. 이러한 메모는 근거이론Grounded Theory의 연구방법에도 존재하며 특정 텍스트나 자료에 속하지 않고 구체적인 지정없이 자유롭게 존재합니다.

표 8.1 MAXQDA에서 메모를 첨부할 수 있는 곳

문서시스템Document System	• 개별문서 • 문서그룹 • 문서세트 • 문서시스템의 루트
코드시스템Code System	• 코드 • 코드 세트
문서브라우저Document Browser	• 텍스트, 스프레드시트, 이미지의 일부 영역
검색구절Retrieved Segments	• 텍스트구절, 이미지의 일부 영역
멀티미디어 브라우저	• 오디오 및 비디오 파일

8.1.1 메모와 코드주석의 차이점

메모Memos와 주석Comments은 비슷하면서 용도에 차이가 있습니다. 특히 질적 분석의 초보자는 두 가지를 혼동하기 쉽습니다. 결국 두 가지 기능 모두 연구자 자신의 생각을 기록하는 수단이기 때문입니다. 메모와 주석의 용도는 많은 연구 실천 속에서 생겨난 관행과 제안이라고 할 수 있습니다. 메모와 주석을 구분하는 가장 쉬운 방법은 메모는 MAXQDA 프로젝트의 여러 곳에서 사용할 수 있지만, 주석은 코딩주석Coding Comments으로 코딩구절에만 붙인다는 점입니다.

메모Memos

메모는 중요한 분석적 사고, 초기가정 및 데이터에 대한 가설, 분석 중에 발생하는 질문을 기록하는 데 유용합니다. 또한 프로젝트 및 연구진행상황을 기록하는 데도 좋습니다. 메모는 매우 유연하며 프로젝트의 여러 요소에 첨부할 수 있습니다. 개별문서, 문서그룹, 코드, 텍스트구절, 자유메모 등 다양합니다. 즉, 메모의 첨부는 거의 제한이 없습니다.

(코딩)주석 Coding Comments

(코딩)주석은 코딩한 구절에 내용을 첨부하는 기능입니다. 메모와 달리 데이터에 코딩한 후에만 생성할 수 있습니다. 그래서 메모와 달리 주석은 코딩주석이라고 합니다. 주석의 중요한 작업은 '모순되는 진술' 또는 '불확실한-추후 확인 필요'와 같은 코드 지정에 대한 메타정보를 기록하는 것입니다. 코딩주석은 또한 키워드 형식으로 코딩구절의 중요한 내용을 포착해 범주기반 접근방식에 매우 적합하므로 언제든지 범주나 코딩에 대한 빠른 개요를 제공합니다.

8.2 메모 열기 및 편집

기존 메모를 보고 편집하려면 노란색 메모 아이콘 을 더블클릭하면 메모 창이 나타납니다(참조: 그림 8.2).

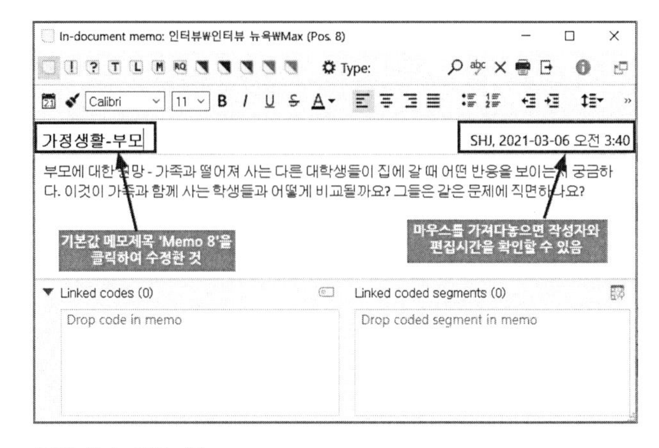

그림 8.2 메모 창

메모 상단에 연구자가 식별하기 좋은 의미있는 메모제목을 지정할 수 있습니다. 기본값은 'Memo 8'과 같이 일련번호가 붙습니다. 메모제목을 지정하려면 굵은 제목을 마우스로 클릭하면 바꿀 수 있습니다. 오른쪽 상단 모서리에서 메모를 최종편집한 사람과 시간을 보여줍니다. 이 정보 위에 마우스 커서를 살짝 올리면 메모작성자(프로젝트 사용자명)를 확인할 수 있습니다.

8.2.1 메모편집

실제 메모는 큰 텍스트 창에 기록됩니다.

- 상단에는 텍스트 서식을 지정하는 도구모음이 있으므로 메모형태를 지정할 수 있습니다.
- 달력모양 아이콘을 클릭하면 원래 메모내용 바로 아래에 날짜를 추가하고, 메모를 추가할 수 있습니다.
- 텍스트 창에서 마우스 오른쪽 버튼을 클릭하고 **표삽입**Insert Table을 선택하여 표를 삽입할 수 있습니다.

TIP/

문서브라우저에 열린 텍스트의 일부를 인용문으로 사용하려면 텍스트 구절을 선택하고 마우스 버튼을 누른 상태로 메모로 끌어놓으면 됩니다. MAXQDA는 기본적으로 문서명과 삽입된 텍스트의 위치(예: Max, POS 8)를 텍스트 끝에 자동추가합니다.

① 메모내용 저장

메모창을 닫으면 입력한 모든 정보와 변경사항을 메모에 저장합니다. 또한 메모창은 정기적으로 저장되며 MAXQDA의 설정에서 시간 간격을 조정할 수 있습니다. 기본설정은 5분입니다.

② 도구모음의 메모기호

노란색 표준 메모기호 또는 11개의 다른 기호 중 하나를 각 메모에 지정할 수 있습니다. 이를 통해 어떤 종류의 메모인지 표시할 수 있습니다. 세부적으로 다음과 같은 유형을 사용할 수 있습니다.

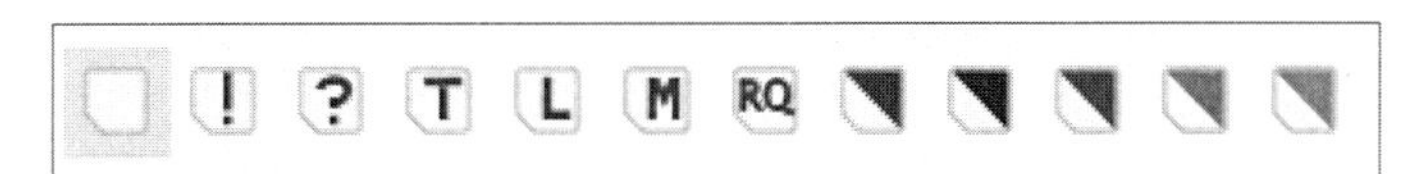

그림 8.3 메모기호 옵션

연구자는 특정 메모유형의 기호를 지정할 수 있습니다. 근거이론Grounded Theory 방법에 따라 작업하는 경우, 예를 들어 이론메모에는 기호 T, 방법메모에는 M, 이론적 표집을 참조하는 메모에는 물음표를 사용하는 것이 좋습니다. 메모 시각화의 의미는 개별적으로 지정되므로 열려있는 메모에서 이 필드를 편집할 수 있습니다. 같은 유형의 메모는 그에 따라 수정됩니다.

③ 메모 삭제

열린 메모를 삭제하려면 창의 오른쪽 상단에 있는 빨간색 X를 클릭합니다. 메모를 닫았을 때 메모 아이콘의 컨텍스트메뉴(마우스 오른쪽 버튼)에서 **삭제**

Delete를 선택하여 그 위치에서 삭제할 수도 있습니다.

④ 메모 내보내기

열린 메모창의 오른쪽 상단의 내보내기 아이콘을 선택하면 내보내기를 할 수 있습니다. 워드(docx), pdf, html 포맷으로 내보낼 수 있습니다.

⑤ 메모 복사 & 붙여넣기

메모 아이콘의 컨텍스트메뉴(마우스 오른쪽 버튼)에서 **메모복사**Copy Memo를 선택하여 메모를 복사할 수 있습니다. 예를 들어, 문서브라우저의 메모 열에 마우스 오른쪽 버튼으로 클릭하고 여기에 **메모 붙여넣기**Paste Memo 옵션을 선택합니다.

8.2.2 여러 메모 한번에 열기

여러 메모기호를 차례로 더블클릭하여 각 메모를 메모창 내부 탭에서 열 수 있습니다(참조: 그림 8.4). 탭 표시를 통해 다른 메모 사이를 빠르게 전환할 수 있습니다. 탭 라인에서 x기호를 클릭하면 현재 표시된 메모가 닫힙니다.

그림 8.4 메모창 내부의 탭에서 열린 여러 개의 메모

8.3 문서 내 메모

메모는 종이로 된 문서에서 포스트잇 메모를 붙이는 것처럼 **문서 내 메모** Memos in Documents를 첨부할 수 있습니다. 그림 8.5와 같은 문서에 메모를 작성할 수 있습니다.

- 문서에서 메모를 첨부할 영역(예: 흥미로운 텍스트 구절 또는 모순되는 텍스트 구절)을 선택합니다.
- 선택한 구절의 컨텍스트메뉴(마우스 오른쪽 버튼)에서 **선택영역에 메모삽입** Insert Memo for Selection을 선택합니다.

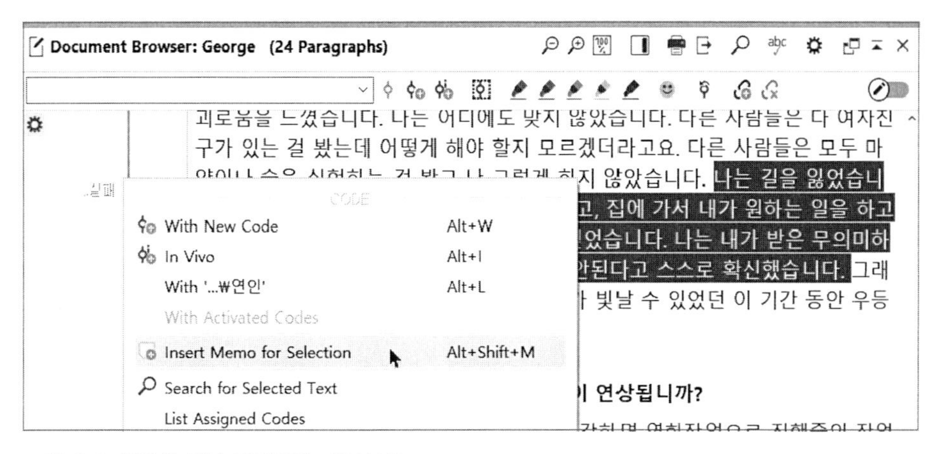

그림 8.5 선택한 텍스트구절에 메모삽입

메모를 작성하는 메모 창이 바로 나타납니다. MAXQDA는 새 문서 내 메모에 메모제목 "Memo 숫자"를 자동으로 지정합니다. 메모제목은 언제든지 변경할 수 있습니다.(**▲ 참조: 8.2 메모 열기 및 편집)**

메모를 닫으면 선택한 메모아이콘이 문서브라우의 왼쪽에 **메모 열**Memo column이 나타납니다. **사이드바**sidebar가 켜져 있으면 메모 텍스트도 문서 오른쪽에 표시됩니다(참조: 그림 8.6).

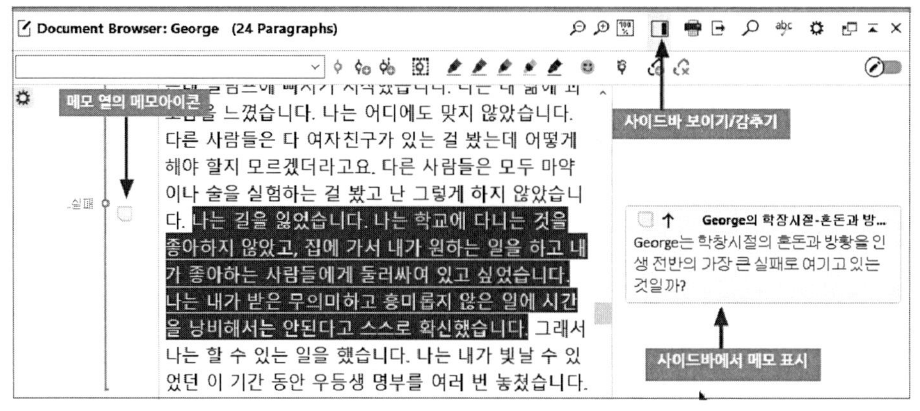

그림 8.6 메모 열의 메모아이콘(왼쪽)과 사이드바의 메모표시(오른쪽)

참/ 고/

메모가 첨부된 문서의 편집모드에서 텍스트구절을 삭제해도 메모는 그대로 유지됩니다. 대신 바로 이전 텍스트에 자동으로 첨부됩니다. 연구자의 분석이 담긴 귀중한 메모가 실수로 삭제되는 것을 방지합니다.

① 메모 열을 더블클릭하여 메모 작성

문서브라우저 왼쪽의 메모 열의 위치를 더블클릭하면 직접 메모를 만들 수 있습니다. 메모 열을 더블클릭하여 메모를 작성하면 클릭 위치에 해당하는 문서 지점에 메모가 자동으로 첨부됩니다.

문서당 메모 개수는 제한이 없습니다 즉, 문서브라우저에서 여러 메모를 만들 수 있습니다. MAXQDA는 자동으로 옆에 표시되고 메모 열은 자동으로 더 넓게 표시됩니다.

② 문서구절에 대한 메모지정 변경

언제든지 텍스트 또는 이미지 영역에 메모지정을 조정할 수 있습니다.

- 메모지정을 변경할 텍스트구절을 선택합니다.
- 문서브라우저의 메모 열에 있는 메모아이콘을 마우스 오른쪽 버튼으로 클릭하고 **현재 선택에 메모 첨부**Attach Memo to Current Selection를 선택합니다.

③ 사이드바에 메모 표시

문서 오른쪽의 사이드바에서 코딩구절에 대한 메모memos, 의역paraphrases 및 주석comments을 표시합니다. 사이드바를 표시하려면 다음 중 하나를 수행하십시오.

- 문서를 마우스 오른쪽 버튼으로 클릭하고 **사이드바**Sidebar 〉 **메모**Memos를 선택하거나,
- 문서브라우저의 오른쪽 상단에 있는 **사이드바 보이기**Show Sidebar 아이콘을 클릭합니다.

메모내용은 해당 텍스트 또는 이미지 영역의 높이에 상응하는 사이드바에 표시됩니다. 메모는 매우 길 수 있으므로 한 번에 하나의 메모만 사이드바에 표시됩니다. 노란색 메모 표시기 안의 파란색 화살표 아이콘은 다음 또는 이전 메모로 앞뒤로 이동합니다.

왼쪽 메모 열에서 메모아이콘을 한 번 클릭하여 해당 텍스트 또는 이미지 영역을 강조표시하고 사이드바에 메모내용을 표시합니다. 왼쪽 메모 열 또는 오른쪽 사이드바에서 메모아이콘을 두 번 클릭하여 편집할 수 있도록 엽니다. 오른쪽 사이드바의 메모 위로 마우스를 가져가면 해당 텍스트 또는 이미지 영역이 강조표시됩니다.

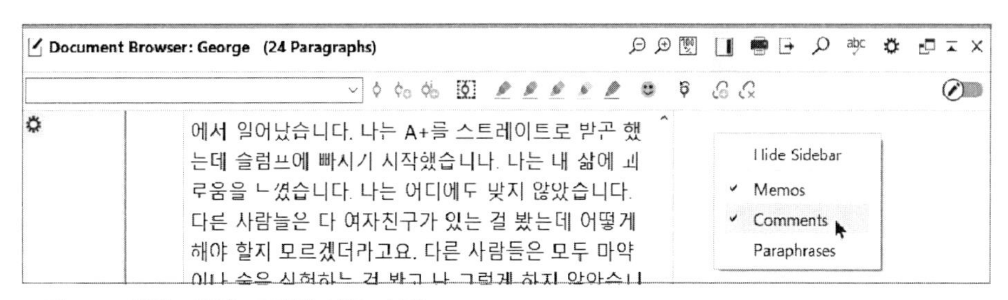

그림 8.7 사이드바에 표시할 내용 선택

사이드바에는 **메모** 외에도 문서의 **의역**이나 코딩구절의 **주석**이 표시될 수 있지만 동시에 표시되지는 않습니다. 즉, 메모와 의역만 보이거나, 메모와 주석만이 보이도록 선택할 수 있습니다. 사이드바의 빈 공간을 마우스 오른쪽 버튼으로 클릭하면 사이드바에 표시할 콘텐츠를 지정할 수 있는 컨텍스트메뉴가 나타납니다.

8.4 문서메모

메모는 문서시스템Document System의 모든 수준, 즉 개별문서, 문서그룹, 문서세트, 문서시스템의 최상위 항목에 지정할 수 있습니다. 문서 내 메모와 달리 문서시스템의 각 단위에는 하나의 메모만 지정할 수 있습니다. 문서시스템에서 새 메모를 작성하는 방법에는 몇 가지 옵션이 있습니다.

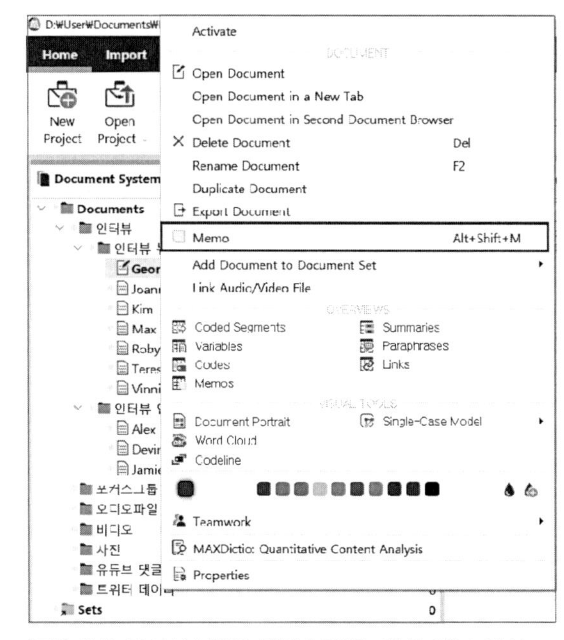

그림 8.8 문서시스템의 컨텍스트메뉴에서 메모 작성

- 문서시스템의 각 레벨(최상위 – 문서그룹 – 개별문서)의 컨텍스트메뉴(마우스 오른쪽 버튼)에서 **메모**Memo 옵션을 선택합니다.
- 또는 **단축키** Alt + Shift + M을 사용하여 현재 선택한 문서 또는 각 레벨에 대한 메모를 만듭니다.
- 새 메모를 작성하는 가장 빠른 방법은 코드빈도 왼쪽에 있는 **메모 열**을 더블클릭하는 것입니다.

나타나는 메모 창은 문서브라우저의 문서 내 메모와 완전히 똑같습니다. 새 메모의 제목은 자동으로 문서명과 같으므로 제목을 클릭하여 언제든지 변경할 수 있습니다.

문서 또는 문서그룹에 메모가 있는지 여부는 **문서시스템**Document System에 아이콘이 나타납니다.

최상위레벨의 메모 즉, **프로젝트 메모**를 사용하여 전체 프로젝트에 대한 설명을 첨부할 수 있습니다. 개별문서의 메모를 사용하면 즉시 열어볼 수 있는 텍스트요약을 저장할 수 있습니다. 메모아이콘 위로 마우스를 살짝 올려놓으면 메모텍스트의 첫 줄이 포함된 정보 창이 나타납니다. 따라서 중요한 정보로 메모를 시작하는 것이 좋습니다.

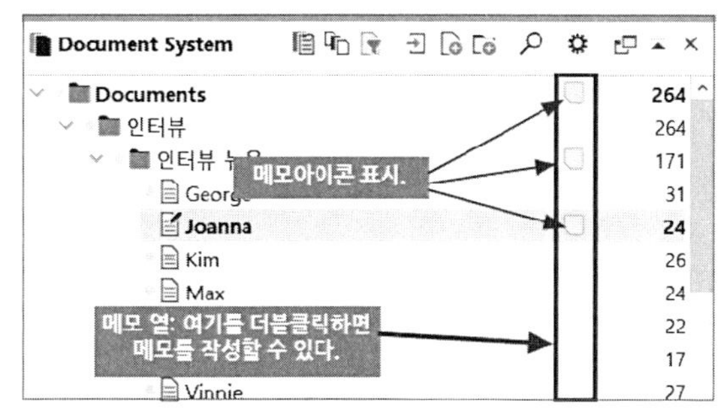

그림 8.9 문서시스템의 메모아이콘 표시

8.5 코드메모

각 코드에 대한 메모를 첨부할 수 있습니다. 코드메모Code memos는 범주의 의미를 설명하는 범주의 정의를 기록하는 데 사용할 수 있습니다. 근거이론Grounded Theory의 접근방법에 따라 작업하는 경우, 코드메모에 개념 또는 범주에 대한 모든 생각을 기록할 수 있습니다.

코드시스템에 새 메모를 만들기 위한 몇 가지 옵션이 있습니다.

- 코드의 컨텍스트메뉴(마우스 오른쪽 버튼 클릭)에서 **메모**Memo를 선택합니다(참조: 그림 8.10).
- 또는 단축키 Alt+Shift+M을 사용하여 선택한 코드에 대한 메모를 만들 수 있습니다.
- 새 메모를 만드는 가장 빠른 방법은 코드빈도 왼쪽에 있는 **메모 열**Memo column을 더블클릭합니다.

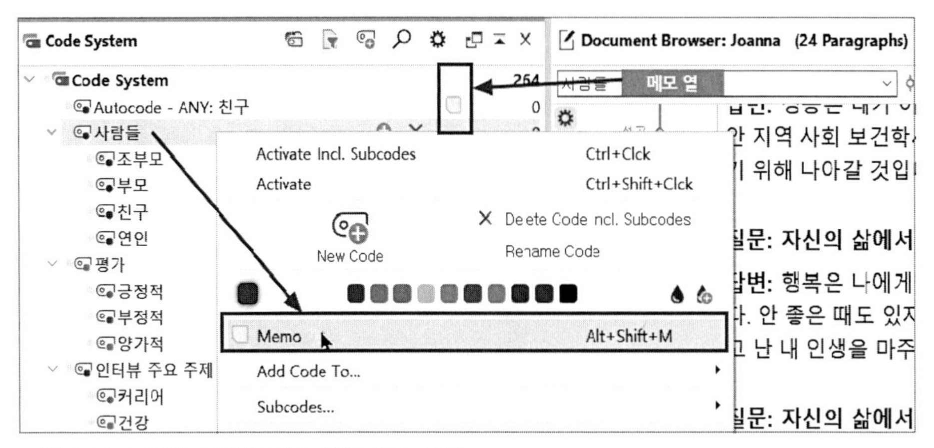

그림 8.10 코드의 컨텍스트메뉴에서 메모 작성

나타나는 메모 창은 문서브라우저의 메모와 똑같습니다. 다른 점은 메모의 기본제목이 'Memo 번호'가 아니라 코드명이 됩니다. 메모 제목은 제목을 클릭하여 언제든지 변경할 수 있습니다. 만일, 나중에 코드명을 변경하면 메모제목도 연동하여 변경됩니다.

메모를 닫으면 코드시스템의 코드 옆에 노란색 메모아이콘이 표시되어 이 코드에 메모가 첨부되어 있음을 쉽게 알 수 있습니다.

참/고/

코드메모의 경우 코드를 사용해야 하는 시기에 대한 설명을 삽입할 수 있습니다. 문서브라우저에 열린 텍스트의 일부를 메모에 삽입하려면 원하는 텍스트를 강조표시한 다음 마우스 왼쪽 버튼으로 메모에 끌어다 놓습니다.

다른 메모유형과 마찬가지로 기본 노란색 메모아이콘 대신 다른 메모아이콘을 선택할 수 있습니다. 선택한 아이콘이 코드시스템의 코드 옆에 나타납니다.

8.6 자유메모

자유메모free memos는 자료의 위치, 문서, 코드에 직접 지정되지 않는 메모입니다. 즉, 자유메모는 이름 그대로 자유롭게 붙이는 메모입니다. 연구프로젝트에 대한 일반메모, 이론개발에 대한 생각 또는 분석아이디어를 기록하는 데 적합합니다.

자유메모는 다음과 같이 각기 다른 위치에서 만들 수 있습니다.

- MAXQDA 메인메뉴: **메모**Memos 탭에서 **새 자유메모**New Free Memo를 클릭합니다.
- **메모관리자**Memo Manager: 메모관리자의 **시작**Start 탭에서 **새 자유메모**New Free Memo를 클릭합니다(참조: 그림 8.11).
- **메모개요**Overview of Memos: 메모개요의 도구모음에서 **새 자유메모 아이콘**을 클릭합니다.

위와 같이 자유메모를 열면 나타나는 메모 창은 MAXQDA의 다른 모든 메모와 똑같습니다.

나중에 자유메모를 열고 관리할 수 있는 다양한 옵션도 있습니다.

- **메모**Memos 탭에서 **자유메모**Free Memos 아이콘을 클릭하면 프로젝트의 모든 자유메모가 **메모관리자**Memo Manager에서 열리며, 여기서 자유메모를 편리하게 보고, 관리, 편집, 병합 또는 구분할 수 있습니다.
- 또는 **메모**Memos 탭을 사용하여 프로젝트의 모든 메모가 있는 **메모개요**Overview of Memos 테이블을 불러올 수 있으며, 여기에는 이미 생성된 모든 자유메모도 포함됩니다.

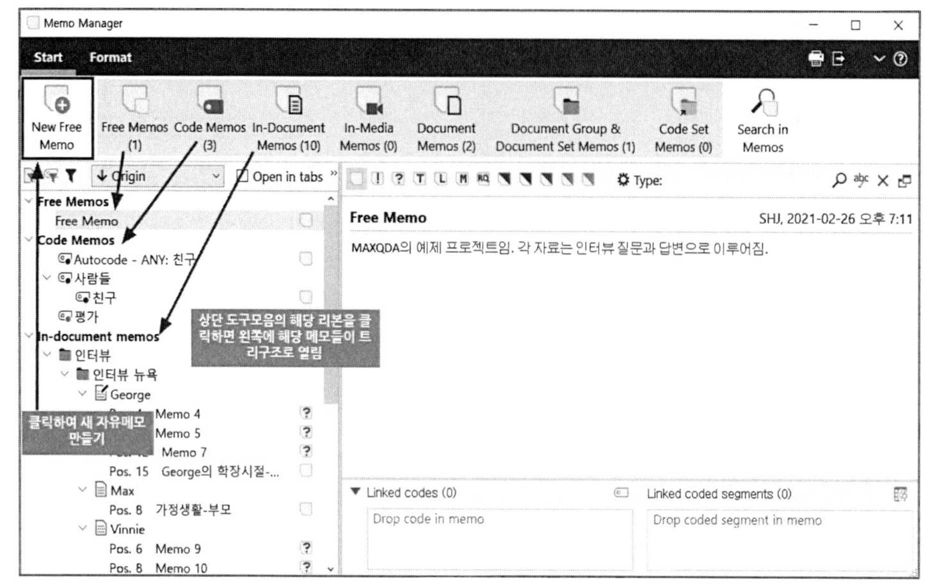

그림 8.11 메모관리자에서 자유메모 관리하기

8.7 메모관리자

8.7.1 메모관리자

메모관리자Memo Manager는 프로젝트의 모든 메모에 대해 명확한 작업공간을 제공하며, 메모 관련된 다양한 작업을 관리할 수 있습니다.

- **문서 내 메모**In Document Memos 또는 모든 범주정의(코드메모Code Memos 형식)에 대한 설명을 검토, 편집, 조정 및 통합할 수 있습니다.
- **메모관리자**는 데이터 자료의 위치나 문서 또는 코드에 직접 지정되지 않은 **자유메모**free memos로 작업하기에 편리한 기능입니다.
- 다양한 정렬 및 필터링 기능을 통해 특정 사람이 작성하거나 특정 시간에 작성한 메모와 같은 메모에 쉽게 접근할 수 있습니다.
- 메모는 소위 집합이라는 그룹으로 구성할 수 있습니다.

메모관리자는 메모 탭을 통해 엽니다. 메모유형 중 하나를 클릭하면 그림 8.12와 같은 화면이 나타납니다.

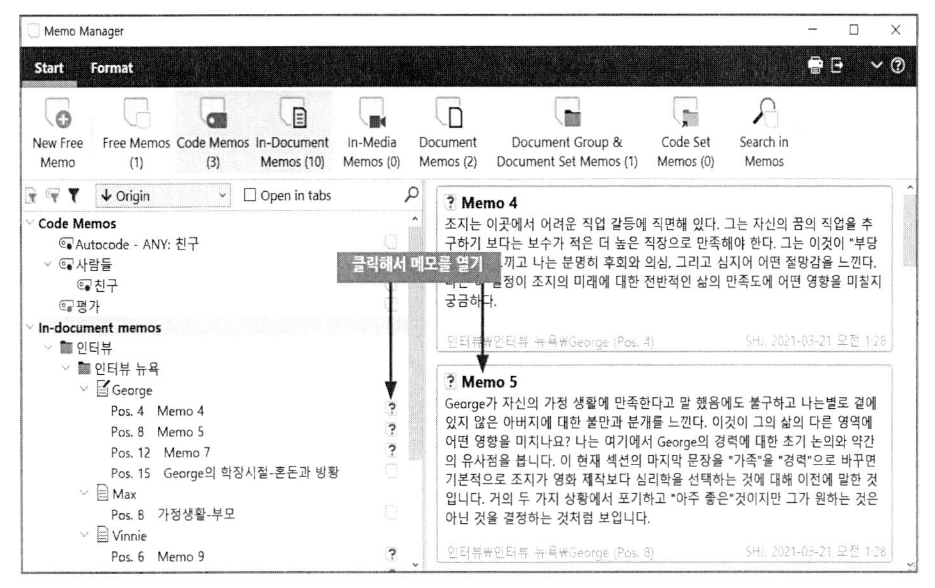

그림 8.12 메모관리자

메모관리자는 두 부분으로 나뉩니다. 왼쪽에는 메모가 트리구조로 나열되고, 오른쪽에는 트리에서 현재 선택된 메모가 열립니다. 위 그림 8.12에서는 상단의 도구모음에서 **코드메모**Code Memos 리본과 **문서 내 메모**In-document memos 리본이 선택되어 있습니다. 트리의 선택항목은 **문서 내 메모**In-document memos에 있으므로 미리보기를 포함한 프로젝트의 모든 **문서 내 메모**가 오른쪽에 나열됩니다.

8.7.2 메모 열기

그림 8.13과 같이 메모관리자에서 메모를 열려면 왼쪽 트리보기에서 마우스로 메모를 클릭합니다. 오른쪽에 메모내용이 나타납니다. 마우스로 메모내용을 클릭하자마자 **시작**Start 탭에서 메모를 구성하기 위한 다양한 옵션이 있는 **포맷**Fromat 탭으로 자동 전환됩니다.

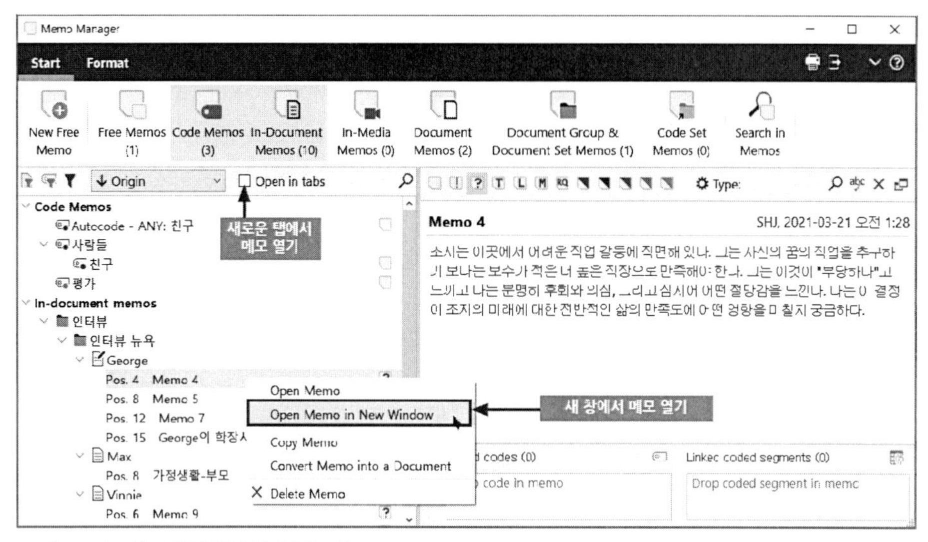

그림 8.13 메모관리자에서 열린 메모

8.7.3 메모 정렬 및 필터링

왼쪽 창 상단의 도구모음에서 언제든지 트리보기에서 메모를 정렬하는 방법을 설정할 수 있습니다. 또한, 왼쪽 트리의 도구모음의 현재 활성화된 문서와 활성화된 코드로 선택을 줄일 수 있습니다(참조: 그림 8.14).

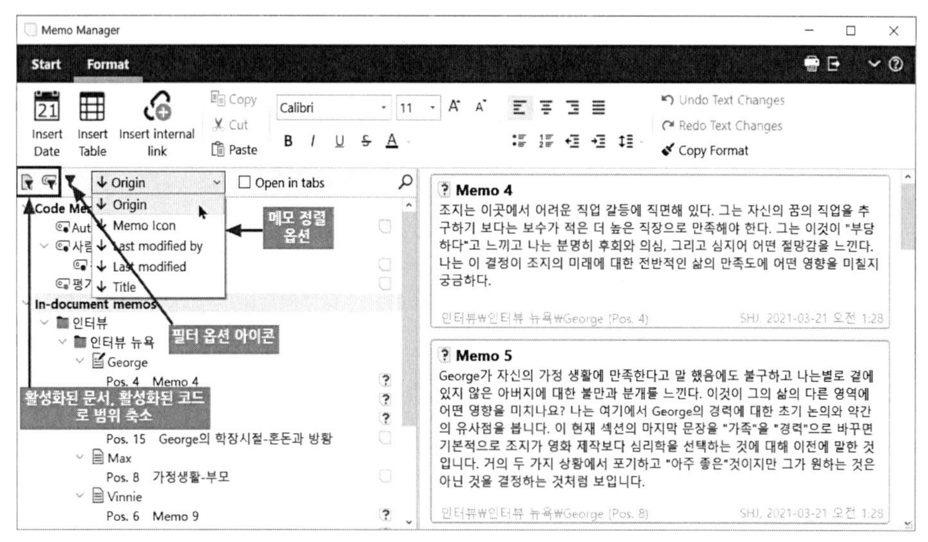

그림 8.14 메모 정렬 옵션과 필터 옵션

그 다음의 세 번째 아이콘은 메모용 필터 설정 대화상자입니다.

- **마지막 편집자**Last edited by는 표시된 메모에 대해 마지막으로 작업한 사용자 별로 필터링할 수 있습니다.
- Last edited는 MAXQDA가 가장 먼 날짜와 가장 최근 편집날짜를 자동으로 설정하여 마지막 편집날짜로 필터링 할 수 있습니다.
- **활성화된 코드에 연결된 메모**Memos linked to activated code는 활성화된 코드에 연결된 모든 메모로 표시됩니다. 메모관리자의 보기는 코드시스템의 활성화 변경에 따릅니다.
- **메모아이콘 목록**에서는 특정 메모 아이콘이 있는 메모를 선택할 수 있습니다.

8.7.4 메모 검색

① 메모목록 검색

메모관리자의 왼쪽에 있는 도구모음의 돋보기 아이콘을 사용하여 트리보기의 항목 내에서 검색할 수 있습니다. 이른바 코드메모가 여기서 검색됩니다. 그림 8.15와 같이 검색이 되면 검색어가 있는 코드명에 노란색 강조 표시가 생깁니다.

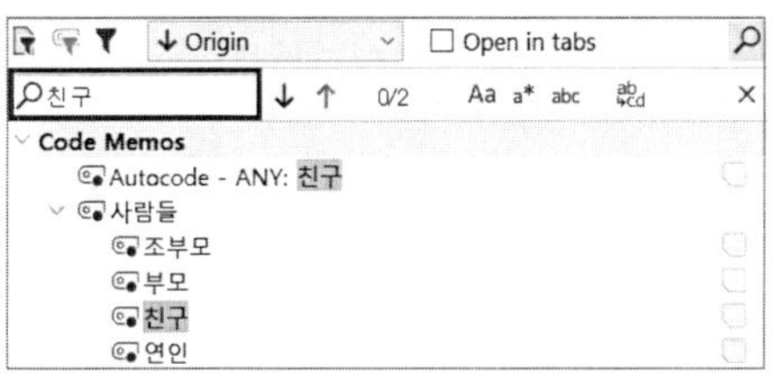

그림 8.15 트리보기의 메모목록에서 검색

② 메모내용 검색

프로젝트의 모든 메모를 검색하려면 메모관리자의 **시작**Start 탭에서 **메모 내 검색**Search in Memos을 클릭합니다. 메모관리자가 닫혀있을 경우에는 메인 메뉴의 **메모**Memos 탭에서

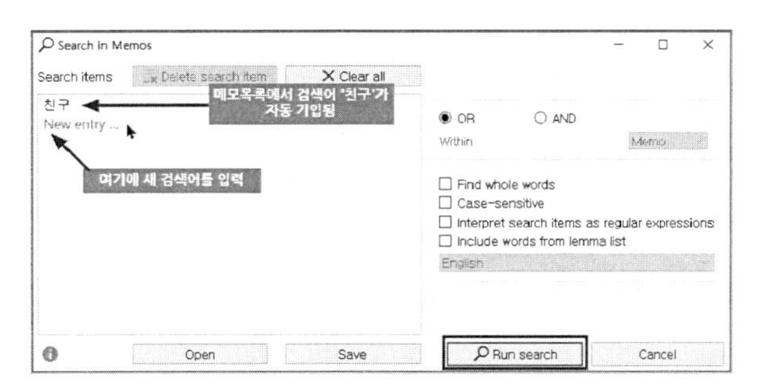

그림 8.16 메모 내 검색 대화창

도 메모 내 검색 리본을 사용할 수 있습니다.

8.7.5 메모 내보내기와 인쇄

메모관리자에서 프로젝트의 모든 메모를 언제든지 내보내거나 인쇄할 수 있습니다. 메모관리자의 오른쪽 상단에 내보내기 아이콘과 인쇄 아이콘이 있습니다.

인쇄Print 아이콘과 **내보내기**Export 아이콘을 클릭하면 각각 3개의 항목이 있는 컨텍스트메뉴가 나타나서 인쇄하거나 내보낼 메모를 결정할 수 있습니다.

- **왼쪽 창의 메모 인쇄/내보내기**Print/Export Memos in Left Window: 메모관리자의 왼쪽 창에 나열된 모든 메모를 인쇄하거나 내보내기.
- **오른쪽 창의 메모 인쇄/내보내기**Print/Export Memos in Right Window: 현재 오른쪽 창에 표시된 모든 메모를 인쇄/내보내기.
- **프로젝트의 모든 메모 인쇄/내보내기**Print/Export All Memos in Project: Word 형식(DOCX) 또는 PDF형식으로 내보내기.

8.8 메모개요

메모는 문서, 코드, 문서구절 등 첨부된 위치에서만 열 수 있는 것이 아닙니다. **메모개요**Overview of Memos에서도 사용할 수 있습니다. 다양한 방법으로 표형태로 된 메모개요에 접근할 수 있습니다.

- 전체 프로젝트의 모든 메모에 대한 개요는 메인메뉴의 **메모**Memos **탭 〉 메모개요**Overview of Memos로 이동하여 열 수 있습니다.
- 문서시스템을 사용하면 문서, 문서그룹 또는 문서세트의 모든 메모를 컴파일 할 수 있습니다. 이렇게 하려면 **문서**, **문서그룹** 또는 **문서세트**의 컨텍스트메뉴(마우스 오른쪽 버튼)에서 **메모개요** 항목을 선택합니다

메모개요를 여는 위치에 관계없이 해당 메모의 표형식의 목록이 나타납니다. 각 메모는 이 표에서 한 줄로 표시됩니다. 표의 각 행을 클릭하면 상단 창에 해당 메모가 표시됩니다(참조: 그림 8.17).

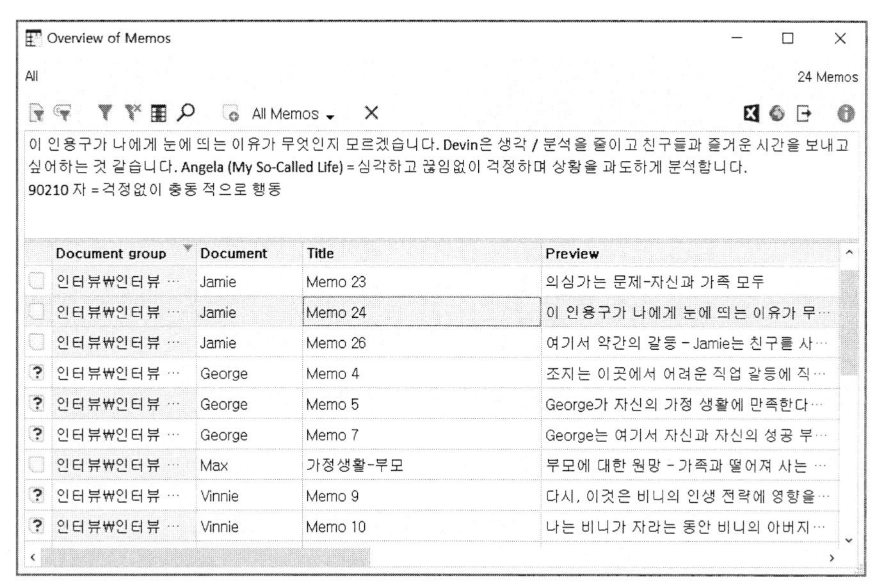

그림 8.17 메모개요

메모개요 표의 열에는 다음을 포함하여 메모에 대한 모든 중요한 정보가 포함됩니다.

- 메모가 있는 문서그룹과 문서명(또는 코드메모의 경우 코드명).
- 문서구절에 첨부된 메모의 경우 해당 구절의 문단번호가 나열.
- 메모 작성자/메모 수정한 사람
- 마지막 수정 날짜.
- 처음 63자(한글 31자)로 구성된 메모 텍스트 미리보기.
- 메모의 출처Origin(예: 문서, 문서그룹, 문서구절 또는 메모가 첨부된 코드, 자유메모, 프로젝트메모).

창의 상단에는 메모텍스트가 표시되어 각 행의 메모에 대해 개별메모 창을 열지 않고도 다양한 메모를 볼 수 있습니다. 하지만 메모개요의 상단 창에서 직접 메모를 편집할 수 없습니다. 대신 메모개요에서 메모를 삭제할 수는 있습니다. 메모가 나열된 행을 지정하고 상단의 X 표시를 클릭하거나, 마우스 오른쪽 버튼으로 클릭하고 **메모삭제**Delete Memo를 선택합니다. 키보드 Delete키를 눌러도 삭제할 수 있습니다.

참고

메모를 수정하려면 메모 행을 더블클릭합니다. 일반적인 메모 창이 열리고 여기에서 메모 텍스트를 수정하거나 추가합니다.

8.8.1 메모개요 필터링

MAXQDA의 모든 개요와 마찬가지로 표형식의 메모개요는 다양한 기준에 따라 정렬할 수 있습니다. 프로젝트나 코드메모만 컴파일하거나 특정 날짜 이후에 작성한 메모만 컴파일하려는 경우 특히 유용합니다. 마우스 오른쪽 버튼으로 열 머리글을 클릭하고 필터설정을 선택하여 해당 열에 대한 필터를 설정합니다.

미리 정의된 필터

메모개요 도구모음에는 표형식 개요에 대한 일반적인 필터 외에도 미리 정의된 필터가 있는 팝업메뉴가 있습니다. 미리 정의된 필터는 표형식 개요의 일반적인 필터 옵션과 독립적으로 작동합니다.

- **모든 메모**All Memos: 필터링이 꺼지고 표의 모든 메모가 표시됩니다.
- **선택한 사용자의 메모**Memos of specific users: 특정 사용자의 메모만 선택할 수 있습니다.
- **코드메모**Code memos: 메모개요를 코드시스템에 지정된 메모만 보여줍니다.
- **문서 내 메모**In-document memos: 메모개요를 문서에 지정된 메모만 보여줍니다.
- **문서 메모**Document memos: 메모개요를 문서시스템에 지정된 메모만 보여줍니다.
- **자유메모**Free Memos: 메모개요를 자유메모만 보여주는 것으로 한정합니다.
- **활성화된 코드와 연결된 메모**Memos linked to an activated code: 활성화된 코드와 연결된 메모만 보여줍니다.
- **오디오 및 비디오 파일의 메모**Memos in audio and video files: 멀티미디어 브라우저에서 오디오 또는 비디오 파일에 지정된 메모만 보여줍니다.
- **코드세트 메모**Code Set Memos: 코드세트에 지정된 메모만 보여줍니다.

8.8.2 메모개요에서 메모로 이동

메모개요는 메모가 생성된 위치와 대화식으로 연결됩니다. 표의 한 행을 클릭하면 MAXQDA가 각 메모를 찾아갑니다.

- 메모개요에 표시된 각 메모에서 원본 문서는 메모가 있는 정확한 위치에 있는 **문서브라우저**에 즉시 나타납니다.
- **미디어 내 메모**In–Media memos: 오디오 또는 비디오 위치에 첨부된 미디어 내 메모의 경우 미디어파일은 적절한 위치에 표시되지만 멀티미디어 브라우저가 열린 경우에만 표시됩니다.
- **코드메모**code memos의 경우, 해당 코드가 코드시스템에서 파란색으로 강조표시됩니다.
- **문서메모**document memos의 경우 해당 문서는 문서시스템에 파란색으로 강조표시됩니다.
- 오디오 또는 비디오 파일의 메모를 사용하는 경우, 재생은 메모의 해당 위치에 표시되지만 멀티미디어 브라우저가 열린 경우에만 해당됩니다.

8.9 메모내용 문서에 연결

MAXQDA에서는 **내부링크**internal links를 사용하여 두 개의 텍스트, 이미지 또는 메모내용을 서로 연결할 수 있습니다. 한 위치에서 링크를 클릭하면 다른 위치로 이동합니다. 두 개의 연결된 구절은 동일한 문서/메모 또는 두 개의 다른 문서/메모에 있을 수 있습니다.

메모에 링크를 삽입하려면 다음 절차대로 합니다.

❶ 연결하려는 메모에서 텍스트 구절을 선택합니다.

❷ 선택부분의 컨텍스트메뉴(마우스 오른쪽 버튼)에서 **내부링크 삽입(앵커/타깃)**Insert Internal Link(Anchor/Target)을 선택합니다. 메모관리자에 메모가 열려있으면 **포맷**Format 탭에서 **내부링크 삽입** 아이콘을 클릭할 수도 있습니다.

❸ 링크할 문서 또는 메모에서 해당 구절을 선택하고 똑같이 **내부링크 삽입(앵커/타깃)**Insert Internal Link(Anchor/Target)을 선택합니다(참조: 그림 8.18).

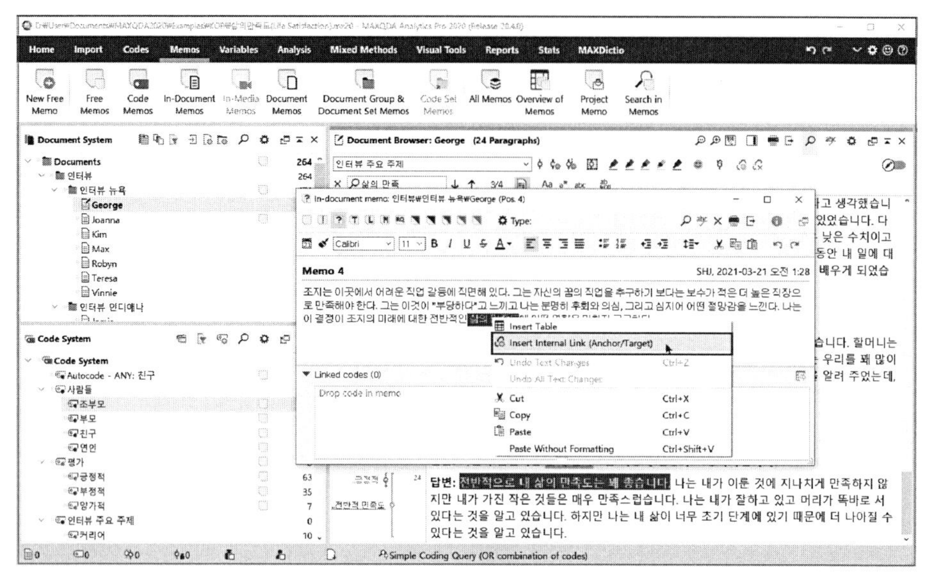
그림 8.18 메모에 내부링크 삽입

메모의 기존 링크는 파란색과 밑줄이 그어진 텍스트로 표시됩니다. 링크를 클릭하면 링크된 대상 문서나 메모 구절로 이동하며 그 반대의 경우도 마찬가지입니다. 링크 위로 마우스를 가져가면 대상의 미리보기 내용이 표시됩니다(참조: 그림 8.19).

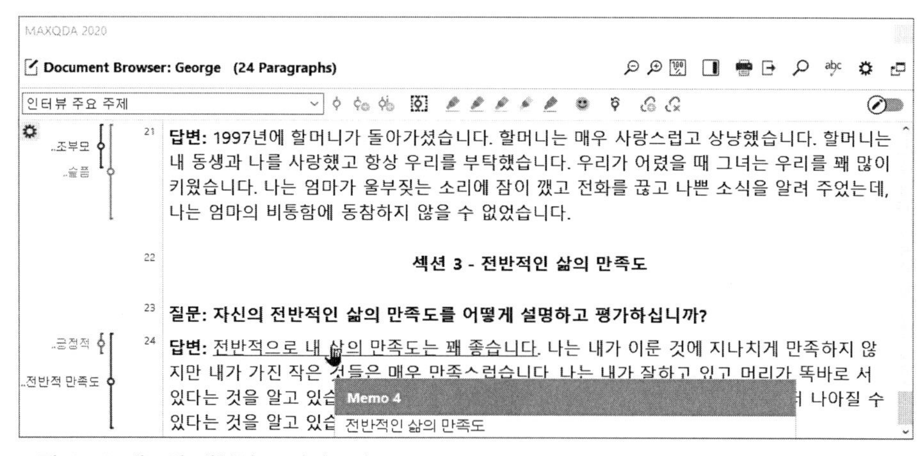
그림 8.19 메모의 내부링크 미리보기

8.10 메모를 코드와 코딩구절에 연결

메모는 코드와 코딩구절을 모두 연결하여 링크할 수 있습니다. 이렇게 하려면 코드시스템에서 열린 메모 창으로 코드를 직접 끌어다 놓으면 됩니다.

메모 하단에는 현재 메모에 지정된 코드 수와 코드가 표시됩니다. 하단 섹션은 언제든지 접거나 펼칠 수 있으며 높이를 변경할 수 있으므로 필요에 따라 보기를 최적으로 조정할 수 있습니다(참조: 그림 8.20).

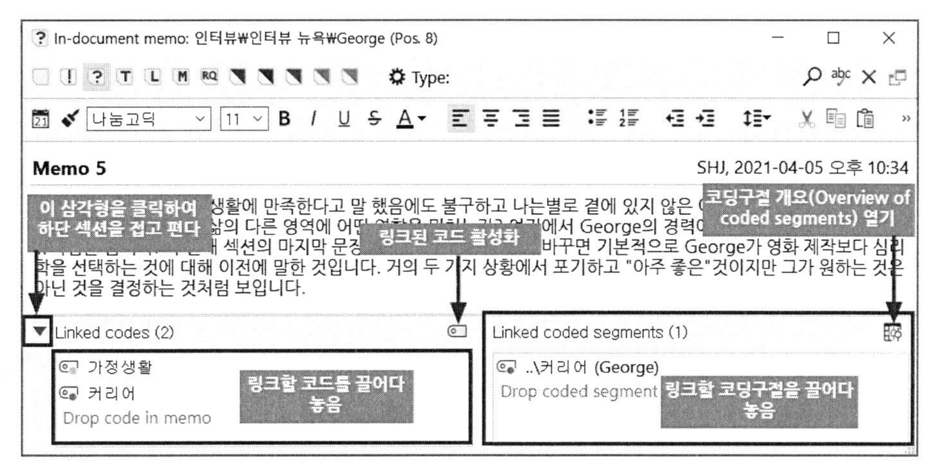

그림 8.20 메모에 코드/코딩구절을 링크

코드활성화Activate codes 아이콘 을 클릭하면 현재 메모에 링크된 모든 코드가 활성화됩니다. 나중에 특정 코드에 대한 링크를 제거하려면 메모 창의 코드 위로 마우스를 이동하고 줄 끝에있는 x 기호를 클릭합니다.

① 코드에 연결된 메모 컴파일

특정 코드에 연결된 메모를 찾으려면 어떻게 할까요? 코드시스템에서 해당 코드의 컨텍스트메뉴(마우스 오른쪽 버튼)에서 **연결된 메모**Linked Memos 옵션을 선택합니다. 그 결과 메모를 읽고 수정할 수 있는 메모관리자에 표시된 코드에 연결된 메모목록이 나타납니다.

8.10.1 활성화된 코드에 연결된 메모 컴파일

현재 활성화된 코드에 연결된 메모를 컴파일할 수도 있습니다.

❶ 코드시스템에서 메모를 컴파일할 모든 코드를 활성화합니다.

❷ 메인메뉴 > **메모**Memos 탭을 통해 **메모개요**Overview of Memos를 엽니다.

❸ 도구모음의 드롭다운 메뉴에서 **활성화된 코드에 연결된 메모**Memos linked to an activated code를 선택하여 그에 따라 메모를 필터링합니다.

8.10.2 메모에 코딩구절을 링크

메모에 코드 뿐만 아니라 **코딩구절**coded segments도 연결할 수 있습니다. 이렇게 하려면 마우스를 사용하여 문서브라우저, 검색구절Retrieved Segments 또는 코딩구절 개요에서 코딩구절을 열린 메모창으로 끌어옵니다.

메모 하단에는 현재 메모에 연결된 코딩구절의 수와 코딩구절이 표시됩니다(참조: 그림 8.20).

코딩구절에 연결된 메모를 표시하려면 해당 코딩구절의 컨텍스트메뉴(마우스 오른쪽 버튼)에서 링크된 메모를 선택합니다. 그러면 메모관리자를 엽니다. 연결된 메모에 대한 **메모관리자**Memo manager를 여는 방법에는 세 가지가 있습니다.

- 문서브라우저에서 코딩띠Coding stripe 또는 코드명을 마우스 오른쪽 버튼으로 클릭합니다.
- 코딩구절 개요Overview of coded segments에서 행을 마우스 오른쪽 버튼으로 클릭합니다.
- 검색구절Retrieved Segments창에서 구절을 마우스 오른쪽 버튼으로 클릭합니다.

8.11 로그북: 연구일지

로그북Logbook은 분석작업을 추적하기 위해 일종의 연구자 자신의 연구일지입니다. 로그북이라는 용어는 일반적으로 중요한 사건 및 관찰을 기록하는 데 사용되는 항해 용어이며 프로젝트에 유사한 방식으로 사용할 수 있습니다. 로그북은 최신 항목이 맨 위에 놓이도록 설정됩니다.

홈Home 탭에서 또는 단축키 Ctrl + Alt + B를 사용하여 로그북을 열 수 있습니다(참조: 그림 8.21).

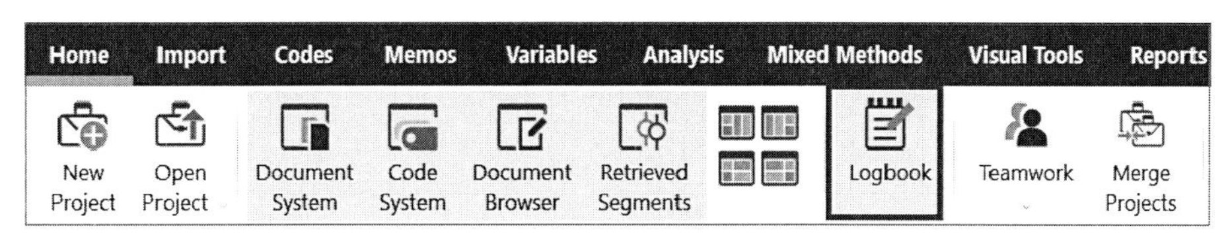

그림 8.21 로그북 열기

로그북 창은 도구모음이 있는 간단한 텍스트 창입니다. 매우 간단하게 원하는대로 텍스트 서식을 지정할 수 있습니다. 예를 들어, 글꼴과 크기를 편집할 수 있습니다. 굵게, 밑줄 및 이탤릭체를 사용할 수 있습니다. 텍스트 색상을 변경합니다. 맨 왼쪽에 있는 달력모양 아이콘을 사용하여 새 항목을 만들고 로그북을 인쇄하거나 내보낼 수 있습니다(참조: 그림 8.22).

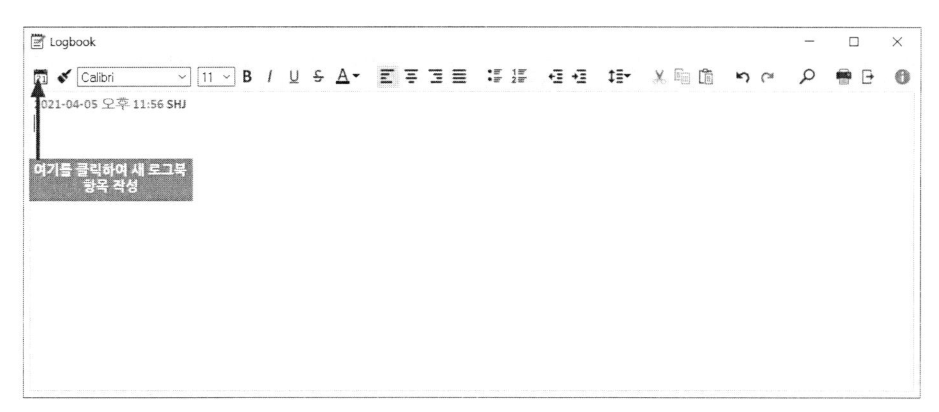

그림 8.22 로그북 화면

새 항목을 입력하려면 도구모음의 맨 왼쪽에 있는 새 로그북 항목 버튼을 클릭합니다. 그러면 페이지 상단에 날짜와 시간 스탬프가 자동으로 삽입되며 바로 아래에 텍스트를 입력할 수 있습니다.

CHAPTER 09

코딩구절 추출하기

CHAPTER
09

코딩구절 추출하기

9.1 문서와 코드의 활성화

MAXQDA에서는 다양한 방법으로 문서에서 정보를 검색할 수 있습니다. 어휘검색 기능을 사용하여 특정 단어 또는 문자열을 검색하는 것입니다. 어휘검색은 실제로 텍스트에 나타나는 용어만 찾습니다.

적절한 문서구절에 코드를 지정하면 특정 주제와 관련된 구절을 찾을 수 있습니다. 이 코딩구절을 찾으려면 코드를 만들어 해당 문서구절에 지정해야 합니다. 문서구절에 코딩을 하면 동일한 코드로 코딩된 모든 구절을 불러올 수 있습니다. MAXQDA는 이 검색을 위한 다양한 방법을 제공하지만, 모두 문서와 코드의 활성화를 기반으로 합니다. 텍스트뿐만 아니라 이미지, PDF 파일, 표형식 문서, 오디오 및 비디오 파일의 코딩구절에도 적용됩니다. MAXQDA의 검색 원리는 매우 간단합니다.

TIP/

활성화된 코드로 코딩된 활성화된 문서의 모든 문서구절이 호출되어 "Retried Segments" 창에 표시됩니다. 여기서 코딩구절을 검토하고 선택할 수 있습니다.

검색구절Retried Segments 창은 MAXQDA의 네 번째 주요 창입니다. **홈**Home 탭에서 열고 닫을 수 있습니다. 자료에서 코딩구절을 '검색Retrieval'하고 컴파일할 수 있습니다. 코딩구절의 검색은 다음과 같은 간단한 원칙을 기반으로 합니다.

❶ **문서활성화**: 문서시스템에서 코딩구절을 검색할 모든 문서를 선택합니다.

❷ **코드활성화**: 코드시스템에서 코딩구절 검색에 사용하려는 모든 코드를 선택합니다.

9.1.1 문서활성화

문서를 활성화하는 세 가지 방법은 다음과 같습니다. 활성화한 문서를 비활성화할 때도 같습니다.

❶ 마우스로 문서 아이콘 **왼쪽의 작은 원**을 클릭하여 활성화.

❷ 문서명의 컨텍스트메뉴(마우스 오른쪽 클릭)에서 **활성화**Activate 선택.

❸ Ctrl키를 누른 채로 문서명을 클릭하여 활성화.

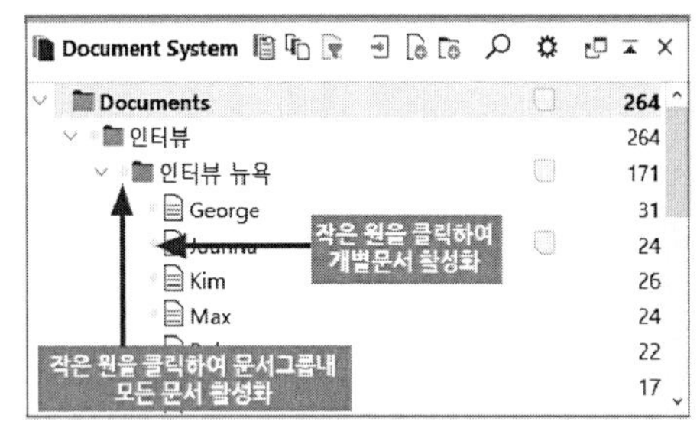

그림 9.1 문서시스템의 문서 비활성화 상태

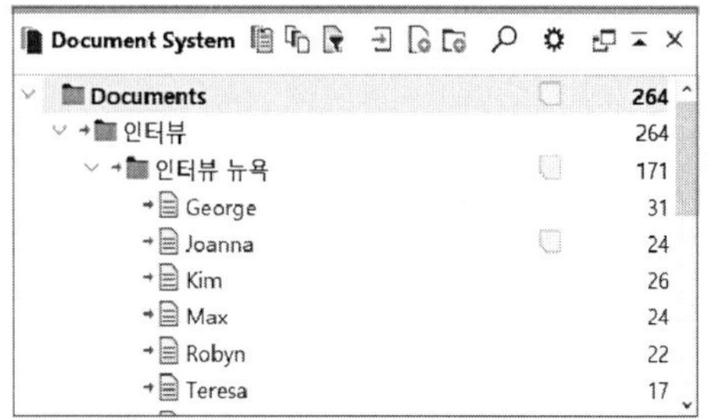

그림 9.2 문서들이 활성화된 상태

문서를 활성화한 결과는 문서시스템에 바로 표시됩니다. 활성화된 문서는 빨간색으로 표시되고 문서아이콘 옆에 있는 작은 원은 빨간색 화살표로 바뀝니다(참조: 그림 9.2). 또한 문서그룹의 모든 문서를 활성화할 수 있습니다. 문서그룹 수준에서 위에 나열된 방법 중 하나를 수행하면 됩니다. 프로젝트의 모든 문서를 활성화하려면 문서시스템의 맨 위 창에서 맨 위 항목 **문서**Documents를 활성화하면 됩니다.

9.1.2 코드활성화

코드를 활성화는 세 가지 방법은 다음과 같습니다. 활성화한 코드를 비활성화할 때도 같습니다.

❶ 마우스로 코드 아이콘 **왼쪽의 작은 원**을 클릭하여 활성화.

❷ 코드명의 컨텍스트메뉴(마우스 오른쪽 클릭)에서 **활성화**Activate 선택.

❸ Ctrl키를 누른 채로 코드명을 클릭하여 활성화.

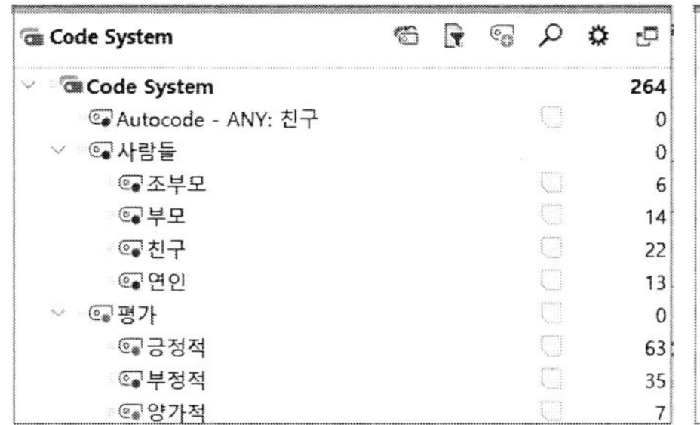

그림 9.3 활성화되지 않은 코드

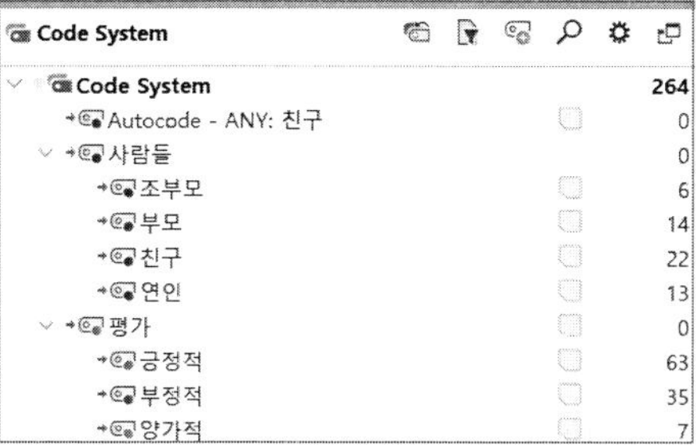

그림 9.4 코드가 활성화된 상태

코드를 활성화 한 결과는 코드시스템에 바로 표시됩니다. 활성화된 코드는 빨간색으로 표시되고 코드아이콘 옆에 있는 작은 원은 **빨간색 화살표**로 바뀝니다. 또한 상위코드의 모든 코드를 활성화할 수 있습니다. 상위코드를 위에 나열된 방법 중 하나를 수행하면 됩니다. 프로젝트의 모든 코드를 활성화하려면 코드시스템의 맨 위 창에서 맨 위 항목 **코드시스템**Code System을 활성화하면 됩니다.

하위코드subcodes를 제외한 **상위코드**parent code만 활성화하려면 Ctrl + Shift키를 누른 채로 해당 상위코드를 클릭합니다.

9.1.3 검색구절 창에서 코딩구절 컴파일

활성화를 기반으로 추출된 모든 문서구절을 **검색구절**retrieved segments 또는 **코딩구절**coded segments이라고 하며 **검색구절**Retrieved Segments 창에 표시됩니다(참조: 그림 9.5).

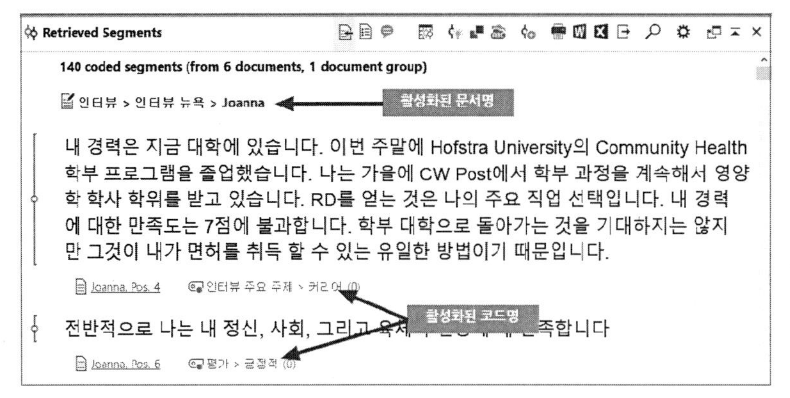

그림 9.5 활성화된 문서와 코드를 기반으로 코딩구절 추출

9.2 검색구절 창(Retrieved Segments Window)

검색구절 창은 결과 창입니다. 활성화된 문서에서 활성화된 코드로 코딩된 모든 구절을 표시합니다. 코딩구절 검색의 원리는 다음과 같습니다.

활성화된 모든 문서에 대해 활성화된 코드가 코딩된 구절은 **검색구절**Retried Segments 창에 컴파일됩니다(참조: 그림 9.6).

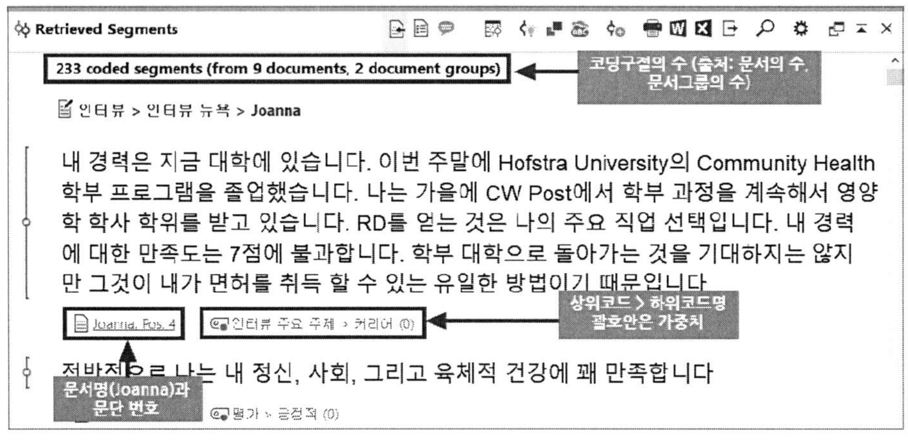

그림 9.6 검색구절 창에서 검색(추출)된 코딩구절

검색구절 창의 맨 위 줄에는 나열된 여러 문서 및 문서그룹의 코딩구절의 수가 표시됩니다.

각 코딩구절 아래에는 문서 및 문서구절의 위치뿐만 아니라 지정된 코드도 알려주는 출처표시가 있습니다. 위 그림 9.6의 첫 번째 코딩구절은 문서 'Joanna'에서 가져온 것이며, 여기서 문단번호 4는 녹색 코드 '커리어'로 코딩되었다는 의미입니다. 코딩구절의 왼쪽에 코딩띠가 지정된 코드의 색상으로 표시됩니다.

TIP/

출처정보가 있는 문단번호나 코딩띠를 클릭하면 원본텍스트가 문서브라우저에 표시되고 코딩구절이 강조표시됩니다. 동시에 해당 코드는 코드시스템에서 파란색으로 강조표시됩니다. 오디오 또는 비디오 영역의 원본을 클릭하면 멀티미디어 브라우저가 열리고 클립이 강조표시됩니다.

9.2.1 코딩구절에 대한 주석 작업

문서브라우저에서와 같이 코딩구절에 대한 **주석**comments이 표시되는 오른쪽에 있는 사이드바sidebar를 켤 수 있습니다. 창의 도구모음에서 **코딩구절에 주석 표시**Display comments on coded segments 아이콘을 클릭하여 주석이 포함된 열을 표시하거나 숨길 수 있습니다(참조: 그림 9.7).

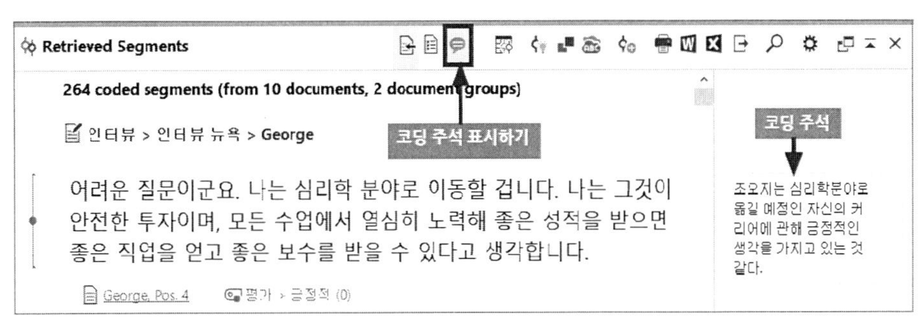

그림 9.7 검색구절 창의 주석 보이기

주석을 편집하려면 사이드바에서 주석을 더블클릭합니다. 새 주석을 작성하려면 코딩구절의 컨텍스트메뉴(마우스 오른쪽 버튼)에서 **주석 편집**Edit Comment을 선택하면 됩니다.

주석편집을 위한 다른 방법은, 코딩띠를 더블클릭하면 언제든지 주석 창이 열려 새 주석을 만들거나 기존 주석을 편집할 수 있습니다. 코딩띠의 가운데 작은원이 비어있으면 주석이 없는 것이고, 채워져 있으면 주석이 있다는 의미입니다.

9.2.2 코딩구절 삭제 및 가중치 조정

① 코딩구절 삭제

코딩구절을 삭제하려면 코딩구절 또는 해당 코딩띠의 컨텍스트메뉴(마우스 오른쪽 버튼)에서 **삭제**Delete를 선택합니다(참조: 그림 9.8). 여기에서 코딩구절을 삭제할 수 있습니다. 즉, 프로젝트에서 영구적으로 제거되고 코딩구절이 더 이상 검색구절Retrieved Segments 창에 표시되지 않습니다.

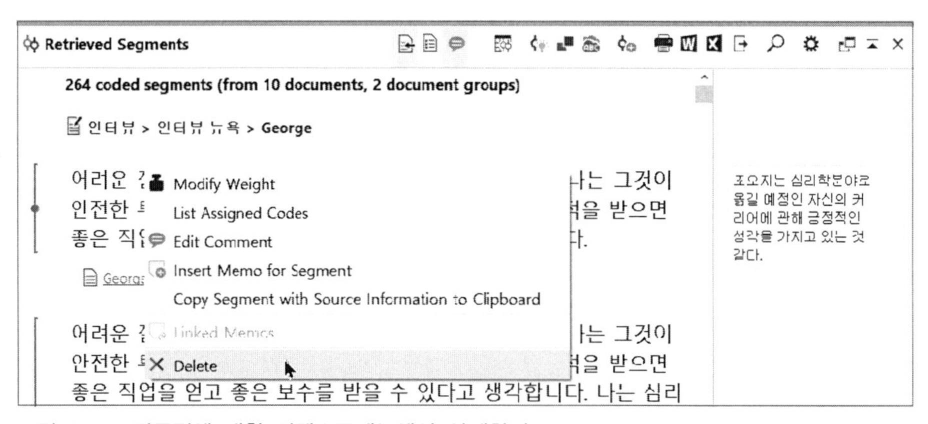

그림 9.8 코딩구절에 대한 컨텍스트메뉴에서 삭제하기

② 코드구절의 가중치 조정

코딩구절의 출처인 코드명의 괄호 안에 표시되는 숫자인 가중치를 변경할 수 있습니다. 컨텍스트메뉴(마우스 오른쪽 버튼) 옵션 **가중치 수정**Modify Weight을 선택하면 새 값을 입력하는 대화상자가 나타납니다.

참고

필요한 경우 **검색구절**Retrieved Segments창에서 가중치 표시를 끌 수 있습니다. 창 제목 라인의 오른쪽 끝에 있는 로컬설정 기어모양 아이콘을 클릭하고 **가중치 표시**Show weight 옵션을 비활성화하면 됩니다.

9.2.3 검색구절 창의 리스트/클래식/표형식 보기

검색구절 창은 기본값이 **목록보기**List view방식입니다. 하지만 **클래식보기**Classic view와 **표형식보기**Table view로 변경할 수 있습니다. **로컬설정**에서 **클래식보기**Classic view /**표형식보기**Table view로 변경을 클릭합니다. 표형식은 **코딩구절 개요**Overview of Coded Segments와 동일한 방식으로 코딩구절을 표시합니다. 이 표시는 대화형입니다. 행을 클릭하면 문서브라우저에 해당 구절이 표시됩니다.

9.3 검색구절 개요

코딩한 구절들을 한 눈에 보는 좋은 방법은 검색구절 창에서 **검색구절 개요**Overview of Retrieved Segments를 불러오는 것입니다. 검색구절 개요를 불러오는 쉬운 방법은 검색구절 창의 상단에 있는 도구모음에서 해당 아이콘을 클릭하여 검색구절 개요를 여는 것입니다. 아이콘 명칭은 다르지만 검색구절 개요 버튼을 클릭하면 **코딩구절 개요**Coded Segments가 열립니다(참조: 그림 9.9).

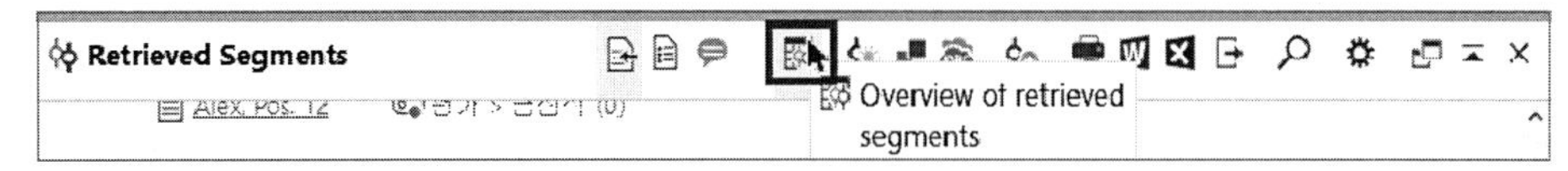

그림 9.9 도구모음에서 검색구절 개요 열기

9.3.1 검색구절 개요의 구조

검색구절 개요Overview of Retrieved Segments 또는 코딩구절 개요Coded Segments는 두 부분으로 나뉩니다. 검색구절의 목록표시는 창의 아래쪽 절반에 표시되고 위쪽 절반에는 아래쪽 목록에서 클릭한 행의 세부보기가 표시됩니다. 동시에 문서 브라우저가 그에 따라 배치되어 각 구절의 주변상황도 볼 수 있습니다. 이 기능은 화면이 클수록 좋습니다.

Coded Segments

264 coded segments (from 10 documents, 2 document groups)

어려운 질문이군요. 나는 심리학 분야로 이동할 겁니다. 나는 그것이 안전한 투자이며, 모든 수업에서 열심히 노력해 좋은 성적을 받으면 좋은 직업을 얻고 좋은 보수를 받을 수 있다고 생각합니다.

Document group	Document name	Code	Preview	Comment	Modified b
인터뷰₩인터뷰 뉴욕	George	평가₩긍정적	어려운 질문이군요. 나는 …	조오지는 심리학분야 …	SHJ
인터뷰₩인터뷰 인디…	Devin	사람들₩조부모	아마 할아버지가 돌아가셨…	할아버지의 이름을 받…	SHJ
인터뷰₩인터뷰 뉴욕	George	인터뷰 주요 주제₩…	어려운 질문이군요. 나는 …		SHJ
인터뷰₩인터뷰 뉴욕	George	평가₩부정적	특히 상담과 다른 사람들을…		SHJ
인터뷰₩인터뷰 뉴욕	George	YELLOW	직업을 선택했다면		SHJ
인터뷰₩인터뷰 뉴욕	George	평가₩부정적	내가 무척 좋아하는 일을 …		SHJ
인터뷰₩인터뷰 뉴욕	George	평가₩긍정적	나는 체형이 좋습니다. 나…		SHJ
인터뷰₩인터뷰 뉴욕	George	인터뷰 주요 주제₩…	나는 체형이 좋습니다. 나…		SHJ

그림 9.10 검색구절 개요의 두 섹션 창

검색구절 개요를 Excel문서 또는 HTML 포맷의 표에 표시하는 옵션이 특히 유용합니다. 이는 매우 좋은 개요를 제공합니다. 일반 텍스트구절뿐만 아니라 구절 주변의 모든 정보(예: 코딩날짜 및 코딩을 수행한 사람의 이름)가 나열됩니다.

TIP!

개요표는 코딩구절에 대한 주석comments을 작성하기에 가장 좋은 곳이기도 합니다. 상단 창에서 코딩구절을 읽고 아래에 섹션의 주석열에 주석을 작성하십시오. 주석 필드를 더블클릭하면 주석을 입력할 수 있습니다.

① 검색구절 개요의 도구모음

- **열 선택**Select Column: 검색구절 개요표에서 표시하는 열을 선택할 수 있습니다.
- **검색구절에 코딩**Code Retrieved Segments: 목록에서 선택한 코딩구절의 기존 코드를 자동으로 코딩합니다. Ctrl키 또는 Shit키를 누른 상태에서 여러 행을 선택할 수 있습니다.
- **검색구절에 새 코드 지정**Code retrieved segments with a new code: 목록에서 선택한 코딩구절에 새 코드를 지정합니다. Ctrl키 또는 Shit키를 누른 상태에서 여러 행을 선택할 수 있습니다. 행을 선택하지 않으면 전체 개요표가 코딩됩니다.
- **검색구절 내보내기**Export retrieved segments: 개요를 Word, Excel 형식의 표, HTML 형식의 웹페이지로 내보낼 수 있습니다.

9.3.2 검색구절 개요에서 직접 텍스트코딩

검색구절 개요의 상단 창에 표시되는 텍스트구절을 직접 코딩할 수 있습니다. 상단 창에서 텍스트구절을 선택하고 선택한 텍스트를 코드로 끌어다놓으면 됩니다.

9.4 검색구절 인쇄 및 내보내기

각각의 코딩구절을 인용문으로 연구보고서나 논문에 보낼 수 있습니다. 여러 코딩구절을 문서에서 처리할 수 있거나, 팀에서 함께 토론할 수 있도록 코딩구절을 클립보드에 복사, 내보내기 및 인쇄할 수 있습니다. 검색구절Retrieve Segments 창과 코딩구절 개요Overview of Coded Segments에 컴파일된 코딩구절을 모두 출력하여 내보낼 수 있습니다. 두 창의 도구모음을 통해 내보내기Export 옵션을 선택할 수 있지만, 인쇄Print retrieved segments 옵션은 검색구절창에서만 사용할 수 있습니다.

9.4.1 검색구절 인쇄

검색구절을 인쇄하려면 다음 절차 중 하나를 따릅니다.

- 검색구절Retrieved Segments창 도구모음에서 **검색구절 인쇄**Print retrieved segments 아이콘 을 클릭합니다.
- 검색구절창을 클릭하여 맞추고(창 제목의 녹색 마커로 인식 가능) 단축키 Ctrl + P를 클릭합니다.
- 메인메뉴의 **보고서**Reports 탭 > **인쇄 아이콘** > **검색구절**Retrieved Segments 옵션을 선택합니다.

그러면 프린터 선택을 위한 표준옵션이 표시됩니다. 이 창에서 인쇄 레이아웃을 선택하고 특정 페이지만 인쇄하도록 선택할 수도 있습니다. 서식을 편집하려면 먼저 검색구절을 워드로 내보내서 편집한 다음 인쇄하는 것이 좋습니다.

9.4.2 검색구절 내보내기

검색구절을 내보내려면 다음 절차 중 하나를 따릅니다.

- 검색구절Retrieved Segments창 도구모음에서 **내보내기 아이콘** 을 클릭합니다.
- 메인메뉴의 **보고서**Reports 탭 > **내보내기 아이콘** > **검색구절**Retrieved Segments 옵션을 선택합니다.

그럼 다음 그림 9.11과 같은 옵션 메뉴가 나타납니다.

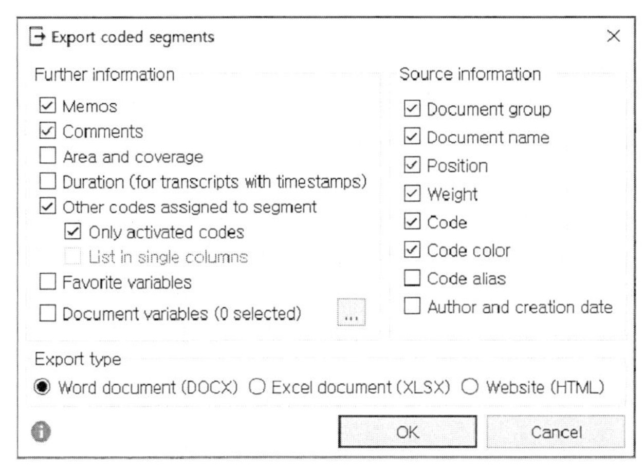

그림 9.11 검색구절 내보내기 옵션

이 방법으로 검색구절 개요Overview of Retrieved Segments에서 코딩구절을 내보낼 수도 있습니다.

9.4.3 검색구절을 클립보드에 복사(출처포함)

연구프로젝트의 최종보고서나 논문에서 인터뷰 구절을 인용하는 것은 흔하고 중요한 일입니다. 인용할 때는 반드시 인용의 출처정보(참여자 또는 문서명)를 표시해야 합니다. 즉, 인용된 문서와 문단번호 등입니다. MAXQDA는 출처정보가 있는 구절을 클립보드에 복사하여 논문에 바로 붙여넣기를 할 수 있게 해줍니다. 검색구절창에서 코딩구절의 컨텍스트메뉴(마우스 오른쪽 버튼)에서 **출처정보를 포함하여 클립보드 복사**Copy segment with source information to Clipboard를 선택하면 됩니다(참조: 그림 9.12).

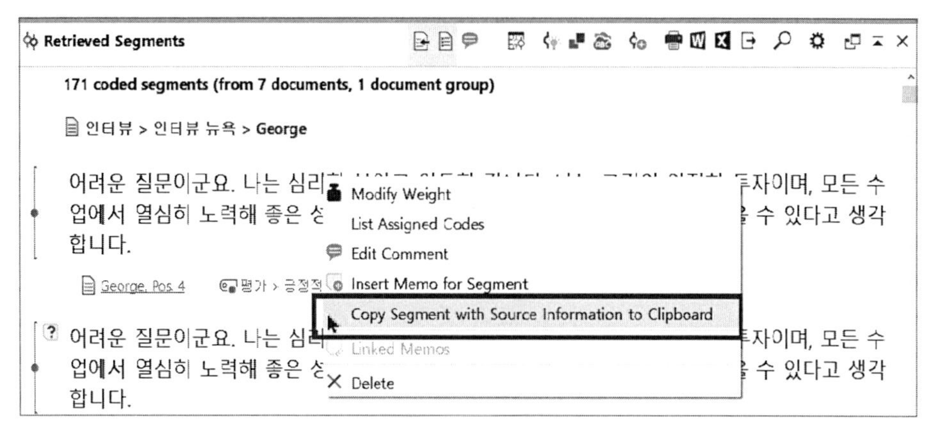

그림 9.12 켄텍스트메뉴에서 소스정보를 포함한 구절 복사하기

코딩구절의 클립보드 복사기능은 다음의 방법으로도 선택할 수 있습니다.

(1) 검색구절창에서 코딩띠의 컨텍스트메뉴에서

(2) 문서브라우저에서 코딩띠의 컨텍스트메뉴에서

(3) 검색구절 개요Overview of Retrieved Segments에서 행의 컨텍스트메뉴에서 선택.

이제 최종보고서 또는 논문에서 인용할 위치에, **붙여넣기(Ctrl + V)**를 하면 됩니다. 인용되면 문서시스템의 문서명과 문단번호가 자동으로 삽입됩니다.

어려운 질문이군요. 나는 심리학 분야로 이동할 겁니다. 나는 그것이 안전한 투자이며, 모든 수업에서 열심히 노력해 좋은 성적을 받으면 좋은 직업을 얻고 좋은 보수를 받을 수 있다고 생각합니다. (인터뷰 뉴욕₩George: 4)

위 인용문의 괄호 속은 문서시스템의 문서그룹과 문서명이 제시되었고, 맨 끝의 숫자 '4'는 네 번째 문단이라는 의미입니다.

9.5 코딩구절 검색에 가중치 옵션

검색구절창에 나타나는 모든 코딩구절은 해당 가중치weight가 원본데이터 옆에 코드명의 괄호 안에 표시됩니다. 이러한 가중치 점수는 검색절차에 사용할 수 있습니다(그림 9.13).

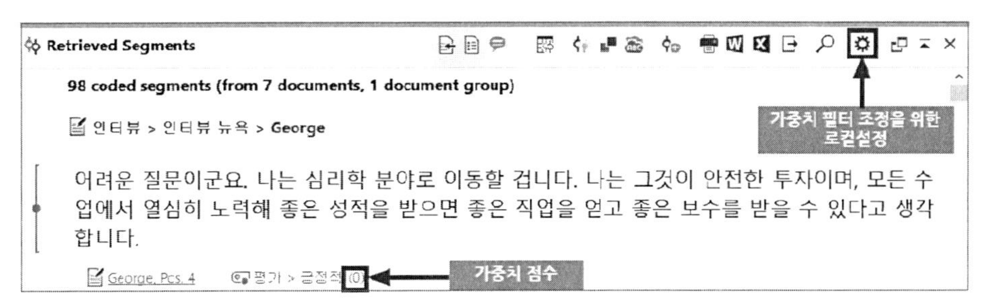

그림 9.13 검색구절창의 가중치와 로컬설정 아이콘

연구자는 해당 범위 내에 가중치점수가 있는 코딩구절만 검색하기 위해 가중치점수 범위를 조정할 수 있습니다. 검색구절창의 오른쪽 상단 모서리에 있는 로컬설정을 하는 기어기호를 클릭하고 **가중치필터 편집**Edit Weight Filter을 선택합니다(참조: 그림 9.13).

그림 9.14 가중치필터 범위 설정

그림 9.14의 창이 나타나면 0에서 100 사이의 숫자를 입력할 수 있습니다.

필터를 적용하려면 필터옵션을 다시 켜야 합니다. 검색구절창에서 로컬설정(기어모양 아이콘)을 클릭하고 **가중치필터 사용**Use Weight Filter을 선택합니다.

이렇게 하면 검색구절창에 설정된 범위 내에 가중치점수가 있는 해당 코딩구절만 표시됩니다.

화면 하단에 있는 상태표시줄은 가중치 옵션이 활성화된 여부를 나타냅니다.

그림 9.15 가중치필터 적용표시 상태표시줄

주의 /

코드 가중치를 기본값 0인 상태에서 수정하지 않았다면 위의 예처럼 가중치 점수를 1~50으로 설정하면 검색되는 코딩구절이 전혀 검색되지 않습니다. 코드가중치를 설정하는 자세한 내용은 '7.11 코드가중치'를 참고하세요.

CHAPTER 10

시각화 (데이터 및 분석)

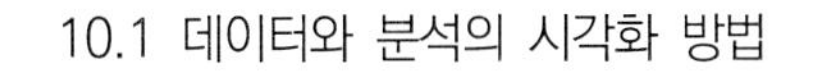

시각화 (데이터 및 분석)

CHAPTER 10

10.1 데이터와 분석의 시각화 방법

막대그래프와 파이차트는 과학출판물과 비과학출판물 모두에서 결과를 제시하는 수단으로 흔히 볼 수 있습니다. 스코틀랜드의 엔지니어인 윌리엄 플레이페어William Playfair가 이러한 형태의 표현을 고안한 지 200년이 넘었습니다(Tufte, 2001[1]). 막대그래프와 파이차트는 현재도 양적연구에 사용되고 있지만 원래 구상했던 것보다 훨씬 더 아름다운 디자인과 더 복잡한 구조를 가지고 있습니다.

질적데이터 분석을 위한 시각화는 여전히 드물게 논의되는 실정입니다(Kuckartz, 2014[2]; Miles, Huberman, & Saldana, 2013[3]), 시각적 표시는 추론과 결론을 제시하는 데 도움이 되며 데이터를 구성, 요약, 단순화 또는 변환하는 방법을 나타냅니다. 행렬 및 네트워크와 같은 데이터 디스플레이는 데이터 분석을 강화하기 위해 종종 사용됩니다. 다만 시각적 디스플레이는 질적연구보다 양적연구에서 더 흔하게 나타나는 것은 분명합니다(Verdinelli, & Scagnoli, 2013[4]).

MAXQDA에는 몇 가지 유용한 시각적 도구가 있습니다. 다양한 데이터와 분석의 시각적 표현은 독자의 이해를 한층 높여줄 것입니다. MAXQDA는 질적연구의 특성상 데이터 자체를 시각적으로 표현하는 도구들을 제공합니다. 분석결

1) Tufte, E. R. (2001). The Visual Display of Quantitative Information (2e): Graphics Pr.
2) Kuckartz, U. (2014). Qualitative Text Analysis: A Guide to Methods, Practice & Using Software: Sage Publications Ltd.
3) Miles, M. B., Huberman, A. M., & Saldana, J. (2014). Qualitative Data Analysis: A Methods Sourcebook.
4) Verdinelli, S. & Scagnoli, N. I. (2013). Data Display in Qualitative Research. International Journal of Qualitative Methods, 12(1), 359－381.

과의 시각적 표현이 양적연구의 전유물이 아니라 질적연구에 적극적으로 활용하는 것이 바람직합니다. MAXQDA는 다양한 시각적 도구를 제공하기 때문에 이들을 연구보고서와 논문에 활용하는 것은 연구자 자신의 의지와 표현력에 달려 있습니다.

MAXQDA가 제공하는 시각적 도구는 다음과 같습니다.

❶ 워드클라우드Word Cloud

❷ 코드클라우드Code Cloud: ▶ 7.14 코드클라우드 참조.

❸ 코드매트릭스 브라우저Code Matrix Browser

❹ 코드관계 브라우저Code Relations Browser

❺ 코드맵Code Map

❻ 코드라인Codeline

❼ 문서맵Document Map

❽ 문서비교차트Document comparison chart

❾ 문서초상화Document Portrait

10.2 워드클라우드

워드클라우드Word Cloud는 자료에 포함된 단어를 시각화하는 매우 일반적인 수단입니다. 일반적인 표현은 가장 일반적인 단어의 알파벳 목록이며, 특히 자주 사용된 단어는 더 큰 글꼴 크기로 표시됩니다. 다양한 색깔들도 종종

그림 10.1 워드클라우드

사용됩니다. 왜 워드클라우드를 만들까요? 워드클라우드는 텍스트에서 가장 일반적인 용어에 대한 간략한 개요를 제공합니다. 단어목록과 빈도가 있는 테이블보다 훨씬 더 쉽게 접근할 수 있습니다. 초기가정과 가설은 워드클라우드에서 추론할 수 있는데, 예를 들어, 트위터 데이터의 경우처럼 많은 데이터가 분석되고 있는 경우입니다.

10.2.1 워드클라우드 만들기

워드클라우드를 만드는 방법은 다음의 두 가지가 있습니다.

- 문서시스템 창에서 단일문서 또는 문서그룹의 컨텍스트메뉴(마우스 오른쪽 버튼)에서 워드클라우드를 선택합니다.
- 메인메뉴의 **시각화도구**Visual Tools 탭 > **워드클라우드**Word Cloud를 선택합니다 (참조: 그림 10.2).

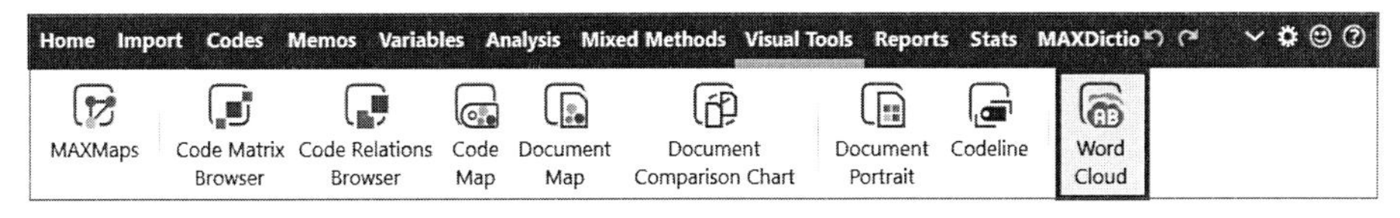

그림 10.2 시각화도구 탭의 워드클라우드

시각화도구 탭에서 워드클라우드 리본을 선택하면 워드클라우드 설정창이 나타납니다. 문서시스템에서 개별문서 또는 문서그룹을 마우스로 끌어다 놓으면 됩니다. 워드클라우드를 만들 문서를 지정하는 다른 방법은 설정창의 오른쪽 상단에 있습니다. 문서시스템에서 문서나 문서그룹을 활성화하고 이 **활성화한 문서 삽입**Insert activated documents 버튼을 클릭하면 됩니다(참조: 그림 10.3).

그림 10.3 워드클라우드 설정창

① **제외목록: 워드클라우드에서 제외할 단어**

워드클라우드가 별로 중요하지 않은 단어나 의미 없는 단어로 구성되지 않도록 단어의 **제외목록**Stop list을 만들 수 있습니다. 가장 쉬운 방법은 워드클라우드 화면의 **시작**Start 탭의 왼쪽 상단에 있는 **단어빈도**Word Frequencies 버튼을 클릭하는 것입니다. 나타나는 표는 빈도순으로 텍스트의 모든 단어를 나열합니다.

특정 단어 앞에 있는 **녹색 아이콘**을 두 번 클릭하면 해당 단어가 **제외목록**Stop list에 포함되어 워드클라우드에서 제외합니다. 다른 방법은, 목록에서 여러 단어를 선택(**Ctrl 또는 Shift + 왼쪽 마우스** 버튼)한 다음 마우스 오른쪽 버튼을 클릭하고 **제외목록에 추가**Add to Stop List를 선택하면 됩니다. 도구모음에서 같은 이름의 아이콘도 사용할 수 있습니다(참조: 그림 10.4).

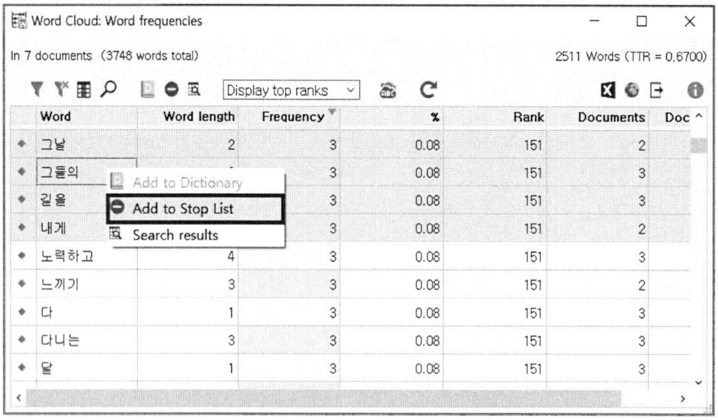

Word Cloud: Word frequencies

In 7 documents (3748 words total) 2511 Words (TTR = 0.6700)

Display top ranks

	Word	Word length	Frequency	%	Rank	Documents	Doc
◆	그날	2	3	0.08	151	2	
◆	그들의		3	0.08	151	3	
◆	길을		3	0.08	151	3	
◆	내게		3	0.08	151	2	
◆	노력하고	4	3	0.08	151	3	
◆	느끼기	3	3	0.08	151	2	
◆	다	1	3	0.08	151	3	
◆	다니는	3	3	0.08	151	3	
◆	달	1	3	0.08	151	3	

Add to Dictionary
Add to Stop List
Search results

그림 10.4 워드클라우드의 단어빈도목록에서 제외목록 작성

제외목록 새로고침 및 적용 Refresh and apply stop list을 클릭하면 제외목록에서 단어를 제외하고 워드클라우드가 재생성됩니다.

10.2.2 워드클라우드 디스플레이 조정

워드클라우드의 **시작**Start 탭의 다양한 옵션을 사용하여 표시되는 단어 수, 글꼴, 모양 및 색상을 포함하여 워드클라우드의 디스플레이를 사용자 지정할 수 있습니다.

① 시작Start 탭

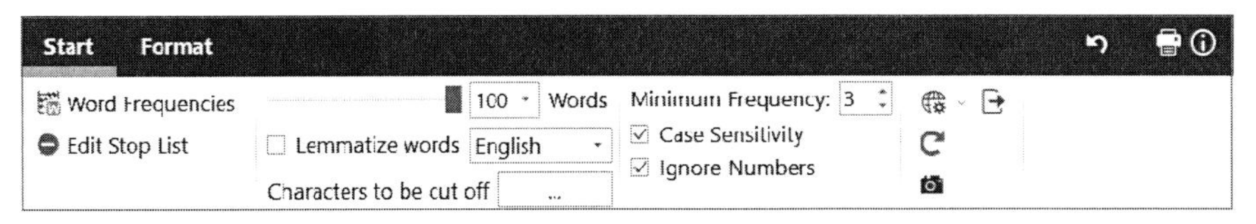

그림 10.5 워드클라우드의 시작 탭의 기능

- 단어 빈도Word frequencies: 분석된 텍스트에 포함된 모든 단어목록을 열고 빈도를 표시합니다. 단어는 단어 빈도목록에서 제외목록으로 쉽게 바꿀 수 있습니다.
- 제외목록 편집Edit Stop List: 제외된 모든 단어목록을 열고 기존 제외 목록을 가져올 수 있습니다.
- 단어Words: 워드클라우드로 보여줄 단어 수를 지정합니다.
- 단어정리Lemmatize words: 이 옵션이 활성화되면 단어가 각각의 기본형식으로 돌아가기 때문에, 같은 의미를 가진 단어가 결합됩니다.
- 최소 빈도Minimum Frequency: 단어가 표시되기 위해 사용된 최소 횟수를 정의합니다.
- 무시할 문자Characters to be disregarded: 세 개의 점이 있는 버튼을 클릭하면 단어에서 잘라내고 무시해야 하는 문자나 특수문자 등을 입력하는 대화상자가 열립니다. 선택한 문자는 MAXQDA 및 MAXDictio의 모든 단어 기반 함수에 적용됩니다.
- 대소문자 구분Case Sensitivity: 이 옵션이 활성화되면 대문자와 소문자 단어가 구분됩니다.
- 숫자 무시Ignore Numbers: 숫자로만 이루어진 모든 단어를 제외합니다.
- 언어 옵션Language Options: 언어를 원하는 언어로 변경하여 그 언어의 텍스트에서 워드클라우드를 만듭니다(한국어는 아직 제공되지 않음).
- 재정렬Rearrange: 워드클라우드를 재생성하여 다른 임의의 위치에 단어를 배치합니다.
- 클립보드에 복사Copy to Clipboard: 현재 보기를 클립보드에 복사하여 보고서 또는 논문에 워드클라우드를 쉽게 붙여넣을 수 있습니다.

- 내보내기Export: 추가 처리를 위해 현재 보기를 이미지 파일로 내보냅니다.

② 포맷Format 탭

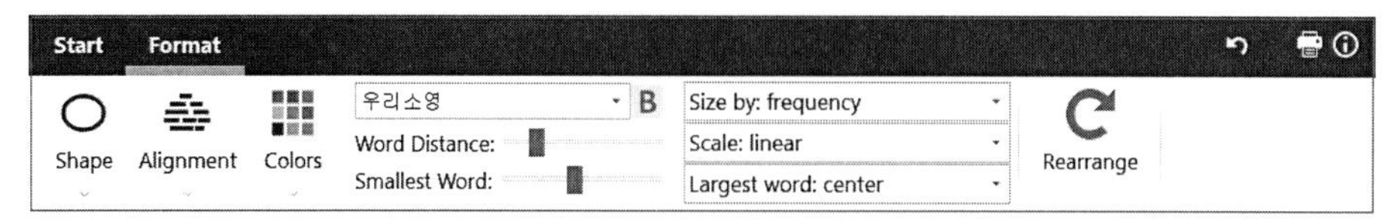

그림 10.6 워드클라우드의 포맷 탭의 기능

- 모양Shape: 워드클라우드의 겉모양 윤곽을 지정할 수 있습니다. 선택할 수 있는 다양한 변형이 있습니다.(옵션: 타원, 원, 정사각형, 삼각형)
- 정렬Alignment: 단어 정렬방식을 정의할 수 있습니다.(옵션: 가로, 세로, 가로·세로, 30도, 45도)
- 색상Colors: 다양한 색상 구성표에서 선택할 수 있습니다.
- 글꼴/굵게Bold: 글꼴을 선택하고, 굵게 할지를 지정할 수 있습니다.
- 단어거리Word distance: 단어 사이의 최소 거리를 정의합니다.
- 가장 작은 단어Smallest word: 가장 작은 단어의 크기를 정의합니다. 이 크기가 작을수록 가장 일반적인 단어에 비해 크기 차이가 커집니다.
- 크기 기준Size by: 단어의 크기의 기준을 정합니다.(빈도/순위/문서 수)
- 척도Scale: 일반단어와 희귀단어 사이의 크기 차이에 영향을 줍니다.(선형/빈도비례/빈도역비례)
- 가장 큰 단어Largest word: 가장 큰 단어의 위치를 설정할 수 있습니다.(중앙/가장자리 근처/무작위).
- 재정렬Rearrange: 워드클라우드를 재생성하여 다른 임의의 위치에 단어를 배치합니다.

③ 텍스트에서 단어의 발생을 표시

워드클라우드는 원본 텍스트와 대화식으로 연결됩니다.

- 단어를 클릭하면 텍스트에서 해당 단어의 모든 항목이 표형식으로 나열됩니다.

• 마우스커서를 단어 위로 가져가면 단어의 빈도가 단어 위에 나타납니다.

10.3 코드매트릭스 브라우저: 문서당 코드 시각화

분석 중에 이런 의문이 자주 생깁니다. '어떤 코드가 어떤 문서에 얼마나 자주 지정되었을까?' 여기서 필요한 것은 이러한 결과를 '문서 x 코드' 형식으로 표시하는 것입니다. 매트릭스 또는 표를 사용하는 것이 좋습니다.

코드매트릭스 브라우저Code Matrix Browser(CMB)는 어떤 코드가 어떤 문서에 지정되었는지 시각화하는 새로운 방법입니다. 코드매트릭스 브라우저는 다음과 같이 구성됩니다. 문서는 열에 나열되고 코드는 행에 나열됩니다. 연결점의 기호는 특정 코드로 코딩된 코딩구절의 수를 나타냅니다. 기호가 클수록 해당 코드에 더 많은 코딩구절이 할당되었다는 의미입니다. 문서그룹, 문서세트 또는 포커스그룹 발언자는 예를 들어, 개별사례 또는 사례그룹을 비교하기 위해 코드매트릭스 브라우저의 열에 표시될 수도 있습니다.

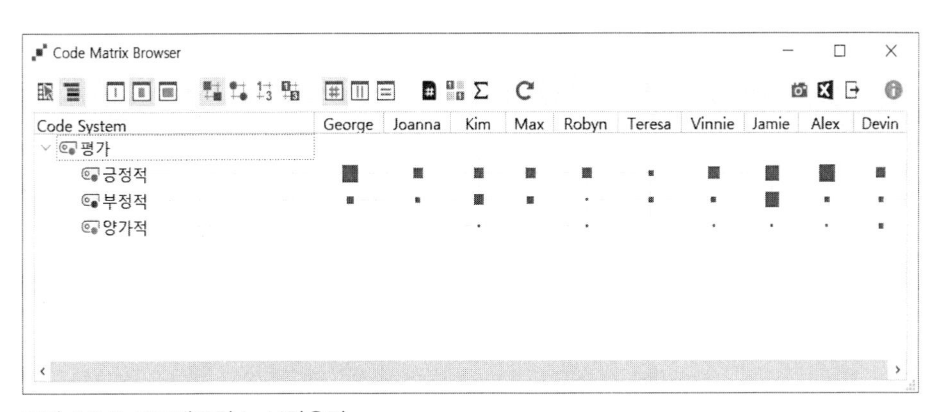

그림 10.7 코드매트릭스 브라우저

코드매트릭스 브라우저는 다음 방법 중 하나로 열 수 있습니다.

• 메인메뉴의 **시각적도구**Visual Tools 탭에서 **코드매트릭스 브라우저**Code Matrix Browser 선택
• 단축키 Ctrl + Alt + M 사용

10.3.1 코드매트릭스 브라우저 옵션

코드매트릭스 브라우저를 열면 표시 옵션을 변경할 수 있는 옵션창이 나타납니다. 열로 표시될 항목을 선택하고, 행으로 표시될 항목을 활성화된 문서만 또는 활성화된 코드만 보여줄 수 있습니다.

먼저 결과를 그룹화할지 여부를 결정해야합니다.

그림 10.8 코드매트릭스 브라우저 옵션창

- 문서: 그룹화가 없으며 모든 문서를 열에 배치합니다.
- 문서그룹: 열은 문서그룹으로 구성됩니다. 각 그룹에 있는 문서의 코딩구절만 표시합니다.
- 문서세트: 열은 문서세트로 구성됩니다. 각 문서세트에 있는 문서의 코딩구절만 표시합니다.
- 포커스그룹 발언자: 포커스그룹 발언의 코딩구절만 표시합니다.

대화창 하단의 추가옵션을 사용하여 데이터 자료를 선택할 수 있습니다.

- 활성화된 문서만: 활성화된 문서만 표시됩니다.(문서그룹 또는 문서세트에 활성화된 문서가 없는 경우 CMB는 비어 있습니다.)
- 활성화된 포커스그룹 발언자만: 활성화된 발언자만 열에 표시됩니다. 이 옵션은 위 열에 대해 포커스그룹 발언자를 선택한 경우에만 표시됩니다.
- 활성화된 코드만: 활성화된 코드만 행으로 표시됩니다.
- 가중치필터 사용: 현재 정의된 가중치필터의 범위 내에 가중치가 있는 코딩구절만 사용합니다.

10.3.2 코드매트릭스 브라우저 도구모음

코드매트릭스 브라우정 창의 상단에 가장 먼저 표시됩니다. 여기에서 다음 기능을 열 수 있습니다.

대화식 인용 매트릭스: 대화식 보기의 셀과 연관된 코딩구절을 표시합니다.

계층적 코드 생성: 코드가 코드시스템의 트리구조에 표시됩니다. '활성화된 코드만' 옵션을 선택하더라도 트리구조를 보존하기 위해 활성화되지 않은 상위코드도 포함됩니다. 옵션이 비활성화되면 모든 코드가 한 레벨에 표시됩니다. '활성화된 코드만' 옵션이 활성화된 경우 활성화된 코드만 표시할 수 있습니다.

이름, 열: 없음/짧게/전체: 열 너비 설정

연결점을 사각형으로 표시합니다.

연결점을 원으로 표시합니다.

연결점을 숫자로 표시합니다.

Code Matrix Browser

Code System	George	Joanna	Kim	Max	Robyn	Teresa	Vinnie	Jamie	Alex	Devin
평가										
긍정적	10	5	5	5	5	2	7	9	10	5
부정적	4	3	5	4	1	3	3	8	2	2
양가적			1		1		1	1	1	2

그림 10.9 코드매트릭스 브라우저에서 연결점을 숫자로 표시

값이 있는 열지도모양으로 표시합니다.

Code Matrix Browser

Code System	George	Joanna	Kim	Max	Robyn	Teresa	Vinnie	Jamie	Alex	Devin
평가										
긍정적	10	5	5	5	5	2	7	9	10	5
부정적	4	3	5	4	1	3	3	8	2	2
양가적			1		1		1	1	1	2

그림 10.10 코드매트릭스 브라우저에서 연결점을 열지도로 표시

기호 크기 계산은 모든 코딩구절을 참조합니다.

기호 크기 계산은 열을 참조합니다.

- 기호 크기 계산은 행을 참조합니다
- **문서당 적용 횟수를 한 번만 계산:** CMB에 표시되는 표현은 코딩구절수를 나타내지 않고 문서에 관련 코드가 있는지 여부만 표시합니다. 하위코드가 접히면 하위코드의 코드 빈도가 집계됩니다.
- **이진화보기:** 셀에 있는 코딩구절의 수에 관계없이 코딩구절이 있는지 여부만 표시합니다. 따라서 심볼크기가 통합됩니다. 축소된 하위코드가 있는 경우에도 하나만 계산됩니다.
- **합계:** 행과 열의 합계를 표시합니다.
- **새로 고침:** 새로고침 기능을 통해 디스플레이를 업데이트합니다.
- **현재 보기를 클립보드에 복사:** Ctrl + V를 사용하여 코드매트릭스 브라우저의 결과를 보고서 또는 논문에 쉽게 복사할 수 있도록 표시영역을 클립보드에 복사합니다.
- **Excel시트로 열기:** Excel에서 코드매트릭스 브라우저의 코드 빈도와 함께 매트릭스를 표시합니다. SPSS로 쉽게 가져올 수 있도록 열과 행이 반대로 표시됩니다.
- **내보내기:** 표시된 매트릭스를 값으로 내보냅니다. 즉, 코드 및 문서당 코딩구절의 수를 Excel 또는 HTML 형식으로 내보냅니다. SPSS 및 기타 통계 프로그램으로 쉽게 가져올 수 있도록 열과 행이 반전됩니다. 그래픽 파일(벡터 또는 비트 맵)로 내보낼 수도 있습니다.

10.3.3 코드매트릭스 브라우저의 표시내용 읽기

행렬의 클러스터 크기와 색상은 각 문서에서 각 특정코드와 하위코드가 코딩된 문서구절의 수를 보여줍니다. 클러스터가 클수록 이 문서에서 이 코드 또는 범주에 할당된 구절의 수가 많다는 뜻입니다. 클러스터에서 마우스커서를 이동하면 간단한 화면팁이 나타납니다. 문서명, 코드명, 코딩구절의 수가 표시됩니다.

Document: George
Code: 긍정적

Coded Segments: 10

그림 10.11 코드매트릭스 브라우저의 툴팁

매트릭스에서 열로 표시할 수 있는 문서 수는 설정에 따라 다릅니다. 대부분의 경우 짧은 문서명을 사용하여 처음 몇 글자만 표시하는 것으로 충분합니다. 문서가 확실하지 않은 경우 전체 문서명이 표시되는 화면 팁을 살펴볼 수 있습니다. 필요한 경우 열 머리글 사이의 선을 클릭하여 열 너비를 조정할 수도 있습니다. 포커스그룹 발언자의 경우 참가자의 이름이 문서명 대신 열에 표시됩니다.

TIP/

열에 표시되는 순서는 문서시스템의 문서 순서에 따라 결정됩니다. 문서의 순서를 변경하려면 문서시스템에서 문서의 순서를 변경해야 합니다. 마우스로 열 머리글을 클릭하고 끌어서 열 순서를 조정할 수도 있습니다. 이러한 방식으로 서로 다른 두 문서 또는 포커스그룹 발언자의 코딩구절을 쉽게 비교할 수 있습니다. 그러나 다음에 코드매트릭스 브라우저를 호출하면 문서시스템에서 다시 순서를 가져옵니다.

① 기호에서 코딩구절로 바로가기

특정 코드가 지정된 문서구절은 기호를 더블클릭하여 즉시 불러올 수 있습니다. 그러면 관련 문서와 코드가 활성화되고 코딩구절이 '**검색구절**Retrieved Segments' 창에 나타납니다. 코드매트릭스 브라우저를 열어두면 다른 기호의 내용을 쉽게 볼 수 있습니다.

② 코드매트릭스 브라우저를 이미지 파일로 내보내기

도구모음의 내보내기 아이콘을 사용하면 현재 표시된대로 코드매트릭스 브라우저를 내보낼 수 있습니다. 이 파일은 나중에 한글, Word 프로그램이나 PowerPoint 슬라이드에 삽입할 수 있습니다.

카메라 아이콘 을 클릭하여 실제보기를 클립보드에 복사합니다. 한글, Word, PowerPoint 또는 기타 프로그램을 열고 Ctrl + V를 선택하여 이미지를 붙여넣을 수 있습니다.

10.4 코드관계 브라우저: 코드의 동시발생 시각화

범주와 하위범주를 설명하는 것만이 아니라 범주 간의 연결과 상호관계를 찾는 것은 확실히 모든 연구 프로젝트의 가장 흥미로운 측면 중 하나입니다. 그러한 상호관계를 MAXQDA에서 다양한 방법으로 조사할 수 있습니다.

코드매트릭스 브라우저와 유사한 시각화도구는 코드관계 브라우저Code Relations Browser입니다. CRB는 코드 간의 관계를 시각화한 것입니다. 표는 두 코드가 연결된 문서구절의 수를 보여줍니다. 표현은 코드매트릭스 브라우저와 유사하지만, 작은 사각형/원들은 코드의 동시발생 횟수를 나타냅니다.

CRB에서 코드는 열과 행을 형성합니다. 개별연결점의 기호는 행 코드와 열 코드 모두로 코딩된 구절의 수를 나타냅니다. 기호가 클수록 더 많은 구절이 있다는 뜻입니다.

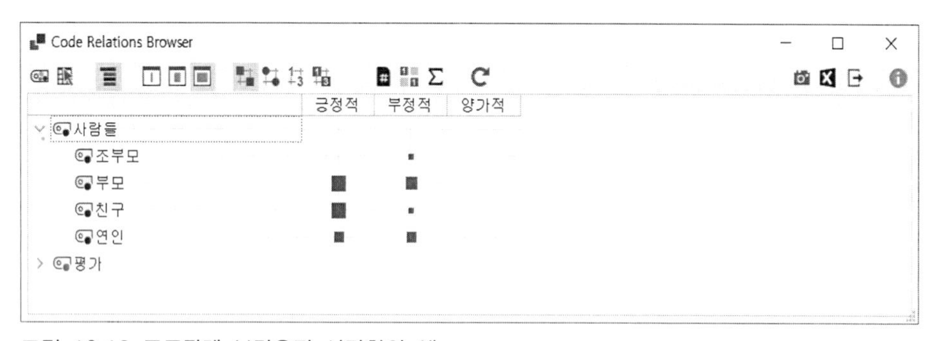

그림 10.12 코드관계 브라우저 시각화의 예

CRB는 다양한 방법으로 열 수 있습니다.

- **시각화도구**Visual tools 탭 에서 **코드관계 브라우저**Code Relations Browser를 클릭합니다.
- 단축키 Ctrl + Alt + R을 사용합니다.
- **검색구절**Retrieved Segments창에서 **코드관계 브라우저** 아이콘 을 클릭합니다.

10.4.1 코드관계 브라우저 옵션

코드관계 브라우저를 열면 표시 옵션을 변경할 수 있는 옵션 창이 나타납니다. 예를 들어, 활성화된 문서만 관심을 가질 수 있습니다.

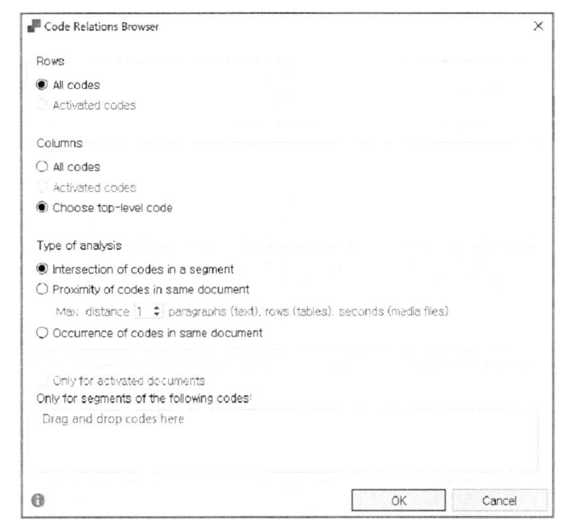

그림 10.13 코드관계 브라우저 옵션 대화상자

① **행Rows에 표시할 코드를 결정**

- **모든 코드All codes**: 모든 코드가 표시되며 순서는 코드시스템에 있는 것과 동일합니다.
- **활성화된 코드Activated codes**: 활성화된 코드만 행으로 표시합니다.

② **열Columns에 표시할 코드를 결정**

- **모든 코드All codes**: 모든 코드가 열에 표시되며 순서는 코드시스템에 있는 것과 동일합니다.
- **활성화된 코드Activated codes**: 활성화된 코드만 열에 표시합니다.
- **최상위코드 선택Choose top−level code**: 이 옵션을 선택하면 확인을 누른 후 다른 대화상자 창이 열리며 원하는 만큼 최상위코드를 선택할 수 있습니다. 선택한 최상위코드와 하위코드는 코드관계 브라우저에서 열로 표시됩니다.

③ **분석유형Type of analysis 선택**

- **구절에서 코드 교차Intersection of codes in a segment**: 실제 코드중복만 사용됩니다. 이는 구절이 두 코드로 코딩되어야 하고 코드가 중복되어야 함을 의미합니다.
- **동일한 문서에 있는 코드의 근접성Proximity of codes in same document**: 코드관계 브

라우저는 두 코드가 서로 정의된 거리에 존재하는 빈도를 분석할 수 있습니다. 거리는 특정 개수의 단락(텍스트), 행(표) 또는 초second(오디오/비디오)로 설정할 수 있습니다. '근접성' 기능으로 검색하고 거리 '0'을 선택하면 코드교차점을 검색하는 것보다 더 많은 히트를 찾을 수 있습니다. '근접성' 기능은 두 개의 코드가 동일한 구절이 아닌 동일한 문단의 어딘가에 지정된 경우만 평가됩니다.

- **동일한 문서에서 코드 발생**Occurrence of codes in the same document: 이 분석 유형에서 코드관계 브라우저는 두 코드가 모두 발생하는 문서 수를 표시합니다. 코드는 서로 교차하거나 특정 근접거리에 있을 필요가 없습니다.

④ **옵션창의 하단영역: 특정 문서 또는 특정 코드로 제한**

- **활성화된 문서에만 해당**Only for activated documents: 이 설정은 코드관계 브라우저의 표시를 "문서시스템"에서 현재 활성화된 문서로 제한하는 데 사용됩니다.
- **다음 코드의 구절에만 해당**Only for segments of the following codes: 이 설정은 특정 코드로 코딩된 구절로 검색을 제한합니다. 마우스를 사용하여 코드시스템에서 필드로 코드를 드래그하면 MAXQDA는 이러한 코드로 코딩된 구절 내의 코드 동시발생만 분석합니다.

10.4.2 코드관계 브라우저의 도구모음

화면 상단에 도구모음이 있으며, 다음과 같은 기능이 있습니다.

코드맵: 지도에서 코드관계를 표시하는 코드맵Code map 시각화를 엽니다. 행과 열 모두에서 발생하는 모든 코드가 고려됩니다. 코드맵은 코드관계 브라우저에 표시된 코드빈도를 기반으로 생성됩니다. 그러나 코드가 왼쪽 목록에서 축소되었는지 여부는 고려되지 않습니다.

대화식 인용 매트릭스: 코딩구절 대화식 매트릭스로 표시합니다. 분석유형으로 **구절에서 코드 교차**를 선택하면 구절이 겹치는 부분만 표시됩니다. **동일한 문서에 있는 코드의 근접성** 모드에서는 서로 가까운 구절이 출력됩니다.

동일한 문서에서 코드 발생 모드에서는 문서에서 함께 발생하는 구절이 표시됩니다.

계층적 코드 생성: 이 옵션이 활성화되면 코드시스템의 계층구조에 코드가 표시됩니다. **활성화된 코드** 옵션이 설정되어 있어도 활성화되지 않은 상위 코드도 포함되어 트리구조를 유지합니다. 옵션이 비활성화되면 모든 코드가 한 수준에 표시됩니다. **활성화된 코드** 옵션이 활성화된 경우 활성화된 코드만 표시될 수 있습니다.

이름, 열: 없음/짧게/전체: 열 너비 설정

연결점을 사각형으로 표시합니다.

연결점을 원으로 표시합니다.

연결점을 숫자로 표시합니다.

값이 있는 열지도모양으로 표시합니다.

문서당 적용 횟수를 한 번만 계산: 코드관계 브라우저 표시는 코드관계 수가 아니라 전체 문서를 기반으로 합니다. 즉, 코드관계가 문서에서 발생하는지 여부만 표시됩니다. 접힌 하위코드의 경우 하위코드의 코드관계 빈도가 집계됩니다. **동일문서에서 코드 발생** 기능을 사용하는 경우 이 옵션이 자동으로 선택되고 표시 창에서 숨겨집니다.

이진화보기: 이 옵션을 선택하면 코드관계 브라우저에 코드관계가 있는지 여부만 표시됩니다. 모든 연결점기호는 동일한 크기로 표시됩니다. 접힌 하위코드의 경우 하위코드의 코드관계 빈도가 집계되지 않습니다.

합계: 행과 열의 합계를 표시합니다.

새로 고침: 새로고침 기능을 통해 디스플레이를 업데이트합니다.

현재 보기를 클립보드에 복사: Ctrl + V를 사용하여 코드관계 브라우저의 결과를 보고서 또는 게시에 쉽게 복사할 수 있도록 표시영역을 클립보드에 복사합니다.

Excel시트로 열기: Excel에서 코드관계 브라우저 보기를 표시합나다.

내보내기: 표시된 매트릭스를 값(코드관계 수를 의미)으로 Excel 또는 HTML 형식 또는 이미지 파일로 내보냅니다.

10.4.3 코드관계 브라우저의 표시내용 읽기

행렬의 각 연결점기호는 두 코드의 동시발생 수를 나타냅니다. 기호가 클수록 동시발생 수가 많다는 뜻입니다. 연결점 위로 마우스를 가져가면 코드와 해당 관계 수를 알려주는 작은 창이 나타납니다(참조: 그림 10.14).

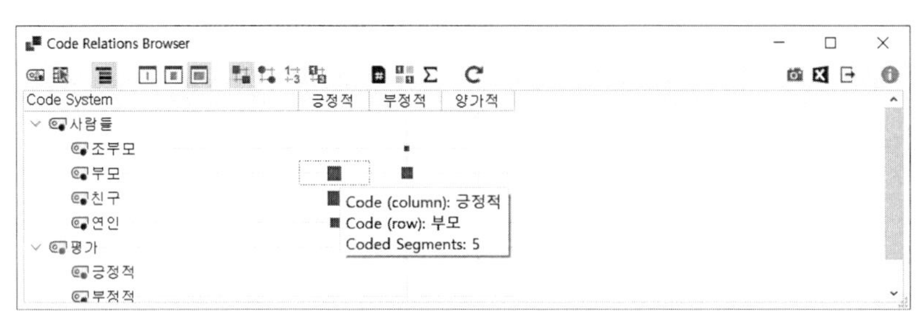

그림 10.14 연결지점 정보창

코드관계 브라우저의 코드 순서는 코드시스템의 순서와 같습니다. 디스플레이의 순서를 변경하려면 먼저 코드시스템에서 순서를 변경해야 합니다.

열 머리글을 마우스 오른쪽 버튼으로 클릭하고 **제거**Remove를 선택하여 디스플레이에서 특정 열을 숨길 수 있습니다

① 기호에서 코딩구절로 바로가기

코드를 나타내는 연결지점을 더블클릭하여 코드가 겹치는 문서구절로 바로 이동할 수 있습니다. 중복Overlapping 검색 기능이 자동으로 활성화되어 **검색구절**Retrieved Segments창에 구절이 표시됩니다. 코드관계 브라우저는 열린 상태로 둘 수 있으므로 한 세트의 겹치는 코드에서 다른 세트로 빠르게 이동할 수 있습니다.

② 코드관계 브라우저를 이미지 파일로 내보내기

도구모음의 내보내기 아이콘을 사용하면 현재 화면을 한글이나 Word,

PowerPoint 슬라이드에 쉽게 삽입할 수 있는 파일로 저장할 수 있습니다.

카메라 아이콘 📷을 클릭하여 현재 보기를 클립보드에 복사합니다. 한글, Word, PowerPoint 또는 기타 프로그램을 열고 Ctrl + V를 선택하여 이미지를 붙여넣을 수 있습니다.

10.5 코드맵: 유사성에 따른 위치코드

코드맵Code map은 코드의 유사성에 따른 위치를 표시해 줍니다. 코드맵에서는 선택한 코드가 지도처럼 표시됩니다. 두 개의 코드가 더 많이 겹칠수록, 즉 데이터에서의 사용 측면에서 유사할수록 지도에서 더 가깝게 배치됩니다.

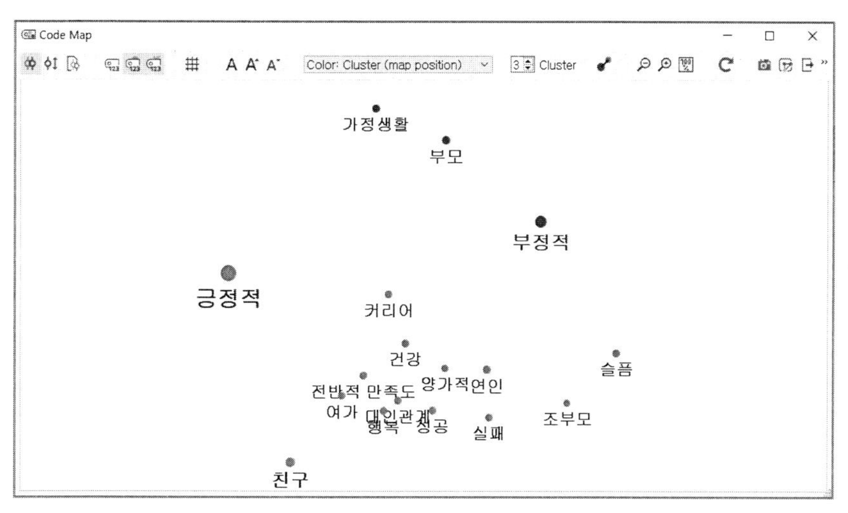

그림 10.15 코드맵

10.5.1 코드맵 생성

코드맵을 만드는 절차는 다음과 같습니다.

그림 10.16 코드맵 생성을 위한 옵션 대화상자

❶ 메인메뉴의 **시각화도구**Visual Tools > **코드맵**Code map을 선택합니다. 그러면 그림 10.16의 대화상자가 나타납니다.

❷ 코드시스템에서 코드맵에 배치할 모든 코드를 대화상자의 위쪽 영역으로 드래그합니다. 또는 코드를 미리 활성화하고 **활성화된 코드 삽입**Insert activated codes 버튼을 통해 대화상자로 직접 가져올 수도 있습니다.

다음 세 가지 옵션 중 하나를 선택하여 두 코드 간의 유사성을 결정하기 위해 분석 측면을 결정합니다.

a. **구절의 코드 교차**Intersection of codes in a segment: 두 코드가 구절에 함께 코딩된 횟수를 계산합니다. 교차코드는 동일한 면적의 100%를 커버하지 않아도 되므로 충분합니다.

b. **동일문서에 있는 코드의 근접성**Proximity of codes in same document: 동일한 문서 또는 동일한 미디어 파일에서 정의할 수 있는 거리에 두 개의 코드가 지정된 횟수를 계산합니다. 관련 번호 다이얼에 최대 거리를 입력할 수도 있습니다.

c. **동일한 문서에서 코드 발생**Code occurrence in same document: 두 개의 코드가 발생한 문서 수를 계산합니다. 두 코드의 위치는 상관없습니다. 두 코드는 한 번 이상 지정되어 있어야 합니다.

❸ 필요한 경우 현재 활성화된 문서로만 분석을 제한합니다.

OK를 클릭하면 MAXQDA가 그에 따라 만들어진 코드맵을 엽니다.

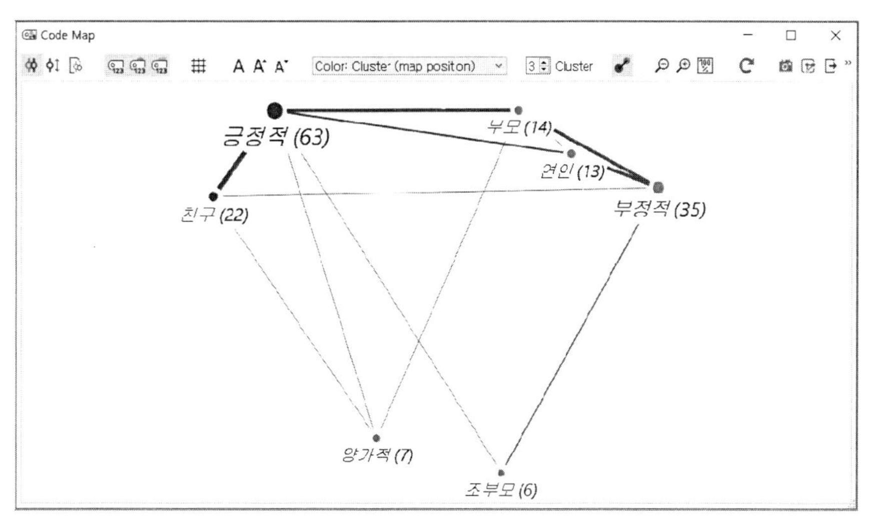

그림 10.17 코드맵 창

10.5.2 코드맵의 도구모음

코드맵 창의 상단 도구모음을 사용하여 코드맵에 대한 다양한 설정을 조정할 수 있습니다.

처음 세 개의 기호를 사용하면 두 코드 간의 유사성을 결정하기 위해 분석측면을 설정할 수 있습니다. 위에 언급된 세 가지 옵션은 다음과 같습니다.

코드관계 분석 - 구절의 코드 교차.

코드관계 분석 - 동일한 문서에서 코드의 근접성.

코드관계 분석 - 코드가 동일한 문서에서 발생.

이러한 유사성 설정을 변경하면 코드맵의 표시가 다시 계산됩니다.

□ 추가 옵션

코드빈도 표시: 코드명₩하위코드명 뒤에 코드빈도를 표시합니다.

코드표시의 크기는 코드빈도를 반영: 코드의 사용빈도가 클수록 더 크게 표시됩니다.

글꼴크기는 코드빈도를 반영: 코드의 사용빈도가 클수록 코드명이 더 크게 표시됩니다.

글꼴: 코드맵 디스플레이에 사용된 글꼴을 선택합니다.

글꼴 크기 크게/작게: 코드명₩하위코드명의 글꼴 크기를 조정합니다.

Color: cluster: 코드기호의 색상을 선택합니다.

- **클러스터(맵 위치)**: 코드는 그룹 계열에 따라 색상이 지정됩니다. 지도상의 코드 위치는 그룹 식별을 위해 고려됩니다. 클러스터는 정확하게 계산된 거리를 고려하지 않고 2차원 표면에서의 투영만 고려합니다. 즉, 코드는 다차원공간에서 서로 멀리 떨어져 있는 코드를 함께 그룹화할 수 있습니다. 숫자 필드에서 클러스터의 수를 결정할 수 있습니다.
- **클러스터(거리 매트릭스)**: 클러스터 표시를 위한 권장 설정 – 코드는 그룹 구성요소에 따라 색상이 지정됩니다. 코드 간 계산된 거리는 그룹 결정에 사용됩니다. 표면의 표현으로 인해 서로 가까운 코드도 다르게 색이 지정될 수도 있습니다. 숫자 필드에서 클러스터 수를 결정할 수 있습니다.
- **코드시스템**: 색상은 코드시스템의 색상을 그대로 사용합니다.
- **균일색상**: 모든 코드기호에 동일한 색상이 지정됩니다.

축소, 확대: 코드맵의 표시된 부분을 확대 및 축소합니다.

새로 고침: 다른 코드나 문서를 선택하기 위해 옵션 대화상자를 다시 엽니다.

① 코드맵 내보내기

현재보기를 클립보드에 복사: 고해상도 이미지를 클립보드에 복사하여 보고서 또는 프레젠테이션에 직접 붙여넣을 수 있습니다.

MAXMaps에 맵으로 저장: MAXQDA의 개념맵 도구인 MAXMaps에 새 맵을 만들고 여기에 코드맵의 내용을 삽입합니다. 나중에 MAXMaps에서 맵을 편집할 수 있습니다.

내보내기: 디스플레이를 PNG 또는 SVG 형식의 이미지 파일로 저장합니다. 내보내기 형식으로 Excel(XLSX)을 선택하면 모든 값이 내보내기 파일

에 입력됩니다(유사성 매트릭스, 거리 매트릭스 및 좌표).

10.5.3 코드맵의 표시내용 읽기

코드맵의 각 원은 코드를 나타내며, 두 코드 사이의 거리는 코드가 데이터에 얼마나 유사하게 적용되었는지를 나타냅니다. 추가 선택사항으로, 원이 클수록 해당 코드로 더 많이 코딩했다는 것을 의미합니다. 색상은 그룹(클러스터)을 강조 표시하는 데 사용할 수 있습니다. 또한 코드 간 연결선이 활성화될 수 있습니다. 이는 어떤 코드가 겹치거나 동시에 발생하는지 나타냅니다. 연결선이 두껍게 표시될수록 두 코드 사이에 동시성이 더 많음을 나타냅니다.

10.5.4 코드맵 상호작용

코드맵은 대화형으로 작동합니다.

- 코드를 클릭하여 **코드시스템**에서 선택합니다.
- 코드를 마우스 오른쪽 버튼으로 클릭하고 **제거**Remove를 선택하여 맵에서 삭제합니다.

10.6 코드라인: 문서의 순차적 시각화

코드라인Codeline은 문서의 코딩구절을 순차적으로 표시하는 사례기반 시각화 도구입니다. 코드라인 시각화는 인터뷰진행 또는 포커스그룹 토론의 진행상황을 표시하는 데 초점을 맞춘 도구입니다. 코드라인 시각화는 텍스트, PDF문서, 표 및 비디오에도 사용할 수 있습니다. 이 그림은 음악 한 곡의 악보와 상당히 흡사합니다. 텍스트의 경우, x축은 1로 시작해서 특정 텍스트의 마지막 숫자로 끝나는 단락을 표시합니다. y축은 코드를 표시합니다. 코드가 문단에 지정된 경우 코드라인 행렬의 셀은 색상으로 채워집니다.

시각화의 기본 아이디어는 그림 10.18에서 볼 수 있습니다. 인터뷰₩인터뷰뉴욕₩George 문서에 13개의 **문단**Paragraphs과 7개의 **코드**가 표시되어 있습니다.

문서의 문단 1부터 문단 3까지는 코딩된 내용이 없음을 알 수 있습니다. 문단 4, 6, 8, 10, 12에는 세로축의 코드들이 코딩된 것을 알 수 있습니다. 문단 4에는 코드 '긍정적', '부정적'이 모두 코딩되었습니다. 인터뷰 단계에서 어떤 코드가 나타나며 동시 발생하는지 신속하게 식별할 수 있도록 문서에 대한 시각적 개요를 보여줍니다.

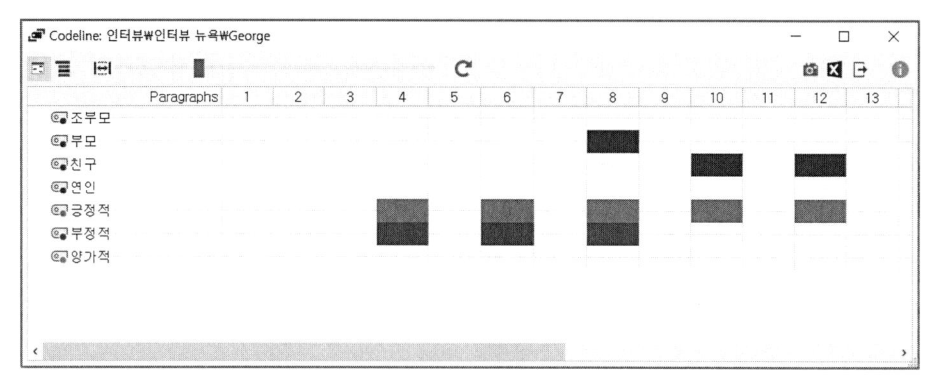

그림 10.18 코드라인 시각화의 예

MAXQDA의 코드라인을 여는 방법은 다음과 같습니다.

- 메인메뉴의 **시각화 도구**Visual Tools 탭 〉 **코드라인**Codeline을 선택합니다.
- **문서시스템**에서 개별 텍스트, 표, PDF문서의 **컨텍스트메뉴**(마우스 오른쪽 버튼)에서 코드라인을 선택합니다.

10.6.1 코드라인의 표시내용 읽기

코드라인 도구는 의미 있는 색을 코드와 연결하지 않은 경우에도 사용할 수 있습니다. 코드라인의 기능은 문서에서 서로 다른 코드가 적용된 위치를 보여주는 것입니다.

코드라인은 다음과 같은 용도로 활용가능합니다.

- 코드라인은 코딩에 대한 좋은 개요를 제공하므로 보편적으로 사용할 수 있습니다.
- 이 다이어그램은 탐색에 사용될 수 있습니다. 특정 코드를 따라가면 해당

코드가 언제 나타나는지, 근처에 어떤 다른 코드가 나타나는지 확인할 수 있습니다.

- 선택된 코드만 표시하는 옵션을 통해 인터뷰 과정에서 두 개 이상의 코드를 비교할 수 있습니다.
- 포커스그룹을 분석할 때 어떤 발언자가 서로 반응하는지, 어떤 주제가 스피커와 어떤 관련이 있는지 한눈에 파악할 수 있습니다.

10.6.2 원본파일과의 대화식 링크

코드라인에서 코딩구절의 표시는 대화식입니다. 셀의 기호 위로 마우스를 가져가면 코드 또는 하위코드명과 위치가 포함된 설명이 나타납니다. 셀의 기호를 더블클릭하면 문서브라우저 또는 멀티미디어 브라우저에서 해당 구절이 강조표시 됩니다.

10.6.3 포커스그룹 활용의 예

예를 들어, 포커스그룹 토론 전사문서의 경우 발언자 각각을 코드명으로 하여 다음과 같이 구성해 볼 수 있습니다.

표 10.1 포커스그룹 인터뷰 내용을 코드라인으로 시각화한 예

	Paragraphs											
	1	2	3	4	5	6	7	8	9	10	11	12
사회자												
발언자A												
발언자B												
발언자C												
발언자D												
발언자E												

10.6.4 코드라인 내보내기

내보내기 아이콘은 나중에 한글, Word 파일이나 PowerPoint 슬라이드에 삽입할 수 있도록 현재 코드라인의 화면을 그대로 내보낼 수 있습니다.

카메라 아이콘 을 클릭하여 실제보기를 클립보드에 복사합니다. 이제 Word, PowerPoint 또는 기타 프로그램을 열고 Ctrl + V를 선택하여 이미지를 붙여 넣을 수 있습니다.

CHAPTER 11

의역, 요약, 사례개요

CHAPTER 11

의역, 요약, 사례개요

11.1 텍스트 구절의 의역

의역Paraphrsing은 텍스트 또는 이미지의 영역을 연구자 자신의 언어로 해석한 요약입니다. 분석과정의 주요목표 중 하나는 데이터를 요약하고 압축하는 것입니다. 텍스트 및 이미지 영역에 대한 의역을 쉽게 작성한 후, 이러한 의역을 분류하여 체계화하고 그룹화 할 수 있습니다. 이러한 의역기능은 무엇보다 텍스트의 요약 및 범주형성과 함께 체계적으로 작업하는 데 사용할 수 있습니다. 의역은 종종 질적 내용분석의 틀 내에서 수행됩니다. 특히 데이터 자료의 해석과 귀납적 분류의 기초로 사용됩니다(Kuckartz, 2014,[1] Mayring, 2015,[2] Schreier, 2012[3]). 그러나 일반적으로 의역은 텍스트의 중요한 내용을 요약하기만 해도 될 때 유용합니다. 예를 들어, 인터뷰의 주요 문장을 연구자가 의역할 때 그 기능을 충분히 해냅니다.

의역은 또한 시장조사, 마케팅 및 언론인에게 흥미로운 도구가 되어 인터뷰 또는 포커스그룹의 가장 중요한 진술을 체계적으로 요약할 수 있습니다. 범주기반 접근방식의 프레임워크 내에서 의역은 무엇보다도 데이터에 익숙해지고 데이터기반 범주구축을 연습하는 데 적합합니다.

1) Kuckartz, U. (2014). Qualitative Text Analysis: A Guide to Methods, Practice & Using Software: Sage Publications Ltd.

2) Mayring, P. (2014). Qualitative Content Analysis: Theoretical Foundation, Basic Procedures and Software Solution. Klagenfurt, Austria: Beltz.

3) Schreier, M. (2012). Qualitative Content Analysis in Practice: Sage publications.

11.1.1 의역모드 활성화

텍스트 및 PDF문서와 이미지영역에 대한 의역을 쉽게 만들 수 있습니다.

❶ 문서브라우저 창에서 의역할 문서 또는 이미지를 엽니다.

❷ 메인메뉴의 **분석**Analysis 탭에서 **의역**Paraphrase 아이콘을 클릭하거나 단축키 Ctrl + Shift + P를 눌러 **의역모드**Paraphrase Mode를 켭니다. 아이콘이 파란색으로 강조표시되어 의역모드가 활성화되었음을 나타냅니다.

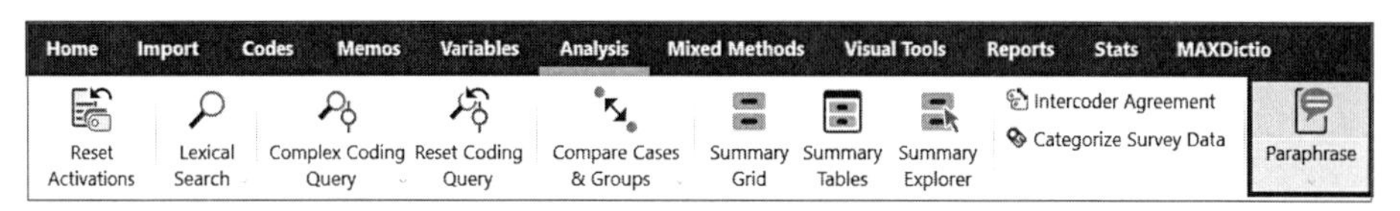

그림 11.1 분석 탭에서 의역모드 활성화

11.1.2 의역 작성하기

❶ 의역모드가 활성화된 상태에서 의역할 텍스트구절 또는 이미지영역을 마우스로 지정합니다.

❷ 마우스를 놓는 즉시 의역을 작성할 수 있는 창을 표시합니다(참조: 그림 11.2).

의역은 공백을 포함하여 최대 255자(한글 127자)입니다.

의역이 새로 작성되면 문서브라우저의 문서 또는 이미지의 오른쪽에 있는 사이드바에 바로 표시됩니다. 의역한 구절은 녹색으로 강조표시되므로 이미 의역한 구절을 즉시 확인할 수 있습니다. 텍스트 문서의 의역은 기존 문서와 겹칠 수 없습니다. 따라서 이미 의역된 구절을 지정하면 의역창이 열리지 않습니다. 다만 이미지의 의역은 부분적으로만 겹칠 수 있습니다.

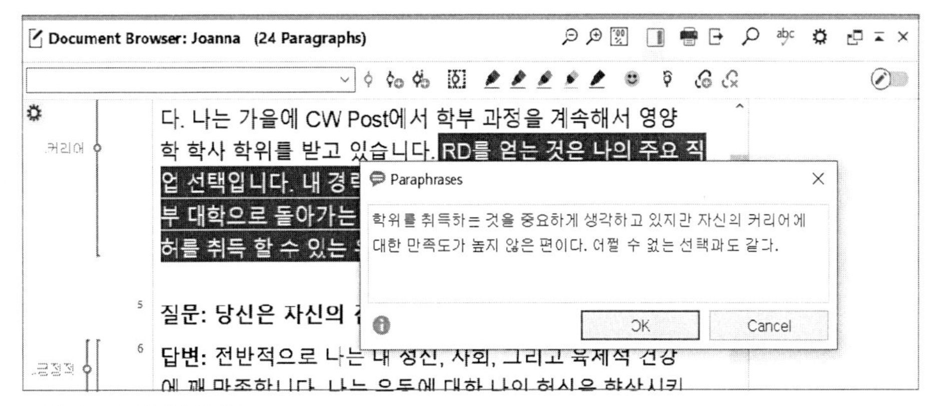

그림 11.2 의역작성 창

11.1.3 의역 편집과 삭제

이미 작성한 의역을 편집하려면 문서브라우저의 사이드바에 표시된 의역 상자를 더블클릭하면 됩니다. 또한 의역을 삭제하려면 사이드바에 표시된 의역상자의 오른쪽 상단 모서리 부분의 빨간색 X를 클릭합니다.

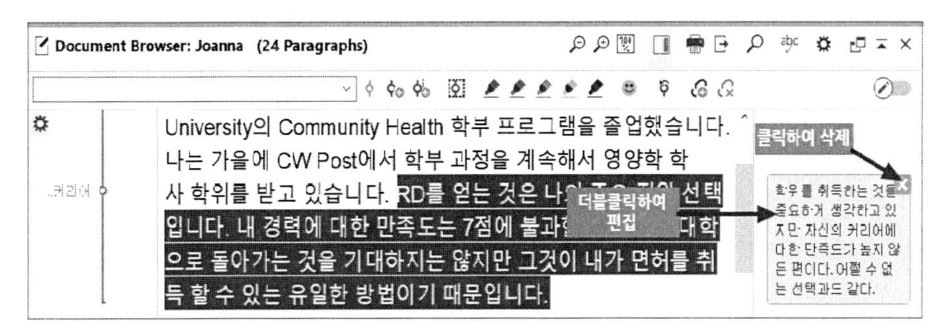

그림 11.3 문서브라우저의 사이드바에 표시된 의역의 편집과 삭제

11.1.4 코드시스템의 의역구절 항목

의역과정은 코딩과 무관합니다. 즉, 의역과정은 자료의 코딩을 필요로 하지 않으며 코드를 생성하지도 않습니다. 그러나 최초의 의역이 작성되는 즉시 코드시스템에 **의역구절**Paraphrased Segments 항목이 나타납니다. 이 항목은 코드와

매우 유사하며 현재 프로젝트의 모든 의역을 빠르게 볼 수 있습니다. 코드와 유사한 항목을 사용하여 **검색구절**Retrieved Segments창에서 선택한 문서에 대한 모든 의역을 불러올 수 있습니다.

❶ 먼저 문서시스템에서 의역이 들어 있는 문서를 활성화합니다(모든 문서를 활성화 해도 됩니다).

❷ 코드시스템에서 **의역구절**Paraphrased Segments 코드를 활성화합니다.

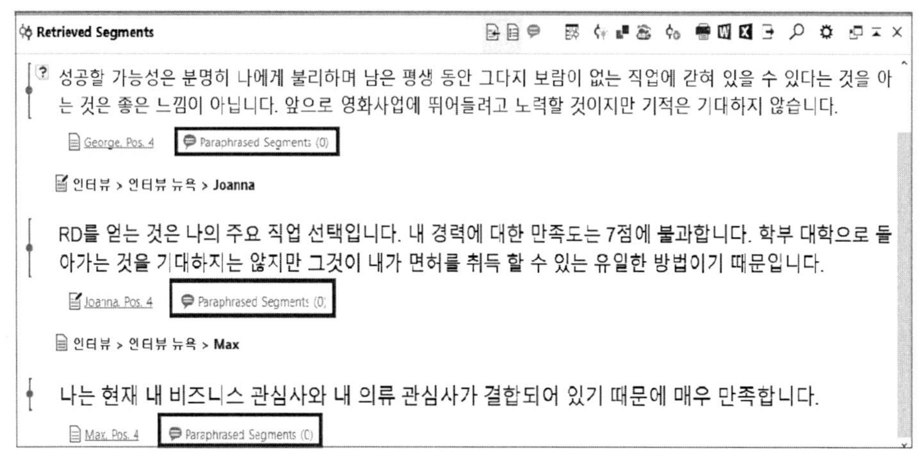

그림 11.4 검색구절 창에서 의역된 구절 표시

코드시스템의 **의역구절**Paraphrased Segments항목에는 몇 가지 특별한 기능이 있습니다.

- 기본적으로 코드시스템의 맨 아래에 표시됩니다. 코드시스템의 로컬설정(창제목의 기어모양 아이콘)에서 코드시스템의 상단에 표시하도록 변경할 수 있습니다.
- 삭제하거나 이름을 바꾸거나 코딩에 사용할 수 없습니다. 즉, 코드 자체는 아닙니다.
- 의역은 문서브라우저에서 코딩띠처럼 표시되지 않습니다.
- 시각화도구인 **코드라인**Codeline에 의역이 표시됩니다.

11.1.5 의역구절 개요

위의 검색구절 창에서 보는 것보다 더 쉬운 방법은 코드시스템 가장 하단의 의역구절Paraphrased Segments 항목을 더블클릭하는 방법입니다.

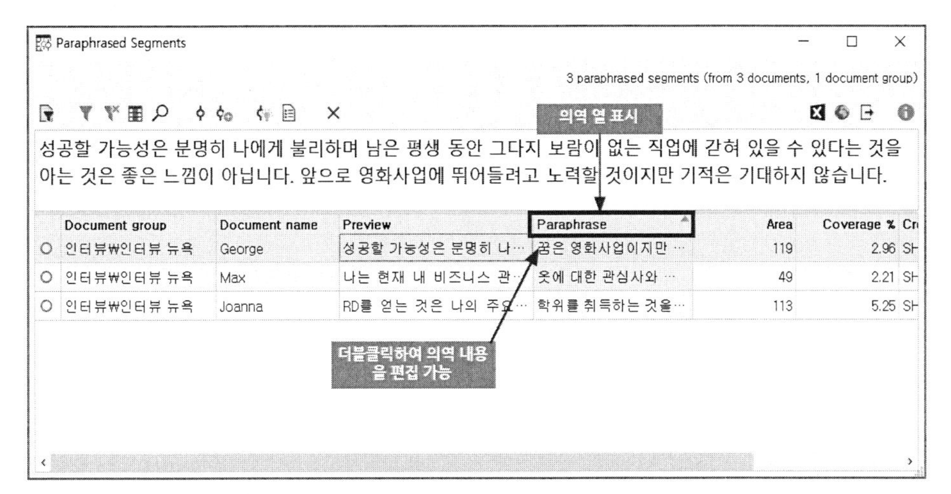

그림 11.5 의역구절 개요

- 위 그림 11.5의 의역구절 개요표에서 행을 더블클릭하면 문서브라우저에서 해당문서와 구절로 바로 이동합니다.
- 개요표의 해당 행의 의역열을 더블클릭하면 의역내용을 바로 편집할 수 있습니다.

11.1.6 여백에 의역을 표시한 문서인쇄

문서브라우저에 표시된 문서를 인쇄하고 작성한 의역을 페이지 가장자리에 출력할 수 있습니다. 이렇게 하려면 메인메뉴의 **분석**Analysis 탭 > **의역**Paraphrase > **의역표시하여 문서인쇄**Print Document with Paraphrases를 선택합니다. 그러면 다음 그림 11.6과 같이 인쇄 미리보기를 표시합니다.

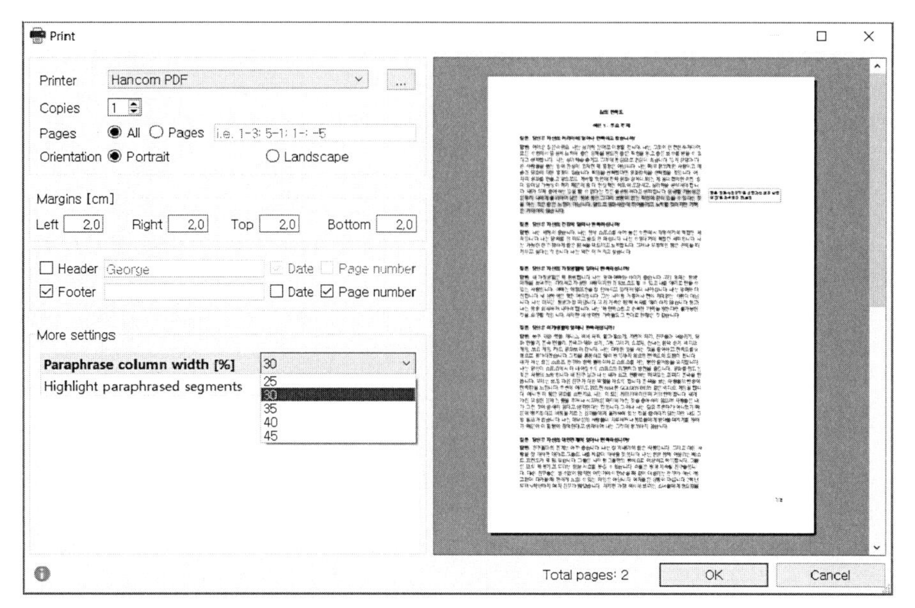

그림 11.6 의역있는 문쇄인쇄 미리보기

미리보기 창의 왼쪽 부분에서 의역내용을 표시할 열의 너비를 조정합니다. 강조표시된 구절의 표시 여부를 선택합니다.

11.2 의역의 범주화: 의역에서 범주로

단락의 체계화와 그룹화는 범주에 도달하기 위한 검증된 방법입니다. 의역을 통한 이 유도적이고 데이터 기반 범주형성은 꽤 시간이 걸릴 수 있습니다. 그러나, 특히 질적 콘텐츠분석 분야에 입문자들에게, 이것은 큰 어려움 없이 갈 수 있는 방법입니다. 왜냐하면 여기서 항상 원본 텍스트와 매우 밀접하게 작업하기 때문입니다. 의역을 체계화하고 그룹화하려면 코드를 사용하여 범주화할 수 있습니다. 이 기능은 무엇보다 범주개발을 지원합니다. 의역 범주화를 시작하려면 다음과 같이 진행합니다.

❶ 작업하려는 의역이 포함된 개별문서를 활성화합니다.

❷ 메인메뉴의 **분석**Analysis 탭 > **의역**Paraphrase > **의역범주화**Categorize Paraphrases 를 선택합니다.

그러면 다음 그림 11.7과 같은 대화창이 나타납니다.

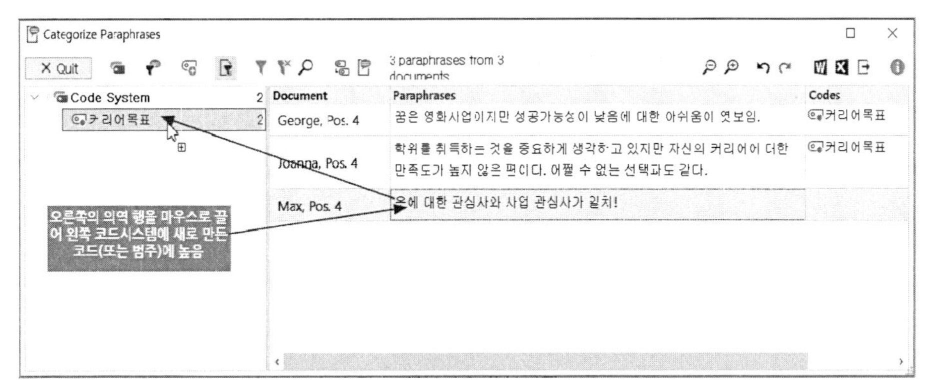

그림 11.7 의역을 분류하기 위한 대화형 테이블 창

11.2.1 새 범주(코드)의 생성과 지정

의역은 코드를 사용하여 범주화할 수 있습니다. 언제든지 새 코드를 만들고 의역에 직접 할당할 수 있습니다. 새 범주(코드)를 만들고 지정하는 방법은 두 가지입니다.

❶ 왼쪽 필드에 코드시스템이 표시됩니다. 여기에 새 코드 아이콘을 클릭하여 코드명을 입력한 다음, 각 의역 행을 마우스로 끌어 이 코드(또는 범주)에 내려놓습니다(참조: 그림 11.7).

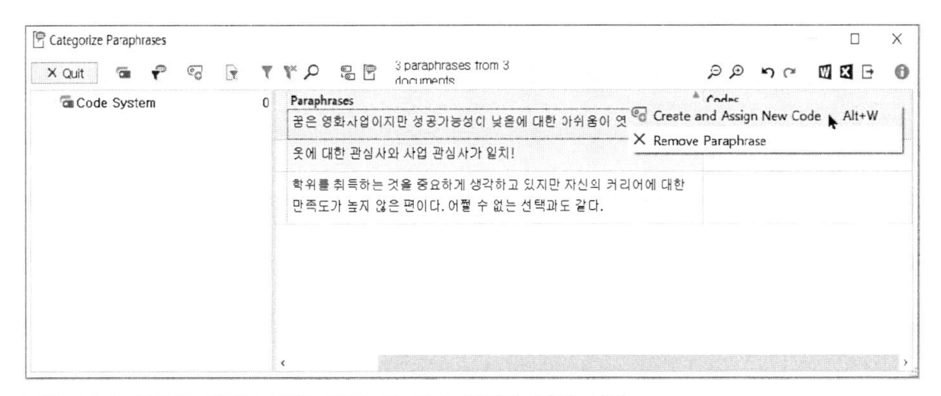

그림 11.8 의역의 컨텍스트메뉴에서 새 코드 생성과 지정 선택

❷ 의역 행의 컨텍스트메뉴(마우스 오른쪽 버튼)에서 **새 코드 생성과 지정**Creat and assign new code을 선택합니다(참조: 그림 11.8).

의역이 있는 행은 마우스로 끌어놓기로 정렬할 수 있으므로 유사한 의역이 다른 항목 아래에 정렬될 수 있으므로 범주화에 매우 유용합니다. 프로젝트가 열려 있는 동안에는 정렬이 유지됩니다. 새 의역이 추가되면 하단에 추가됩니다.

① 기존 코드 또는 범주에 지정

기존 범주(또는 코드)를 의역에 지정하려면 의역이 있는 행을 클릭하고 코드시스템에 표시된 코드 중 하나로 드래그합니다. 일반코드와는 달리, 코드시스템의 코드를 마우스로 드래그하여 의역 행에 놓는 것은 적용되지 않습니다.

참/ 고/

새 코드 추가를 포함하여 이 창에서 코드시스템에 대한 모든 변경사항은 전체 코드시스템에 자동으로 통합됩니다.

11.2.2 의역범주화창의 도구모음

의역범주화Categorizing Paraphrases창의 상단에는 도구모음에 다음과 같은 기능이 있습니다.

X Quit 종료: 의역범주화창을 닫습니다. 또는 X를 클릭하여 창을 닫을 수 있습니다.

모든 코드 표시: 이 옵션이 활성화되면 열린 창에서 새로 생성되었거나 이미 의역에 코딩한 코드뿐만 아니라 MAXQDA의 모든 코드가 표시됩니다.

선택한 범주의 의역만 표시: 이 옵션을 켜고 코드시스템에서 범주(또는 코드)를 클릭하면 선택한 범주의 의역만 표시됩니다.

새 코드: 코드시스템에 새 범주를 생성하여 의역을 범주화하는 데 사용할

수 있습니다.

활성화된 문서만: 활성화된 문서의 의역만 표시됩니다. 코드시스템 상의 빈도수 표시는 그에 따라 조정됩니다. 이 기능을 열 때 문서가 활성화된 경우, 이 옵션이 자동으로 활성화됩니다.

필터: 열 머리글을 마우스 오른쪽 버튼으로 클릭하고 필터 설정을 선택하여 정의할 수 있는 필터를 적용합니다.

모든 필터 재설정: 모든 열에서 필터를 제거합니다.

검색도구 표시: 검색어를 입력하여 전체 또는 특정 열의 텍스트를 검색할 수 있습니다.

상위코드 표시: 코드 외에 "코드"열에는 상위코드도 표시됩니다.

의역 텍스트 표시: 의역 텍스트가 포함된 열을 표시합니다.

실행 취소: 창에서 마지막 작업을 실행 취소합니다.(=Ctrl + Z)

다시 실행: 창에서 마지막 작업을 다시 실행합니다.

11.2.3 범주(코드)시스템 사용자 설정

범주(코드)시스템은 전체 분석과정에서 사용자 설정할 수 있습니다. 마우스로 코드 순서를 변경하고 하위코드로 삽입할 수도 있습니다. 코드를 마우스 오른쪽 버튼으로 클릭하면 전체 코드시스템의 모든 기능을 사용하여 코드시스템을 사용자 지정할 수 있습니다.

- 코드삭제
- 하위코드 정렬(알파벳 또는 범주 빈도별)
- 코드색상 변경
- 코드메모 생성 또는 편집

11.2.4 의역 내보내기

의역분류창의 오른쪽 상단에 있는 일반적인 아이콘을 통해 내보낼 수 있습니다. 오른쪽 필드의 모든 행은 Word, Excel, HTML 형식으로 내보낼 수 있습니다.

- Word문서로 열기: Word 문서를 만들고 엽니다.
- Excel스프레드 시트로 열기: Excel 문서를 만들고 엽니다.
- 내보내기: 표를 Excel파일(XLSX 형식), 웹 페이지 (HTML 형식) 또는 텍스트 문서(Word 또는 RTF 형식)로 만듭니다.

11.3 의역구절의 개요

의역구절의 개요Overview of Paraphrased Segments는 의역한 구절 전체를 보여주는 표입니다. 이 개요는 코드시스템을 통해 열 수 있습니다. 코딩구절 개요Overview of Coded Segments와 매우 유사합니다. 이 개요는 프로젝트의 모든 문단을 포함하고 미리보기 영역에 선택한 의역의 문단구절을 표시합니다. 또한 원래 문단구절을 표시하고 문단구절 크기와 같은 정보를 포함한 추가 열을 포함합니다. 문단 자체는 한 행에만 표시됩니다.

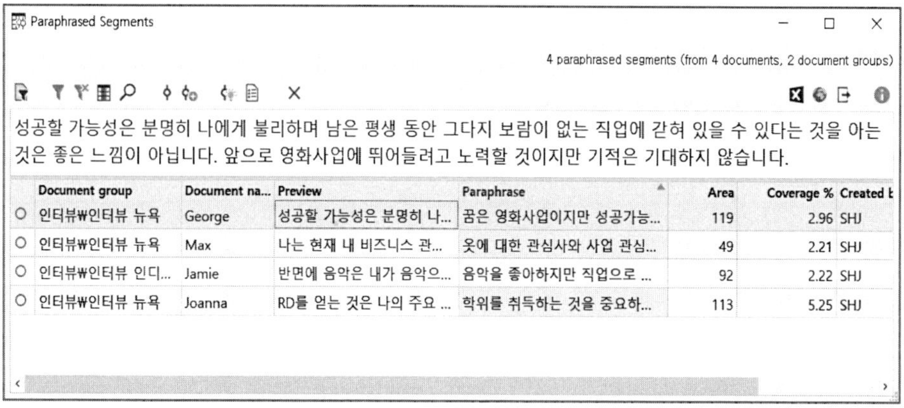

Paraphrased Segments

4 paraphrased segments (from 4 documents, 2 document groups)

성공할 가능성은 분명히 나에게 불리하며 남은 평생 동안 그다지 보람이 없는 직업에 갇혀 있을 수 있다는 것을 아는 것은 좋은 느낌이 아닙니다. 앞으로 영화사업에 뛰어들려고 노력할 것이지만 기적은 기대하지 않습니다.

Document group	Document na...	Preview	Paraphrase	Area	Coverage %	Created b
인터뷰₩인터뷰 뉴욕	George	성공할 가능성은 분명히 나...	꿈은 영화사업이지만 성공가능...	119	2.96	SHJ
인터뷰₩인터뷰 뉴욕	Max	나는 현재 내 비즈니스 관...	옷에 대한 관심사와 사업 관심...	49	2.21	SHJ
인터뷰₩인터뷰 인디...	Jamie	반면에 음악은 내가 음악으...	음악을 좋아하지만 직업으로 ...	92	2.22	SHJ
인터뷰₩인터뷰 뉴욕	Joanna	RD를 얻는 것은 나의 주요 ...	학위를 취득하는 것을 중요하...	113	5.25	SHJ

그림 11.9 의역한 구절의 개요

11.3.1 의역구절 개요 열기

의역한 구절의 개요를 열려면 코드시스템의 의역구절Paraphrased Segments항목을 더블클릭합니다. 또는 의역구절Paraphrased Segments의 컨텍스트메뉴(마우스 오른쪽 버튼)에서 의역구절Paraphrased Segments을 선택합니다(참조: 그림 11.10).

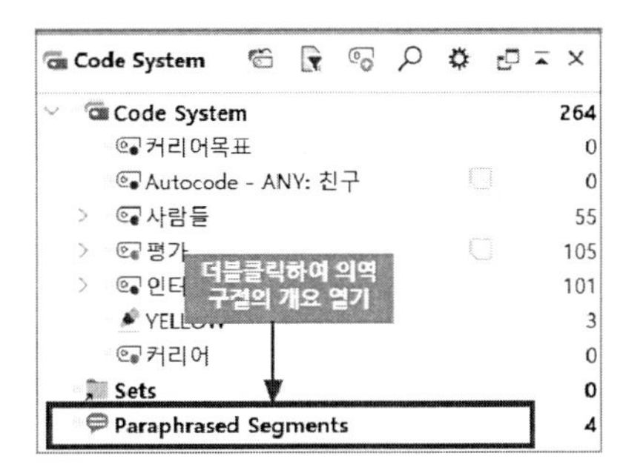

그림 11.10 코드시스템에서 의역한 구절의 개요 열기

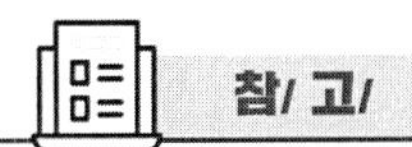

참고

기본적으로 의역구절 항목은 코드시스템의 맨 아래 부분에 표시됩니다. 상단에 이 항목을 표시하려면 코드시스템에서 기어모양 아이콘을 클릭하여 로컬설정을 열고 바꿀 수 있습니다.

의역구절의 개요는 대화형입니다.

- 행을 클릭하면 문서브라우저에 의역한 구절이 표시됩니다.
- 개요에서 직접 편집하려면 의역 텍스트를 더블클릭합니다.

MAXQDA의 모든 개요와 마찬가지로 열 머리글을 클릭하여 표를 정렬하고 마우스로 열 머리글을 클릭하고 끌어서 임의의 순서로 열을 정렬할 수 있습니다. 개요를 필터링, 찾아보기 및 내보낼 수도 있습니다.

11.3.2 의역구절 코딩하기

새 코드 또는 기존 코드를 사용하여 나열된 의역구절을 코딩할 수 있습니다. 이렇게 하려면 도구모음에서 해당 아이콘을 클릭합니다.

- **기존 코드로 의역구절 코딩**: 코드시스템의 기존 코드를 사용하여 의역구절을 코딩합니다. 기존 코드를 선택하려면 먼저 코드시스템에서 해당 코드를

한 번 클릭해야 합니다.

새 코드로 의역구절을 코딩: 새로 만든 코드로 의역구절을 코딩합니다.

11.4 요약 기능

요약Summary은 사례의 코딩구절을 요약하는 데 사용됩니다.

텍스트를 분석하는 사람은 종종 중요하지 않은 정보와 중요한 정보를 구별하고 연구질문의 관점에서 무엇이 중요한지 요약할 것입니다. MAXQDA에서는 텍스트구절에 코드로 코딩할 수 있습니다. 전체 텍스트를 요약하는 요약은 문서시스템의 문서메모 형태가 가장 적합합니다. 매우 상세하고 간결하게 요약하는 기술은 앞에서 설명한 의역 기술입니다. 이는 연구자 자신의 단어로 개별 문장이나 텍스트 부분을 요약하는 역할을 합니다. 그러면 더 높은 수준의 추상화를 추가로 요약할 수 있습니다.

요약을 통해 연구자의 관점에서 주제의 코딩구절의 내용을 공식화할 수 있습니다. 이는 더이상 연구참가자의 일상언어로 말한 내용의 단순한 요약이 아니라 연구자의 언어로 된 경험적 요약이라는 것을 의미합니다. 따라서 요약을 작성하려면 먼저 데이터를 코딩해야 합니다. 추가 분석 및 프레젠테이션을 위해 요약을 표로 작성할 수 있습니다.

MAXQDA의 요약 기능은 두 가지 작업단계를 구분하고 이러한 단계에 대해 두 가지 개별 작업환경을 제공합니다.

첫째, 요약생성단계와 둘째, 요약분석 및 요약발표단계입니다. 두 번째 단계에서는 요약을 기반으로 한 결과표(이른바 요약표Summary Tables)와 개별사례 및 그룹에 대한 요약을 비교하는 요약매트릭스를 사용할 수 있습니다. 요약 기능은 메인메뉴의 분석 탭의 3개의 리본에서 불러올 수 있습니다(참조: 그림 11.11).

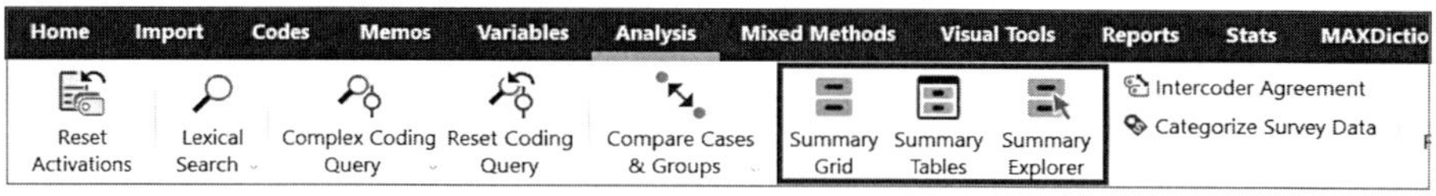

그림 11.11 메인메뉴 분석 탭의 요약기능

요약을 만들려면 분석할 구절이 이미 주제별로 그룹화되어 있어야 합니다. 이는 구조화된 인터뷰, 주제별 코딩 또는 자동코딩을 사용하여 수행되었을 수 있습니다. 텍스트가 이미 코드시스템으로 코딩된 경우 구조 텍스트 * 코드가 이미 존재하므로 **코드매트릭스 브라우저**Code Matrix Browser를 사용하여 텍스트를 볼 수 있습니다.

요약수준을 주제별 그리드, 즉 매트릭스문서 x 범주(코드)로 나타낼 수 있습니다. MAXQDA에는 코드매트릭스 브라우저라고 하는 매트릭스가 있습니다. 열에 텍스트를 표시하고 행에 범주를 표시합니다.

요약그리드는 연구자가 코드매트릭스 브라우저의 모든 노드에 대해 작성한 요약을 포함하는 두 번째 분석수준입니다. 사용자는 개별 요약을 작성하고 나중에 정보를 추가하거나 편집할 수 있습니다. 이 아이디어는 분석의 후반단계에서 개요표에 요약을 표시하는 것입니다. 이 그리드를 사용하면 모든 요약이 원시데이터raw data의 원본 텍스트구절에 연결할 수 있습니다.

11.5 요약 생성 및 편집

요약을 만들고 편집하려면 메인메뉴의 **분석**Analysis 탭에서 **요약그리드**Summary Grid 기호 를 선택합니다.

그러면 **요약그리드**Summary Grid라는 새 창이 열립니다. 이 창은 세 가지 영역으로 나뉩니다(참조: 그림 11.12).

❶ **왼쪽 창**: 주제별 그리드, 코드매트릭스 브라우저 표시(문서 x 코드)

❷ **중간 창**: 코드매트릭스 브라우저에서 연결점을 더블클릭한 후 일반적으로 **검색구절**Retrieved Segments창에 나열되는 코딩구절입니다.

❸ **오른쪽 창**: 요약은 여기서 표시, 작성 및 편집합니다.

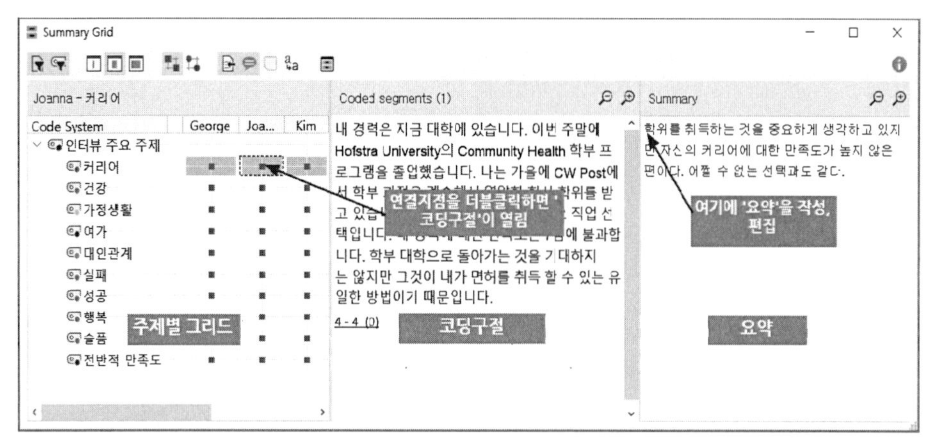

그림 11.12 요약그리드 창

오른쪽 요약 창에서 왼쪽 창의 선택한 셀에 대한 요약을 작성하거나 편집할 수 있습니다. 왼쪽 창의 셀을 클릭하면 선택됩니다. 요약은 왼쪽 창의 다른 연결점으로 전환하거나 창을 닫을 때 자동으로 저장됩니다.

가운데 창의 코딩구절Coded Segments에서 선택한 텍스트구절은 마우스로 오른쪽 요약 창으로 드래그할 수 있습니다. 이렇게 하면 요약에 원본 인용문을 쉽게 추가할 수 있습니다.

두 개의 버튼을 사용하여 왼쪽 창의 그리드의 열과 행의 내용을 조정할 수 있습니다.

- **활성화된 문서만**: 문서시스템에서 활성화된 문서만 열로 나타납니다.
- **활성화된 코드만**: 코드시스템에서 활성화된 코드만 행으로 나타납니다.

추가 버튼은 다음 기능을 제공합니다.

- **이름, 열: 없음** - 왼쪽 창에서 문서명이 열 머리글에 표시되지 않습니다.
- **이름, 열: 짧음** - 왼쪽 창에서 문서명이 열 머리글에 짧은 형식으로 표시됩니다.

이름, 열: 전체 - 왼쪽 창에서 전체 문서명이 열 머리글에 표시됩니다.

노드를 사각형으로 표시: 기존 코드는 왼쪽 창에서 사각형으로 표시됩니다.

노드를 원으로 표시: 기존 코드는 왼쪽 창에서 원으로 표시됩니다.

값이 있는 열지도 표시: 기존 코드는 왼쪽 창에서 열지도heatmap로 표시됩니다.

원본 표시: 문서에서 각 코딩구절의 위치와 해당 구절에 지정된 가중치를 중간 창의 코딩구절에 표시됩니다.

코딩구절에 주석 표시: 코딩구절에 대해 주석을 작성한 경우, 중간 창의 코딩구절 아래에 해당하는 주석이 표시됩니다.

메모 표시: 중간 창의 코딩구절의 아래에 연결된 모든 메모를 표시합니다. 메모 제목을 클릭하면 해당 메모가 열립니다.

글꼴 표준화: 이 설정을 사용하면 텍스트 글꼴, 크기 및 줄 간격을 표준화하여 텍스트구절을 일관되게 표시할 수 있습니다.

요약표: 요약표 창을 엽니다.

11.6 요약표

요약표Summary Tables 기능은 사례를 대조하고 사례개요를 작성하는 데 사용됩니다. 즉, 요약표는 선택한 문서와 코드에 대한 요약 및 문서변수의 개요표입니다. 따라서 요약표는 프레젠테이션 및 결과보고에 유용한 도구입니다.

요약표를 생성하고 이미 생성한 요약표를 보려면 다음 중 하나에서 요약표 아이콘 을 클릭합니다.

- 메인메뉴의 **분석**Analysis 탭 > **요약표**Summary Tables를 클릭
- 요약그리드Summary Grid 창의 도구모음에서 **요약표**Summary Tables 아이콘 을 클릭

위의 두 가지 방법 모두 요약표 창이 열립니다. 왼쪽에는 이미 생성한 요약표 목록이 있으며 오른쪽 창에서는 현재 열려 있는 요약표를 볼 수 있습니다. 새 요약표를 생성하려면 상단 도구모음에서 **새 요약표 생성**Creat new Summary Table

버튼 을 클릭합니다(참조: 그림 11.13).

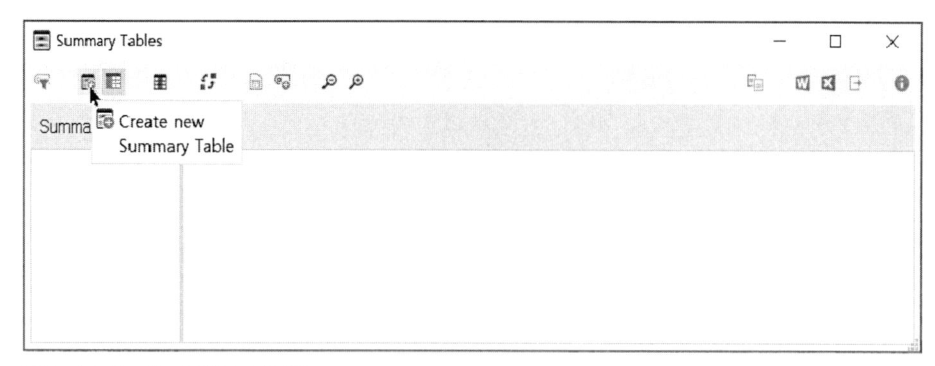

그림 11.13 새 요약표 만들기

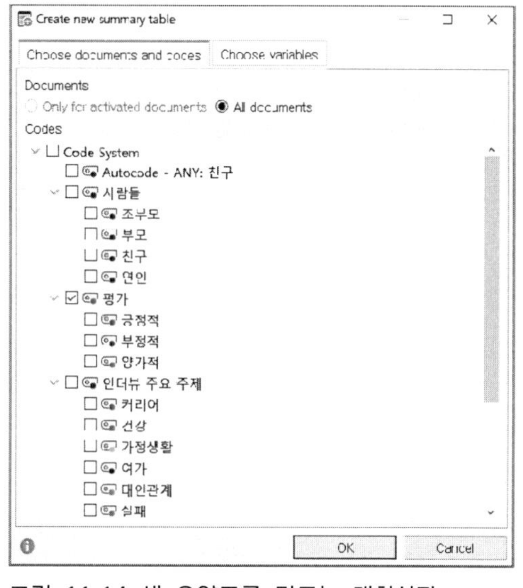

그림 11.14 새 요약표를 만드는 대화상자

그러면, 세 가지 옵션을 선택하는 대화 창이 나타납니다(그림 11.14).

- 모든 문서를 포함할지 활성화된 문서만 포함할지 결정합니다. 요약표의 행을 결정합니다.
- 요약표의 열에 표시할 코드를 필요한만큼 선택합니다.
- 부가정보로 출력할 문서변수를 선택할 수 있습니다. <첫 번째 열의 변수>창에 있는 모든 변수는 문서명과 함께 첫 번째 열에 나타납니다. <자체 열의 변수> 창에 배치된 모든 변수는 코드 뒤에 있는 자체 열에 나타납니다.

OK를 클릭하면 요약표가 생성됩니다.

요약표에는 선택한 변수와 코드에 대한 요약이 나열됩니다.

요약표의 첫 번째 열에서 문서그룹과 문서명을 볼 수 있습니다. 그 다음 열에는 선택한 변수의 변수값이 각 문서 아래에 표시됩니다. 변수를 선택하면 요약표에서 특정 사례에 대한 추가정보를 볼 수 있습니다. 요약표는 MAXQDA의 모든 표와 관련된 기능을 사용할 수 있습니다(그림 11.15).

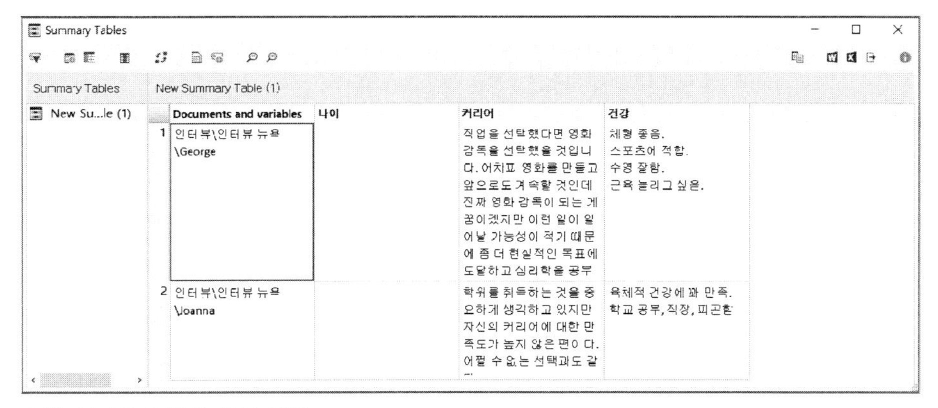

그림 11.15 요약표 생성 결과

- 마우스로 클릭하고 드래그하여 열의 순서를 변경할 수 있습니다.
- 열 머리글의 컨텍스트메뉴(마우스 오른쪽 버튼)에서 열을 숨기거나 표시할 수 있습니다.
- 열 머리글을 클릭하여 열을 알파벳순으로 정렬할 수 있습니다.

참고

요약표의 모든 셀은 각기 편집할 수 있습니다. 즉, 표시된 요약을 수정할 수 있습니다. 요약표의 내용을 변경하면 요약에도 영향을 미칩니다. 이는 요약그리드에서 해당 셀의 내용도 그에 따라 변경됨을 의미합니다. 다만, 자체 열에 표시되는 변수의 변수값을 변경할 수도 있습니다. 하지만 이는 문서변수 자체에 영향을 주지 않습니다.

요약표의 각 셀은 각 코딩구절이 보이지 않게 연결됩니다. 요약표의 셀의 컨텍스트메뉴에서 **관련 코딩구절 표시**Display associated coded segments를 선택하여 **검색구절**Retrieved Segments창에서 볼 수 있습니다.

① 요약표의 행과 열 전환

요약표의 도구모음에 있는 아이콘 을 사용하여 열과 행을 서로 맞바꿀 수 있습니다. 요약표의 열에는 문서명이 표시되고, 행에는 코드(및 자체 열에 표시되는 변수)가 표시됩니다. 요약그리드 또한 열에 문서명이 표시되고 행에는 코드가 표시되기 때문에 보기에 익숙할 수 있습니다.

11.7 요약탐색기

요약탐색기Summary Explorer를 사용하면 다른 사례 또는 그룹의 요약을 일반 표에서 비교할 수 있습니다. 탐색기의 열은 문서, 문서그룹 또는 문서세트로 구성되며, 각 열은 현재 선택한 각 코드나 주제의 요약입니다. 아래 그림 11.16의 요약탐색기는 두 문서그룹 간의 비교를 보여줍니다.

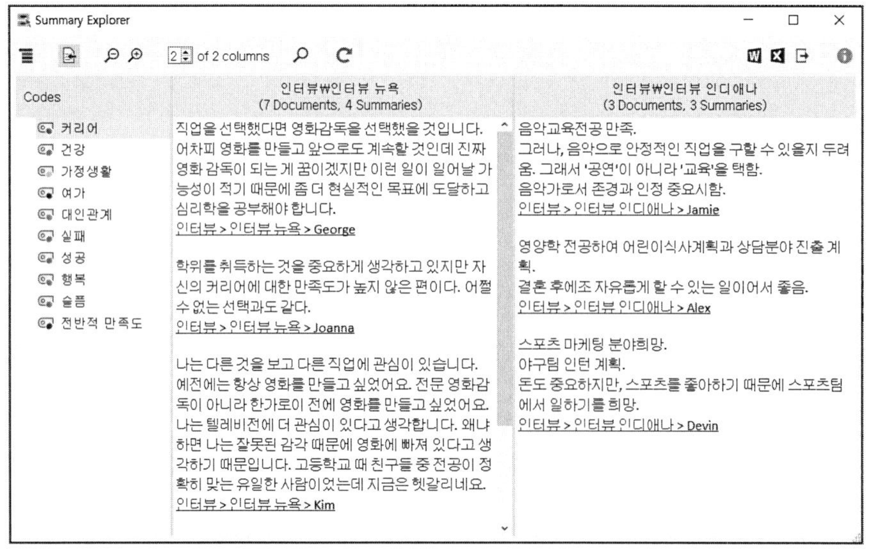

그림 11.16 요약탐색기

요약탐색기를 사용하여 뉴욕주 학생과 인디애나주 학생의 커리어에 관한 희망과 우려를 비교해 볼 수 있습니다. 위에 표시된 요약탐색기는 뉴욕주 학생들의 인터뷰내용 요약(연구자 작성)과 뉴욕주 학생 인터뷰내용 요약을 비교합니다. 뉴욕주 그룹은 7개의 문서 중 4개의 문서에 <커리어>코드로 요약이 작성되었으며, 인디애나 그룹은 3개의 문서 중 3개의 요약이 작성되었다는 것을 알 수 있습니다.

11.7.1 요약탐색기 열기

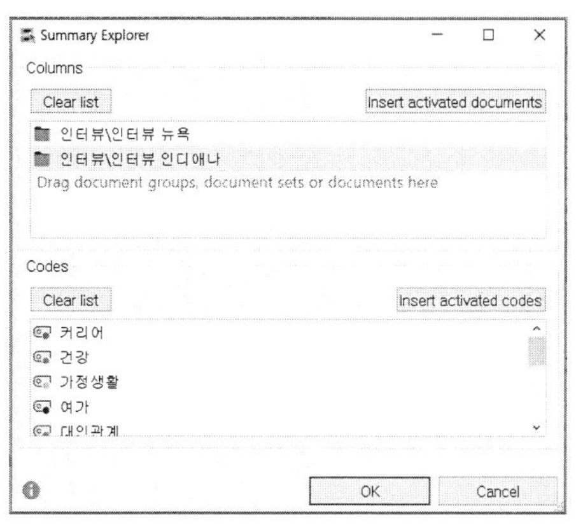

그림 11.17 요약탐색기 대화창

요약탐색기를 열려면 다음의 절차대로 하면 됩니다.

1. 메인메뉴에서 **분석**Analysis 탭 > **요약탐색기**Summary Explorer를 선택합니다.
2. 문서시스템의 문서, 문서그룹 또는 문서세트와 코드시스템의 코드를 끌어다 놓는 대화상자 창이 나타납니다. 대화 창의 위쪽 영역에 있는 문서그룹, 문서와 같은 각 행은 나중에 요약탐색기에서 자체 열을 형성합니다.
3. OK를 클릭하면 요약탐색기가 열립니다.

요약탐색기 열에는 항상 왼쪽에서 선택한 코드와 관련된 요약이 표시됩니다.

11.8 요약개요

요약개요Overview of Summaries는 요약을 표문서로 일목요연하게 볼 수 있는 기능입니다. 요약개요를 열면 작성한 요약에 대한 사례관련 개요를 쉽게 볼 수 있습니다. 요약개요는 두 가지 방법으로 열 수 있습니다.

- 요약개요는 문서시스템의 모든 수준에서 컨텍스트메뉴(마우스 오른쪽 버

튼)에서 선택할 수 있습니다.

- 메인메뉴 **보고서**Reports 탭 > **요약개요**Overview of Summaries 리본을 선택합니다.

MAXQDA의 모든 개요Overview에서 나타나는 표형식의 목록이 나타납니다. 이 목록 중 하나를 선택하면 해당 문서의 기존 요약이 상단창에 표시됩니다.

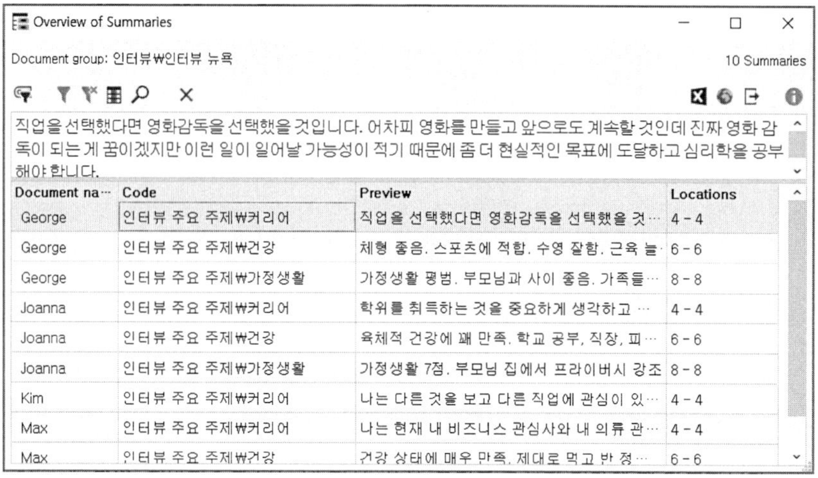

Overview of Summaries

Document group: 인터뷰₩인터뷰 뉴욕 10 Summaries

직업을 선택했다면 영화감독을 선택했을 것입니다. 어차피 영화를 만들고 앞으로도 계속할 것인데 진짜 영화 감독이 되는 게 꿈이겠지만 이런 일이 일어날 가능성이 적기 때문에 좀 더 현실적인 목표에 도달하고 심리학을 공부해야 합니다.

Document na···	Code	Preview	Locations
George	인터뷰 주요 주제₩커리어	직업을 선택했다면 영화감독을 선택했을 것···	4 - 4
George	인터뷰 주요 주제₩건강	체형 좋음. 스포츠에 적합. 수영 잘함. 근육 늘·	6 - 6
George	인터뷰 주요 주제₩가정생활	가정생활 평범. 부모님과 사이 좋음. 가족들···	8 - 8
Joanna	인터뷰 주요 주제₩커리어	학위를 취득하는 것을 중요하게 생각하고 ···	4 - 4
Joanna	인터뷰 주요 주제₩건강	육체적 건강에 꽤 만족. 학교 공부, 직장, 피···	6 - 6
Joanna	인터뷰 주요 주제₩가정생활	가정생활 7점. 부모님 집에서 프라이버시 강조	8 - 8
Kim	인터뷰 주요 주제₩커리어	나는 다른 것을 보고 다른 직업에 관심이 있···	4 - 4
Max	인터뷰 주요 주제₩커리어	나는 현재 내 비즈니스 관심사와 내 의류 관···	4 - 4
Max	인터뷰 주요 주제₩건강	건강 상태에 매우 만족. 제대로 먹고 반 정···	6 - 6

그림 11.18 요약개요

문서Document 및 코드Code 열에는 요약이 발생한 연결점에 대한 정보가 표시됩니다. 미리보기Preview 열에는 요약의 처음 63자(한글 31자), 위치Locations 열에는 코딩구절이 발생한 위치를 표시합니다. 그림 11.18은 <George> 문서의 첫 번째 요약을 보여주며 <커리어> 코드의 일부입니다. 해당 코딩구절은 네 번째 문단에 있다는 표시입니다.

11.9 사례와 그룹의 질적 비교

사례와 그룹을 지속적으로 비교하는 것은 질적데이터 분석의 핵심기법 중 하나입니다. 특히 근거이론Grounded Theory에서 지속적 비교방법의 형태는 많은 분석방법에서 중요한 역할을 합니다(Glaser & Strauss, 2009). 이러한 비교는 질적 및 양적 비교로서 MAXQDA에서 수행될 수 있습니다.

MAXQDA에는 데이터 자료를 비교할 수 있는 다양한 기능이 있습니다. MAXQDA의 **사례와 그룹비교**Compare Cases & Groups 기능을 사용하면 코딩데이터(질적데이터)와 코드 빈도(질적 데이터를 양적 데이터로 변환)를 쉽게 비교할 수 있습니다. 따라서 질적데이터에 대한 코딩데이터의 비교에 중점을 둡니다.

사례 또는 그룹비교를 수행하기 위한 전제 조건은 그룹이 문서시스템에 문서그룹, 문서세트 또는 개별문서로 존재해야 한다는 것입니다.

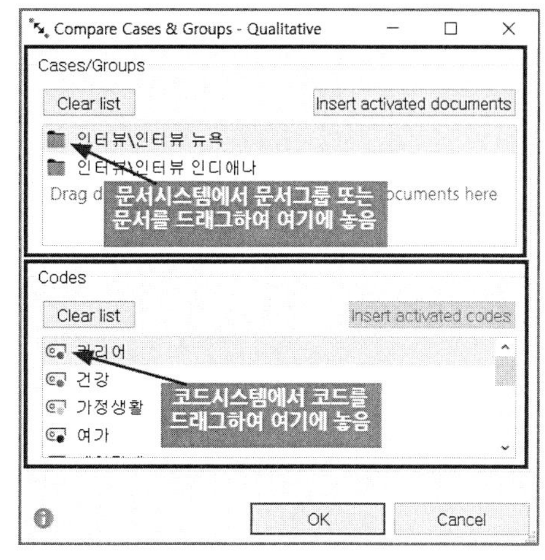

그림 11.19 코딩구절 비교를 위한 옵션대화 창

코딩구절의 비교는 다음과 같이 수행할 수 있습니다.

❶ 메인메뉴의 **분석**Analysis > **사례와 그룹 비교**Compare Cases & Groups > **질적**Qualitative 기능을 선택합니다. 그림 11.19와 같이 두 개의 섹션이 있는 옵션 대화상자가 나타납니다.

❷ 마우스 버튼을 누른 상태에서 문서시스템에서 최소 두 개의 문서그룹, 문서세트 또는 개별문서를 위쪽 <**사례/그룹**Cases/Groups> 영역으로 드래그합니다. 항목은 줄 끝에 있는 X를 클릭하여 언제든지 삭제할 수 있습니다. 윗 섹션의 오른쪽에 <**활성화된 문서 삽입**Insert activated documents> 버튼을 클릭하여 추가해도 됩니다.

❸ 마우스 버튼을 누른 상태에서 코드시스템에서 아래쪽 <**코드**Codes> 섹션으로 여러 코드를 드래그합니다. 아래 섹션의 오른쪽에 <**활성화된 코드 삽입**Insert activated codes>을 추가하는 버튼을 누릅니다. 나중에 마우스 버튼을 눌러 코드 순서를 조정할 수 있습니다.

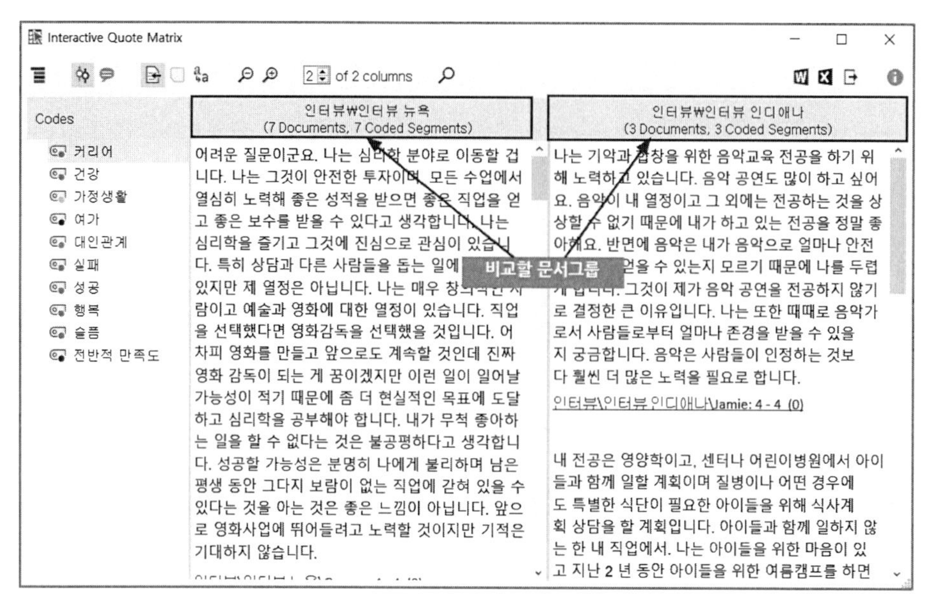

그림 11.20 코딩구절 비교를 위한 결과표: 대화형 인용매트릭스

OK를 클릭하면 그림 11.20과 같이 **대화형 인용매트릭스**interactive qoute matrix를 생성하고 직접 표시합니다. 선택된 문서그룹은 열을 형성하고, 선택한 코드들은 행을 이룹니다. 셀에는 선택한 그룹의 코딩 내용을 서로 비교할 수 있도록 코딩 구절이 배치됩니다.

11.10 사례와 그룹의 양적 비교

질적 비교에서 언급했지만, 사례와 그룹의 비교분석은 질적연구에서 가장 중요한 기술 중 하나입니다. 사례와 그룹의 질적 비교가 진술의 내용을 비교한 것이라면, 양적 비교는 진술의 빈도frequency를 비교하는 것입니다. **사례와 그룹비교**Compare Cases & Groups 기능을 사용하면 코드빈도(질적데이터를 양적데이터로 변환)를 쉽게 비교할 수 있습니다. 따라서 이 섹션에서는 코드빈도의 비교에 중점을 둡니다.

사례 또는 그룹비교를 수행하기 위한 전제 조건은 그룹이 문서시스템에 문서그룹, 문서세트 또는 개별문서로 존재해야 한다는 것입니다. 문서세트의 특정 변수값과 문서를 결합하려면 문서변수로 활성화 기능을 사용할 수 있습니다.

코드빈도에 대한 그룹비교는 다음과 같이 수행합니다.

❶ 메인메뉴의 **분석**Analysis > **사례와 그룹 비교**Compare Cases & Groups > **양적**Quantitative 기능을 선택합니다. 두 개의 섹션이 있는 옵션 대화상자가 나타납니다. 이 때의 대화상자는 그림 11.19의 질적 비교의 대화상자와 같습니다.

❷ 마우스 버튼을 누른 상태에서 문서시스템에서 최소 두 개의 문서그룹, 문서세트 또는 개별문서를 위쪽 <**사례/그룹**Cases/Groups> 영역으로 드래그합니다. 항목은 줄 끝에 있는 X를 클릭하여 언제든지 삭제할 수 있습니다. 윗 섹션의 오른쪽에 <**활성화된 문서 삽입**Insert activated documents>을 추가하는 버튼을 눌러도 됩니다.

❸ 마우스 버튼을 누른 상태에서 코드시스템에서 아래쪽 <**코드**Codes> 섹션으로 여러 코드를 드래그합니다. 아래 섹션의 오른쪽에 <**활성화된 코드 삽입**Insert activated codes>버튼을 클릭하여 추가해도 됩니다. 나중에 마우스 버튼을 눌러 코드 순서를 조정할 수 있습니다.

OK를 클릭하면 그림 11.21과 같이 MAXQDA가 크로스탭을 생성합니다. 선택한 그룹은 열을 형성하고 선택한 코드는 행렬의 행을 형성합니다.

Crosstab

	인터뷰₩인터뷰 뉴욕	인터뷰₩인터뷰 인디애나	Total
커리어	7	3	10
건강	8	3	11
가정생활	8	3	11
여가	6	3	9
대인관계	7	3	10
실패	7	3	10
성공	7	3	10
행복	7	3	10
슬픔	7	3	10
전반적 만족도	7	3	10
Σ SUM	71	30	101
# N = Documents	7 (70.0%)	3 (30.0%)	10 (100.0%)

그림 11.21 사례 또는 그룹비교의 결과로서 교차분석(Crosstab)

CHAPTER 12

변수추가 및 코드의 양적데이터화

CHAPTER 12

변수추가 및 코드의 양적데이터화

12.1 양적 변수 사용의 이점

엄격한 질적연구에서도, 나이, 성별, 교육수준, 자녀 수, 종교, 직업 등과 같은 사회인구학적 특성을 기록하기 위해 표준화된 양적데이터가 수집됩니다. 이 데이터는 그룹을 형성하고 서로 비교하는 데 유용하게 사용할 수 있습니다. MAXQDA에서 변수variables라고 하는 양적데이터는 물론 질적·양적 방법, 데이터 및 분석이 결합되고 상호연결되는 혼합방법 프로젝트에서도 사용됩니다. 숫자를 포함하는 영역도 질적분석과 직접적으로 관련이 있습니다. 데이터 구절에 코드를 지정할 때마다 기본적으로 코드를 분류하고, 코드당, 사례당 코드 지정 빈도에 대한 정보를 만듭니다. 그런 다음 이 정보를 분석에 사용하여 누가 어떤 주제를 얼마나 자주 언급했는지 파악할 수 있습니다(Kuckartz & Radiker, 2019[1])).

표준화된 양적 정보가 혼합연구방법을 넘어서서 질적연구에 어떻게 통합될 수 있는지에 대한 많은 예가 있습니다. 인터뷰조사를 하는 사람은 누구나 인터뷰 장소뿐만 아니라 인터뷰한 사람에 대한 정보를 갖게 될 것입니다. 설문지는 종종 인터뷰와 병행하여 사용되어 인터뷰의 표준화된 정보를 다룰 필요성을 완화하고 대신 대화형 질문을 위한 더 많은 시간을 허용합니다(Witzel & Repear, 2012[2]); Kuckartz, 2014[3])). 질적연구는 종종 의식적인 선택과정, 배분시스템 또

1) Kuckartz, U. & Radiker, S. (2019). Analyzing Qualitative Data with Maxqda: Text, Audio, and Video: Springer International Publishing.

2) Witzel, A. & Reiter, H. (2012). The Problem-Centred Interview: Principles and Practices

3) Kuckartz, U. (2014). Qualitative Text Analysis: A Guide to Methods, Practice & Using

는 이론적 표본추출에 기초한 전략을 통해서든 질적 표본추출에 표준화된 특성에 의존한다는 것은 분명합니다(Corbin & Strauss, 2014[4]).

MAXQDA는 표준화된 양적데이터에 대해 '변수variables'라는 용어를 사용합니다. 개별 사례에 대한 보충정보 및 설명정보로 사용할 수 있는 속성attributes 또는 특성characteristics이라는 용어를 사용할 수도 있습니다. 이는 평균, 표준편차 및 기타 통계를 사용하여 데이터를 집계하고 통합하는 것이 주요 목표인 양적연구와 대조적으로 질적데이터 분석은 개별 사례에 더 초점을 맞추기 때문입니다. MAXQDA의 변수 형태의 양적데이터는 질적데이터 분석에 다음과 같은 상당한 이점을 제공합니다(Kuckartz & Radiker, 2019).

- 이용 가능한 데이터를 분류, 설명 및 해석하기 위한 보조정보로 개별사례 분석에 사용할 수 있으며 사례요약을 작성할 때 서술적 기능으로 통합될 수도 있습니다.
- 그룹을 형성하고 사례를 대조 및 비교할 수 있는 데 사용할 수 있습니다.
- 그룹 설명에도 사용할 수 있으며, 특히 그룹이 질적데이터 자체에서 비롯된 경우 더욱 그렇습니다. 예를 들어, 인터뷰 연구의 응답자가 자존감이 높은 응답, 중간 또는 낮은 응답에 기초하여 세 그룹으로 분류되는 경우가 이에 해당됩니다. 그 후에, 이 그룹들은 평균연령이나 성별의 비율과 같은 사회 인구학적 변수에 따라 비교될 수 있습니다.
- 혼합방법 분석에서 질적데이터와 양적데이터 간의 중심 연결역할을 합니다. 기술 및 추론통계를 위한 추가모듈인 MAXQDA Stats로 작업할 때 문서변수는 질적데이터와 양적데이터 간의 링크를 제공하고 추가적인 혼합방법 분석을 가능하게 합니다.
- 사례에 대한 양적정보를 기록하는 데 사용할 수 있습니다(예: 해당 사례에 대해 주제가 코딩된 빈도).

Software: Sage Publications Ltd.

4) Corbin, J. & Strauss, A. (2014). Basics of Qualitative Research: Techniques and Procedures for Developing Grounded Theory. 4th Edition: Sage.

12.2 문서변수와 코드변수

MAXQDA에서는 문서와 코드 레벨 모두에서 변수에 정보를 저장할 수 있습니다.

12.2.1 문서변수

문서변수Document variables는 전체 문서(예: 인터뷰 전사본에서 인터뷰 한 사람)와 관련됩니다. 이 경우 성별, 연령, 교육수준 등과 같은 사회인구학적 정보를 할당하면 실제 텍스트와 연계해 분석할 수 있습니다. 다음 그림 12.1의 예에서는 8명의 인터뷰 참여자의 연령과 성별, 교육수준, 거주 주와 결혼 여부가 모두 기록되었습니다.

Document Variables

Data editor - All documents　　21 Documents

Document group	Document name	나이	성별	교육	거주 주	결
인터뷰₩인터뷰 뉴욕	George	18	남성	고졸	뉴욕	싱
인터뷰₩인터뷰 뉴욕	Joanna	21	여성	고졸	뉴욕	기
인터뷰₩인터뷰 뉴욕	Kim	19	여성	고졸	뉴욕	싱
인터뷰₩인터뷰 뉴욕	Max	19	남성	고졸	뉴욕	싱
인터뷰₩인터뷰 뉴욕	Robyn	19	남성	대학재학	뉴욕	싱
인터뷰₩인터뷰 뉴욕	Teresa	27	여성	대학재학	뉴욕	싱
인터뷰₩인터뷰 뉴욕	Vinnie	29	여성	고졸	뉴욕	기
인터뷰₩인터뷰 인디…	Jamie	21	여성	대학재학	인디애나	싱
인터뷰₩인터뷰 인디…	Alex	18	남성	대학재학	인디애나	싱

그림 12.1 문서변수 적용의 예

12.2.2 코드변수

MAXQDA에서는 문서뿐만 아니라 코드시스템의 코드도 변수를 정의할 수 있습니다. 코드변수를 개발하면 문서 내에서 변수를 정의하고 평가 프로세스 중에 해당 값을 선택기준으로 사용할 수 있습니다. 코드생성일자, 코드를 생성한 사람, 수정일자 등이 코드변수로 종종 활용됩니다. 예를 들어 코드변수에 따라 코드를 활성화할 수 있습니다.

12.2.3 변수 관리

변수를 처리하기 위해 MAXQDA에서 두 가지 보기(변수목록 및 데이터편집기)를 사용할 수 있습니다. 변수목록에는 프로젝트에 정의된 모든 변수가 표형식으로 나열됩니다. 데이터편집기는 통계프로그램과 유사한 방식으로 데이터 테이블을 직사각형 행렬 '행 X 열'로 표시합니다. 열에는 항상 변수가 표시되고 행에는 문서변수에 대한 문서가 포함되고, 코드변수의 코드가 나열됩니다.

12.2.4 문서변수 목록

문서변수목록은 메인메뉴의 **변수**Variables > **문서변수 목록**List of Document Variables을 통해 열 수 있습니다.

새로 만든 프로젝트에서 문서변수목록을 열면 이미지에 표시된 시스템변수system variables가 이미 정의되어 있습니다.

- 문서그룹: 특정 문서가 속한 문서그룹의 이름을 나타냅니다.
- 문서명: 문서 이름을 나타냅니다.
- 만든 사람: 문서를 가져오거나 만들 때 로그인한 사용자의 이름을 나타냅니다.
- 만든 날짜: 문서를 가져오거나 만든 날짜를 나타냅니다.
- 수정한 사람: 문서를 마지막으로 편집하거나 코딩, 메모 또는 링크를 추가한 사용자의 이름을 나타냅니다.
- 수정한 날짜: 문서가 마지막으로 편집되었거나 코드, 메모 또는 링크가 추가된 날짜를 나타냅니다.
- 코딩구절: 문서의 코딩된 구절의 수를 나타냅니다.
- 메모: 문서의 메모 수를 나타냅니다.

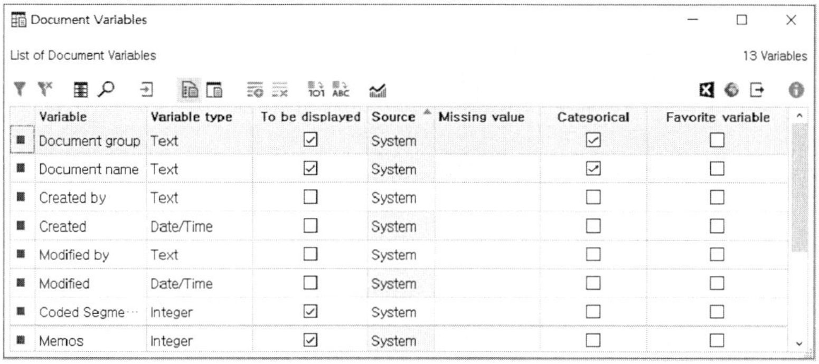

Document Variables

List of Document Variables — 13 Variables

	Variable	Variable type	To be displayed	Source	Missing value	Categorical	Favorite variable
■	Document group	Text	☑	System		☑	☐
■	Document name	Text	☑	System		☑	☐
■	Created by	Text	☐	System		☐	☐
■	Created	Date/Time	☐	System		☐	☐
■	Modified by	Text	☐	System		☐	☐
■	Modified	Date/Time	☐	System		☐	☐
■	Coded Segme···	Integer	☑	System		☐	☐
■	Memos	Integer	☑	System		☐	☐

그림 12.2 문서변수목록의 시스템 변수

그림 12.2와 같이 시스템변수는 변수목록의 첫 번째 열에 빨간색 기호로 표시됩니다. 시스템정의 변수는 수정하거나 삭제할 수 없습니다. 사용자정의 변수는 첫 번째 열에 파란색 기호로 표시됩니다. 사용자정의 변수는 원하는대로 수정하거나 삭제할 수 있습니다.

12.2.5 코드변수 목록

코드변수 목록은 **변수**Variables 〉 **코드변수 목록**List of Code Variables을 통해 열 수 있습니다(그림 12.3).

새로 생성한 프로젝트에서 코드변수 목록을 열면 시스템 변수가 이미 정의되어 있습니다.

- 상위코드: 다음(상위) 수준의 코드 이름(해당하는 경우)
- 코드: 코드명 ₩ 하위코드명
- 코딩구절(모든 문서): 이 코드로 코딩된 구절의 수
- 코딩구절(활성화된 문서): 현재 활성화된 문서에서 이 코드로 코딩된 구절의 수(코드를 활성화해야 함)
- % 코딩구절(모든 문서): 코딩구절(모든 문서)의 상대적 빈도
- % 코딩구절(활성화된 문서): 코딩구절(활성화된 문서)의 상대적 빈도
- 만든 사람: 코드를 만든 사용자
- 생성 날짜: 코드가 생성된 날짜 및 시간

- 수정한 사람: 코드를 마지막으로 편집하거나 사용한 사람의 사용자 이름
- 수정한 날짜: 코드의 마지막 편집 또는 사용 날짜
- 문서: 코드가 표시되는 문서 수

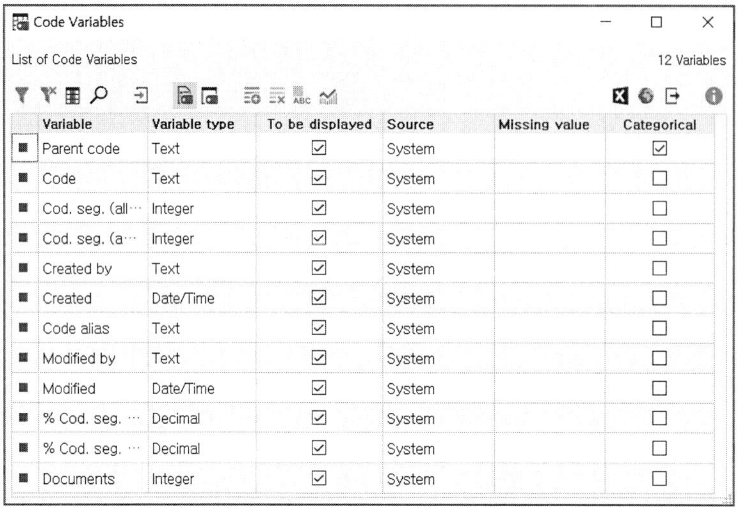

Code Variables

List of Code Variables 12 Variables

	Variable	Variable type	To be displayed	Source	Missing value	Categorical
■	Parent code	Text	☑	System		☑
■	Code	Text	☑	System		☐
■	Cod. seg. (all···	Integer	☑	System		☐
■	Cod. seg. (a···	Integer	☑	System		☐
■	Created by	Text	☑	System		☐
■	Created	Date/Time	☑	System		☐
■	Code alias	Text	☑	System		☐
■	Modified by	Text	☑	System		☐
■	Modified	Date/Time	☑	System		☐
■	% Cod. seg. ···	Decimal	☑	System		☐
■	% Cod. seg. ···	Decimal	☑	System		☐
■	Documents	Integer	☑	System		☐

그림 12.3 코드변수 목록의 시스템변수

12.2.6 도구모음

문서변수 목록과 코드변수 목록은 동일한 아이콘이 있는 도구 모음에서 관리할 수 있습니다.

- 데이터 가져오기: Excel 문서형식으로 된 스프레드시트를 가져올 수 있습니다.
- 문서변수 목록: 데이터보기에서 변수보기로 전환합니다.
- 데이터편집기: 변수보기에서 데이터보기로 전환합니다.
- 새 변수: 새 변수를 만듭니다.
- 선택한 항목 삭제: 선택한 변수를 삭제합니다.
- 부울변수로 변환: 선택한 변수를 이진법적인 부울변수로 변환합니다.
- 텍스트변수로 변환: 선택한 변수를 텍스트변수로 변환합니다.

문서/코드변수 통계: 표시된 변수에 대한 빈도표 또는 차트를 생성합니다.

코드변수 목록: 데이터보기에서 변수보기로 전환합니다.

데이터편집기: 변수보기에서 데이터보기로 전환합니다.

12.3 변수목록에서 변수생성과 편집

새 변수의 추가는 문서변수 목록과 코드변수 목록에서 모두 할 수 있습니다.

- 메인메뉴의 **변수**Variables 탭에서 **문서변수 목록** 또는 **코드변수 목록**을 선택합니다.
- 도구모음에서 새 변수 아이콘을 클릭합니다.

그림 12.4와 같은 대화창이 나타나게 됩니다.

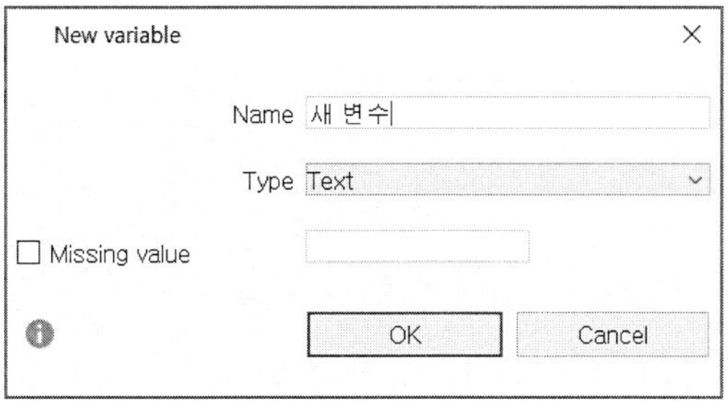

그림 12.4 새 변수 정의 대화창

이제 변수명을 입력하고 유형을 선택합니다. 이름은 다음을 포함하여 최대 63개의 문자(한글 31자)를 입력할 수 있습니다. 선택가능한 변수유형은 다섯 가지가 있습니다.

- 텍스트
- 정수
- 소수
- 날짜/시간
- 부울린(true/false)

정수 또는 소수로 변수를 생성할 때 숫자형 변수인지 범주형categorical 변수인지를 정의할 수도 있습니다. 예를 들어, 연령에 대한 변수는 다양한 방식으로 처리될 수 있습니다. 연령을 연도로 입력하려는 경우 평균을 설정할 수 있는 메트릭 변수를 처리합니다. 연령을 범주로 정의한 경우(예: 1=18세 미만, 2=18~30, 3=31~50, 4=51이상)라면 평균값을 찾을 필요 없는 범주형 변수를 다루는 것입니다.

누락된 값이 있는 경우 자동으로 삽입할 값을 선택할 수도 있습니다. 이것은 나중에 통계분석을 계획하는 경우 특히 중요합니다.

주의 /

문서변수는 전체 프로젝트에 대해 생성되므로 각 문서그룹에 대해 다른 변수를 만들 수 없습니다.

변수값의 가독성을 높이려면 숫자변수 대신 텍스트변수를 사용하는 것이 더 편리할 수 있습니다. 가족상태가 변수가 있는 테이블 열에서 변수 '기혼'은 숫자 코드 '2'보다 더 읽기 쉽습니다.

변수의 수는 원칙적으로 제한되지 않습니다. 즉, 변수는 언제든지 목록에서 제거하거나 목록에 추가할 수 있습니다. 많은 수의 변수를 정의하고 필요한 경우 사례값이 표 같은 구조이거나 SPSS로 존재하는 경우 파일을 가져와서 시간을 절약할 수 있습니다.

12.3.1 변수명 변경 및 삭제

변수에는 언제든지 새 이름을 지정할 수 있습니다. 변수를 두 번 클릭하고 새 이름을 입력합니다.

변수명 변경은 언제든지 가능하며 변수의 저장된 값에 영향을 주지 않습니다.

변수 삭제는 이름을 바꾸는 것과 동일한 방식으로 처리합니다. 삭제할 변수를 마우스로 선택합니다. 이제 포커스가 있는 변수가 녹색으로 강조표시됩니다. 그런 다음 도구모음에서 **변수삭제** 버튼을 클릭합니다. 변수를 삭제하면 모든 값을 포함한 전체 열이 테이블에서 제거됩니다(참조: 그림 12.5).

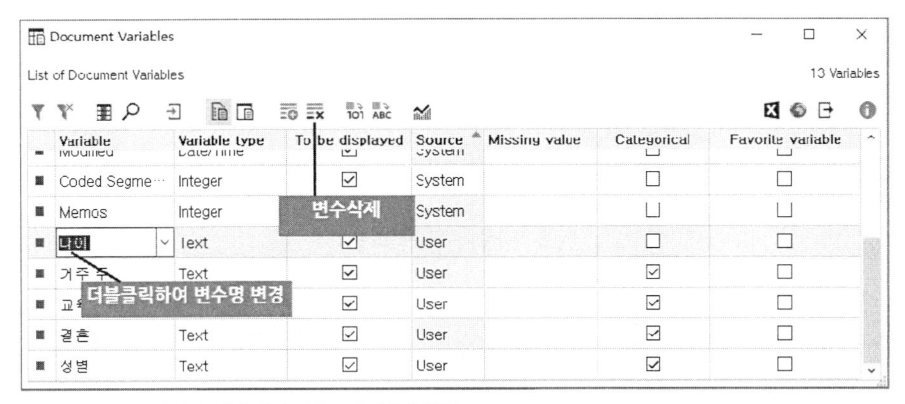

그림 12.5 문서변수목록에서 변수명 변경하기

12.3.2 변수유형 변경

기존 변수에 대한 변수유형을 변경할 수 있습니다.

- 코드 빈도를 표시하는 문서변수는 **이진변수로 변환 버튼** 을 클릭하여 이진 변수로 변환할 수 있습니다. 변환된 후 변수는 문서에 코드가 지정된 빈도를 표시하지 않지만, 이 문서에 코드가 지정되었는지 여부를 표시합니다.
- 사용자정의 변수가 <정수Integer>, <소수Decima>, <날짜/시간Date/Time>, <이진Boolean>인 경우 **텍스트변수로 변환 버튼** 을 클릭하여 텍스트 변수로 변환할 수 있습니다.

12.4 데이터 편집기

변수로 작업할 때 두 가지 보기를 지원합니다. 변수보기와 데이터편집기 상의 데이터보기입니다. 데이터편집기는 변수값을 입력하고 수정할 수 있는 곳입니다.

12.4.1 문서변수용 데이터편집기

문서변수용 데이터편집기는 세 가지 방법으로 열 수 있습니다.

- 메인메뉴의 **변수**Variables > **문서변수용 데이터편집기**Data Editor for Document Variables
- **문서변수 목록**에서 **데이터편집기 아이콘** 을 클릭
- 문서시스템 창의 컨텍스트메뉴(마우스 오른쪽 버튼)에서 **변수**Variables를 선택합니다. 최상위수준에서 불러오면 모든 문서가 표시됩니다. 문서그룹 수준에서 불러오면 해당 그룹의 문서만 표시됩니다. 문서수준에서 불러오면 해당 문서의 데이터만 표시됩니다.

그림 12.6과 같이 선택한 문서와 해당 변수값이 나열된 문서변수 창이 나타납니다. 시스템변수는 열제목이 검은색 글씨로 표시됩니다. 시스템변수는 수정할 수 없습니다. 사용자정의 변수는 열제목이 파란색으로 표시됩니다. 사용자변수는 해당 셀을 더블클릭하여 변수값을 변경할 수 있습니다.

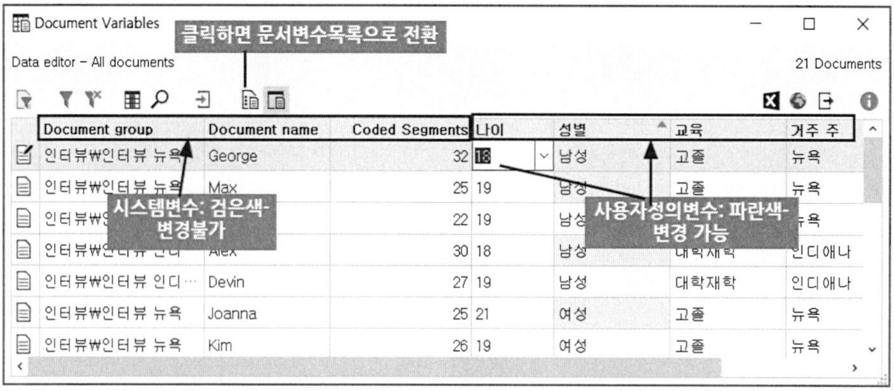

그림 12.6 문서변수용 데이터편집기

문서변수용 데이터편집기에서 해당 행을 마우스 오른쪽 버튼으로 클릭하여 문서에 접근할 수 있습니다. 문서시스템에서와 동일한 컨텍스트메뉴가 나타납니다.

12.4.2 코드변수용 데이터편집기

코드변수용 데이터편집기는 세 가지 방법으로 열 수 있습니다.

- 메인메뉴의 **변수**Variables > **코드변수용 데이터편집기**Data Editor for Code Variables

- 코드변수 목록에서 데이터편집기 아이콘 을 클릭
- 코드의 컨텍스트메뉴(마우스 오른쪽 버튼)에서 **변수**Variables를 선택합니다. 최상위수준에서 불러오면 모든 코드가 표시됩니다. 하위코드가 없는 코드의 컨텍스트메뉴에서 변수를 불러오면 코드의 변수값만 표에 나열됩니다. 하위코드가 있는 경우 하위코드의 변수도 표시됩니다.

12.4.3 데이터편집기에 변수값 입력 · 수정

데이터편집기에서 변수값을 입력하거나 수정하려면 다음과 같이 합니다.

값을 입력하려는 테이블의 셀을 더블클릭합니다. Enter키를 사용하여 다음 행으로 이동하여 변수값을 입력합니다. Tab키를 사용하여 다음 열로 이동하여 사례별로 값을 입력합니다.

열의 사례에 이미 지정된 값은 알파벳순으로 정렬된 드롭다운목록에 있습니다. 더블클릭한 셀 오른쪽에 있는 삼각형을 클릭하여 값을 선택할 수 있습니다. 드롭다운목록에서 값을 사용할 수 없는 경우 셀을 더블클릭한 후 값을 새로 입력하면 됩니다.

12.4.4 변수 선택하여 보기

많은 수의 변수를 만든 경우 한 번에 전체 테이블을 빠르게 보는 것이 어렵습니다. 열을 더 좁게 만들어 한 번에 더 많은 열을 볼 수 있지만 이것만으로는 충분하지 않습니다. 물론 테이블을 오른쪽으로 스크롤할 수도 있고 마우스 왼쪽 버튼을 누른 상태에서 변수 열을 잡고 테이블의 다른 위치로 이동하여 테이블의

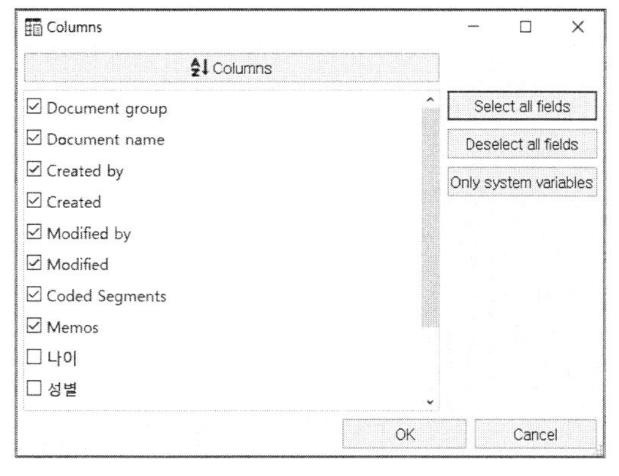

그림 12.7 열 선택 대화상자

변수순서를 변경할 수도 있습니다. 그러나 도구모음에서 **열 선택**Select Columns 아이콘 ▦을 클릭하는 것이 더 간단합니다. 변수를 선택적으로 보여주는 여러 가지 기능이 있습니다.

체크박스를 하나씩 선택하는 것 외에 다음과 같은 옵션이 있습니다.

- 모든 필드 선택
- 모든 필드 선택 해제
- 시스템변수만 선택

12.4.5 변수의 통계분석과 차트생성

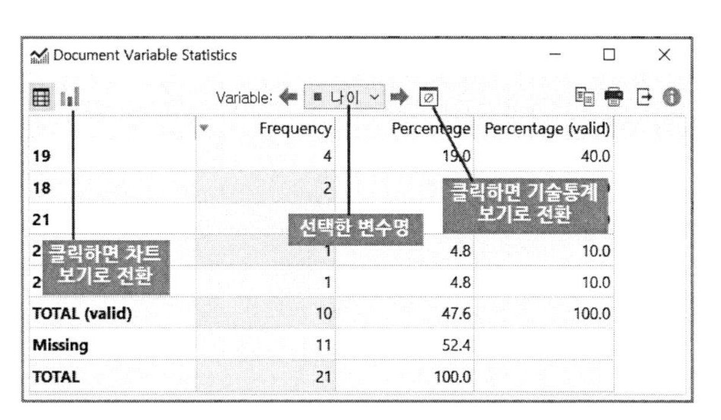

그림 12.8 문서변수 통계표

각 열의 변수값에 대한 통계분석을 시작할 수 있습니다. 문서변수용 데이터편집기에서는 열 머리글의 컨텍스트메뉴(마우스 오른쪽 버튼)에서 **문서변수 통계**Document Variable Statistics를 선택합니다. 코드변수용 데이터편집기에서는 열 머리글의 컨텍스트메뉴에서 **코드변수 통계**Code Variable Statistics를 선택합니다.

문서변수용 편집기에서 <나이>열의 컨텍스트메뉴에서 문서변수 통계를 클릭하면 문서변수 통계 화면이 나타납니다.

선택한 변수에 대한 빈도표를 보여주며, 차트로도 표시할 수 있습니다. 위 빈도표를 차트로 표시하면 다음 그림 12.9, 그림 12.10과 같습니다.

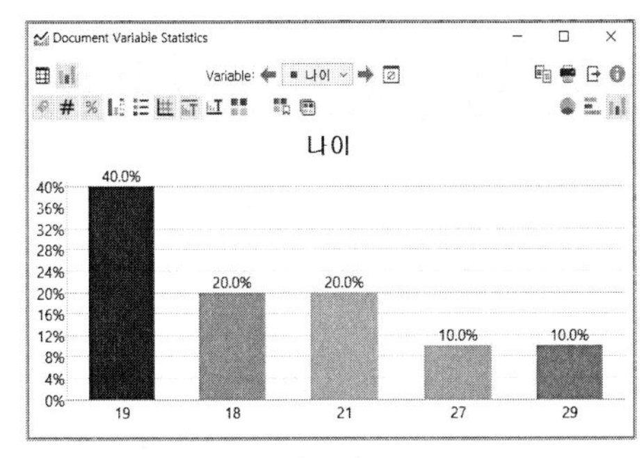

그림 12.9 문서변수(나이) 막대차트

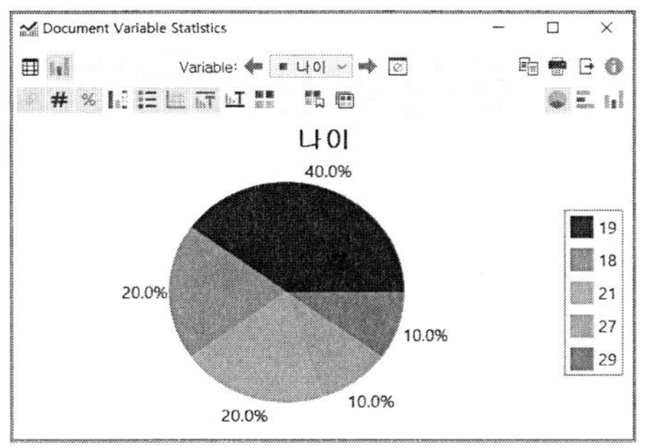

그림 12.10 문서변수(나이) 원형차트

그림 12.9는 막대차트로써 나이 변수에 대한 퍼센티지를 숫자와 더불어 시각적으로 보여줍니다.

그림 12.10은 원형 파이차트로써 나이 변수에 대한 퍼센티지를 파이모양의 원형차트로 보여줍니다.

12.5 Excel 및 SPSS에서 데이터 가져오기

연구에서, 표준화된 데이터는 종종 '사례 x 변수'의 데이터 행렬에서 이미 사용 가능하며, 이러한 데이터를 다시 입력할 필요는 없습니다. MAXQDA를 사용하면 이 데이터를 Excel 또는 통계패키지 SPSS 형식의 데이터를 가져올 수 있습니다. 데이터를 가져올 때 데이터가 올바르게 배치되려면 가져온 두 개의 열(문서그룹과 문서명)이 있어야 합니다. Excel에서 가져오려면 이러한 열의 제목을 다음과 같이 지정해야 합니다. SPSS 가져오기의 경우 이러한 열을 원하는 대로 선택할 수 있습니다.

12.5.1 Excel에서 문서변수 가져오기

MAXQDA는 Excel 파일(XLS/X)에서 데이터를 가져올 수 있습니다. 데이터는 다음 표 12.1과 같이 구성되어 있어야 합니다.

표 12.1 Excel에서 문서변수 가져올 데이터 형식

문서그룹	문서명	변수1	...	변수N
그룹 1	텍스트 1	텍스트 1의 변수값		택스트 1의 변수값
그룹 2	그림 1	그림 1의 변수값		그림 1의 변수값

처음 두 개 열 머리글은 문서에 변수값을 지정하기 위한 마커 역할을 하며 성공적인 가져오기를 위해 필요합니다. 모든 행에는 문서그룹과 문서명 열에 대한 항목이 있어야 합니다. 문서그룹이 단계가 있다면 ₩으로 하위그룹을 만들어 줍니다. 이러한 정확한 문서그룹과 문서명이 문서시스템에 있는 경우에만 변수와 변수값을 가져옵니다. 그런 다음 원하는 만큼 다양한 변수 열을 추가할 수 있습니다.

문서를 준비하고 저장한 후 **변수**Variables 〉 **문서변수 가져오기**Import Document Variables로 이동하여 가져오기 절차를 시작할 수 있습니다. 또는 **문서변수 목록**Import data(document variables)에서 **데이터 가져오기(문서변수)**Import data(document variables) 아이콘 을 클릭합니다.

가져올 변수유형과 함께 원본 및 대상변수를 지정할 수 있는 대화상자가 나타납니다.

MAXQDA는 가져오는 동안 다음을 수행합니다.

- MAXQDA 프로젝트에 아직 존재하지 않는 가져오기 파일의 모든 변수가 작성됩니다.
- 이미 존재하는 변수는 가져오기 파일의 새 값으로 업데이트됩니다.
- 정수 및 소수 변수유형에 대한 빈 값('시스템 누락')은 -999로 가져옵니다.

SPSS 파일의 경우에도 Excel 파일과 거의 같은 절차를 따릅니다.

12.5.2 Excel에서 코드변수 가져오기

MAXQDA는 Excel 파일(XLS/X)에서 코드 데이터를 가져올 수 있습니다. 데이터는 다음 표 12.2와 같이 구성되어야 합니다.

표 12.2 Excel에서 코드변수 가져올 데이터 형식

코드	변수1	...	변수N
상위코드 1₩코드 1	코드 1의 변수값		하위코드 1의 변수값
상위코드 1₩코드 2	코드 2의 변수값		하위코드 2의 변수값

첫 번째 열 머리글은 코드에 대한 변수값의 명확한 지정이므로 이 열과 해당 머리글은 필수입니다. 각 행은 해당 열에 코드를 지정해야 합니다. 하위코드의 경우 코드시스템에서 전체경로를 지정해야 합니다. 여기서 코드는 ₩로 구분됩니다.

이 정보와 정확히 일치하는 코드가 코드시스템에 있는 경우에만 변수를 가져옵니다. 다음 열에 필요한만큼 변수를 추가할 수 있습니다.

가져오기 데이터를 준비하고 저장한 후 **변수**Variables 〉 **코드변수 가져오기**Import Code Variables로 이동하여 가져오기 절차를 시작합니다. 또는 **코드변수 목록**Import data(code variables)에서 **데이터 가져오기(코드변수)**Import data(code variables) 아이콘 ⇥을 클릭합니다.

가져올 변수유형과 함께 원본 및 대상변수를 지정할 수 있는 대화상자가 나타납니다.

MAXQDA는 가져오는 동안 다음을 수행합니다.

- MAXQDA 프로젝트에 아직 존재하지 않는 가져오기 파일의 모든 변수가 작성됩니다.
- 이미 존재하는 변수는 가져오기 파일의 새 값으로 업데이트됩니다.

새 값을 가져오기 위해 Excel 파일을 설정하는 쉬운 방법은 먼저 변수목록의 도구모음에서 Excel 아이콘을 클릭하여 변수데이터 매트릭스를 Excel 파일로 내보내는 것입니다. 현재 변수가 모두 들어있는 Excel 파일이 열리면 새 변수에 대한 새 열을 추가하고 변경하려는 변수값을 업데이트 할 수 있습니다. 그 후에 할 일은 Excel 파일을 저장하고 MAXQDA로 가져오는 것입니다.

12.6 Excel 및 SPSS로 데이터 내보내기

MAXQDA는 변수의 통계분석을 위한 기본 기능을 제공하며 개별 변수값에 대한 빈도표 및 차트를 생성할 수 있습니다. 군집 또는 요인분석과 같은 추가 분석을 위해서는 해당 프로그램에서 통계분석을 수행하기 위해 문서변수 또는 코드변수의 데이터 테이블을 내보내야 합니다.

변수를 내보내려면 다음의 절차를 따릅니다.

❶ 데이터편집기의 도구모음에서 내보내기 아이콘 을 클릭하거나 **변수**Variables 〉 **문서변수 내보내기**Export Document Variables (코드변수 데이터편집기에서는 코드변수 내보내기)를 선택합니다.

❷ 내보낸 파일에 이름을 지정합니다. 파일을 저장할 위치를 정확히 선택합니다.

❸ 파일형식의 경우 다음 중에서 선택할 수 있습니다.

- Excel(XLS/X)
- 문서변수에만 사용할 수 있고 대부분의 통계프로그램에서 잘 작동하는 SPSS 데이터 파일(SAV)
- 문서변수에만 사용할 수 있는 SPSS 구문파일(SPS)
- 텍스트(TXT, 탭 구분)
- RTF(서식 있는 텍스트 형식)
- 웹사이트 (HTML).

❹ OK를 선택합니다.

	A	B	C	D	E	F	G	H
1	Document group	Document name	Created by	Created	Modified by	Modified	Coded Segments	Memos
2	인터뷰\인터뷰 뉴욕	George	SHJ	2021-02-28 04:36:07	SHJ	2021-04-23 18:23:54	32	4
3	인터뷰\인터뷰 뉴욕	Joanna	SHJ	2021-02-28 04:36:09	SHJ	2021-04-22 01:28:02	25	1
4	인터뷰\인터뷰 뉴욕	Kim	SHJ	2021-02-28 04:36:11	SHJ	2021-04-22 01:28:08	26	0
5	인터뷰\인터뷰 뉴욕	Max	SHJ	2021-02-28 04:36:13	SHJ	2021-04-22 01:28:11	25	1
6	인터뷰\인터뷰 뉴욕	Robyn	SHJ	2021-02-28 04:36:15	SHJ	2021-04-22 01:28:15	22	0
7	인터뷰\인터뷰 뉴욕	Teresa	SHJ	2021-03-01 05:09:25	SHJ	2021-04-22 01:28:17	17	0
8	인터뷰\인터뷰 뉴욕	Vinnie	SHJ	2021-03-01 05:09:27	SHJ	2021-04-22 01:28:20	27	2
9	인터뷰\인터뷰 인디애나	Jamie	SHJ	2021-03-30 23:48:02	SHJ	2021-04-22 01:28:22	37	3
10	인터뷰\인터뷰 인디애나	Alex	SHJ	2021-03-01 05:08:44	SHJ	2021-04-23 18:23:45	30	1
11	인터뷰\인터뷰 인디애나	Devin	SHJ	2021-03-01 05:08:46	SHJ	2021-04-22 01:28:29	27	0

그림 12.11 Excel로 내보낸 문서변수목록

CHAPTER 13

혼합방법 데이터분석

CHAPTER 13

혼합방법 데이터분석

13.1 MAXQDA에서 혼합분석방법

혼합방법 접근방식은 실제 경험적 연구에서 점점 더 대중화되고 있습니다. 2000년대 초반에는 글로벌 및 학제간 혼합방법 커뮤니티가 형성되어 많은 국제 콘퍼런스에서 혼합방법 접근법과 연구프로젝트를 제시하였습니다. 다수의 출판물과 교과서가 집필되었고, 2007년에 특별학술지인 JMMR(Journal of Mixed Methods Research)이 창간되었습니다(Kuckartz, 2019[1]). MAXQDA는 연구방법 통합분야의 선구자 중 하나입니다. 질적데이터와 양적데이터를 결합하는 기능은 이미 1980년대 말과 1990년대 초 프로그램의 첫 번째 버전에서 발견되었습니다(MAXQDA, 2011[2]).

MAXQDA 메인메뉴의 혼합방법 탭에서는 문서와 변수를 연결하는 기능을 사용할 수 있습니다. 질적인터뷰 자료의 주제와 표준화된 인터뷰의 변수를 연결하거나 코딩을 기반으로 양적 평가를 수행하는 등의 기능이 있습니다. 첫 번째는 질적데이터와 양적데이터, 결과 또는 결론이 함께 제시되는 이른바 **공동디스플레이**joint displays입니다. Guetterman, Creswell과 Kuckartz(2015[3])는 개요기사에서 다양한 혼합방법 설계와 적절한 공동 디스플레이를 제시합니다. MAXQDA는 일

1) Kuckartz, U. & Rädiker, S. (2019). Analyzing Qualitative Data with Maxqda: Text, Audio, and Video: Springer International Publishing.

2) MAXQDA Online Manual(https://www.maxqda.com/help-mx20/mixed-methods-functions/general)

3) Guetterman, T., Creswell, J. W., & Kuckartz, U. (2015). Using Joint Displays and Maxqda Software to Represent the Results of Mixed Methods Research. Use of visual displays in research and testing: Coding, interpreting, and reporting data, 145-175.

반적인 혼합방법 설계에 적합한 여러 개의 공동디스플레이를 제공합니다. 이러한 설계에는 특히 다음 내용이 포함됩니다.

- 융합설계(질적, 양적, 병행연구)
- 설명설계(양적연구 이후의 질적연구)
- 탐색적 설계(양적연구 이전의 질적연구)

13.1.1 혼합방법 기능의 개요

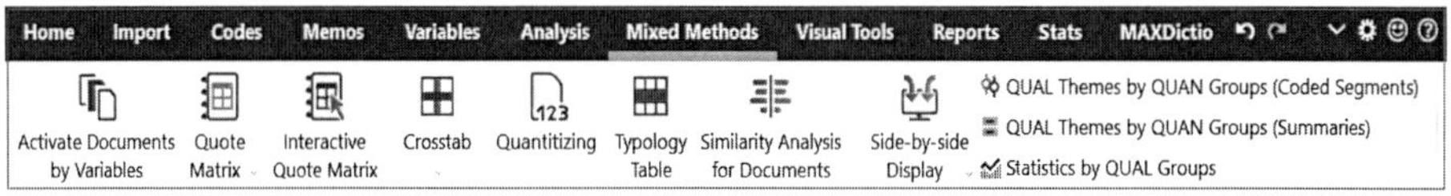

그림 13.1 혼합방법 탭 메뉴

- **변수로 문서활성화**Activate Documents by Variables: 문서변수값에 따라 코딩쿼리에 포함할 문서를 활성화할 수 있습니다. 예를 들어, 이 기능을 사용하여 20~25세 남성이 직업선택 문제에 대해 말한 내용을 식별할 수 있습니다.
- **대화형 인용매트릭스**Interactive Quote Matrix: 지정한 특정 변수값을 기준으로 주제에 대해 여러 그룹이 말한 내용을 보여주는 Word 파일을 만듭니다. 지정된 코드에 대한 각 그룹의 코딩구절이 다른 열에 있습니다. 예를 들어, 다양한 수준의 교육을 받은 사람들이 노숙자퇴치에 대한 접근방식이 어떻게 다른지 확인할 수 있습니다.
- **크로스탭**Crosstab: 코드매트릭스 브라우저Code Matrix Browser와 병렬로 작동하지만 문서수준에서 작동하지 않습니다. 대신 변수값을 기준으로 그룹을 만들고 각 그룹이 각 주제에 대해 이야기하는 빈도를 비교할 수 있습니다. 예를 들어, 삶의만족도 인터뷰에서 남성이 여성에 비해 관계에 대해 얼마나 자주 이야기하는지 비교할 수 있습니다.
- **양적변수화**Quantitizing: 질적 코딩정보를 양적변수로 변환하는 것입니다. 수량화를 통해 코드빈도를 문서변수로 저장할 수 있으며, 각 문서에 대해 해당 문서에 코드가 나타나는 빈도에 대한 정보를 얻을 수 있습니다. 그런 다음

이 정보를 통계적으로 분석하거나 사례선택에 사용할 수 있습니다.

- **유형표**Typology Table: 작성한 질적 유형에 대한 변수값의 개요를 보여줍니다. 예를 들어, '적극적인 낙관론자들'에 비해, 평균연령, 성별 분류, 이미 노숙자가 된 평균시간이 얼마인지 확인할 수 있습니다.
- **문서의 유사성 분석**Similarity Analysis for Documents: 선택된 문서는 유사성에 대해 기존의 코딩구절과 문서변수를 기반으로 분석되며, 결과는 유사성 또는 거리 매트릭스로 표시됩니다.
- **결과를 나란히 표시**Side-by-side Display of Results: 이 공동디스플레이는 질적 연구결과와 양적 연구결과를 비교합니다.
- **QUAN 그룹별 QUAL 테마**QUAL Themes by QUAN Groups: 이 공동디스플레이는 변수값을 기반으로 형성된 그룹의 표에 코딩구절 또는 요약을 컴파일하는 데 사용됩니다.
- **QUAL 그룹별 통계**Statistics by QUAL Groups: 이 기능의 결과는 유형표에 해당하며 지정된 코드에 따라 문서를 그룹으로 나눕니다. 이 공동디스플레이를 사용하면 이러한 그룹에 대해 선택한 변수의 평균값, 표준편차 및 절대 및 상대빈도를 비교할 수 있습니다.

13.2 문서변수로 활성화하기

코딩구절의 검색과 같은 분석을 위한 문서 선택은 손으로 쉽게 수행할 수 있습니다. 프로젝트의 모든 문서, 특정 문서그룹의 문서 또는 단일문서를 활성화할 수 있습니다. 그러나 보다 복잡한 선택적 코딩 검색은 손으로 수행하기가 어렵습니다.

이런 이유로 자동활성화 옵션도 있습니다. **문서변수로 활성화**Activate by Document Variables 기능을 사용하면 할당된 변수값을 기준으로 문서를 활성화 할 수 있습니다. 예를 들어, 성별, 연령, 교육수준에 대한 변수를 정의했다면, 적어도 고등학교 교육을 받은 20세 이상의 여성을 표시하는 문서만을 선택할 수 있습니다. 이러한 활성화는 적절한 수식을 입력하여 수행할 수 있습니다. MAXQDA의 수식구문은 SPSS와 같은 통계프로그램과 유사합니다.

문서변수별 활성화 기능은 다음 중 한 가지를 통해 접근할 수 있습니다.

- 메인메뉴의 **혼합방법**Mixed Methods 탭에서 **변수로 문서활성화**Activate Documents by Variables를 선택합니다.
- 문서시스템에서 **문서**Documents 아이콘의 컨텍스트메뉴(마우스 오른쪽 버튼)에서 **변수로 문서활성화**를 선택합니다(참조: 그림 13.2).

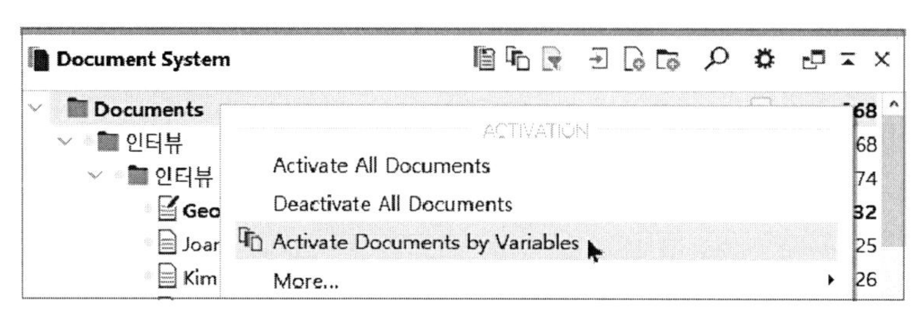

그림 13.2 문서시스템의 컨텍스트메뉴에서 '변수로 문서활성화' 선택

- 문서시스템에서 **변수로 문서활성화** 아이콘을 클릭합니다(참조: 그림 13.3).

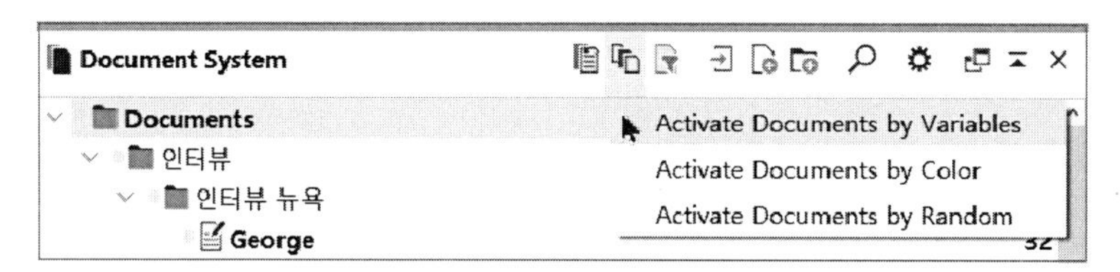

그림 13.3 문서시스템 도구모음 아이콘을 클릭 '변수로 문서활성화' 선택

해당 버튼을 클릭하면 활성화를 위한 수식을 입력하는 대화창이 나타납니다(참조: 그림 13.4). 위에서 언급한 예에서는 고등학교 이상 교육을 받은 20세 이상의 여성에 대해

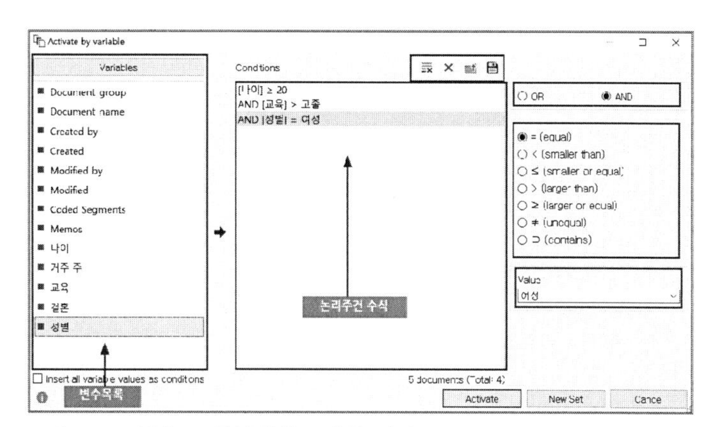

그림 13.4 변수로 활성화하는 대화 상자

서만 문서를 활성화하려고 합니다. 대화창은 다음 섹션으로 구성됩니다.

문서변수목록	☰ × ▥ 🖫	○ OR ◉ AND
	논리 조건Conditions 수식	연산자 선택 버튼
		변수값Value 선택 드롭박스

모든 논리적 조건에는 다음 구성요소가 있어야 합니다.

변수명 / 연산자 / 값

위의 예에서, 고등학교 **교육**을 받은 **20세 이상**의 여성인 참가자와의 인터뷰 문서를 활성화하기 위해 다음 수식을 사용합니다.

```
[나이] ≥ 20
AND [교육] ≥ 고졸
AND [성별] = 여성
```

변수로 문서활성화 대화상자에서 이러한 조건을 생성하려면 다음과 같이 하면 됩니다.

❶ 왼쪽 변수목록에서 변수 [나이]를 더블클릭합니다. **조건**Conditions 창에 다음 텍스트가 표시됩니다.

[나이] = 〈empty〉

❷ 오른쪽 아래 **변수값**Value 필드도 비어있습니다.

변수값Value 필드에 "20"을 입력하거나, 화살표를 클릭하여 드롭다운 메뉴를 열고 해당 지점까지 문서에 대해 입력된 값 목록에서 해당값을 선택할 수 있습니다.

중간지점의 연산자 선택에서 '20세 이상'이므로 "≥(larger or equal)"을 선택합니다.

❸ 왼쪽 변수목록에서 [교육]을 더블클릭합니다. 조건창에 다음의 텍스트가 표시됩니다.

OR [교육] = 〈empty〉 그런 다음, 변수값 필드의 값 목록에서 "고졸"을 선택합니다. 그 후 "OR"을 "AND"로 바꾸어 선택합니다.

❹ 왼쪽 변수목록에서 [성별]을 더블클릭합니다. 가운데 조건창에 다음의 텍스

트가 표시됩니다.

OR [성별] = 〈empty〉 그런 다음, 변수값 필드의 값 목록에서 “여성”을 선택합니다. 그 후 “OR”을 “AND”로 바꾸어 선택합니다.

13.2.1 수식 삭제

작성한 수식은 언제든지 삭제할 수 있습니다.

- 삭제하려는 행을 클릭합니다.
- **삭제**Delete 버튼 을 클릭합니다.
- 수식 목록을 한꺼번에 삭제하려면 빨간색 ×Clear 버튼을 클릭합니다.

13.2.2 수식변경 및 저장

자동활성화 프로세스를 시작한 후 대화상자가 더 이상 표시되지 않습니다. 그러나 수식은 다음에 열 때도 해당 창에 계속 남아 있습니다.

논리수식(변수명/연산자/값)은 언제든지 변경할 수 있습니다.

❶ 대화상자에서 수식을 클릭하고 다른 연산자를 선택합니다.
❷ 값을 변경하려면 새 값을 입력하거나 드롭다운 메뉴에서 선택하면 됩니다.
❸ AND, OR 조건도 변경하여 선택합니다.

수식을 변경하면 **활성화**Activate 버튼을 클릭하여 활성화를 다시 시작해야 합니다.

또한 나중에 이 수식을 다시 사용할 수 있도록 수식을 저장할 수 있습니다. 대화상자 하단의 저장아이콘 을 클릭하면 됩니다. 그런 다음 이름을 지정하고 저장할 위치를 선택합니다.

저장된 논리수식에 대한 파일은 MAXQDA에 의해 .LOA 파일로 저장됩니다. 저장된 수식파일(*.loa)을 열려면 열기버튼 을 선택하고 저장한 위치로 이동합니다. 모든 LOA 파일에 대한 폴더를 설정하는 것이 적절하므로 쉽게 찾을 수 있습니다.

13.2.3 코드변수로 활성화하기 위해 코드변수 사용

문서변수를 기준으로 문서를 활성화할 수 있을 뿐만 아니라 코드변수를 기준으로 코드를 활성화할 수도 있습니다. 코드시스템으로 활성화 기능은 코드시스템의 최상위항목(코드시스템)의 컨텍스트메뉴(마우스 오른쪽 버튼)에서 **변수로 코드활성화**Activate by Code Variable 옵션을 선택하여 접근할 수 있습니다.

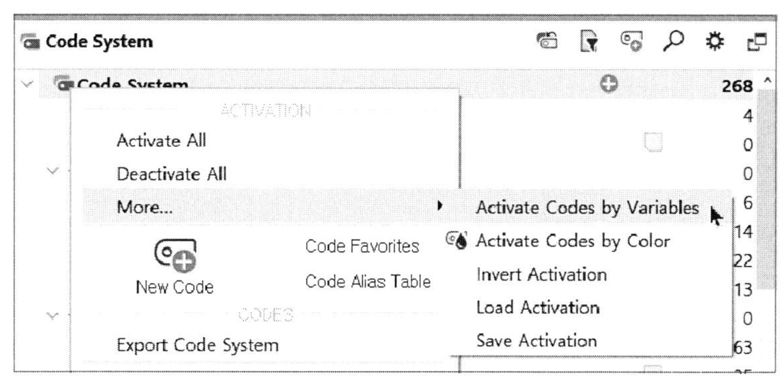

그림 13.5 코드시스템의 컨텍스트메뉴에서 코드변수 기능으로 활성화

13.3 크로스탭

크로스탭Crosstab 은 문서변수와 코드 간의 관계를 시각화한 것입니다. 즉, 그룹별로 분류된 코드빈도를 양적으로 비교분석한 것입니다. 크로스탭 기능은 문서가 문서변수별로 그룹화되어 분석된다는 점을 제외하면 코드매트릭스 브라우저와 몇 가지 유사점이 있습니다. 남성과 여성 등 사회적 집단이나 다른 개인적 배경을 가진 사람 등을 변수값에 따라 비교할 수 있습니다. 프로젝트에 있는 모든 변수를 사용하여 그룹을 설정할 수 있습니다. 다음 그림 13.6의 예제는 남성과 여성 참여자별로 각 코드가 발생한 횟수를 표시합니다.

Crosstab

	남성	여성	Total
조부모	2	4	6
부모	8	6	14
친구	11	11	22
연인	7	6	13
긍정적	35	28	63
부정적	13	22	35
양가적	4	3	7
Σ SUM	80	80	160
# N = Documents	5 (50.0%)	5 (50.0%)	10 (100.0%)

그림 13.6 성별에 따른 크로스탭(교차)분석의 예

13.3.1 크로스탭 생성

크로스탭을 만들기 위해서는 먼저 빈도를 비교할 코드를 선택하고 다음 열column로 정의할 그룹을 결정하는 것입니다.

① 코드 선택

MAXQDA에서 평소와 같이 코드선택은 활성화를 통해 선택합니다. 크로스탭 기능을 사용하기 전에 선택을 완료해야 합니다. 그렇지 않으면 모든 코드가 크로스탭에 표시됩니다.

코드의 컨텍스트메뉴에서 크로스탭 기능을 열 수 있습니다. 이 경우 해당 특정 코드 또는 하위코드들만 크로스탭의 행에 표시됩니다.

② 열column 정하기

열 정의는 **문서변수로 활성화**Activate by Document Variables 대화상자와 유사한 대화상자에서 적절한 변수조건(수식)을 정의하여 수행됩니다. 이렇게 하려면 메인 메뉴의 **혼합방법**Mixed Methods 탭에서 **크로스탭**Crosstab 기능을 엽니다. 코드를 활성화하고 크로스탭을 선택한 후에는 각 열에 문서를 할당하는 데 사용할 논리조건을 만들 수 있습니다. 창은 다음 섹션으로 나뉩니다.

<table>
<tr><td rowspan="2">문서변수목록</td><td>≡ × ▤ 🖫</td><td>연산자 선택 버튼</td></tr>
<tr><td>열columns (그룹) 정의하는 섹션</td><td>변수값Value 선택 드롭박스</td></tr>
</table>

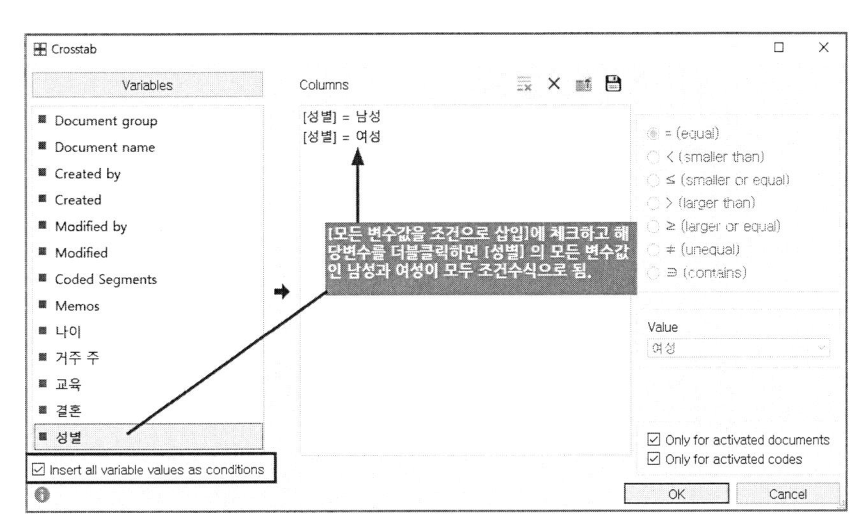

그림 13.7 크로스탭 설정 대화상자

위 그림 13.7의 예의 경우, 만약 [성별] 변수에 대하여 "남성"과 "여성"을 비교하는 크로스탭(교차분석)을 만들기 위해 다음 수식을 사용하면 됩니다.

❶ **모든 변수값을 조건으로 삽입**Insert all variable values as conditions 옵션을 선택합니다.

❷ 왼쪽 변수섹션에서 [성별] 변수를 더블클릭하면, 중간의 조건섹션에 다음과 같이 표시됩니다.

```
[성별] = 남성
[성별] = 여성
```

❸ 마지막으로 OK를 클릭합니다.
이런 과정을 거쳐 만들어진 크로스탭이 그림 13.6의 <성별에 따른 크로스탭(교차)분석의 예>입니다.

13.3.2 크로스탭 도구모음의 기능

그림 13.6과 같은 크로스탭이 열리면 상단에 도구모음이 있습니다. 일반적인 내보내기 기능 외에 다음과 같은 기능을 제공합니다.

- **대화형 인용매트릭스**Interactive Quote Matrix: 표에서 코딩구절을 대화형 창에 표시합니다.
- **코드계층**: 코드계층을 보이거나 감추거나를 표시합니다.
- **구절의 수**: 절대 빈도수를 표시합니다. 즉, 각 열의 변수형식에 대한 코딩 구절의 수를 의미합니다.
- **행 비율**: 행 전체에서 계산된 셀의 비율입니다(가로 비율 계산).
- **코딩구절의 합계를 기준으로 한 백분율(ΣSUM 행)**: 열에서 계산된 셀의 점유율(수직 백분율합계).
- **문서의 수를 기준으로 한 백분율(#N=Documents 행)**: 열에 있는 문서 수를 기준으로 한 열 백분율입니다(문서당 한 번만 히트수 계산 옵션이 자동으로 선택됨).
- **문서당 한 번만 히트수 계산**: 분석단위가 문서로 설정됩니다. 각 문서는 코드가 지정되었는지 여부만을 기준으로 분석됩니다. 문서 내에서 코드가 발생하는 빈도는 고려되지 않습니다.
- **합계**: 행과 열의 합계를 표시합니다.
- **가장 높은 값 강조**: 결과를 더 잘 해석하기 위해 더 높은 값의 셀을 녹색으로 강조표시합니다.
- **새로 고침**: 표의 값을 다시 계산합니다.

13.3.3 원본파일에 대한 대화식 연결

크로스탭의 셀은 프로젝트의 데이터 자료에 대화식으로 연결됩니다.

- **검색구절**Retrieved Segments창에 코딩구절을 나열하려면 셀을 더블클릭합니다. 이 작업은 셀에 연결된 **문서**와 **코드**를 자동으로 활성화합니다.
- 셀의 컨텍스트메뉴(마우스 오른쪽 버튼)에서 **문서활성화**Activate Documents를 선택합니다. 이렇게 하면 현재 코드활성화 선택을 변경하지 않고 연결된 문서가 활성화됩니다.

13.3.4 크로스탭의 적합성

크로스탭은 하위범주 분석 및 표본의 하위그룹에서의 분포에 적합합니다. 즉, 크로스탭 기능을 사용하면 다양한 그룹을 서로 비교할 수 있습니다.

위의 예에서 인터뷰 참여자들이 인터뷰 내용에서 한 진술이 긍정적, 부정적, 양가적으로 코딩했을 경우, 남성과 여성별로 어느 성별이 더 긍정적인 진술을 했는지 쉽게 비교할 수 있습니다.

성별 변수뿐만 아니라 교육수준, 나이, 거주지역 등 다양한 변수를 그룹별로 비교할 수 있습니다. 크로스탭에 제시된 값을 행 또는 열의 퍼센티지로 보는 옵션을 사용하면 더 쉽게 해석할 수 있습니다.

13.4 인용매트릭스

인용매트릭스Quote Matrix는 크로스탭Crosstabs 기능과 동일한 아이디어를 기반으로 합니다. 즉, 주제와 양적 변수의 공동디스플레이를 생성합니다. 인용매트릭스는 이를 보다 상세하고 집계되지 않은 수준에서 수행합니다. 여기서 코딩구절 자체는 해당 특정 셀에 대해 코딩구절의 수뿐만 아니라 행렬의 셀에도 나열됩니다. 아래 그림 13.8의 예에서, 남성과 여성이 특정 주제에 대해 말한 내용을 비교할 수 있습니다.

Code	성별=남성 (N=1)	성별=여성 (N=2)
긍정적	나는 꽤 만족스럽고 완벽한 가족을 원한다면 불가능한 것을 요구할 것입니다. 하지만 내 생각엔 가족들도 그런대로 괜찮은 것 같습니다. 인터뷰\인터뷰 뉴욕\George: 8 - 8 (0) 내가 하는 모든 스포츠, 친구와 함께 플레이하고 스포츠를 하는 동안 즐거움을 유지합니다. 나는 당신이 스포츠에서 더 나아질수록 스포츠의 경쟁력과 발전을 즐깁니다 인터뷰\인터뷰 뉴욕\George: 10 - 10 (0)	전반적으로 나는 내 정신, 사회, 그리고 육체적 건강에 꽤 만족합니다 인터뷰\인터뷰 뉴욕\Joanna: 6 - 6 (0) 내 기숙사 생활은 정말 좋았습니다. 나는 만족도에 10점 줄 것입니다. 나는 혼자 있는 것을 좋아합니다. 학교에서 나의 가정생활에 관해서, 나는 7점을 줄 겁니다. 나의 부모님은 훌륭하십니다. 인터뷰\인터뷰 뉴욕\Joanna: 8 - 8 (0)
부정적	특히 상담과 다른 사람들을 돕는 일에 관심이 있지만 제 열정은 아닙니다. 인터뷰\인터뷰 뉴욕\George: 4 - 4 (0) 내가 무척 좋아하는 일을 할 수 없다는 것은 불공평하다고 생각합니다. 성공할 가능성은 분명히 나에게 불리하며 남은 평생 동안 그다지 보람이 없는 직업에 갇혀 있을 수 있다는 것을 아는 것은 좋은 느낌이 아닙니다. 앞으로 영화사업에 뛰어들려고 노력할 것이지만 기적은	슬픔은 할머니와 할아버지의 죽음을 떠올리게 해요. 그분들의 죽음은 내 삶에 큰 영향을 미쳤습니다. 두분은 나의 두 번째 부모님 같았습니다. 이 두 번(할머니, 할아버지가 돌아가신 시기)은 분명히 내 인생에서 최악의 시기였다. 인터뷰\인터뷰 뉴욕\Joanna: 21 - 21 (0) 나는 지금 싱글 룸에 있습니다. 왜냐하면 나는 룸메이트를 가질 수 없다는 것을 깨달았기 때문입니다. 혼자 있어야 합니다.

그림 13.8 인용매트릭스 출력화면

MAXQDA는 크로스탭에 숫자로 나열되는 동일한 코딩구절을 표시하는 표를 생성하지만 여기서는 텍스트로 표시됩니다. 이론적으로, 각 그룹에 대해 MAXQDA에서 검색을 수행하고 검색구절Retrieved Segments창에서 Word의 표로 그것들을 복사하여 직접 인용매트릭스를 만들 수 있지만, 결과표에는 구절 자체만 있고 원본 데이터는 없습니다. 인용매트릭스를 생성하려면 다음과 같이 하면 됩니다.

❶ 먼저 인용매트릭스에 포함할 코드를 활성화합니다.

❷ 메인메뉴의 **혼합방법**Mixed Methods 탭에서 인용매트릭스를 선택합니다. 매트릭스의 열을 정의할 수 있는 다음 그림 13.9의 대화창이 열립니다.

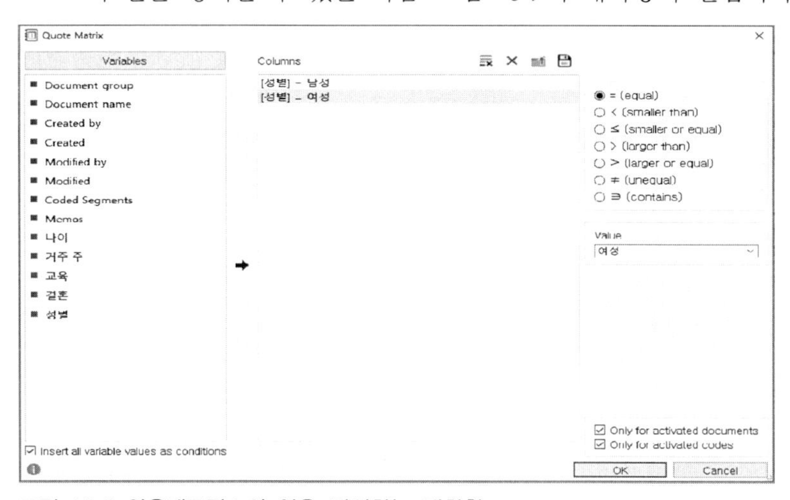

그림 13.9 인용매트릭스의 열을 정의하는 대화창

OK를 클릭하면 파일명을 생성하고 인용매트릭스를 저장할 위치를 선택하는 대화상자가 열립니다. 매트릭스는 Excel, HTML 또는 RTF 파일로 저장할 수 있습니다. 열이 많은 행렬의 경우 Excel 형식이 권장되고 열이 적은 행렬의 경우 Word(*.docx)나 RTF 형식이 권장됩니다.

① 주석이 있는 인용매트릭스

하나 또는 여러 개의 코딩구절에 주석을 추가했을 수 있습니다. 이러한 주석은 코딩구절에 추가하거나 대안으로 인용매트릭스Quote Matrix에 표시될 수 있습니다. 주석에 코딩구절에 대한 간단한 요약이나 중요한 기록이 포함된 경우 특히 유용합니다.

코딩구절 대신 주석을 표시하려면 메인메뉴의 혼합방법 탭에서 인용매트릭스 리본 아래 있는 Qoute Matrix 단어를 클릭하여 드롭다운메뉴를 엽니다. 여기서 **주석이 있는 인용매트릭스**Quote Matrix with comments 또는 **코딩구절과 주석이 함께 있는 인용매트릭스**Quote Matrix with Coded Segments and Comments를 클릭합니다.

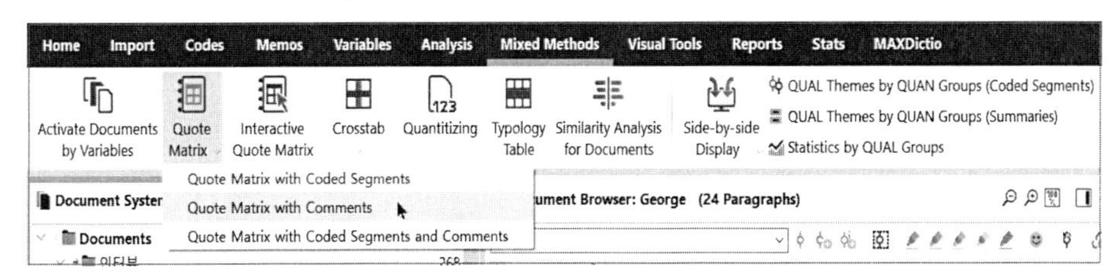

그림 13.10 혼합방법 탭에서 주석이 있는 인용매트릭스 열기

13.5 대화형 인용매트릭스

대화형 인용매트릭스 Interactive Quote Matrix는 서로 다른 사례 및 그룹에 대해 코딩구절을 대화형으로 비교할 수 있습니다. 대화형 인용매트릭스는 데이터를 내보내지 않고 MAXQDA에 직접 대화형 창에 표시되는 것을 제외하고 일반 **인용매트릭스**Quote Matrix와 동일한 콘텐츠를 표시합니다. 따라서 일반적으로 대화형 인용매트릭스가 일반 인용매트릭스보다 선호됩니다.

또한 대화형 인용매트릭스는 '11.9 사례와 그룹의 질적비교'에서 다룬 적이 있습니다. 경로만 다를 뿐 대화형 인용매트릭스는 같은 창입니다.

대화형 인용매트릭스를 열려면 다음 단계를 따르면 됩니다.

❶ 매트릭스에 포함할 문서와 코드를 활성화합니다. 활성화하지 않으면 모든 문서와 코드가 포함됩니다.

❷ **혼합방법**Mixed Methods 〉 **대화형 인용매트릭스**Interactive Quote Matrix를 선택합니다.

❸ 변수조건을 사용하여 열에 표시할 문서를 결정합니다(각 변수조건에 대해 별도의 열이 생성됨). 열 정의에 대한 자세한 소개는 **크로스탭**의 섹션('13.3 **크로스탭' 참조**)에서 확인할 수 있습니다.

❹ 필요한 경우 **활성화된 문서와 활성화된 코드만**Only for activated documents and/or Only for activated codes 옵션을 선택합니다(권장).

❺ OK를 클릭합니다. 그림 13.11과 같은 대화형 디스플레이가 있는 새 창이 나타납니다.

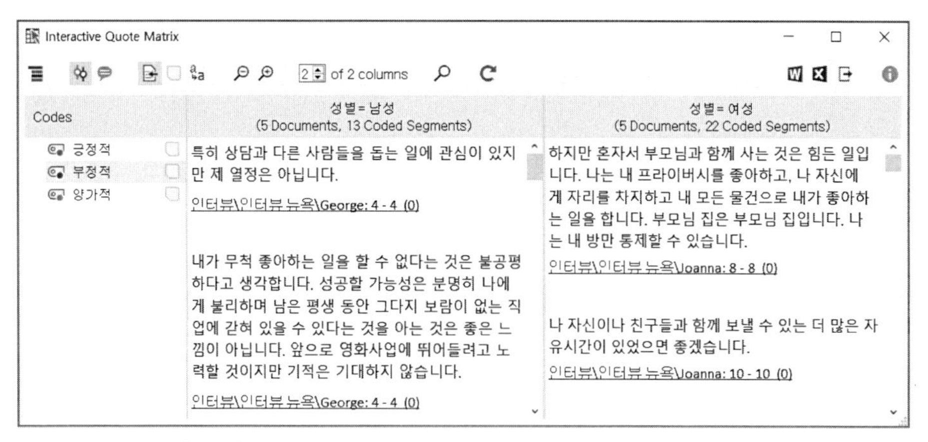

그림 13.11 대화형 인용매트릭스

왼쪽 섹션은 선택한 코드들의 목록이 표시됩니다. 코드시스템의 계층구조를 유지하기 위해 활성화된 코드의 상위코드를 자동으로 추가합니다.

가운데 열은 선택한 변수조건의 결과입니다. 정의된 각 조건에 대해 열이 표시됩니다. 이 열에는 각 변수 조건을 충족하는 문서의 코딩구절이 표시됩니다. 열당 문서 수는 열 제목에 표시됩니다.

코드목록에서 코드를 클릭하여 열에 코딩된 구절을 나열합니다. 열 머리글은 열에 표시되는 코딩구절Coded Segments의 수를 나타냅니다.

TIP

MAXQDA에서 대화형 인용매트릭스 기능은 모두 네 군데에서 열 수 있습니다. 1) **혼합방법**Mixed Methods 탭 〉 **대화형 인용매트릭스**Interactive Quote Matrix 선택, 2) **혼합방법** 탭의 **크로스탭**Crosstab에서, 3) **시각도구**Visual Tools 탭 〉 **코드매트릭스 브라우저**Code Matrix Browserd에서, 4) **분석**Analysis 탭 〉 **사례&그룹비교**Compare Case & Groups 〉 **질적**Qualitative 선택. 다만, 2)크로스탭이나 3)코드매트릭스 브라우저에서 불러올 때는 해당 창의 왼쪽의 첫 번째 아이콘 을 클릭합니다.

13.6 유형표

유형표Typology Table는 양적데이터와 코드 또는 범주형 변수를 결합하는 또 다른 방법입니다. 질적 유형에 대한 다양한 변수와 백분율(평균, 표준편차 등)을 계산할 수 있기 때문에 유형표라고 합니다.

이 표는 Creswell과 Clark의 저서 “Designing and conducting mixed methods research (3e)”(2018[4])의 다음 예제와 유사하게 설정됩니다.

4) Creswell, J. W. & Clark, V. L. P. (2018). Designing and Conducting Mixed Methods Research (3e): Sage publications.

Characteristics	Physician Rated Patient Depressed $n = 27$	Physician Rated Patient Not Depressed $n = 21$	P Value
Sociodemographic characteristics			
Age, mean, No. (SD)	73.0 (5.3)	77.1 (5.3)	.012
Women, No. (%)*	21 (79)	15 (71)	.623
African American, No. (%)*	10 (39)	12 (57)	.173
Education less than high school, No. (%)*	8 (30)	10 (48)	.210
Psychological status			
CES-D score, mean (SD)	18.3 (13.5)	15.6 (10.0)	.450
BAI score, mean (SD)	10.0 (9.2)	11.8 (8.5)	.498
BHS score, mean (SD)	5.5 (4.1)	4.8 (3.7)	.607
Cognitive status			
MMSE score, mean (SD)	27.8 (2.2)	27.1 (3.0)	.371
Physician ratings at index visit			
Physician rates the patient as depressed, No. (%)*	27 (100)	0 (0)	.842
Physician knows the patient very well, No. (%)*	20 (75)	15 (71)	.843

그림 13.12 유형표의 예(출처: Creswell & Clark, 2018: 292)

이 표는 우울증환자(27명)와 비우울증환자(21명)의 두 가지 유형의 환자를 비교한 것입니다. 마지막 열 p－값p value은 수학적 평균의 통계적 유의성을 보여줍니다. 첫 번째 행 'Age'는 두 그룹의 평균연령과 괄호 안의 표준편차를 보여줍니다.

'Women'행에는 여성의 수와 비율이 포함됩니다. 이는 27명의 우울증 환자 중 21명이 여성이라는 것을 의미하며, 이는 정확히 79%입니다.

보시다시피 행은 변수, 정확한 측정항목 변수, 텍스트 또는 숫자변수와 같은 범주형 변수의 특정값으로 구성됩니다. 열은 크로스탭(교차분석) 패턴을 따르므로 모든 범주형 변수의 값을 선택할 수 있습니다.

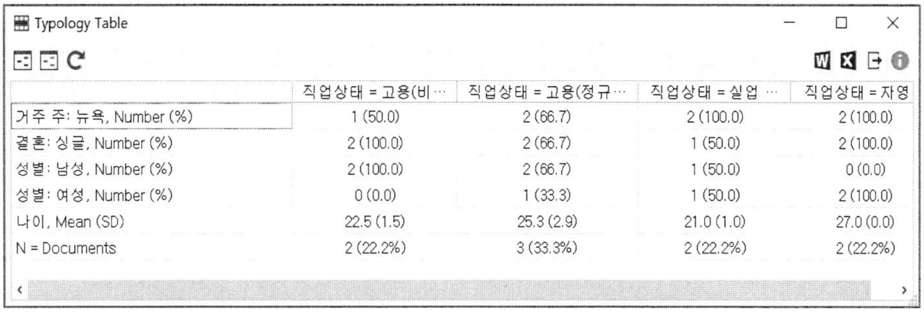

Typology Table

	직업상태 = 고용(비 ···	직업상태 = 고용(정규 ···	직업상태 = 실업 ···	직업상태 = 자영
거주 주: 뉴욕, Number (%)	1 (50.0)	2 (66.7)	2 (100.0)	2 (100.0)
결혼: 싱글, Number (%)	2 (100.0)	2 (66.7)	1 (50.0)	2 (100.0)
성별: 남성, Number (%)	2 (100.0)	2 (66.7)	1 (50.0)	0 (0.0)
성별: 여성, Number (%)	0 (0.0)	1 (33.3)	1 (50.0)	2 (100.0)
나이, Mean (SD)	22.5 (1.5)	25.3 (2.9)	21.0 (1.0)	27.0 (0.0)
N = Documents	2 (22.2%)	3 (33.3%)	2 (22.2%)	2 (22.2%)

그림 13.13 유형표 출력화면

유형표를 생성하려면 다음의 순서를 따릅니다.

❶ 메인메뉴의 **혼합방법**Mixed Methods 탭에서 **유형표**Typology Table를 선택합니다.

❷ 범주형 변수의 경우 모든 해당 변수값이 대화상자 창에 나열됩니다. 범주형이 아닌 (측정치)변수의 경우 변수 자체가 나열됩니다. 쉽게 구별할 수 있도록 범주가 아닌 변수는 빨간색으로 표시됩니다. 유형표에 포함하고 그룹 간에 비교하려는 변수값과 변수를 확인합니다.

❸ 범주가 아닌 변수의 결측치를 무시해야 하는 경우 결측치 제외 옵션을 선택합니다.

❹ **계속**을 클릭하면 유형표의 열을 정의하고 서로 비교해야 하는 요소를 지정할 수 있는 두 번째 대화상자가 나타납니다.

❺ 원하는 각 열에 대해 변수조건(수식)을 만듭니다(예: '긍정 ≥ 0', '부정 ≥ 0', '양가 ≥ 0'). 가장 빠른 방법은 변수열에서 변수를 더블클릭하는 것입니다. OK를 클릭하면 유형표가 나타납니다(참조: 그림 13.13).

13.6.1 유형표 도구모음

유형표의 맨 위에 있는 도구모음에는 일반적인 내보내기 옵션 외에도 다음 기능이 있습니다.

- **행에서 가장 낮은 값 강조표시**: 결과를 더 잘 해석하기 위해 행에서 가장 낮은 값이 빨간색으로 강조표시됩니다.
- **행에서 가장 높은 값 강조표시**: 결과를 더 잘 해석하기 위해 행에서 가장 높

은 값이 녹색으로 강조표시됩니다.

새로 고침: 기능호출을 통해 디스플레이를 업데이트합니다.

13.6.2 원본데이터에 대화형 연결

유형표는 MAXQDA 프로젝트의 데이터에 대화형으로 연결됩니다.

- 문서 수(평균값 없음)를 표시하는 셀을 더블클릭하여 문서시스템에서 이 문서를 활성화합니다.
- 클릭한 변수기준에 맞는 모든 문서를 활성화하려면 셀에 변수값이 표시되는 첫 번째 열의 셀을 더블클릭합니다.

13.7 질적·양적 결과 병렬디스플레이

질적연구와 양적연구의 두 연구결과를 표형식으로 대조하는 기술에는 약간의 준비 작업이 필요합니다. 연구보고서 또는 결과자료는 먼저 코딩되어야 하며(Creswell & Clark, 2018[5]; Kuckartz, 2014[6]) 연구질문이 코드를 결정합니다. 이는 질적연구의 결과보고서뿐만 아니라 관심주제의 발생과 관련하여 양적연구의 결과보고서도 검토함을 의미합니다(Kuckartz, 2019[7]). 관련 텍스트구절은 해당 주제 코드로 코딩되어야 합니다. 두 하위 연구결과에 대한 보고서가 아직 제공되지 않으면 기존 준비작업을 대신 사용할 수 있습니다. 예를 들어, 양적 결과를 위해 통계표를 코딩할 수 있습니다(Kuckartz, 2019).

결과 병렬디스플레이side-by-side display의 목적은 혼합방법 프로젝트의 질적·양적 데이터를 함께 배열하는 것입니다. 결과 병렬디스플레이는 정렬된 주제별로 질

---

5) Creswell, J. W. & Clark, V. L. P. (2018). Designing and Conducting Mixed Methods Research (3e): Sage publications.

6) Kuckartz, U. (2014). Mixed Methods: Methodologie, Forschungsdesigns Und Analyseverfahren: Springer-Verlag.

7) Kuckartz, U. & Rädiker, S. (2019). *Analyzing Qualitative Data with Maxqda: Text, Audio, and Video*: Springer International Publishing.

적연구와 양적연구의 결과를 함께 표시하는 데 사용됩니다. 디스플레이는 다음과 같이 구성됩니다.

	질적 결과(문서 A)	양적 결과(문서 B)
코드 1	코딩구절(또는 요약)	코딩구절(또는 요약)
코드 2	코딩구절(또는 요약)	코딩구절(또는 요약)
코드 3	코딩구절(또는 요약)	코딩구절(또는 요약)

결과의 병렬표시에는 두 개의 열이 있습니다. 각 열에는 두 연구 각각에 대한 코딩구절Coded Segments 또는 요약Summaries이 표시됩니다. 테이블의 행은 코드Codes로 구성됩니다. 이 공동디스플레이는 특히 질적 및 양적연구가 독립적으로 수행되거나 설명적 또는 탐색적 설계의 최종 통합에 특히 적합합니다.

13.7.1 새로운 병렬디스플레이 만들기

메인메뉴의 **혼합방법**Mixed Methods 탭에서 **병렬디스플레이**Side-by-Side Display 항목을 클릭합니다. 드롭다운에서 코딩구절 또는 요약에 대한 새 디스플레이를 만듭니다. 그림 13.14의 대화상자가 열립니다.

❶ 문서시스템에서 [질적연구]와 [양적연구]의 각 필드로 문서를 마우스로 드래그합니다.

❷ 코드시스템에서 원하는 수의 코드를 왼쪽의 **주제**Themes 상자로 드래그합니다. 마우스로 코드를 재배열 할 수도 있습니다. 코드를 상자 밖으로 드래그하거나 코드를 선택하고 Del키를 눌러 주제(코드)상자에서 코드를 제거할 수 있습니다.

❸ OK를 클릭하면 병렬디스플레이 화면이 나타납니다.

병렬디스플레이 화면은 대화형 인용매트릭스와 유사한 형태이므로 대화형으로 탐색할 수 있습니다.

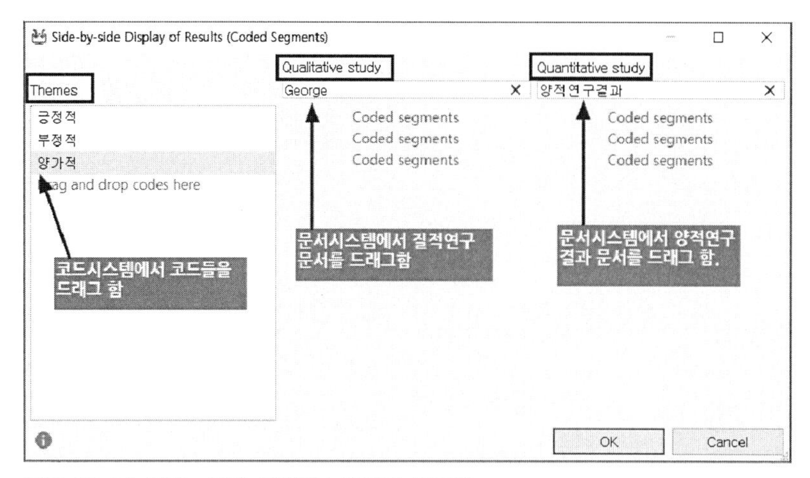

그림 13.14 질적 · 양적 병렬디스플레이 만들기

13.8 문서유사성 분석

문서의 유사성 분석은 코드빈도 측면에서 다양한 문서의 유사성을 확인할 수 있습니다. 문서변수의 값도 포함시킬 수 있습니다.

13.8.1 유사성 분석 시작

❶ 유사성 분석에 포함할 모든 문서를 활성화합니다.

❷ 유사성을 결정하는 데 사용할 모든 코드를 활성화하는 것도 좋습니다.

❸ 메인메뉴의 혼합방법 탭에서 **문서 유사성분석**Similarity Analysis for Documents 리본 을 클릭합니다. 이전에 생성된 모든 유사성 및 거리 매트릭스가 포함된 창이 나타납니다.

❹ **새 유사성/거리 매트릭스**New Similarity/Distance matrix 아이콘 를 클릭하여 유사성분석을 시작합니다.

13.8.2 분석을 위한 규정요인 설정

코드와 변수를 선택하고 분석유형을 지정하는 대화창이 나타납니다.

상단섹션에서 분석에 포함할 코드를 추가 할 수 있습니다. **활성화된 코드 삽입하기**Insert activated codes 버튼을 통해 활성화된 모든 코드를 직접 추가할 수 있습니다.

그 다음 섹션에서 분석유형을 선택합니다.

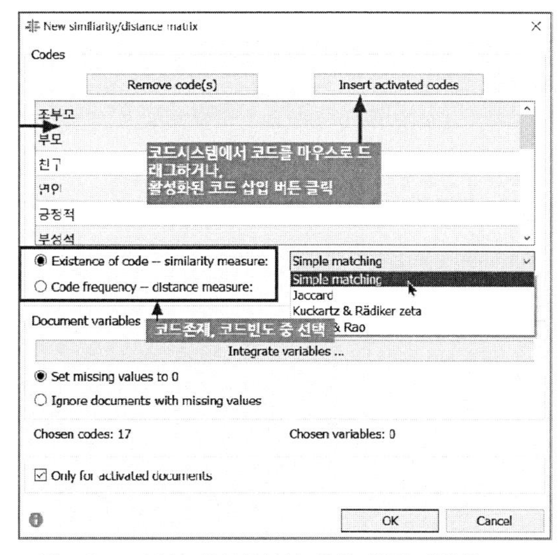

그림 13.15 문서 유사성분석 옵션 설정 대화창

- **코드존재**Existence of code: 선택한 코드가 문서에서 발생하는지 여부만 고려하는 유사성 매트릭스를 생성합니다.
- **코드빈도**Code frequency: 개별코드의 거리를 고려하는 거리매트릭스를 생성합니다.

① '코드존재' 옵션을 사용한 유사성 측정

유사성을 계산하기 위해 다양한 옵션을 사용할 수 있습니다. 모든 계산은 문서의 쌍을 이루는 각 조합(백그라운드에서)에 대해 생성되는 다음 유형의 4개 필드 표를 기반으로 합니다.

- a = 두 문서에서 동일한 코드 또는 변수값의 수.
- d = 두 문서 모두에 존재하지 않는 코드 또는 변수값의 수.
- b, c = 하나의 문서에만 존재하는 코드 또는 변수값의 수.

		문서 A	
		코드/변수값 존재	코드/변수값 부재
문서 B	코드/변수값 존재	a	b
	코드/변수값 부재	c	d

계산 옵션은 무엇보다도 필드 'd' 또는 두 문서에 존재하지 않는 항목이 일치하는 것으로 간주되는 정도가 다릅니다.

- **단순 일치**Simple match = (a + d)/(a + b + c + d): 존재와 비존재가 모두 일치로 계산됩니다. 결과는 일치율입니다.
- Jaccard = a/(a + b + c): 존재하지 않는 것은 완전히 무시됩니다.
- Kuckartz & Radikers zeta = (2a + d) / (2a + b + c + d): 존재는 두 번, 존재하지 않음은 한 번 계산됩니다.
- Russel & Rao = a / (a + b + c + d): 오직 존재만이 일치로 간주되지만, 그렇지 않으면 유사성이 감소합니다.

② 코드빈도—거리측정

코드빈도—거리측정Code Frequency—distance measure:: 코드빈도를 기준으로 두 문서 사이의 거리를 계산하기 위해 두 문서의 코드빈도를 비교하는 다음 옵션을 사용할 수 있습니다.

- 유클리드 거리 제곱 = 편차의 제곱합(편차를 제곱하기 때문에 더 높은 편차는 더 낮은 값으로 평가됨)
- 블럭 거리 = 절대 편차의 합계입니다.

분석에 변수값을 포함할 수도 있기 때문에 모든 코드빈도와 변수값은 사전에 z- 표준화됩니다.

③ 분석에 변수 포함시키기

유사성분석에 코드 외에 변수를 포함하려면 **변수통합**Integrate variables 버튼을 클릭합니다. 분석유형으로 **코드존재**Existence of code를 선택한 경우 대화창에서 평가해야 하는 변수값을 선택할 수 있습니다. 선택한 변수값이 두 문서에 모두 있는 경우 일치항목으로 평가됩니다('a'유형). 대화창에는 범주형 정수 또는 소수점 숫자와 함께 '텍스트', '참/거짓', '날짜'유형의 변수만 나열됩니다(참조: 그림 13.16).

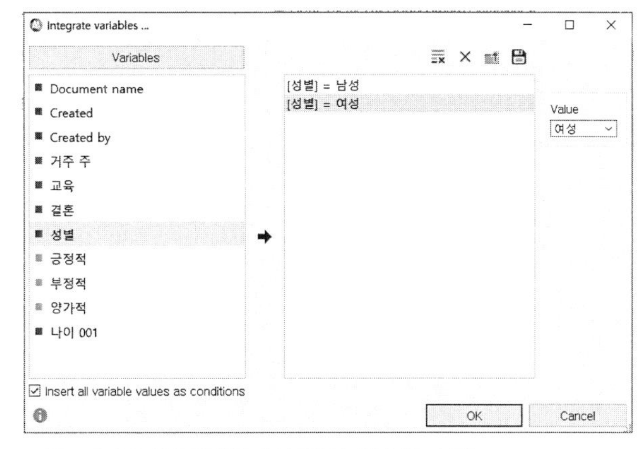

그림 13.16 '코드존재' 분석에서 변수값 선택

분석유형으로 **코드빈도**Code frequency를 선택한 경우 범주로 표시되지 않은 정수 또는 소수점 변수만 나열되는 다른 대화창이 나타납니다(참조: 그림 13.17).

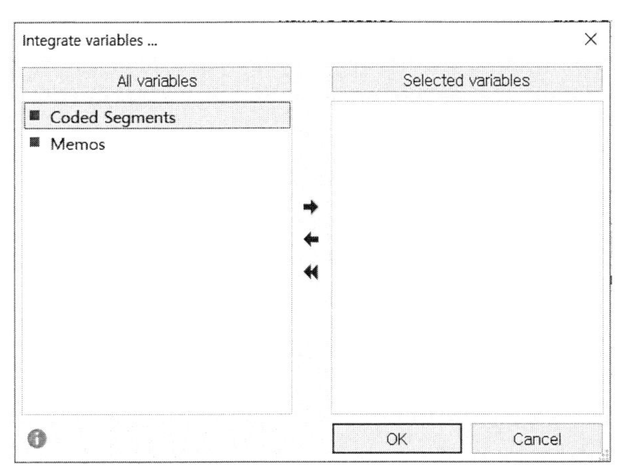

그림 13.17 '코드빈도' 분석에서 변수값 선택

④ 누락된 변수값 처리

결측치missing values 처리방법을 선택할 수 있습니다.

- **결측치를 0으로 설정**Set missing values to 0: 변수값이 존재하지 않으면 평균의 z-표준화로 인해 0으로 설정됩니다. 이 옵션에서는 결측치가 있는 문서가 분석에 고려됩니다.
- **결측치가 있는 문서 무시**Ignore documents with missing values: 문서에서 변수값 중 하나가 누락된 경우 전체 문서가 분석에서 무시됩니다.

13.8.3 최종 유사성 또는 거리 매트릭스

다음 그림 13.18은 7개의 인터뷰에 대한 유사성 매트릭스를 보여줍니다. 선택한 문서는 행과 열 모두에 나열됩니다. 양적통계에서 상관분석과 유사한 모양으로 표시됩니다.

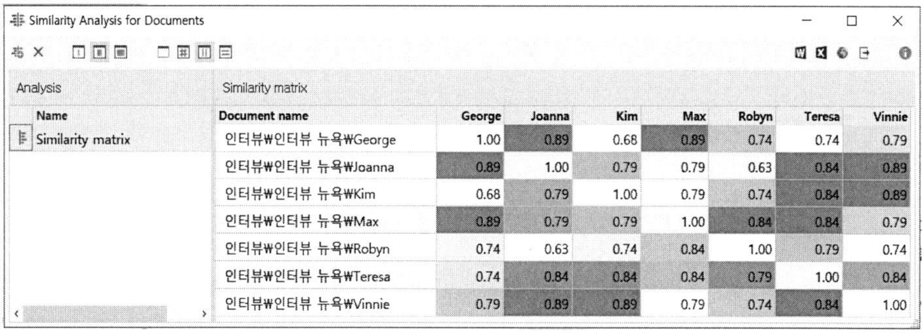

Similarity Analysis for Documents

Analysis: Name — Similarity matrix

Similarity matrix

Document name	George	Joanna	Kim	Max	Robyn	Teresa	Vinnie
인터뷰₩인터뷰 뉴욕₩George	1.00	0.89	0.68	0.89	0.74	0.74	0.79
인터뷰₩인터뷰 뉴욕₩Joanna	0.89	1.00	0.79	0.79	0.63	0.84	0.89
인터뷰₩인터뷰 뉴욕₩Kim	0.68	0.79	1.00	0.79	0.74	0.84	0.89
인터뷰₩인터뷰 뉴욕₩Max	0.89	0.79	0.79	1.00	0.84	0.84	0.79
인터뷰₩인터뷰 뉴욕₩Robyn	0.74	0.63	0.74	0.84	1.00	0.79	0.74
인터뷰₩인터뷰 뉴욕₩Teresa	0.74	0.84	0.84	0.84	0.79	1.00	0.84
인터뷰₩인터뷰 뉴욕₩Vinnie	0.79	0.89	0.89	0.79	0.74	0.84	1.00

그림 13.18 7개의 인터뷰에 대한 유사성 매트릭스

기본음영 색상은 녹색으로 표시됩니다. 이 색상은 유사성 매트릭스에서 0(유사성 없음)에서 1(동일)까지의 값을 갖는 셀을 해석하는 데 도움이 됩니다. 녹색이 어두울수록 선택한 코드와 변수값 관련하여 두 문서가 더 유사하다는 의미입니다. 예를 들어, 그림에서 George는 코드와 변수값 모두에서 Joanna, Max와 0.89만큼 일치에 가까울 정도로 유사함을 알 수 있습니다.

매트릭스는 정렬할 수 있습니다. 열의 머리글을 클릭하여 클릭한 문서와의 유사성에 따라 행의 문서를 정렬합니다.

13.8.4 기존 유사성 및 거리 매트릭스 목록

창의 왼쪽 창에서 프로젝트 초기에 생성된 유사성 및 거리 매트릭스를 볼 수 있습니다. 더블클릭하여 이름을 바꾸거나 도구모음에서 **삭제** 아이콘을 클릭하여 삭제할 수 있습니다.

분석 프로세스의 투명성을 보장하기 위해 매트릭스 이름 위로 마우스를 가져가면 매트릭스 이름과 선택한 설정 즉, 선택한 코드, 변수, 문서들이 도구설명에 표시됩니다.

13.8.5 유사성 분석 도구모음

유사성 분석의 도구모음에는 일반적인 내보내기 옵션 외에도 다음 기능이 있습니다.

- **새로운 유사성/거리 매트릭스**: 새 매트릭스를 생성하는 대화창을 불러옵니다.
- **삭제**: 선택한 매트릭스를 삭제합니다.
- **문서명과 열 – none, short, full**: 열의 너비를 제어합니다.
- **색상 강조표시 없음**: 녹색강조표시를 끕니다.
- **색상 강조표시는 전체 매트릭스를 표시**: 강조표시 색상은 셀 값을 고려합니다. 동일한 값의 하이라이트 색상이 표에 동일하게 표시됩니다.
- **색상 강조표시는 열을 표시**: 각 열에서 색상은 흰색에서 녹색으로 등급이 매겨집니다. 이러한 방식으로 열의 문서와 특히 유사한 문서를 한 눈에 볼 수 있습니다.
- **색상 강조표시는 행을 표시**: 각 행에서 색상은 흰색에서 녹색으로 등급이 지정됩니다. 이런 식으로 행의 문서와 특히 유사한 문서를 한 눈에 볼 수 있습니다.

TIP/

거리 매트릭스는 유사성 매트릭스와 동일하게 보이지만 그 해석은 반대입니다. 셀의 값이 낮을수록 두 문서가 더 유사합니다. 따라서 거리 매트릭스에서는 숫자가 낮을수록 녹색음영의 색상이 짙게 표시됩니다.

13.9 양적그룹별 질적 주제(테마)

이 공동디스플레이는 질적데이터(코딩구절 또는 요약)를 하나의 차원으로 배열하고 양적데이터에 의해 구분된 그룹을 다른 차원으로 배열하여 데이터를 통합합니다.

이 공동디스플레이는 문서그룹에 대한 코딩구절 또는 요약을 비교하는데 사용합니다. 문서는 변수값을 기준으로 그룹화됩니다. 다음 표는 문서변수 '직업상태'에 대한 공동디스플레이의 개략도입니다. 직업상태에 따라 문서그룹이 구분됩니다.

	문서변수: 직업상태			
	실업 (n = a 문서)	고용(정규직) (n = b 문서)	고용(비정규직) (n = c 문서)	자영업 (n = d 문서)
주제 1 (코드 1)	코딩구절/ 요약	코딩구절/ 요약	코딩구절/ 요약	코딩구절/ 요약
주제 2 (코드 2)	코딩구절/ 요약	코딩구절/ 요약	코딩구절/ 요약	코딩구절/ 요약
주제 3 (코드 3)	코딩구절/ 요약	코딩구절/ 요약	코딩구절/ 요약	코딩구절/ 요약

각 열은 해당 변수값이 있는 해당 문서의 코딩구절 또는 요약을 주제(= 코드)로 구분된 행으로 표시합니다. 이 공동디스플레이는 특히 설명설계explanatory designs에 적합하지만 수렴(병렬)설계convergent (parallel) designs에도 유용할 수 있습니다.

13.9.1 새 디스플레이 생성

메인메뉴의 **혼합방법**Mixed Methods 탭에서 **양적그룹별 질적테마**QUAL Themes for QUAN Groups(**코딩구절**Coded Segments 또는 **요약**Summaries) 항목을 클릭합니다. MAXQDA가 다음 그림 13.19와 같은 대화상자를 엽니다.

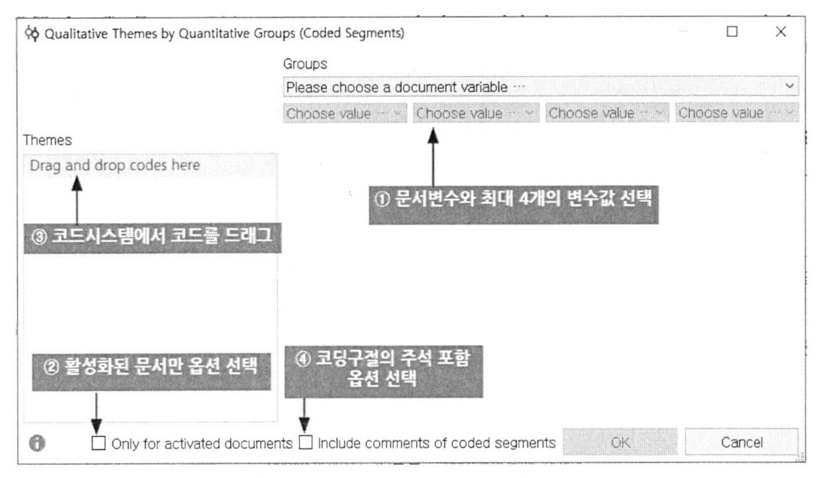

그림 13.19 공동디스플레이: 양적그룹별 질적주제 만들기

❶ 드롭다운 메뉴에서 양적 문서변수와 최대 4개의 변수값을 선택하여 비교할 그룹을 선택합니다. MAXQDA는 디스플레이의 마지막 열에 해당 변수값이 있는 모든 문서를 포함합니다.

❷ **활성화된 문서만**Only for activated documents 옆의 확인란을 선택하여 현재 활성화된 문서만 포함하도록 표시를 제한할 수 있습니다.

❸ 코드시스템에서 원하는 수의 코드를 왼쪽의 **주제**Themes상자로 끌어다 놓습니다. 마우스로 코드를 재배열할 수 있습니다. 코드를 상자 밖으로 드래그하거나 코드를 선택하고 Del키를 눌러 주제상자에서 코드를 제거할 수 있습니다.

❹ 주석Comments을 포함시키려면 코딩구절의 주석 포함 옆의 확인란을 선택합니다. 주석이 존재하면 최종 디스플레이에서 코딩구절 아래에 표시됩니다. 이 옵션은 요약Summaries용으로 생성된 디스플레이에는 사용할 수 없습니다.

❺ OK를 클릭하면 질적Qualitative주제 비교화면이 나타납니다(참조: 그림 13.20).

이 디스플레이의 결과는 **대화형 인용매트릭스**Interactive Quote Matrix의 결과와 유사합니다'(**참조 13.5 대화형 인용매트릭스**)'.

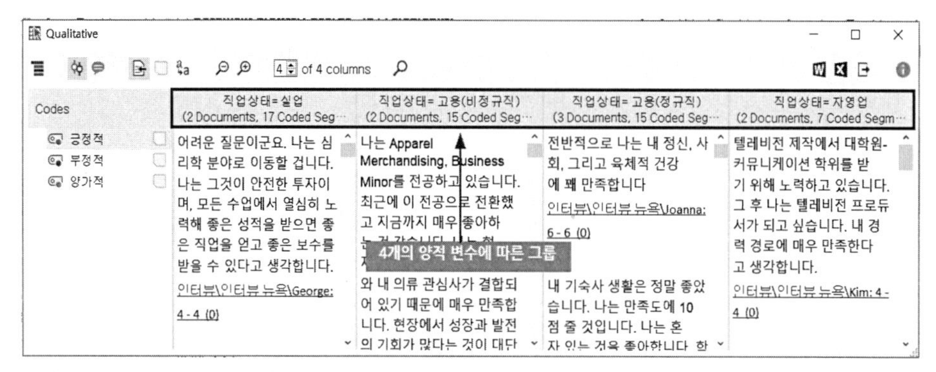

그림 13.20 양적그룹별 질적주제 공동디스플레이 결과화면

13.10 질적그룹별 통계

이 공동디스플레이는 질적 유형을 하나의 차원으로 통합하고 양적데이터를 다른 차원으로 통합합니다.

이 공동디스플레이는 평균, 표준편차 등의 통계적 값으로 질적데이터로 구성된 유형을 비교하는데 사용합니다. 유형은 각 문서의 코드존재existence of codes를 기반으로 생성됩니다. 다음 표는 이러한 종류의 공동디스플레이를 개략적으로 나타낸 것입니다.

	…		
	하위코드 A	하위코드 B	하위코드 C
변수 1 (숫자)	평균 (표준편차)	평균 (표준편차)	평균 (표준편차)
변수 2 (범주)	합계 (%)	합계 (%)	합계 (%)
문서	N (%)	N (%)	N (%)

각 열에는 선택한 하위코드가 발생하는 모든 문서가 포함됩니다. 따라서 각 문서에 하위코드 중 하나만 할당하는 것이 중요합니다. 예를 들어, '평가' 코드에 '긍정적', '부정적', '양가적'이라는 하위코드가 있는 질적텍스트 분석이 있습니다.

하위코드 중 하나가 각 문서에 할당되면 이제 이 공동디스플레이를 생성하는 데 사용할 수 있습니다.

이 공동디스플레이는 설명 및 탐색설계 뿐만 아니라 수렴(병렬) 설계에 적합합니다.

13.10.1 새 디스플레이 만들기

메인메뉴의 **혼합방법**Mixed Methods 탭에서 **질적그룹별 통계**Statistics for QUAL Groups 항목을 클릭합니다. 그러면 다음 그림 13.21의 대화상자가 열립니다.

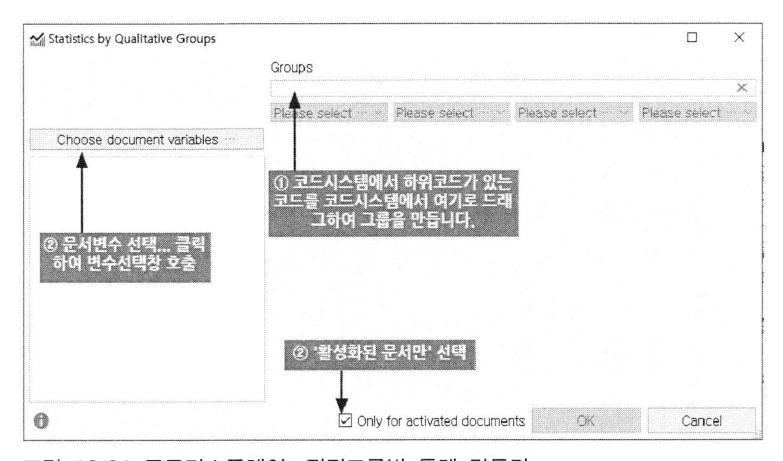

그림 13.21 공동디스플레이: 질적그룹별 통계 만들기

❶ 하위코드가 있는(그렇지만 하위코드의 하위코드는 없는) 코드를 코드시스템에서 이 창의 맨 위에 있는 그룹 필드로 끌어서 그룹을 만듭니다. 아래 드롭다운 메뉴에서 최대 4개의 하위코드를 선택합니다.

❷ **활성화된 문서만**Only for activated documents 옆의 확인란을 선택하여 현재 활성화된 문서만 포함하도록 표시를 제한할 수 있습니다.

❸ **문서변수 선택…**Choose document variables… 버튼을 클릭하여 변수선택창을 불러옵니다. 범주형 변수에 포함시킬 변수값을 선택합니다. OK를 클릭합니다.

❹ 다시 **질적그룹별 통계** 창에서 OK를 클릭하면 그림 13.22와 같은 공동디스플레이가 나타납니다.

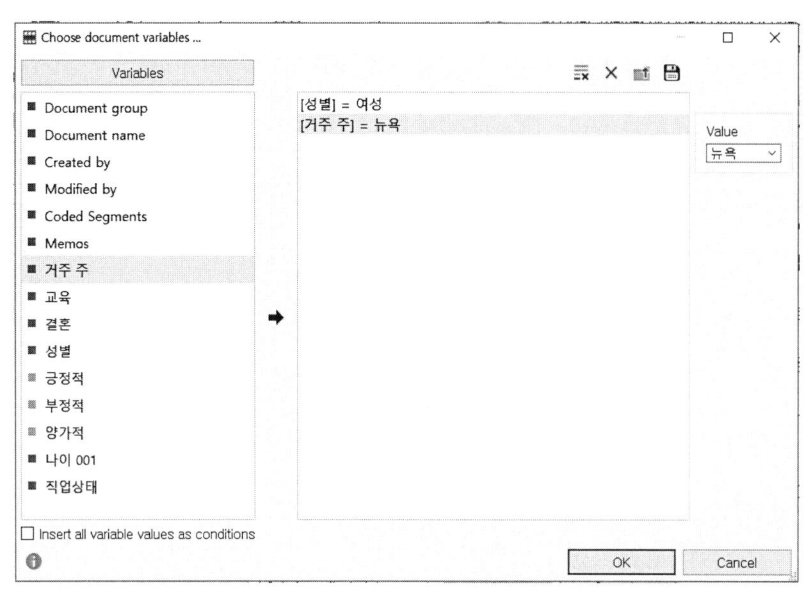

그림 13.22 공동디스플레이: 질적그룹별 통계에 대한 문서변수 선택

이 공동디스플레이 결과는 유형표와 동일합니다.

13.11 코드를 문서변수로 변환(정량화)

코드빈도를 문서변수로 변환하는 기능입니다.
코드시스템 창에는 각 문서의 코드빈도를 문서변수로 사용할 수 있는 기능이 있습니다.

- **코드를 문서변수 또는 범주형 문서변수로 변환:** 문서에서 코드가 발생하는 빈도(위에 설명된 '양적 변수화') 또는 문서에서 가장 자주 발생하는 하위코드를 지정하는 문서변수로 코드를 추가할 수 있습니다. 후자는 평가적 질적 함량분석에 특히 유용합니다.

질적, 즉 언어적 정보를 숫자로 변환하는 것을 정량화Quantitizing라고도 합니다. 코드시스템의 코드는 문서변수로 변환되어 해당 코드가 각 문서에 나타나는 빈도를 나타냅니다. 문서변수는 동적입니다. MAXQDA는 문서변수를 자동으로 업데이트합니다. 즉, 새 구절이 코드로 코딩되면 변수값이 증가합니다. 이 기능은 사용자가 변수와 함께 코드빈도를 내보내거나 분석을 위해 특정 코드빈도를 기반으로 문서를 활성화할 수 있으므로 특히 유용합니다.

코드를 문서변수로 변환하려면 코드의 컨텍스트메뉴(마우스 오른쪽 버튼)에서 **문서변수로 변환**Transform into a Document Variable을 선택합니다(참조: 그림 13.23).

MAXQDA는 코드와 이름이 같은 문서변수를 숫자변수로 생성합니다. 프로그램은 각 문서의 코드빈도를 열의 해당 셀에 자동으로 삽입합니다. 문서변수의 **데이터편집기**Data editor와 함께 열리고 적절한 열에 배치됩니다. 이 변수의 내용은 수동으로 편집할 수 없습니다. MAXQDA는 변수를 동적으로 업데이트합니다. 변환된 코드에 대한 코딩을 추가하거나 삭제하면 변수값이 자동으로 업데이트됩니다.

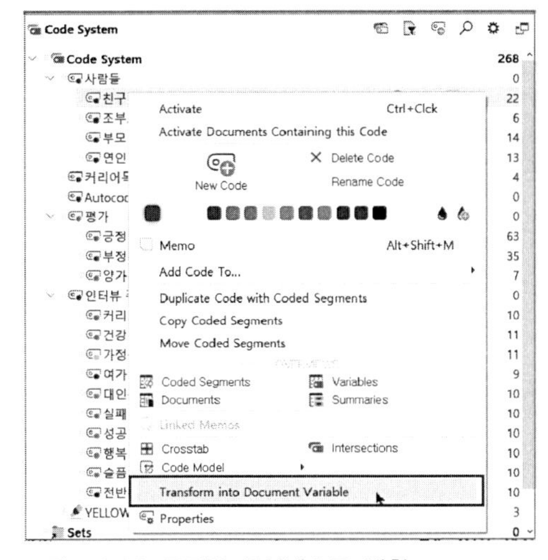

그림 13.23 코드를 문서변수로 변환

TIP!

여러 코드를 한꺼번에 문서변수로 변환하려면 먼저 모든 코드를 활성화한 다음, 메인메뉴의 **혼합방법**Mixed Methods 탭에서 **정량화**Quantitizing 항목을 클릭하십시오.

첫 번째 열의 녹색 사각형 아이콘과 원본Source 열의 코드Code 항목을 통해 문서변수목록List of Document Variables의 코드에서 변환된 변수를 알아볼 수 있습니다(참조: 그림 13.24).

문서변수목록에서 **이진변수로 변환**Convert to boolean variable 아이콘을 클릭하여 변환된 코드를 이진화할 수 있습니다. 그러면 변수는 더 이상 해당 코드가 각 문서에서 발생하는 빈도를 나타내지 않지만 문서에서 발생하는지(1) 전혀 발생하지 않는지(0) 여부를 나타냅니다.

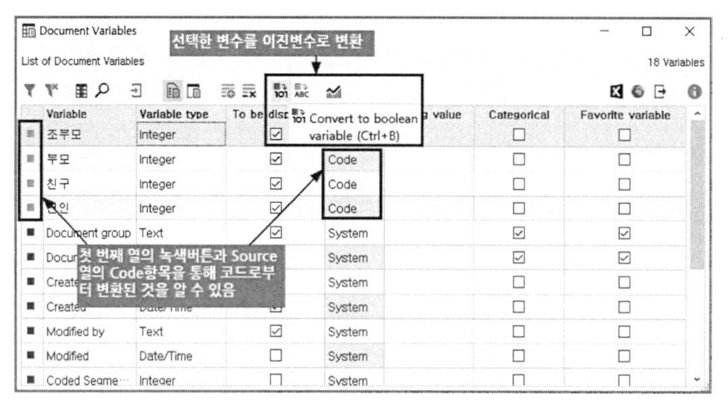

그림 13.24 코드를 이진변수로 변환

13.12 코드를 범주형 문서변수로 변환

13.12.1 (질적) 콘텐츠분석의 평가범주

많은 연구 프로젝트에서 평가적 질적콘텐츠분석의 형태가 사용됩니다. 표준단계는 (1) 일반적으로 서열변수를 사용하여 평가범주를 정의하고, (2) 텍스트구절을 코딩하고, (3) 기술적이고 통계적으로 데이터를 분석하는 것입니다. 이러한 형태의 분석프로세스의 좋은 예는 구조콘텐츠분석의 측정된 변화를 설명하는 '질적연구의 동반자'(Jenner, et al., 2020[8]))에서 발견된 질적콘텐츠분석에 대한 Philipp Mayring의 장에서 찾을 수 있습니다.

이 책에서 사용한 사례에서 '평가'라는 범주가 '긍정적', '부정적', '양가적'의 세 가지 옵션으로 만들어졌습니다. 이러한 범주는 자료에서 개발된 것입니다.

콘텐츠분석을 위한 표준절차인 코딩절차는 연구자가 전체 데이터를 살펴보고 '평가'와 관련된 적절한 텍스트구절에 평가코드를 지정합니다. 이는 평가에 연결되는 모든 단일 텍스트구절에 설정된 코딩지침에 따라 '긍정적', '부정적',

8) Jenner, B., Flick, U., Von Kardoff, E., & Steinke, I. (2004). *A Companion to Qualitative Research*: Sage.

'양가적' 코드를 지정하는 것을 의미합니다.

마지막으로 각 사례(인터뷰의 경우 사례는 인터뷰 대상자가 됨)를 전체적으로 분석해 평가가 '긍정적', '부정적', '양가적'으로 요약할 수 있습니다. 그러면 평가가 '긍정적' 사례를 평가가 '부정적'인 사례와 비교할 수 있습니다. 코드빈도는 크로스탭(교차분석)의 다른 범주와 조합하여 비교하고 사용할 수 있습니다.

13.12.2 MAXQDA에서 적용 원리

평가적 콘텐츠분석 방법은 MAXQDA에서 다음과 같은 방법으로 수행할 수 있습니다. 첫째, 평가 범주는 '긍정적', '부정적', '양가적'의 하위코드가 있는 코드로 생성됩니다. 이러한 코드의 정의와 앵커예제를 코드메모로 만들 수 있습니다.

이제 자료를 분석합니다. 즉, 각 문서를 한 줄씩 읽습니다. 평가와 관련된 텍스트구절을 식별한 다음 적절한 코드로 코딩합니다(예: '긍정적' 평가). 이러한 방식으로 전체 텍스트를 검토한 후 연구자는 다음 경우 중 하나를 맞이하게 됩니다.

- **첫 번째 경우**: 이 문서에서 평가에 대한 텍스트구절이 모두 동일한 하위코드(예: '부정적' 평가)로 코딩된 경우입니다. 이 경우, 사례(문서) 전체는 부정적 수준의 평가가 있다고 할 수 있습니다.
- **두 번째 경우**: 이 문서에서 평가에 대한 텍스트구절이 다양한 하위코드로 코딩되었지만, 하위코드 중 1개가 특히 자주 코딩된 경우입니다(예: '긍정적' 평가를 가진 3개와 '부정적' 평가를 가진 1개). 이 경우, 가장 자주 코딩된 평가를 전체 사례에 지정하는 것이 합리적입니다.
- **세 번째 경우**: 이 문서에서 평가에 대한 텍스트구절은 다양한 하위코드로 코딩되었으며, 그중 어느 것도 다른 하위코드보다 더 자주 코딩되지 않은 경우입니다(예: '긍정적' 평가가 있는 2개와 '부정적' 평가가 있는 2개). 이 상황에서는 빠른 분류를 할 수 없으므로 코딩구절은 코더가 서로 비교한 다음 어떤 분류가 더 적합한지 결정해야 합니다.
- **네 번째 경우**: 평가의 하위코드로 코딩된 텍스트구절이 없는 경우입니다. 즉, 문서에 이 테마에 대한 정보가 포함되어 있지 않다는 뜻입니다. 이 문서를

분류하는데 어느 1개의 하위코드를 지정할 수 없으며 누락missing된 값으로 처리해야 합니다.

13.12.3 범주형 변수로 변환 기능

적절한 텍스트구절을 코딩한 후 코드의 컨텍스트메뉴(마우스 오른쪽 버튼)에서 적절한 옵션을 선택하여 '자존감' 코드를 **범주형 변수로 변환**transformed into a categorical variable할 수 있습니다(참조: 그림 13.25).

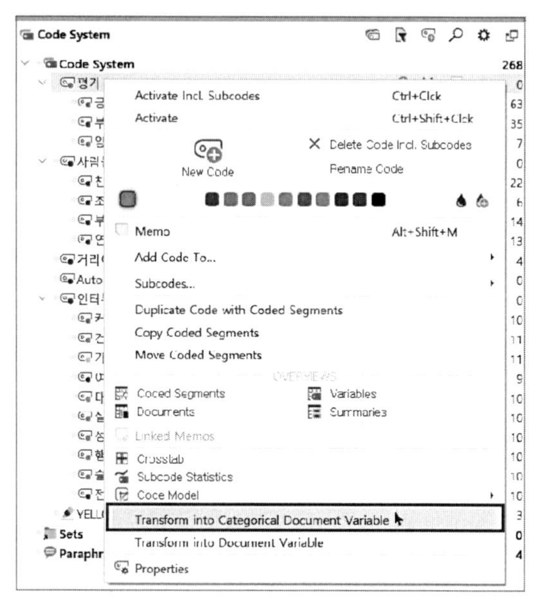

그림 13.25 코드의 컨텍스트메뉴에서 범주형 문서변수로 전환 선택

이 옵션을 선택한 후 MAXQDA는 다음 작업을 수행합니다.

❶ 새 범주형 변수가 생성된 코드명으로 문서변수 목록에 생성됩니다(이 경우 '평가').

❷ 문서시스템의 모든 사례(문서)는 위에서 설명한 규칙에 따라 평가됩니다.

a) 각 사례에는 가장 자주 발생하는 하위코드의 값이 할당됩니다.

b) 동일한 시간에 사용된 하위코드가 둘 이상인 경우 '**정의되지 않음**undefined'으로 표시됩니다.

c) 하위코드가 전혀 사용되지 않으면 값이 할당되지 않습니다. 테이블을 통계소프트웨어로 내보내는 경우 빈 값은 일반적으로 결측치로 처리됩니다.

❸ 그 직후 MAXQDA는 **문서변수용 데이터편집기**Data Editor for Document Variables를 엽니다(참조: 그림 13.26).

Document Variables

Data editor – All documents　　4 (22) Documents

Document group	Document name	평가	나이	조부모	Created by
인터뷰₩인터뷰 뉴욕	Kim	undefined	27	0	SHJ
인터뷰₩인터뷰 인디애나	Jamie	긍정적	26	1	SHJ
인터뷰₩인터뷰 인디애나	Devin	긍정적	19	1	SHJ
인터뷰₩인터뷰 뉴욕	Teresa	부정적	27	0	SHJ

그림 13.26 새로운 범주형 변수 '평가'가 있는 데이터 편집기

13.12.4 범주형 변수의 동적 속성

MAXQDA의 문서변수 목록List of document variables에서 범주형 변수는 특별한 상태를 갖습니다. 첫 번째 열에 녹색 사각형이 있고 **원본**Source열에 보이는 'Code'에서 생성되었기 때문에 목록에서 인식됩니다. 범주형 변수는 **텍스트**Text변수로 정의되고, 텍스트값은 코드시스템(이 경우 '긍정적', '부정적', '양가적')에서 가져옵니다(참조: 그림 13.27).

Document Variables

List of Document Variables　　19 Variables

Variable	Variable type	To be displayed	Source	Missing value	Categorical
조부모	Integer	☑	Code		☐
직업상태	Text	☑	User		☑
친구	Integer	☑	Code		☐
평가	Text	☑	Code		☑

그림 13.27 문서변수 목록에 새로 생성된 범주형 변수 '평가'

범주형 변수는 동적이므로 문서에 새 구절이 코딩되면 자동으로 업데이트됩니다. 범주형 변수가 이미 생성된 후 가져온 문서의 경우에도 마찬가지입니다. 이 새 문서를 코딩하면 변수레이블이 그에 따라 변경됩니다.

13.12.5 MAXQDA의 혼합방법 기능 맥락에서 범주형 변수

범주형 변수는 MAXQDA의 혼합방법 기능과 함께 사용하기 아주 적합합니하다. 예를 들어, **변수를 통해 문서활성화**Activate documents via variables 기능을 사용하면 특정 변수값을 가진 문서만 활성화하도록 선택할 수 있습니다. 이것은 '긍정적 평가를 하는 인터뷰 참가자들은 커리어 선택에서 어떤 경험을 하는가?', '그들은 인생에서 실패를 어떻게 받아들이는가?'와 같은 연구질문에 대답하는 데 도움이 됩니다.

크로스탭Crossstabs 기능은 세 가지 '평가' 변수 각각에 대해 코드시스템의 특정 범주에서 코딩구절의 수에 대한 집계된 개요를 제공합니다. 평가 특성은 x축의 열에 표시되고 선택한 코드는 y축의 행에 표시됩니다. 크로스탭 기능은 긍정적으로 평가한 사람이 남성과 여성 중 누가 많은지, 부정적으로 평가한 것은 남성과 여성이 어떻게 다른지 셀 수 있습니다. 그 외에도 다양한 변수에 따라 평가의 세 하위개념이 어떻게 다른지 쉽게 비교할 수 있습니다. 그러면 검색구절 Retrieve Segments창에서 각 셀에 집계된 문서구절을 쉽게 불러올 수 있습니다.

또한 **인용매트릭스**Quote Matrix를 사용하여 문서구절의 세부 표를 볼 수 있습니다. 각 열에는 특정 범주의 값을 가진 문서구절이 있습니다. 평가의 예에서, 한 칼럼은 긍정적으로 평가한 남성들의 진술을 담을 수 있고, 다른 칼럼은 여성들의 진술들을 보여줄 수 있습니다.

유형표Typology Table에는 크로스탭과 유사한 범주형 변수가 사용됩니다. 표는 열에 범주형 변수값으로 생성됩니다. 그러나 이 경우에는 범주형이 아닌 변수가 분석됩니다. 예를 들어, 긍정적으로 평가한 사람의 몇 퍼센트가 비정규직이고 몇 퍼센트가 남성인지, 평균 나이가 몇 살인지, 어떤 식으로든 평가와 연결되는 것 같은지 등을 살펴볼 수 있습니다.

13.13 통합전략과 공동디스플레이

MAXQDA에서는 혼방방법의 구체적 구현으로 질적방법과 양적방법의 통합전략과 공동디스플레이joint display로 표현됩니다.

13.13.1 통합전략의 개요

MAXQDA가 제공하는 양적 · 질적연구의 통합전략의 다양한 내용을 개괄하면 다음 표 13.1과 같습니다.

표 13.1 MAXQDA에서 통합전략

	통합전략	설명	기반
1	문서변수를 통한 활성화Activation via document variables	변수값을 사용하여 질적데이터 선택	자료
2	질적결과와 양적결과 연계Linking the results of QUAL and QUAN	질적 및 양적연구의 결과는 하이퍼링크(문서 링크)를 사용하여 연결	결과
3	병렬표시(코딩구절)Side-by-side Display (Coded segments)	질적 및 양적연구 결과비교(코딩구절 기준)	결과
4	병렬표시(요약)Side-by-side Display (Summaries)	질적 및 양적연구 결과비교(주제요약 기준)	결과
5	정량화: 데이터변환(질적→양적) Quantitizing: data transformation QUAL →QUAN	질적데이터를 양적데이터로 변환. (예) 코드 존재 여부 또는 사례별 코드빈도	자료
6	양적연구의 극단적인 사례의 질적 탐구Qualitative exploration of extreme cases of the quantitative study	양적데이터의 통계분석을 기반으로 극단적 사례를 파악하고, 그 질적데이터를 상세하게 분석	자료
7	그룹화된 주제 디스플레이Grouped thematic display	질적 주제에 대한 진술은 양적연구(예: 사회 인구통계학적 특성)의 변수에 의해 분류된 매트릭스 형태로 제시	자료
8	양적그룹에 의해 분류된 질적주제에 대한 통계: 크로스탭Statistics on qualitative topics broken down by quantitative groups: Crosstabulation	질적 주제의 빈도를 양적연구의 변수(예: 사회인구특성)로 구분하여 비교	자료

	통합전략	설명	기반
9	양적데이터에 대한 그룹화 변수로서의 질적 유형: 유형표Qualitative typology as grouping variable for quantitative data: Typology Table	질적연구에서 형성된 유형에 따라 분류된 양적 데이터의 기술통계 분석	자료
10	질적 그룹에 대한 통계Statistics for qualitative groups	코드의 하위코드에 대해 분류된 양적 데이터의 기술통계 분석	자료

13.13.2 공동디스플레이 개요

MAXQDA 메인메뉴의 혼합방법 탭에는 자주 사용되는 공동디스플레이가 들어 있습니다. 다음 표 13.2는 이러한 기능의 개요를 제공합니다. 이러한 기능을 사용하여 질적 및 양적 데이터가 연결되는 방식과 결과가 어떻게 보이는지를 설명합니다. 이는 MAXQDA가 제공하는 옵션 중 공동디스플레이 장치를 설계할 때 정보에 입각한 선택을 하는 데 도움이 될 것입니다.

표 13.2 메인메뉴의 혼합방법 탭에서 공동디스플레이의 개요

	열	행	표의 셀 결과	비교할 최대그룹 수
크로스탭 Crosstab	변수값으로 형성된 그룹	코드	그룹당 코드빈도, 다양한 계산 및 백분율 변형	무제한
유형표 Typology table	변수값으로 형성된 그룹. 종종 유형표는 이전에 질적데이터를 기반으로 형성되어 유형에 대한 할당이 변수값으로 저장됨	수량변수, 범주형 변수	수량변수의 경우 평균 및 표준편차; 범주형 변수의 경우 선택한 변수값의 백분율	무제한
질적그룹에 대한 통계	선택한 코드의 하위코드로 구성된 그룹	수량변수, 범주형 변수	수량변수의 경우 평균 및 표준편차; 범주형 변수의 경우 선택한 변수값의 빈도 및 백분율	4

	열	행	표의 셀 결과	비교할 최대그룹 수
양적그룹에 대한 질적 테마(코딩구절)	변수값으로 형성된 그룹	코드	각 그룹의 문서에 대해 선택한 코드의 코딩구절 목록	4
양적그룹에 대한 질적 테마(요약)	변수값으로 형성된 그룹	코드	각 그룹의 문서에 대해 선택한 코드의 주제 요약	4

CHAPTER 14

MAXMaps: 인포그래픽 및 개념맵

14.1 상호관계 시각화
14.2 MaxMaps 인터페이스
14.3 맵 만들기와 개체 추가
14.4 맵 디자인하기
14.5 MAXQDA 프로젝트 데이터와 맵 동기화
14.6 MaxMaps의 모델템플릿
14.7 크리에이티브 코딩

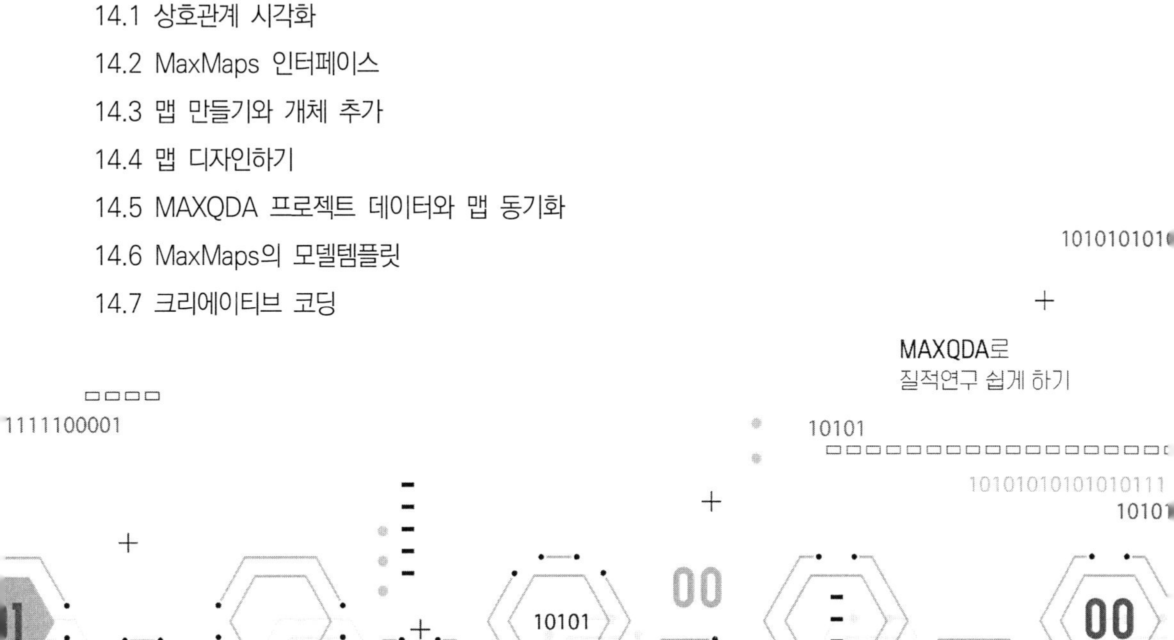

CHAPTER 14

MAXMaps: 인포그래픽 및 개념맵

14.1 상호관계 시각화

과학적 발견과 정보를 제시하는 수단으로서의 시각화는 오늘날 매우 널리 사용됩니다. 하지만 시각화 방식으로 제시되는 것은 대부분 양적 정보입니다. 설문조사 결과를 보여주는 막대 및 원형차트는 연구논문과 보고서에 자주 보일 뿐만 아니라 대중매체의 기사에서도 등장합니다.

MAXQDA는 다양한 시각화 방법을 제공합니다. 시각화도구는 10장에서 설명했습니다. 워드클라우드, 코드매트릭스 브라우저Code Matrix Browser, 코드관계 브라우저Code Relations Browser, 코드맵Code map, 코드라인Codeline 등 다양합니다. 이 장에서는 MAXQDA의 가장 포괄적인 시각화 도구인 MAXMaps에 초점을 둡니다. 이는 개념, 연구설계, 현장연구 중에 존재하는 조건 및 경험적 데이터에 존재하는 관계를 그래픽으로 표시할 수 있는 특별한 도구입니다.

MAXMaps를 사용하면 연결을 시각화 할 수 있습니다. MAXMaps는 기본적으로 MAXQDA의 다른 요소(코드, 문서, 메모, 코딩구절)들을 작업공간, 이른바 맵Map에 시각적으로 표현하고 서로 관련되게 배치하기 위한 것입니다. MAXQDA 프로젝트와 관련이 없는 맵을 만들 수도 있습니다.

MAXMaps는 다음과 같은 다양한 용도로 사용할 수 있습니다.

- 맵Maps은 데이터를 탐색하고 구성하는 데 도움이 됩니다. 아이디어를 개발하고 연구팀에 전달할 수 있습니다.
- 맵Maps은 또한 과학적 설명을 위한 귀중한 도구가 될 수 있으며 복잡한 관

계와 이론을 시각화하는 데 도움이 될 수 있습니다. 예를 들어, 표와 워크시트를 만들어 프로젝트 내의 다양한 요소를 더 잘 파악할 수 있습니다.
- MAXMaps는 프레젠테이션과 강의에도 사용할 수 있습니다. 맵의 다른 레이어는 임의의 순서로 표시될 수 있습니다. 따라서 프레젠테이션 디자인을 위한 다양한 옵션을 사용할 수 있습니다.

MAXMaps를 사용하면 다음을 표시할 수 있습니다.
- 서로 다른 코드와 범주 간의 관계.
- 연구분야의 다양한 사실과 현상에 대한 개요.
- 문서 또는 문서그룹에 속한 서로 다른 메모.
- 근거이론Greounded Theory 연구의 결과.
- 연구의 맥락 또는 중요한 사실(예: 위치 또는 사람의 사진).
- 사용된 연구방법의 그래픽 개요.
- 연구 일정.
- 연구설계 및 표본의 특성.

MAXMaps는 연구자를 위해 다른 기능을 가지고 있습니다. 예를 들어, MAXMaps를 사용하여 코드시스템을 구성하고 관리할 수 있습니다. 또는 코드, 텍스트 및 메모를 가상의 순서로 연결한 다음 두 번째 단계에서 관계를 추가로 테스트할 수 있습니다.

MAXMAps는 다양한 시나리오(예: 다양한 사례의 관계 시각화)에 대한 맵의 생성을 지원하는 여러 자동템플릿을 제공합니다.

MAXMaps는 단순히 아이콘과 기호로 작동하는 그래픽도구가 아닙니다. 맵에 사용되는 모든 요소는 대화식이므로 MAXQDA 프로젝트와 연결됩니다. 이렇게 하면 수동적인 아이콘뿐만 아니라 해당 아이콘을 두 번 클릭하여 MAXQDA의 문서브라우저에서 문서를 열 수 있는 아이콘이 만들어집니다. 그런 다음 문서를 읽고 찾아볼 수 있습니다. 메모도 마찬가지입니다. 메모기호를 클릭하면 메모가 나타나고 읽거나 수정할 수 있습니다. 코딩구절 심볼을 클릭하면 구절이 표시됩니다. 이를 통해 맵의 여러 구절을 검토하고 비교할 수 있습니다.

MAXMaps를 사용하면 링크와 관계를 정의할 수 있을 뿐만 아니라 프로젝트에 이미 구현된 링크와 관계를 표시할 수 있습니다. 예를 들어, 문서에 첨부된 메모가 있습니다. MAXMaps는 연결된 모든 메모를 자동으로 가져올 수 있습니다. 이러한 메모는 기호로 표시되며 열어서 확인할 수 있습니다. 코드도 마찬가지입니다. 맵에서 코드를 가져온 경우 이 특정 코드에 연결된 모든 메모를 자동으로 가져올 수도 있습니다. 또한 맵에서 코드와 겹치는 모든 코드를 검색하여 삽입하고 자동으로 코드에 연결할 수 있습니다.

이러한 기능은 새로운 링크나 새로운 관계를 설정하지는 않지만 데이터에 대한 완전히 새로운 관점을 제공합니다. 목록이나 표에서 숨겨질 수 있는 연결이 이제 전면으로 나올 수 있습니다. 새로운 관점과 관계가 시각적으로 분명해지고 이해하기 훨씬 쉬워집니다. 다이어그램의 서로 다른 요소 간의 연결은 코드시스템과 같이 계층적 관계로 제한되지 않습니다. MAXMaps에서 관계는 네트워크 또는 다른 유형의 모델과 같이 더 복잡한 방식으로 표현될 수 있습니다.

14.2 MaxMaps 인터페이스

프로젝트의 맵은 MAXMaps라는 자체 인터페이스에서 생성 및 관리됩니다. MAXMaps는 **시각화도구**Visual Tools 탭의 왼쪽 첫 번째 리본을 클릭해 열 수 있습니다. 그림 14.1과 같이 인터페이스가 별도의 창에 나타납니다.

MAXMaps 인터페이스는 여러 영역으로 나뉩니다. 왼쪽에는 MAXMaps가 처음 열릴 때 'New Map'이라는 단일 항목이 포함된 **맵 목록**List of Maps이 표시됩니다. 나중에 그림과 같이 생성된 모든 맵이 나열됩니다. 오른쪽에는 맵, 모델링, 개체 삽입, 배치 및 링크 등을 수행할 수 있는 작업공간이 표시됩니다.

상단에 여러 탭이 있는 메뉴가 표시됩니다. **시작**Start 탭에는 지도를 만들고 편집하는 데 필요한 모든 것이 있습니다. **삽입**Insert 탭에는 새 코드, 텍스트, 이미지 및 도형을 지도에 삽입하는 메뉴가 있습니다. 사용 가능한 모든 포맷 옵션을 표시하기 위해 요소 또는 선을 선택하면 바로 **포맷**Format 탭 및 **선 포맷**Line Format 탭이 나타납니다. 즉, 포맷 탭과 선 포맷 탭은 처음엔 없다가 지도의 요소 또는 선을 클릭해야 나타나는 메뉴입니다.

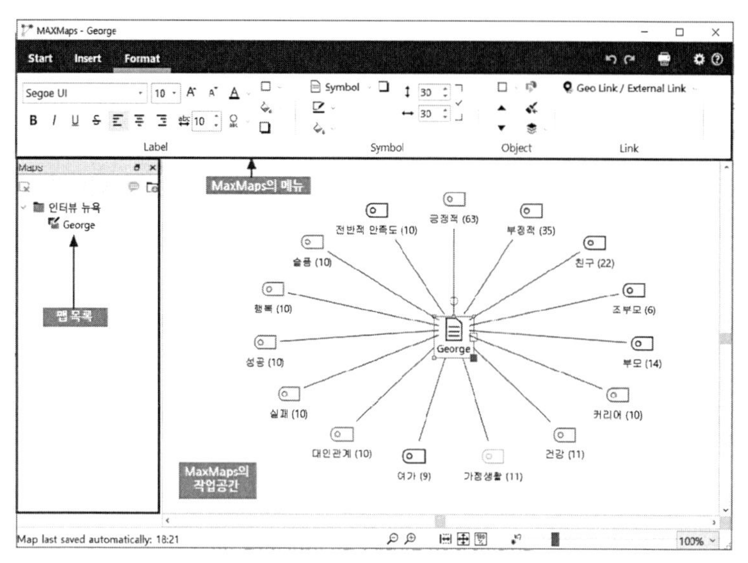

그림 14.1 MAXMaps 창과 메뉴

14.3 맵 만들기와 개체 추가

14.3.1 맵 만들기

새로운 맵Map을 만들려면 **시작**Start 탭에서 **새 맵**New Map 아이콘을 클릭합니다. 새 맵이 기본 이름인 'New Map'으로 맵 목록List of Maps에 즉시 추가되고 빈 작업공간이 생깁니다. 기본 이름은 컨텍스트메뉴(마우스 오른쪽 버튼)에서 **이름바꾸기**Rename 옵션을 선택하여 언제든지 변경할 수 있습니다.

원하는 수의 맵을 만들 수 있습니다. 맵은 MAXQDA에 저장되지만 JPG, PNG 또는 SVG 파일형식으로 내보낸 다음 텍스트 파일에 삽입할 수도 있습니다. MAXQDA 프로젝트 파일의 맵 저장은 MAXMaps 창이 닫힐 때뿐만 아니라 매분 자동으로 이루어집니다. 저장하는 데 별도의 명령이 필요하지 않습니다.

TIP/

각 맵에 주석을 추가하여 맵의 상태 또는 중요한 힌트를 메모할 수 있습니다. 맵 목록 헤더부분에서 **주석**Comment 아이콘을 누르고 나타나는 창에 주석을 입력합니다. 설명은 맵의 이름 옆에 기호로 표시되고 두 번 클릭하여 열 수 있습니다.

맵 목록에서 폴더를 만들어 지도를 정렬하여 더 나은 개요를 제공할 수 있습니다. 새 폴더를 만들려면 맵 목록 헤더부분에 있는 아이콘을 클릭합니다(참조: 그림 14.2).

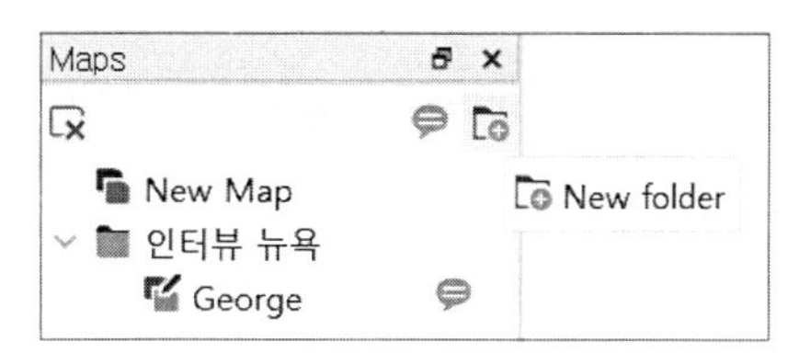

그림 14.2 맵 목록에서 새 폴더 만들기

14.3.2 MAXMaps에서 개체 유형

맵을 구성하는 요소들은 다음과 같이 표준, 자유, 연결개체로 구분됩니다

- **표준개체**: 표준개체는 코드, 텍스트 또는 메모와 같이 MAXQDA에서 비롯된 개체입니다. 드로잉패드에는 한 번만 삽입할 수 있습니다. 따라서 문서는 맵 내에 한 번만 추가할 수 있습니다. 표준개체의 수정은 MAXQDA 프로젝트에 영향을 미치지 않습니다. 예를 들어, MAXQDA에서 가져온 문서명을 수정하는 경우에도 MAXQDA의 문서시스템에 있는 이름은 그대로 유지됩니다. 드로잉패드에서 제거된 객체는 MAXQDA 프로젝트에서 동시에 제거되지 않습니다. 객체를 정렬하는 방법에 관계없이 MAXQDA 데이터베이스에 대한 연결은 항상 유지됩니다. 이것은 또한 그림으로만 표시되는 텍스트가 MAXQDA의 문서브라우저에서 더블클릭하면 열립니다.
- **자유개체**: 자유개체는 MAXQDA 프로젝트의 항목과 연결되지 않습니다. 이러한 의미에서 이들은 분석된 데이터와 독립적입니다.
- **연결개체**: 연결개체는 두 개체를 연결하는 선입니다.

표준개체와 자유개체는 모두 개체레이블과 개체그림으로 구성됩니다. 표준개체는 MAXQDA에서 해당 아이콘을 그림으로, MAXQDA에서 해당 이름을 레이블로 받습니다. 예를 들어, MAXQDA 문서와 마찬가지로 문서명은 문서시스템에서 가져옵니다.

연결개체에도 레이블을 지정할 수 있으며 연결선의 유형과 특성을 사용자 정의할 수 있습니다.

14.3.3 맵에 개체 삽입

작업공간으로 가져오는 각 개체(코드, 메모, 텍스트, 코딩구절 또는 자유개체)는 그림picture과 레이블label 두 가지 요소로 구성됩니다.

MAXQDA 객체를 가져올 때 MAXQDA 기본 아이콘은 그림으로, MAXQDA 이름은 레이블로 전달됩니다. 예를 들어, 코드를 가져올 때 코드목록과 코드 아이콘을 그대로 가져옵니다.

레이블과 아이콘을 모두 변경하거나 이미지, 다이어그램, 기호 또는 사진을 가져올 수 있습니다. 레이블은 글꼴, 글꼴 크기 및 기타 속성과 함께 변경할 수도 있습니다.

14.3.4 MAXQDA에서 표준개체를 가져오는 방법

MAXQDA에서 요소를 가져오는 세 가지 방법이 있습니다.

- 마우스 왼쪽 버튼으로 요소(문서, 코드, 메모)를 맵으로 끌어다 놓습니다.
- Alt키를 누른 채 MAXQDA에 선택한 개체를 더블클릭합니다.
- 해당 요소의 컨텍스트메뉴(마우스 오른쪽 버튼)에서 **맵에 삽입**Insert into Map 옵션을 선택합니다(참조: 그림 14.3).

선택한 요소는 도면의 왼쪽 상단 빈 지점에 삽입됩니다.

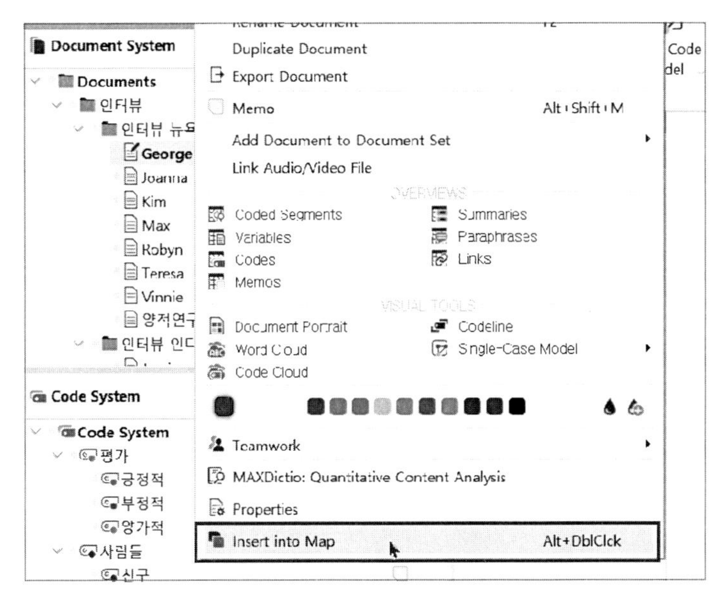

그림 14.3 컨텍스트메뉴를 통한 요소 삽입하기

다음의 MAXQDA 요소를 삽입할 수 있습니다. 괄호 안의 내용은 MAXQDA 에서 요소가 있는 위치를 나타냅니다.

- 문서(문서시스템).
- 문서그룹(문서시스템).
- 문서세트(문서시스템).
- 코드 및 하위 코드(코드시스템).
- 코드메모와 코드세트에 첨부된 메모(코드시스템).
- 문서의 일부에 첨부된 메모(문서브라우저).
- 문서, 문서그룹 또는 문서세트에 첨부된 메모(문서시스템).
- 자유메모(메모관리자, 메모개요).
- 코딩구절(검색구절창, 코딩구절 개요, 문서브라우저, 멀티미디어브라우저).

이러한 모든 기능은 MAXMaps창이 열려 있을 때만 사용할 수 있습니다. 개체는 항상 현재 열려 있는 맵으로 가져옵니다.

문서, 코드, 하위코드 및 코딩구절의 경우 지정된 색상이 항상 적용됩니다. 지정된 메모 아이콘은 그대로 메모에 사용됩니다.

① 한 번에 여러 문서 또는 코드 가져오기

현재 활성화된 모든 문서 또는 코드를 열린 맵으로 한 번에 가져오는 방법이 있습니다.

❶ MAXQDA 창에서 원하는 코드 또는 문서를 선택합니다. 예를 들어, 문서시스템이나 코드시스템의 원하는 문서 또는 코드를 선택하거나, 메인메뉴의 **혼합방법**Mixed Methods **탭 〉 변수로 문서활성화**Activate Documents by Variables 기능을 사용하여 특정 속성을 가진 모든 문서를 선택할 수 있습니다.

❷ 그런 다음 MAXMaps의 공백을 마우스 오른쪽 버튼으로 클릭하고 **활성화된 문서 삽입**Insert Activated Documents 또는 **활성화된 코드 삽입**Insert Activated Codes을 선택합니다.

위와 같이 실행하면 MaxMaps의 작업공간에 해당 문서 또는 코드들이 왼쪽 상단에서부터 오른쪽 하단으로 대각선방향으로 추가됩니다.

② 새 코드 삽입

MAXMaps 창의 **삽입**Insert 탭에서 **새 코드**New Code 아이콘을 클릭하여 코드를 만들어 지도에 붙여넣습니다. 새 코드의 이름, 색상 및 설명을 지정할 수 있는 새 코드 작성 대화상자가 나타납니다. 코드는 코드시스템의 맨 위에 있는 MAXQDA 프로젝트에 삽입되고, 코드명이 있는 레이블이 열린 맵에 레이블로 삽입됩니다.

또는 MAXMaps의 흰색 영역을 마우스 오른쪽 버튼으로 클릭하고 **새 코드**New Code 옵션을 선택하여 수행할 수 있습니다.

③ 자유개체 삽입

자유개체free objects라는 용어는 MAXQDA의 일부가 아닌 개체를 의미합니다. MAXMaps **삽입**Insert 탭에서 다음 자유개체 중 하나를 맵에 추가합니다.

- 새 텍스트(표시 아이콘이 없는 레이블이 추가됨)
- 파일의 새 이미지(예: 사진, 지도 또는 차트)

• 정사각형, 원 및 화살표와 같은 표준 모양

삽입Insert 탭에서 **새 코드**New Code, **새 텍스트**New Text 또는 **새 이미지**New Image 아이콘을 클릭하면 새 개체가 왼쪽 상단에서부터 맵의 빈 위치에 삽입됩니다. 이미지의 경우 그래픽 파일을 선택해야 합니다. 그러면 이 파일이 MAXQDA 프로젝트에 저장됩니다. 창의 오른쪽 상단에 있는 기어기호를 통해 액세스할 수 있는 MAXMaps 옵션에서는 지도에서 이미지가 저장되는 품질을 결정할 수 있습니다.

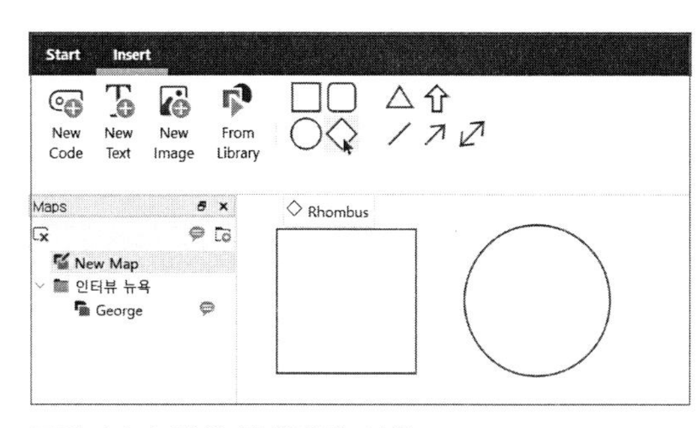

그림 14.4 맵에 자유개체 삽입

다음 그림 14.4는 표준 모양(직사각형, 원 및 화살표) 중 하나를 삽입하는 방법입니다.

❶ 원하는 모양을 클릭합니다. 마우스 포인터가 큰 십자모양으로 바뀝니다.

❷ 마우스 버튼을 누른 상태에서 십자기호를 끌어 지도에서 원하는 위치로 도형을 드래그합니다.

TIP!

마우스를 드래그할 때 가로세로 비율을 유지하려면 **Shift키**를 누른 상태로 드래그합니다. 그러면 정사각형과 원이 그대로 유지됩니다. 또한, 해당 도형 내부에 텍스트를 삽입하려면 도형을 더블클릭하기만 하면 됩니다.

14.3.5 MAXQDA 관련개체 가져오기

MAXMaps에서는 분석적으로 관련된 개체를 이미 가져온 개체로 가져올 수 있습니다(예: 코드의 코딩구절 또는 메모의 텍스트).

관련 개체를 가져오려면 맵에서 MAXQDA 요소를 마우스 오른쪽 버튼으로 클릭합니다. 선택한 개체(참조: 그림 14.5)의 컨텍스트메뉴(마우스 오른쪽 버튼)에는 가져오기를 위한 다양한 옵션이 있습니다.

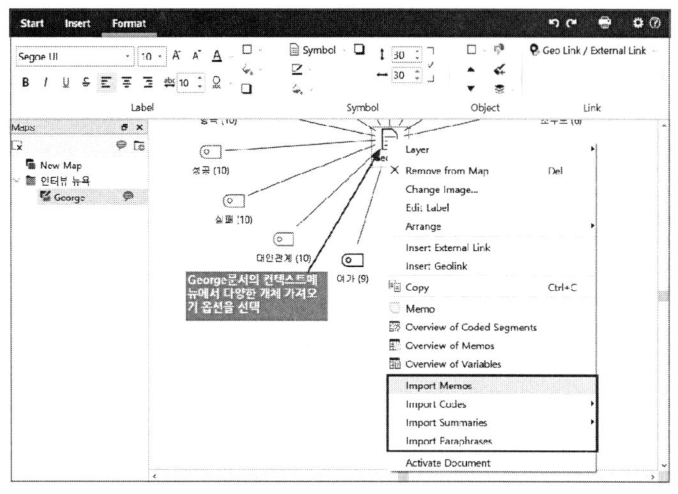

그림 14.5 맵의 문서 아이콘의 컨텍스트 메뉴에서 개체 가져오기

14.3.6 개체 삭제

각 개체는 맵에서 삭제할 수 있습니다.

❶ 먼저 마우스로 개체를 선택합니다. 마우스로 개체를 강조표시하여 여러 개체를 선택할 수도 있습니다.

❷ Delete키를 누르거나 **맵에서 제거**Remove from Map 아이콘을 클릭합니다. 또는 개체의 컨텍스트메뉴(마우스 오른쪽 버튼)에서 **맵에서 제거**Remove from Map를 선택할 수도 있습니다.

그런 다음 개체와 다른 개체에 대한 연결이 맵에서 제거됩니다.

14.4 맵 디자인하기

맵을 만들고 개체를 삽입하였으면, 개체의 모양과 위치를 쉽게 사용자 지정하여 분석에 적합한 맵을 만들 수 있습니다.

14.4.1 개체선택과 이동

먼저 사용자 지정할 개체를 선택해야 합니다. 마우스로 개체를 클릭하거나 여러 개체를 포함하는 프레임을 드래그하여 여러 개체를 동시에 선택합니다(참조: 그림 14.6). 선택한 개체는 추가로 파란색 프레임으로 표시됩니다.

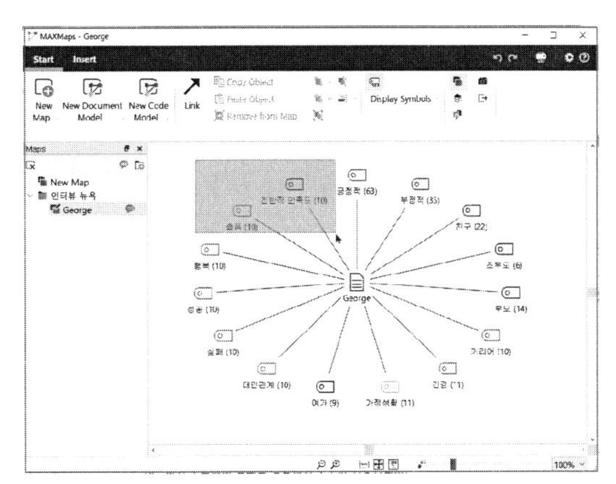

그림 14.6 마우스 프레임으로 여러 개체를 선택

여러 개체가 이미 선택된 경우 Shift키를 누른 상태에서 개체를 클릭하여 선택을 위해 개체를 추가하거나 선택항목에서 개별 개체를 제거할 수 있습니다.

Ctrl + A키를 사용하여 맵의 모든 개체를 선택합니다.

선택한 개체는 마우스 버튼을 누른 상태로 작업공간의 어떤 곳으로든 이동할 수 있습니다.

14.4.2 포맷 탭 활용

선택한 개체의 속성은 **포맷**Format 및 **라인 포맷**Line Format 탭에서 조정됩니다. 메뉴 항목은 즉시 창 상단에 나타납니다.

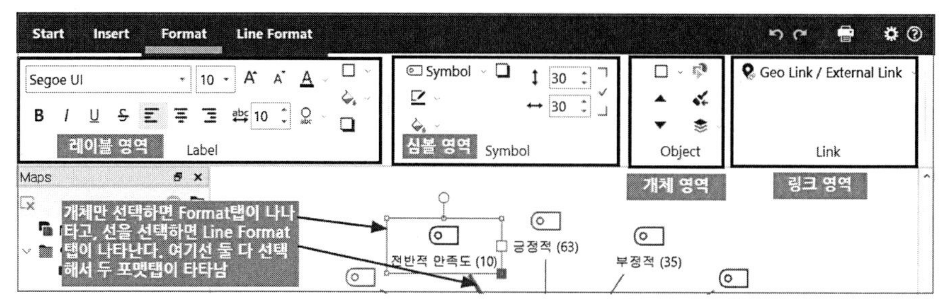

그림 14.7 포맷 메뉴 탭

포맷 탭은 네 개의 영역으로 나뉘어져 있습니다.

① 레이블 영역

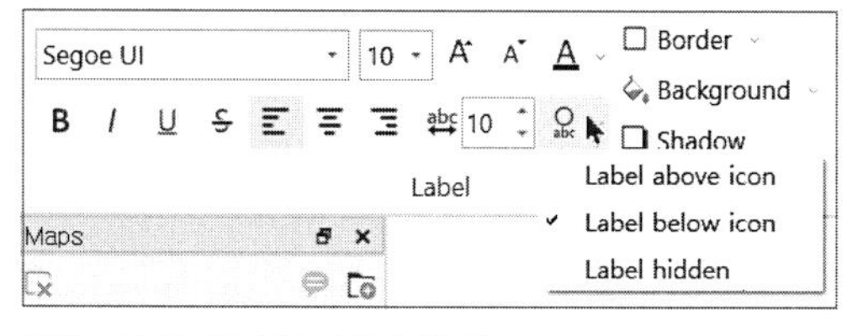

그림 14.8 레이블 위치 옵션

여기서 개체의 레이블 모양을 정의합니다. 글꼴 및 글꼴크기와 글꼴색상을 조정할 수 있습니다. 텍스트 너비는 상대단위로 지정됩니다. 너비가 10이면 레이블이 기호보다 최대 10배 넓다는 것을 의미합니다. 기본적으로 레이블은 기호 아래에 표시됩니다. 그림 14.8의 이미지에서 강조표시된 아이콘을 클릭하여 위에 레이블을 표시하거나 감출 수 있습니다.

② 심볼 영역

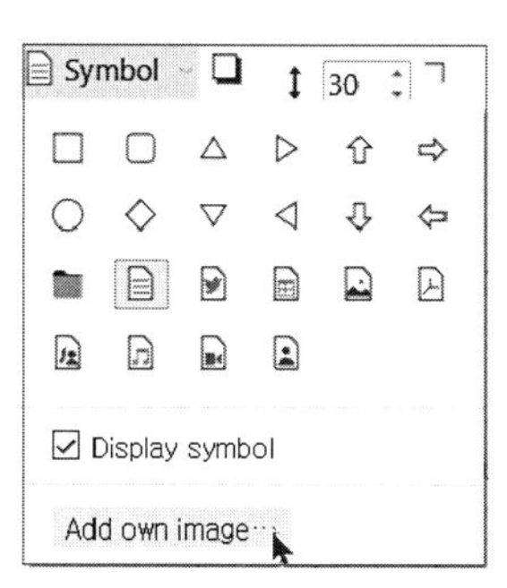

그림 14.9
자신의 이미지를 심볼로 추가

개체유형에 따라 심볼의 형식이 다릅니다.

표준 MAXMaps 아이콘과 다른 사용자가 선택한 이미지를 사용할 수도 있습니다(참조: 그림 14.9).

- 먼저 큰 **심볼**Symbol 아이콘을 클릭한 다음 드롭다운 메뉴에서 **내 아이콘 추가…**Add own icon…를 선택합니다.
- 컴퓨터에서 이미지를 선택할 수 있는 파일 대화상자가 나타납니다.

심볼 표시 Display symbol 옵션을 사용하여 레이블 텍스트만 표시되도록 아이콘을 숨길 수도 있습니다.

③ 개체 영역

여기서는 전체 개체에 대해 다음 속성을 정의할 수 있습니다.

- 개체가 있는 레이어 선택
- 전체 개체에 모든 색상프레임을 추가
- 개체의 테두리
- 개체의 크기 증감

④ 링크 영역

이 영역에서 **지역링크**Geo－Link / **외부링크**External Link 아이콘을 클릭한 후 개체에 두 개의 다른 링크를 할당할 수 있습니다.

- 외부링크: 세 개의 점을 클릭하여 파일을 선택합니다.
- 지역링크: 세 개의 점을 클릭하여 KML 파일을 선택합니다.

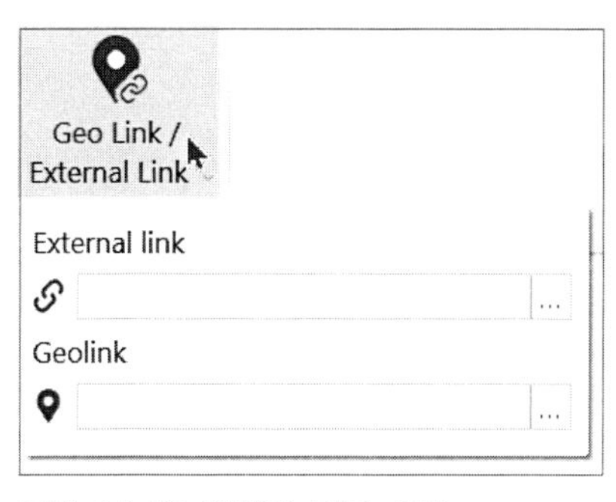

그림 14.10 개체에 링크 추가

나중에 링크를 열려면 개체를 마우스 오른쪽 버튼으로 클릭하고 외부링크 열기 또는 Geolink열기를 선택합니다.

14.4.3 개체속성 복사

MAXMaps를 사용하면 한 개체에서 다른 개체로 속성을 복사할 수 있습니다. 개체에 같은 모양을 더 쉽게 지정할 수 있습니다. 이 기능은 링크 개체를 포함한 모든 개체에 사용할 수 있습니다. 이 경우 한

그림 14.11 개체속성 복사

링크 선에서 다른 링크 선으로 색상과 선유형을 적용할 수 있습니다.

적용방법은 다음과 같습니다.

❶ 속성을 복사할 개체를 선택합니다.

❷ **포맷**Format 탭이나 **라인 포맷**Line Format 탭에서 **포맷 복사**Copy Format 아이콘을 클릭합니다.

❸ 속성을 적용할 개체를 선택합니다.

14.4.4 개체 복사

MaxMaps에서는 개체를 복사해서 다른 곳에 붙일 수 있습니다. **시작**Start 〉 **개체복사**Copy Object (또는 Ctrl + C키)기능을 사용하여 하나 또는 여러 개의 선택된 객체를 MAXMaps의 내부 클립보드에 복사할 수 있습니다. **시작**Start 〉 **객체 붙여넣기**Paste Object (또는 Ctrl + V키)는 물론 디자인을 유지하면서 맵의 왼쪽 상단 모서리에 있는 빈 공간에 객체를 삽입합니다.

대상의 컨텍스트메뉴(마우스 오른쪽 버튼)에서 붙여넣기를 선택할 수도 있습니다. 그러면 개체가 제자리에 있는 지도에 삽입됩니다.

참/ 고/

문서, 코드 및 메모와 같은 MAXQDA 개체는 동일한 맵에 한 번만 표시될 수 있기 때문에 같은 문서에는 복사하여 붙이기가 무시될 수 있습니다.

14.4.5 레이블 추가 및 편집

작업공간에서 텍스트를 더블클릭하여 텍스트를 그자리에서 편집합니다. Shift키를 누른 상태에서 Enter키를 눌러 줄바꿈을 삽입할 수 있습니다.

개체에 아직 레이블이 없는 경우 개체를 마우스 오른쪽 단추로 클릭하고 **레이블 추가**Add Label 기능을 선택하여 추가할 수 있습니다.

14.4.6 자유개체의 기호에 텍스트 추가

직사각형이나 원과 같은 자유개체에 텍스트를 쓰고 싶을 수도 있습니다. 물론 **삽입**Insert 〉 **새 텍스트**New Text를 통해 다른 개체를 만들고 다른 개체 위에 놓으면 됩니다. 그러나 자유개체에 직접 연결된 텍스트를 삽입할 수도 있습니다. 이렇게 하려면 자유개체의 컨텍스트메뉴(마우스 오른쪽 버튼)에서 **텍스트 추가**Add Text를 선택합니다(참조: 그림 14.12).

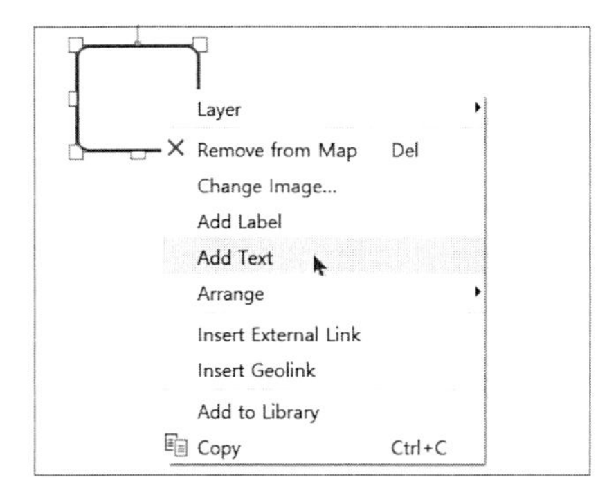

그림 14.12 개체에 직접 텍스트 추가

하지만, 더 편한 방법은 해당 개체를 더블클릭하면 텍스트를 입력하고 편집할 수 있습니다. 이 때 **포맷**Format 탭에서 텍스트의 서식을 조정할 수 있습니다. 선택한 서식은 전체 텍스트에 적용됩니다.

14.4.7 개체 그룹화

개체 간 거리가 일정하게 유지되도록 그룹화할 수 있습니다.

❶ 이렇게 하려면 먼저 마우스로 개체들 주위의 프레임을 드래그해야 합니다. 또는 Shift키를 누른 상태에서 하나씩 클릭하여 그룹화할 개별개체를 선택할 수도 있습니다. 같은 방식으로 개별개체에 대해 선택을 취소할 수도 있습니다.

❷ **시작**Start 탭에서 **개체 그룹화**Group Objects를 클릭하면 선택한 그룹이 고정그룹이 됩니다. 또는 선택한 개체 중 하나의 컨텍스트메뉴(마우스 오른쪽 버튼)에서 **개체 그룹화**Group Objects 옵션을 사용할 수도 있습니다.

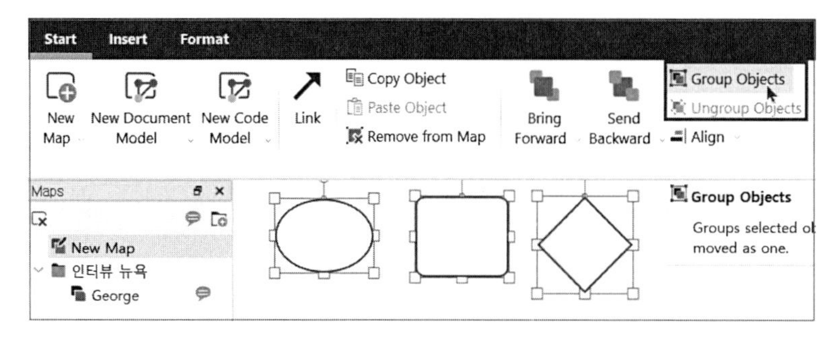

그림 14.13 시작 탭에서 빨간 테두리 아이콘을 사용하여 개체그룹화 및 해제를 선택

그룹의 개체는 개별적으로 선택할 수 없고 항상 함께 선택됩니다. 속성 창의 개체속성 변경은 크기 변경을 포함하여 그룹의 모든 개체에 동일한 영향을 미칩니다. 그룹을 클릭한 다음 **시작**Start 탭에서 **그룹해제**Ungroup Objects 아이콘을 클릭하여 그룹을 해제할 수 있습니다. 또는 그룹의 컨텍스트메뉴에서도 그룹해제 옵션을 사용할 수 있습니다(참조: 그림 14.13).

14.4.8 이미지 교체

코드 또는 문서와 같은 MAXQDA 개체에 대한 MAXMaps에 표시되는 아이콘은 표준 MAXQDA 아이콘이지만 다음과 같이 가져온 다른 이미지와 교체할 수 있습니다.

❶ 해당 개체의 컨텍스트메뉴에서 **이미지 변경…**Change Image을 선택합니다.

❷ 그림 기본아이콘 대신 다른 이미지를 사용할 수 있습니다. 이미지파일의 형식은 JPG, PNG 및 TIF가 허용됩니다.

또는 **포맷**Format 탭을 사용하여 먼저 **심볼**Symbol 아이콘을 클릭한 다음 나타나는 팝업 메뉴에서 **내 아이콘 추가…**Add own icon를 선택하여 아이콘을 사용자 지정 이미지로 변경할 수 있습니다

14.4.9 개체를 앞이나 뒤로 이동

아이디어를 반영하는 방식으로 맵을 디자인하려면 전경foreground에 배치할 개체를 결정할 수 있어야 합니다. 이 절차는 매우 직관적입니다.

❶ 이동할 개체를 클릭합니다. 마우스로 동시에 여러 개체를 선택할 수도 있습니다.

❷ **시작**Start 탭에서 **레벨 앞으로 가져오기**Bring Level Forward 또는 **레벨 뒤로 보내기**Send Level Back 아이콘을 클릭하여 맵에서 개체의 순서를 정렬합니다. 이 아이콘 아래의 화살표를 클릭하면 **맨 앞으로 가져오기**Bring to Front 및 **맨 뒤로 보내기**Send to Back 옵션도 표시되며, 이 옵션에서는 개체를 앞으로 또는 뒤로 이동시킵니다(참조: 그림 14.14).

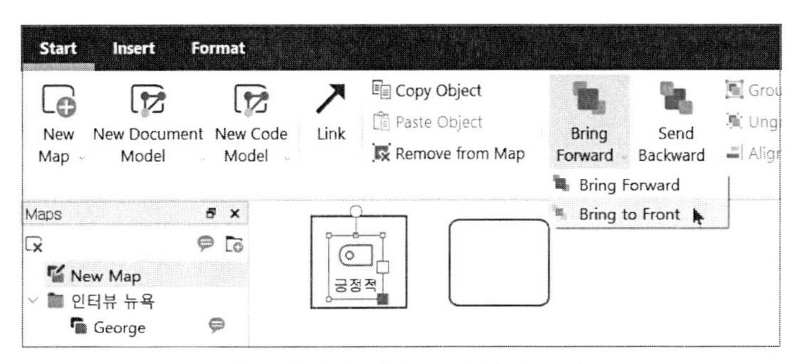

그림 14.14 아이콘을 사용하여 개체를 더 앞뒤로 이동

또는 마우스 오른쪽 버튼으로 개체를 클릭하고 **정렬**Arrange 메뉴에서 위치지정 옵션 중 하나를 선택합니다. 이 메뉴는 또한 단축키를 표시합니다. 예를 들어, 맨 뒤로 이동Move to back에 대한 단축키는 Shift + PgDown입니다.

14.4.10 개체 정렬

여러 개체를 정렬하려면 먼저 개체를 선택합니다. 그런 다음 **시작Start** 탭에서 **정렬**Align 옵션을 선택하면 그림 14.15와 같은 여러 옵션이 나타납니다.

개체는 수평, 수직 또는 등거리로 정렬할 수 있습니다. 또한 개체를 반원 또는 원으로 정렬할 수도 있습니다. 개체의 정렬은 항상 개체의 기호를 참조합니다. 이 기호가 숨겨져 있고 레이블만 보이는 경우에만 옵션이 텍스트를 참조합니다.

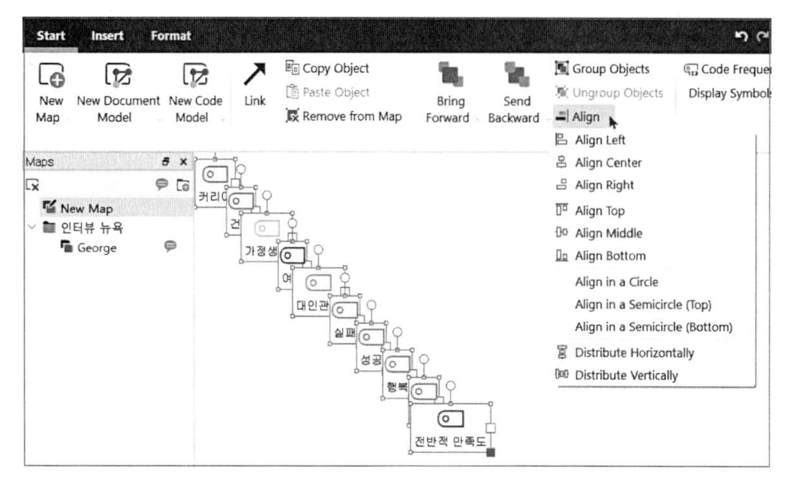

그림 14.15 시작 탭의 정렬 옵션

14.5 MAXQDA 프로젝트 데이터와 맵 동기화

MAXMaps로 작업할 때 흥미로운 점은 MAXQDA 프로젝트 데이터와 항상 연결되어 있다는 것입니다. 예를 들어, 코드 심볼의 경우, 이것은 맵에서 기호 위로 마우스를 이동하면 코드에 첨부된 메모가 마우스 포인터에 나타나고, 더블클릭하면 코드와 관련된 **코딩구절 개요**Overview of Coded Segments가 열린다는 것을 의미합니다.

맵의 MAXQDA 요소와 프로젝트 데이터 사이에는 다음과 같은 연결이 있습니다.

① 문서그룹 및 문서세트 아이콘

- 마우스 오버 시: 문서그룹 또는 문서세트의 미리보기를 마우스 포인터에 표시(사용 가능한 경우).
- 클릭 한 번 시: 문서시스템에 있는 문서그룹 또는 문서세트에 초점을 맞춥니다.

② 문서 아이콘

- 마우스 오버 시: 마우스 포인터에 문서 메모 표시(사용 가능한 경우).
- 클릭 한 번 시: 문서시스템에 있는 문서에 초점을 맞춥니다.
- 더블클릭 시: 문서가 문서브라우저에서 열립니다.

③ 메모 아이콘

- 마우스 오버 시: 마우스 포인터에 메모 미리보기 표시.
- 클릭 한 번 시: 메모에 초점을 맞춥니다(문서시스템, 코드시스템, 문서브라우저, 멀티미디어 브라우저의 메모 유형에 따라 다름).
- 더블클릭 시: 메모 열기

④ 코드 아이콘

- 마우스 오버 시: 마우스 포인터에 코드메모 미리보기 표시.
- 클릭 한 번 시: 코드시스템의 코드에 초점을 맞춥니다.
- 더블클릭 시: 이 코드에 대한 코딩구절 개요를 엽니다(모델을 생성하여 맵에 삽입된 코드의 경우 모델 생성시 고려된 구절만 개요에 표시됨).

⑤ 코딩구절의 기호

- 마우스 오버 시: 마우스 포인터에서 구절 미리보기.
- 클릭 한 번 시: 코드시스템의 코드에 초점을 맞추고, 문서는 문서브라우저 또는 멀티미디어 브라우저에서 열리고 코딩구절의 위치로 이동합니다.

14.5.1 문서 및 코드 활성화

MAXMaps에서 문서 또는 코드를 활성화할 수도 있습니다. 이렇게 하려면 하나 이상의 문서를 선택하고 선택항목의 컨텍스트메뉴에서 **문서/코드 활성화**Activate Document / Code를 선택합니다. 선택한 문서는 이미 활성화된 문서와 함께 문서시스템에서 활성화됩니다.

14.5.2 코드빈도 표시하기

시작Start 탭에는 **코드빈도**Code Frequences 옵션이 있으며, 이를 통해 맵의 데이터에 해당 코드가 사용된 빈도를 표시할 수 있습니다. 코드빈도는 코드명 뒤에 괄호로 표시됩니다(참조: 그림 14.16).

코드빈도는 원본데이터에 동적으로 연결됩니다. 따라서 코딩구절을 삭제하거나 완료하면 MAXMaps의 각 해당 코드에 대한 숫자 괄호가 그에 따라 조정됩니다. 모델을 만들어 지도에 삽입한 코드는 예외입니다. 이러한 경우 괄호 안의 숫자는 모델이 생성되었을 때 이 코드에 포함된 코드 수를 나타냅니다. 번호는 이러한 코드로 업데이트되지 않지만 모델은 항상 생성된 시점의 코드빈도의 스냅샷을 제공합니다.

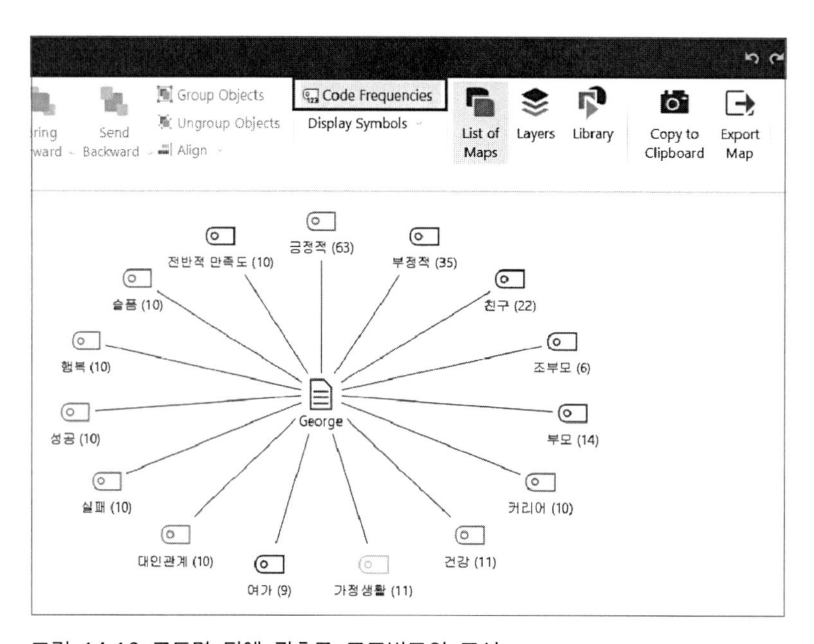

그림 14.16 코드명 뒤에 괄호로 코드빈도의 표시

14.6 MaxMaps의 모델템플릿

MAXQDA의 모델템플릿은 데이터 자료에 대한 특정 관점을 시각화하기 위한 고유한 도구입니다. 연구 프로세스는 종종 특정 문서, 특정 코드, 공통 코드의 발생 또는 메모에 설명된 특정 가설 및 이론적 측면과 같은 데이터 일부에 주의를 집중합니다. 이러한 상황에서 MAXMaps의 모델은 신속하게 액세스할 수 있는 솔루션을 제공하며, 적절한 옵션으로 각 상황에 맞게 조정할 수 있습니다. 그런 다음 MAXQDA에서 해당 다이어그램을 생성하여 작업공간에서 사용할 수 있습니다. 이 맵은 MAXMaps에서 추가로 편집하고 보완할 수 있습니다.

문서에 중점을 둔 모델과 코드에 중점을 둔 모델들이 있습니다.

- **문서에 중점을 둔 모델:** 단일사례 모델, 2사례 모델
- **코드에 중점을 둔 모델:** 단일코드 모델, 코드이론 모델, 코드-하위코드-구절 모델, 계층적 코드-하위코드 모델, 코드 동시발생 모델

14.6.1 새 모델 만들기

새 모델을 생성하려면 다음 단계를 따르면 됩니다.

❶ MAXMaps의 **시작**Start 탭에서 **새 문서 모델**New Document Model을 클릭하고 드롭다운 메뉴에서 모델을 선택합니다.

❷ MAXQDA는 모델명을 제목으로 하는 새로운 빈 맵을 만들고 MAXQDA 개체를 삽입하는 방법에 대한 짧은 튜토리얼을 표시합니다. 대/소 문자를 구분하는 모델을 만들지 코드기반 모델을 만들지에 따라 이제 다음을 수행합니다. 문서시스템 또는 코드시스템에서 개체를 맵으로 드래그합니다(이는 MAXMaps에 직접 표시됨).

❸ 문서 또는 코드를 선택하면 완성된 모델의 미리보기가 맵에 나타납니다. 왼쪽에는 모델 생성에 사용할 수 있는 모든 옵션이 있습니다. 모든 옵션을 시도해 볼 수 있습니다. 맵 미리보기는 각 옵션 변경에 따라 자동으로 조정됩니다.

❹ 맵 생성을 완료하려면 옵션 영역 상단에 있는 **모델 사용**Use Model 버튼을 클릭합니다(참조: 그림 14.17).

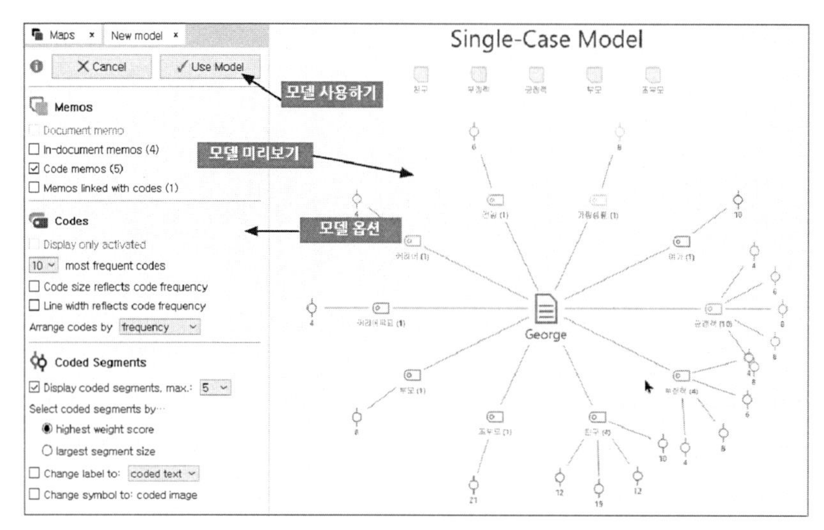

그림 14.17 대화형 새 모델 만들기

이러한 모델을 통해 고유한 방법으로 데이터를 탐색할 수 있습니다. 맵의 모든 요소는 MAXQDA 프로젝트의 데이터와 동기화됩니다. 즉, 도면층layer의 특정 요소 위로 마우스를 움직이면 기호화된 메모 또는 코딩구절의 내용이 미리보기로 표시됩니다. 코딩구절의 기호를 더블클릭하면 문서의 해당 위치로 바로 이동합니다.

14.6.2 단일사례 모델(코딩구절)

이 모델에서는 문서시스템의 사례가 분석(문서, 문서그룹 또는 문서세트)의 중심에 있습니다. 메뉴에서 모델을 선택한 후, 분석할 사례를 MAXMaps 작업공간으로 드래그합니다. 시각화의 목적은 선택한 사례의 메모, 코드 및 코딩구절에 바로 접근할 수 있도록 하는 것입니다.

① 맵에서 모델 표시

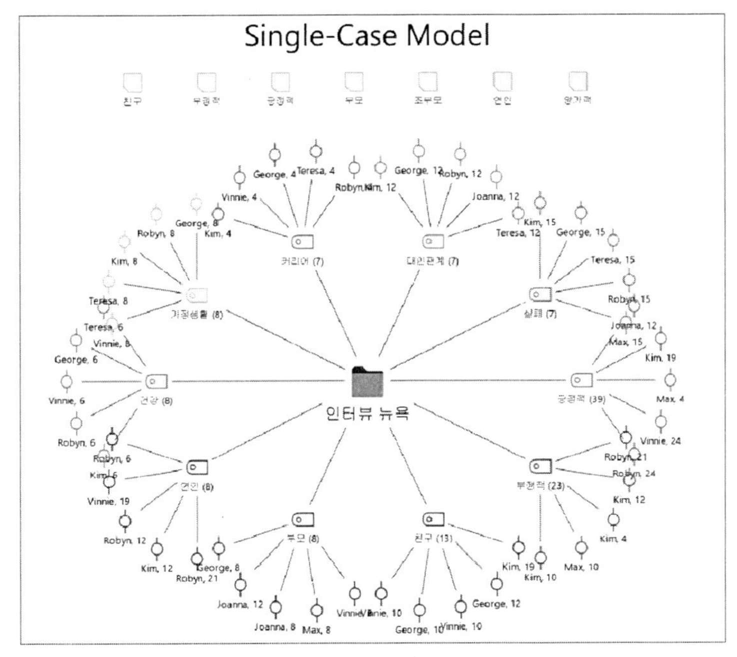

그림 14.18 단일사례 모델의 예(코딩구절)

모델의 요소는 작업공간의 중앙에 문서와 함께 맵에 표시되고 다른 요소는 주위에 별 모양으로 배열됩니다. 메모가 포함된 경우 메모는 맵의 상단에 배치됩니다.

다양한 요소는 화살표 없는 연결선으로 문서에 연결됩니다. 문서와 코드 사이의 선 굵기는 7단계로 나타내는데 각 코드에 사용할 수 있는 구절의 수를 의미합니다. 연결선이 굵을수록 해당 코드로 사용할 수 있는 구절이 많습니다. 물론 문서에 많은 수의 코드 또는 메모가 지정되거나 문서의 많은 위치가 코딩된 경우가 있을 수 있습니다. 이러한 이유로 표시할 코드 및 메모의 최대 수와 코딩된 구절의 수 및 선택기준을 옵션으로 설정할 수 있습니다.

② 새 모델 생성 및 구조 결정

시작Start 탭에서 **새 문서 모델**New Document Model을 통해 **단일사례 모델**Single-Case

Model(**코딩구절**Coded Segments)을 선택한 후 문서시스템에서 문서, 문서그룹 또는 문서세트를 MAXMaps 작업영역으로 드래그합니다.

디스플레이에 다음 요소를 선택할 수 있는 옵션 대화상자가 나타납니다.

- 사례 또는 관련 코드와 연관된 메모.
- 사례와 관련된 코드.
- 표시된 코드와 연관된 이 사례의 구절.

그림 14.19와 같이 선택한 옵션을 고려하여 모델의 미리보기가 맵에 표시됩니다. 모델을 현재 표시된 대로 사용하려면 **모델 사용**Use Model 버튼을 클릭합니다.

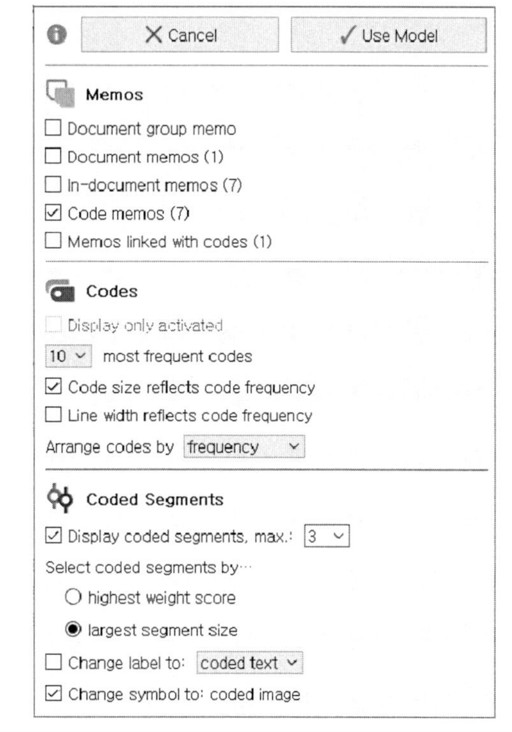

그림 14.19 단일사례 모델 옵션 대화창

① 메모 옵션

각 메모 유형에 대해 문서그룹메모, 문서메모, 문서내 메모, 코드메모 및 코드와 연결된 메모 등 모델에 통합할지 여부를 개별적으로 선택할 수 있습니다.

② 코드 옵션

- **활성화된 것만 표시**Display only activated: 사례에서 발생하는 현재 활성화된 코드만 맵에 삽입됩니다.
- **가장 자주 사용되는 코드**most frequent codes: 맵에 표시할 코드 수를 제한합니다. 사례에 할당된 것보다 적은 코드가 표시되는 경우, 존재하는 구절의 수에 따라 순위가 작성됩니다. 즉, 선택한 사례와 관련하여 코딩구절이 가장 많은 코드가 표시됩니다.
- **코드 크기에 코드빈도를 반영**Code size reflects code frequency: 코딩구절의 수가 적

은 코드보다 큰 코드를 표시하려면 이 옵션을 선택합니다. MAXMaps는 세 가지 다른 크기의 코드를 사용합니다. 빈도가 평균 주위의 표준편차 범위에 있는 코드는 중간 크기로 표시됩니다. 더 많거나 적은 코드는 더 크거나 더 작은 기호가 지정됩니다. 코드빈도가 서로 가깝다면 MAXMaps는 최소크기만 사용하거나 평균 기호크기와 함께 최소크기를 사용합니다.

- **선 굵기에 코드빈도 반영**Line width reflects code frequency: 이 옵션을 사용하면 코드에 더 많은 구절이 지정될수록 선이 더 두껍게 그려집니다.
- **빈도수/코드시스템순 코드 정렬**Arrange codes by frequency/code system: 이 옵션을 사용하여 코드정렬 방법을 결정합니다. 빈도순 정렬은 코딩구절이 가장 많은 코드부터 오른쪽에서 시작하고, 코드시스템순 정렬은 코드시스템의 순서대로 시작합니다.

③ 코딩구절 Coded Segments **옵션**

- **코딩구절 표시**Display coded segments, **최대치**: 이 옵션을 사용하면 코드빈도에 대한 시각적 인상을 얻을 수 있도록 각 코드에 대해 조정 가능한 수의 관련 구절이 표시됩니다.
  원하는 최대 수보다 많은 코딩구절이 있는 경우, **최고 가중치순**by highest weight score 또는 **가장 큰 구절순**by largest segment(더 큰 면적의 구절에는 우선순위가 있음)으로 구절이 선택됩니다.
- **레이블을 다음으로 변경**Change label to: coded text/comment–**코딩된 텍스트/주석**coded text/comment: 이 옵션을 사용하면 레이블을 코딩된 텍스트로 할 것인지 주석으로 할 것인지 선택합니다.
- **기호를 코딩된 이미지로 변경**Change symbol to: coded image: 이 옵션을 사용하면 코딩된 이미지의 기본기호로 대체됩니다.

14.6.3 단일사례 모델(요약)

이 모델은 문서목록(문서, 문서그룹 또는 문서세트)의 사례에 중점을 둡니다. 시각적 표현의 목적은 사례에 속하는 요약을 제시하고 탐색을 위해 접근가능하게 만드는 것입니다. 또한 사례에 속한 메모를 제시할 수 있습니다.

① 맵에서 모델 표시

요약이 있는 단일사례 모델의 예가 그림 14.20에 나와 있습니다. 사례는 중앙에 있고 요약이 작성된 코드는 사례 주위에 원을 형성하고 각 코드에서 요약 가지를 형성합니다. 또한 사례에 속한 메모를 표시할 수 있습니다(참조: 그림 14.20).

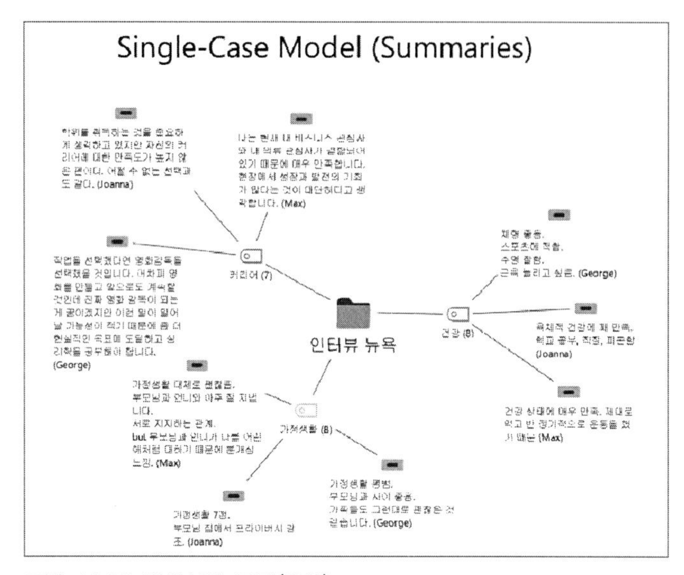

그림 14.20 단일사례 모델(요약)

② 새 모델 생성 및 구조 결정

시작Start 탭에서 **새 문서 모델**New Document Model을 통해 **단일사례 모델(요약)**Single-Case Model (Summaries)을 선택한 후 문서시스템에서 문서, 문서그룹 또는 문서세트를 MAXMaps 작업공간으로 드래그합니다.

디스플레이에 대해 다음 요소를 선택할 수 있는 옵션 대화상자가 나타납니다.

- 사례 또는 관련 코드와 연관된 메모.
- 사례와 관련된 코드.

옵션은 단일사례 모델(코딩구절)에 자세히 설명되어 있습니다.

선택한 옵션을 고려하여 모델의 미리보기가 맵에 표시됩니다. 모델을 현재 표시된대로 사용하려면 **모델 사용**Use model 버튼을 누릅니다.

14.6.4 단일사례 모델 (의역)

이 모델은 문서목록(문서, 문서그룹 또는 문서세트)의 사례에 중점을 둡니다. 시각적 표현의 목적은 사건에 속하는 의역을 제시하고 탐색을 위해 접근가능하게 만드는 것입니다. 또한 사례에 속한 메모를 제시할 수 있습니다.

① 맵에서 모델 표시

의역paraphrases이 있는 단일사례 모델의 예가 그림 14.21에 나와 있습니다. 사례는 중앙에 있고 의역이 작성된 코드는 사례 주위에 원을 형성하고 각 코드에서 의역 가지를 형성합니다. 또한 사례에 속한 메모를 표시할 수 있습니다.

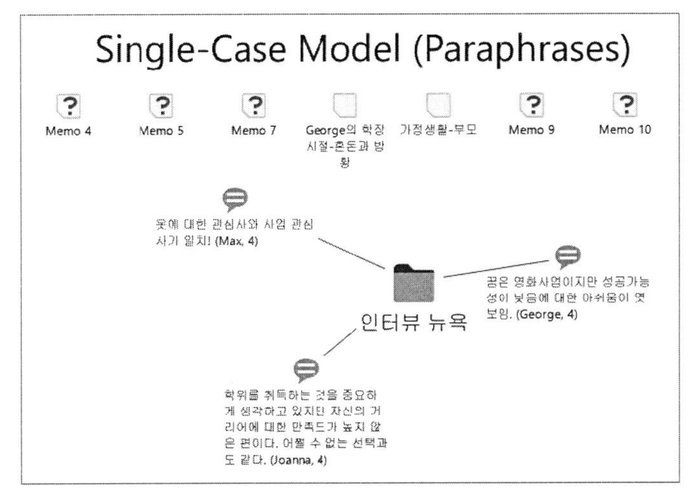

그림 14.21 단일사례 모델(의역)

② 새 모델 생성 및 구조 결정

시작Start 탭에서 **새 문서 모델**New Document Model을 통해 **단일사례 모델(의역)**Single-Case Model(Paraphrases)을 선택한 후 문서시스템에서 문서, 문서그룹 또는 문서세트를 MAXMaps 작업공간으로 드래그합니다.

디스플레이에 대해 다음 요소를 선택할 수 있는 옵션 대화상자가 나타납니다.

- 사례 또는 관련 코드와 연관된 메모.
- 사례와 관련된 코드.

옵션은 단일사례 모델(코딩구절)에 자세히 설명되어 있습니다.

선택한 옵션을 고려하여 모델의 미리보기가 맵에 표시됩니다. 모델을 현재 표시된대로 사용하려면 **모델 사용**Use model 버튼을 누릅니다.

14.6.5 단일사례 모델(코드계층)

이 모델은 일반 사례모델과 마찬가지로 문서, 문서그룹 또는 문서세트 형태의 사례가 이 모델템플릿의 중점입니다. 그러나 일반적인 단일사례 모델과 달리 사례에 사용되는 코드는 사례 주위에 원으로 배열되지 않고 계층구조를 유지하면서 위에서 아래로 배열됩니다. 이 모델에는 코딩구절이 표시되지 않습니다.

① 맵에서 모델 표시

다음 그림 14.22와 같이 코드계층은 화살표로 표시됩니다. 화살표가 가리키는 코드는 화살표가 시작되는 코드의 하위코드를 나타냅니다.

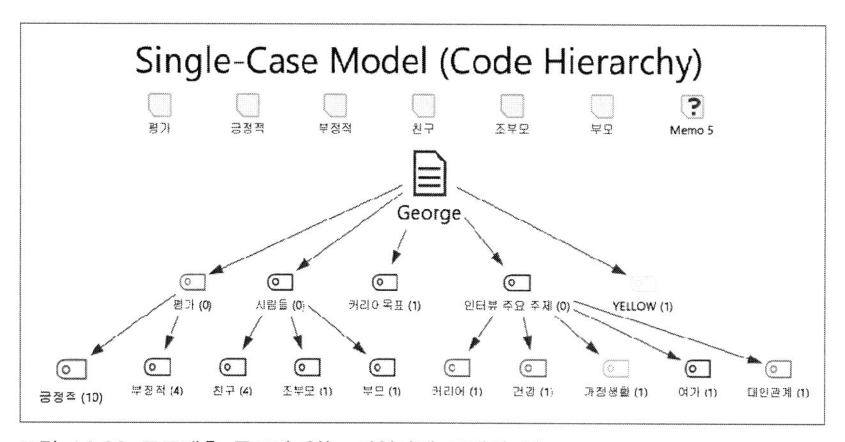

그림 14.22 코드계층 구조가 있는 단일사례 모델의 예

② 새 모델 생성 및 구조 결정

시작Start 탭에서 **새 문서 모델**New Document Model을 통해 **단일사례 모델(코드계층)**Single-Case Model (Code Hierarchy)을 선택한 후 문서시스템에서 문서, 문서그룹 또는 문서세트를 MAXMaps 작업공간으로 드래그합니다.

디스플레이에 대해 다음 요소를 선택할 수 있는 옵션 대화상자가 나타납니다.

- 사례 또는 관련 코드와 연관된 메모.
- 사례와 관련된 코드.

옵션은 단일사례 모델(코딩구절)에 자세히 설명되어 있습니다.

선택한 옵션을 고려하여 모델의 미리보기가 맵에 표시됩니다. 모델을 현재 표시된대로 사용하려면 **모델 사용**Use model 버튼을 누릅니다.

14.6.6 2사례 모델

2사례 모델two-cases model을 사용하면 코드(예: 관련 주제)가 두 사례에 발생하거나 한 사례에서만 발생하는 정도를 시각화할 수 있습니다. 코드의 빈도는 사례별로 생성할 수 있으며 메모도 통합할 수 있습니다.

2사례 모델을 사용하면 두 문서, 문서그룹, 문서세트 또는 이러한 수준의 혼합을 대조할 수 있습니다.

① 맵에서 모델 표시

다음 그림 14.23은 이 모델의 예를 보여줍니다.

- 선택된 두 사례(이 예의 문서)는 일정한 거리에서 비교합니다.
- 두 사례 사이의 중간에 두 문서에 모두 나타나는 코드가 표시됩니다.
- 페이지에는 한 번에 한 사례에서만 사용된 코드가 들어 있습니다.
- 연결선은 코드 사용 빈도를 나타냅니다.

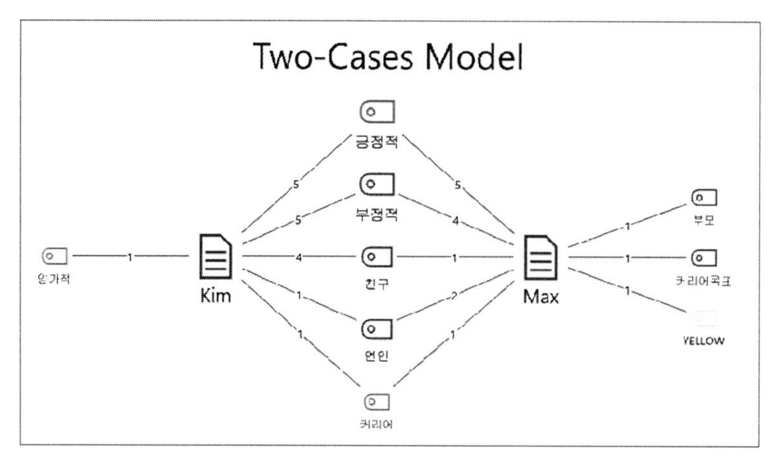

그림 14.23 2사례 모델의 예

② 새 모델 및 옵션 생성

시작Start 탭에서 **새 문서 모델**New Document Model을 통해 **2사례 모델**Two-Cases Model을 선택한 후 문서시스템에서 2개의 문서, 문서그룹 또는 문서세트를 MAXMaps 작업공간으로 드래그합니다.

선택한 옵션을 고려하여 모델의 미리보기가 맵에 표시됩니다. 모델을 현재 표시된대로 사용하려면 **모델 사용**Use model 버튼을 누릅니다.

14.6.7 단일코드 모델(코딩구절)

이 모델의 초점은 코드시스템의 코드입니다. 이 모델의 목적은 모든 연결된 메모와 코딩구절과 함께 선택된 코드를 표시하는 것입니다. 단일코드 모델Single-Code Model은 문서가 아닌 코드가 초점이라는 점을 제외하면 단일사례 모델Single-Case Model과 유사합니다.

① 맵에서 모델 표시

선택한 코드의 아이콘은 맵의 중앙에 배치되고 다른 요소는 맵 주위의 원모양으로 배치됩니다. 모든 코드를 연결하고 코딩구절과 메모가 제목 아래에 배치되며 코드메모는 선으로 코드에 연결됩니다(참조: 그림 14.24).

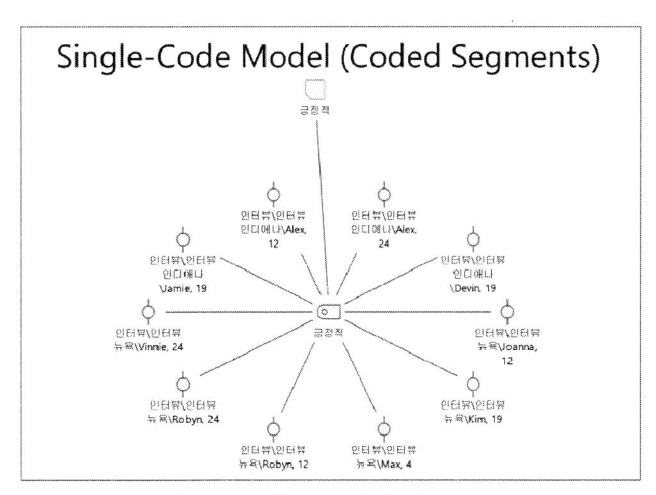

그림 14.24 단일코드 모델(코딩구절)의 예

② 새 모델 생성 및 구조 결정

시작Start 탭에서 **새 코드 모델**New Code Mode을 통해 **단일코드 모델(코딩구절)**Single-Code Model (Coded Segments)을 선택한 후 코드시스템에서 코드를 MAXMaps 작업공간으로 드래그합니다.

디스플레이에 대해 다음 요소를 선택할 수 있는 옵션 대화상자가 나타납니다.

- 메모: 코드메모와 코드에 연결된 메모.
- 코딩구절Coded Segments

선택한 옵션을 고려하여 모델의 미리보기가 맵에 표시됩니다. 모델을 현재 표시된대로 사용하려면 **모델 사용**Use model 버튼을 누릅니다.

14.6.8 단일코드 모델(요약)

이 모델의 초점은 코드시스템의 코드입니다. 이 모델의 목적은 코드의 주제에 대해 작성된 요약summaries을 나타내고, 필요한 경우 코드와 관련된 메모를 표시에 통합하는 것입니다.

① 맵에서 모델 표시

선택한 코드의 아이콘은 맵의 중앙에 배치되고 코드 주제에 대해 작성된 요약은 주위에 배치됩니다. 코드와 요약은 화살표 없는 선으로 연결되고 메모는 제목 아래에 배치됩니다(참조: 그림 14.25).

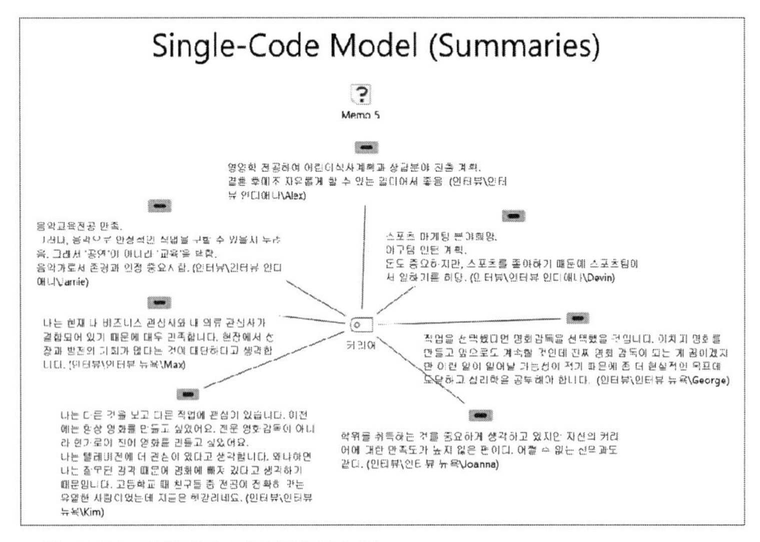

그림 14.25 단일코드 모델(요약)의 예

② 새 모델 생성 및 구조 결정

시작Start 탭에서 **새 코드 모델**New Code Mode을 통해 **단일코드 모델(요약)** Single-Code Model(Summaries)을 선택한 후 코드시스템에서 코드를 맵으로 드래그합니다. 옵션 대화상자가 나타납니다.

선택한 옵션을 고려하여 모델의 미리보기가 맵에 표시됩니다. 모델을 현재 표시된대로 사용하려면 **모델 사용**Use model 버튼을 누릅니다.

14.6.9 코드이론 모델

이 모델은 단일사례 모델Single-case model과 유사합니다. 이 모델은 또한 하나의 코드에 중점을 두지만 코드의 코딩구절을 표시하는 대신 하위코드와 메모를 표시합니다.

① 맵에서 모델 표시

코드 아이콘은 맵 중앙에 배치되며 하위코드는 그 주위에 원으로 배열됩니다. 하위코드는 두 가지 계층적 레벨에서 배열될 수 있습니다. 첫 번째 레벨은 코드 주위에 내부 원을 형성하고, 두 번째 레벨은 외부 원을 형성합니다. 메모는 코드/하위코드에 선으로 연결됩니다. 메모는 하나 이상의 코드에 연결할 수 있으므로 각 코드는 여러 줄로 연결될 수 있습니다(참조: 그림 14.26).

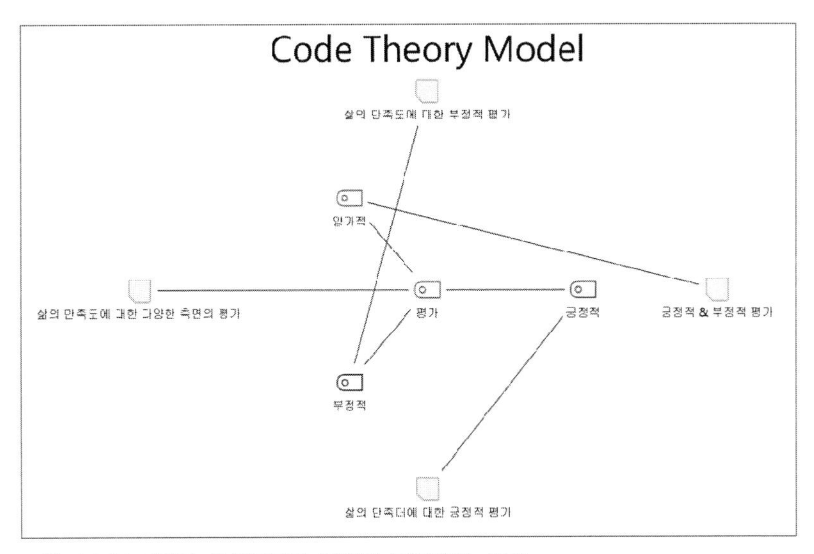

그림 14.26 1단계 하위코드가 통합된 코드이론 모델

② 새 모델 및 옵션 생성

시작Start 탭에서 **새 코드 모델**New Code Mode 〉 **코드이론 모델**Code Theory Model을 선택한 후 코드시스템에서 코드를 맵으로 드래그합니다. 모델 옵션이 있는 대화상자가 나타납니다.

선택한 옵션을 고려하여 모델의 미리보기가 맵에 표시됩니다. 모델을 현재 표시된대로 사용하려면 **모델 사용**Use model 버튼을 누릅니다.

14.6.10 코드-하위코드-코딩구절 모델

이 모델은 선택된 코드, 해당 하위코드 및 이러한 코드로 코딩된 구절로 맵을 작성합니다. 이 모델은 문서가 아니라 코드가 중심이라는 점을 제외하면 여러 면에서 단일사례 모델과 유사합니다.

① 맵에서 모델 표시

선택한 코드의 아이콘이 지도 중앙에 배치됩니다. 이 코드의 하위코드는 주변에 원 모양으로 배열되고, 화살표 없는 연결선으로 코드에 연결됩니다. 코딩구절도 화살표 없는 연결선으로 주위에 배치됩니다(참조: 그림 14.27).

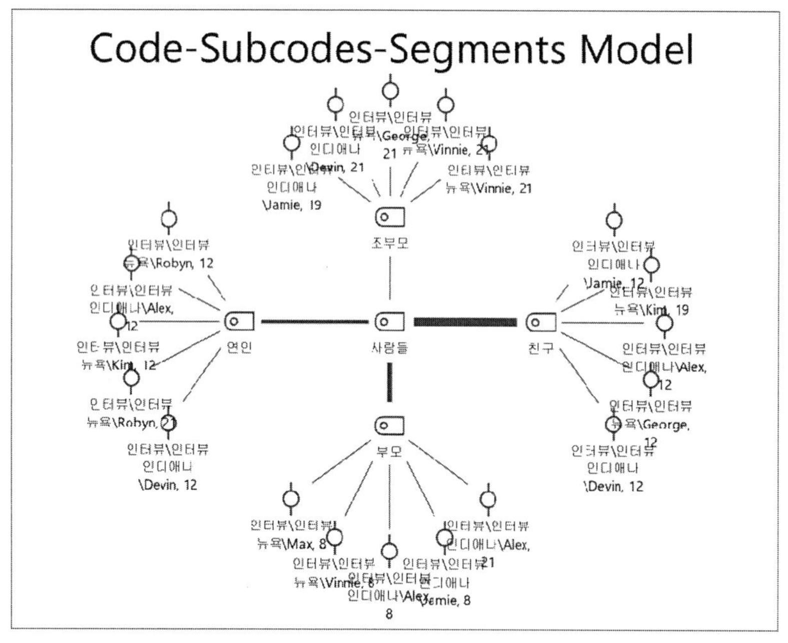

그림 14.27 코드-하위코드-코딩구절 모델

② 새 모델 생성 및 구조 결정

시작Start 탭에서 **새 코드 모델**New Code Mode을 통해 **코드-하위코드-코딩구절 모델** Code–Subcodes–Segements Model을 선택한 후 코드시스템에서 코드를 맵으로 드래그합니다. 옵션 대화상자가 나타납니다.

선택한 옵션을 고려하여 모델의 미리보기가 맵에 표시됩니다. 모델을 현재 표시된대로 사용하려면 **모델 사용**Use model 버튼을 누릅니다.

a. 하위코드 옵션(그림 14.28 상단)

- **활성화된 것만 표시**Display only activated: 표시된 하위코드는 현재 활성화된 코드로 제한합니다.
- **하위코드의 레벨(all, 1, 2, 3)**levels of subcodes: 표시할 하위코드의 레벨 단계를 설정합니다.
- **가장 자주 사용되는 코드**most frequent codes: 맵에 표시할 표시할 최대 하위코드 수를 설정합니다
- **선 굵기에 코드빈도 반영**Line width reflects code frequency: 이 옵션을 사용하면 코드에 더 많은 구절이 지정될수록 선이 더 두껍게 그려집니다.
- **빈도수/코드시스템순 코드 정렬**Arrange codes by frequency/code system: 이 옵션을 사용하여 코드정렬 방법을 결정합니다. 빈도순 정렬은 코딩구절이 가장 많은 코드부터 오른쪽에서 시작하고, 코드시스템순 정렬은 코드시스템의 순서대로 시작합니다.

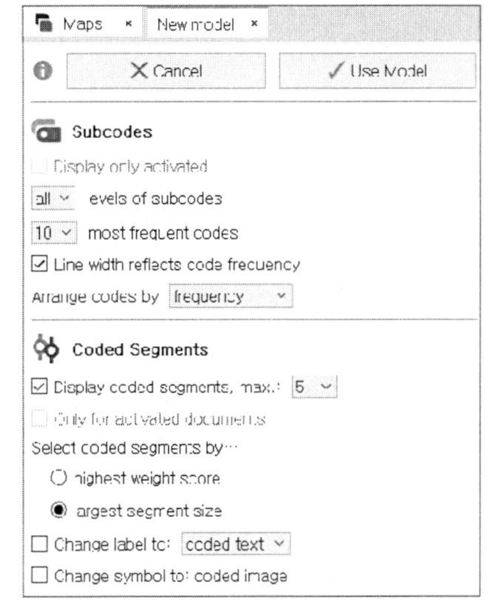

그림 14.28 코드-하위코드-코딩구절 모델 옵션 대화상자

b. **코딩구절**Coded Segments **옵션(그림 14.28 하단)**

- **코딩구절 표시**Display coded segments**, 최대치**: 이 옵션을 사용하면 코드빈도에 대한 시각적 인상을 얻을 수 있도록 각 코드에 대해 조정 가능한 수의 관련 구절이 표시됩니다.
- 원하는 최대 수보다 많은 코딩구절이 있는 경우, **최고 가중치순**by highest weight score 또는 **가장 큰 구절순**by largest segment(더 큰 면적의 구절에는 우선 순위가 있음)으로 구절이 선택됩니다.
- **레이블을 다음으로 변경**Change label to: coded text/comment**-코딩된 텍스트/주석**coded text/comment: 이 옵션을 사용하면 레이블을 코딩된 텍스트로 할 것인지 주석으로 할 것인지 선택합니다.
- **기호를 코딩된 이미지로 변경**Change symbol to: coded image: 이 옵션을 사용하면 코딩된 이미지의 기본 기호로 대체됩니다.

14.6.11 계층적 코드-하위코드 모델

이 모델은 코드빈도수와 함께 코드 및 하위코드의 계층구조를 설명하는 데 유용합니다.

① 맵에서 모델 표시

선택한 코드의 아이콘은 모델의 제목 바로 아래에 배치됩니다. 그 아래에는 직접 하위코드가 근거리에 배치되고, 그 아래에는 하위코드의 하위코드 등이 배치됩니다. 화살표는 각 코드의 하위코드를 가리킵니다. 코딩구절이 많은 코드는 코딩구절이 적은 코드보다 크게 표시될 수 있습니다(참조: 그림 14.29).

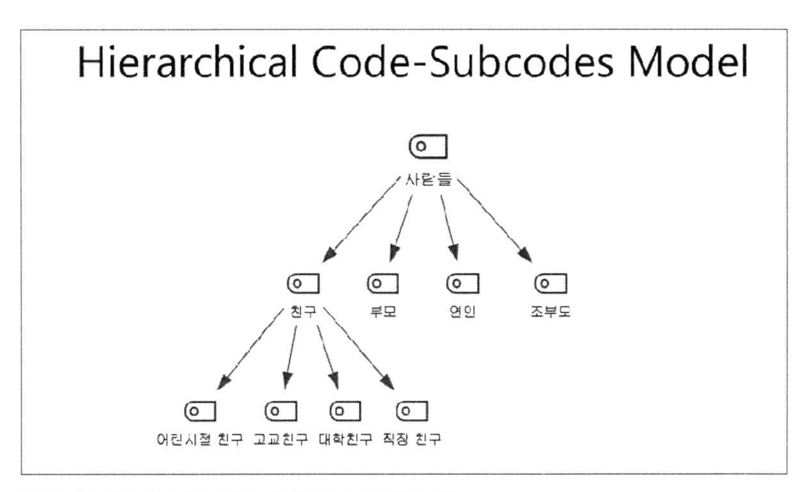

그림 14.29 계층적 코드-하위코드 모델의 예

② 새 모델 생성 및 구조 결정

시작Start 탭에서 **새 코드 모델**New Code Mode을 통해 **계층적 코드-하위코드 모델**Hierarchical Code-Subcodes Model을 선택한 후 코드시스템에서 코드를 맵으로 드래그합니다. 옵션 대화상자가 나타납니다.

선택한 옵션을 고려하여 모델의 미리보기가 맵에 표시됩니다. 모델을 현재 표시된대로 사용하려면 **모델 사용**Use model 버튼을 누릅니다.

a. 하위코드 옵션(그림 14.30)

- **활성화된 것만 표시**Display only activated: 표시된 하위코드는 현재 활성화된 코드로 제한합니다.
- **하위코드의 레벨(1, 2, 3)**levels of subcodes: 표시할 하위코드의 레벨 단계를 설정합니다.
- **가장 자주 사용되는 코드**most frequent codes: 맵에 표시할 표시할 최대 하위코드 수를 설정합니다

- **코드 크기에 코드빈도를 반영** Code size reflects code frequency: 이 옵션을 선택하면 코드빈도수에 따라 코드의 크기가 달라집니다. MAXMaps는 세 가지 다른 크기의 코드를 사용합니다. 빈도가 평균 주위의 표준편차 범위에 있는 코드는 중간 크기로 표시됩니다. 더 많거나 적은 코드는 더 크거나 더 작은 기호가 지정됩니다. 코드빈도가 서로 가깝다면 MAXMaps는 최소크기만 사용하거나 평균 기호크기와 함께 최소크기를 사용합니다.

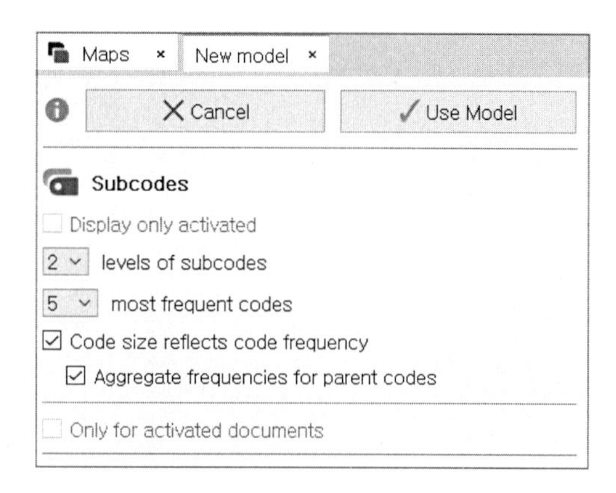

그림 14.30 계층적 코드-하위코드 모델의 옵션 대화상자

- **상위코드에 빈도 집계**Aggregate frequencies for parent codes: 이 옵션을 선택하면 상위코드의 크기를 결정할 때 하위코드의 빈도가 합계됩니다. 그렇지 않으면 상위코드가 매우 드물게 사용되었거나 전혀 사용되지 않았기 때문에 하위코드가 상위코드보다 훨씬 크게 표시될 수 있습니다.
- **활성화 된 문서만**: 이 옵션을 선택하면 모델을 생성하고 코드 크기를 결정할 때 현재 활성화된 문서만 고려됩니다.

14.6.12 코드배포 모델

이 모델은 선택한 코드가 어떤 문서에서 얼마나 자주 발생하는지 설명하는데 적합합니다.

① 맵에서 모델 표시

선택한 코드는 가운데에 위치하며 코드가 지정된 문서는 선으로 연결된 원으로 표시됩니다. 원하는 경우 코드 빈도수를 연결선에 표시할 수 있습니다. 코드 빈도수는 문서기호의 선굵기를 결정할 수도 있습니다(참조: 그림 14.31).

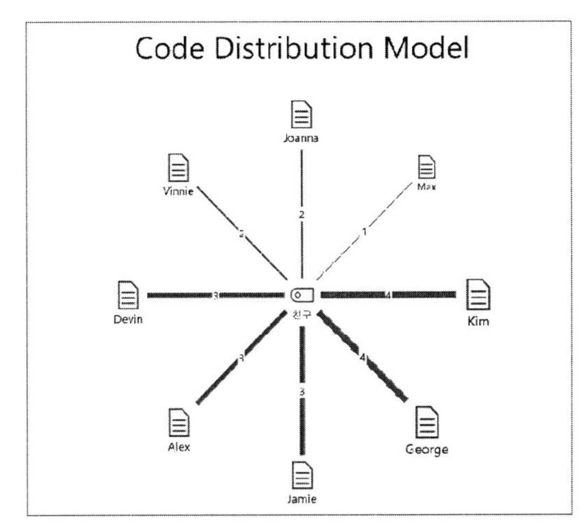

그림 14.31 코드배포 모델의 예

② 새 모델 생성 및 구조 결정

시작Start 탭에서 **새 코드 모델**New Code Mode을 통해 **코드배포 모델**Code Distribution Model을 선택한 후 코드시스템에서 코드를 맵으로 드래그합니다. 옵션 대화상자가 나타납니다.

선택한 옵션을 고려하여 모델의 미리보기가 맵에 표시됩니다. 모델을 현재 표시된대로 사용하려면 **모델 사용**Use model 버튼을 누릅니다.

a. 문서 옵션

- **활성화된 문서만 표시**Only activated documents: 이 옵션을 선택하면 활성화된 문서만 표시됩니다.
- **문서 크기에 코드빈도를 반영**Document size reflects code frequency: 이 옵션을 사용하면 코딩구절이 많고 적음에 따라 문서 아이콘 크기를 다르게 보여줍니다. MAXMaps는 세 가지 다른 크기의 코드를 사

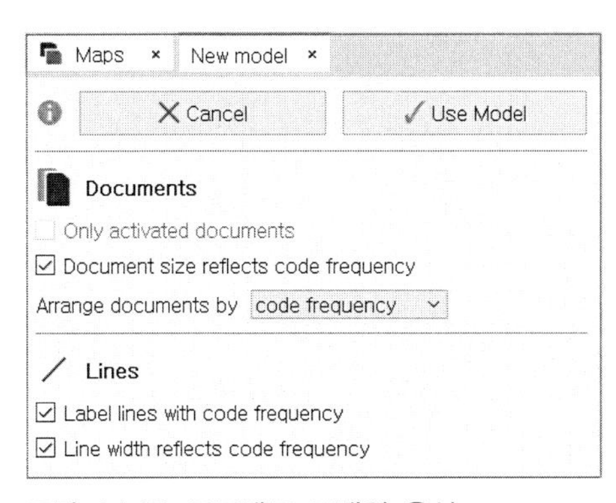

그림 14.32 코드배포 모델의 옵션

용합니다. 빈도가 평균 주위의 표준편차 범위에 있는 코드는 중간 크기로 표시됩니다. 더 많거나 적은 코드는 더 크거나 더 작은 기호가 지정됩니다. 코드빈도가 서로 가깝다면 MAXMaps는 최소크기만 사용하거나 평균 기호 크기와 함께 최소크기를 사용합니다.

- **코드 빈도수/문서시스템순 문서 정렬**Arrange documents by code frequency/document system: 이 옵션을 사용하여 문서정렬 방법을 결정합니다. 빈도순 정렬은 코딩구절이 가장 많은 코드부터 오른쪽에서 시작하고, 문서시스템순 정렬은 문서시스템의 순서대로 시작합니다.

b. 선 옵션

- **동시발생 빈도를 선에 표시**Label lines with co-occurence frequency: 이 옵션을 사용하면 선이 연결된 문서에서 코드가 지정된 빈도수를 표시합니다.
- **선 굵기에 동시발생 빈도 반영**Line width reflects co-occurence frequency: 이 옵션을 사용하면 각 문서의 코드가 더 많은 구절에 지정될수록 연결선이 더 두꺼워집니다.

14.6.13 코드 동시발생 모델

코드 동시발생 모델Code Co-occurrence Model은 코드의 동시발생을 네트워크 구조로 시각화하는 역할을 합니다. 코드관계 브라우저Code Relations Browser 및 코드맵Code Map과 동일한 세 가지 모드를 동시발생 분석에 사용할 수 있습니다.

- **코드 교차**Code Intersection: 두 개의 코드가 구절에 함께 지정된 빈도를 평가합니다. 코드가 겹치면 충분합니다. 코드가 정확히 같은 영역을 다룰 필요는 없습니다.
- **코드 근접성**Code Proximity: 동일한 문서 또는 동일한 미디어 파일에서 정의 가능한 거리에 두 개의 코드가 지정되는 빈도를 평가합니다. 최대거리를 결정할 수 있습니다.
- **코드 발생**Code Occurence: 두 개의 코드가 포함된 문서의 수를 평가합니다. 두 코드의 위치는 무관합니다. 두 코드는 문서에서 한 번 이상 지정되어야 합니다.

선택한 코드의 하위코드를 모델에 포함시킬 수 있습니다.

① 맵에서 모델 표시

다음 그림 14.33의 예는 모델의 구조를 보여줍니다.

- 선택한 코드는 작업공간의 원 안에 배치됩니다.
- 선택한 코드와 함께 발생하는 코드를 평가하여 선택한 코드 주위의 외부 원에 배치합니다.
- 선택한 코드와 함께 발생하는 코드는 회색 선으로 연결됩니다. 외부 원의 코드 간 관계는 무시됩니다.
- 원하는 경우 선택한 코드의 하위코드를 삽입하고 검은색 선으로 상위코드에 연결할 수 있습니다. 하위 코드가 상위코드와 함께 발생하는지 여부에 관계없이 선이 그려집니다.
- 연결선에 동시발생 빈도를 표시하고 선 굵기를 결정할 수 있습니다.

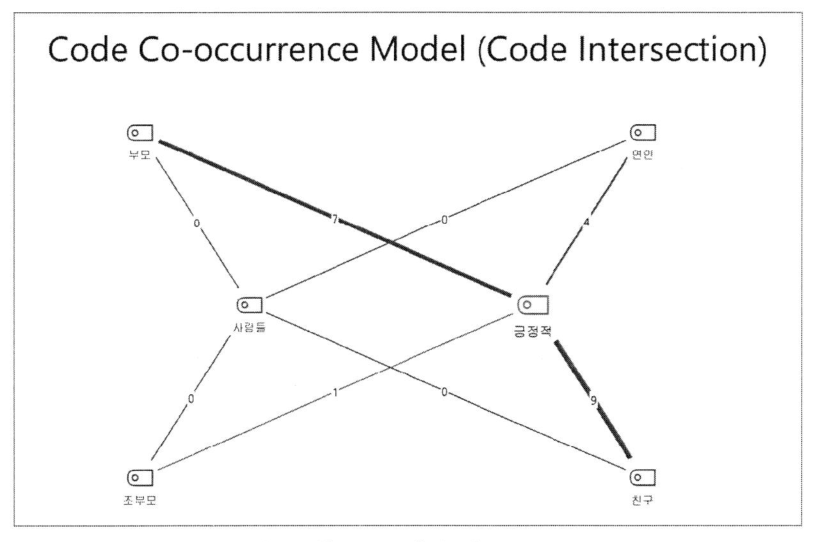

그림 14.33 코드 동시발생 모델(코드 교차)의 예

② 새 모델 생성 및 구조 결정

시작Start 탭에서 **새 코드 모델**New Code Mode을 통해 **코드 동시발생 모델**Code Co-occurence Model을 선택한 후 코드시스템에서 하나 이상의 코드를 맵으로 드래그합니다. 여러 코드를 한꺼번에 선택하려면 Alt키를 누른 상태로 원하는 코드를 클릭합니다.

코드 선택이 완료되면 옵션 대화상자가 나타납니다.

선택한 옵션을 고려하여 모델의 미리보기가 맵에 표시됩니다. 모델을 현재 표시된대로 사용하려면 **모델 사용**Use model 버튼을 누릅니다.

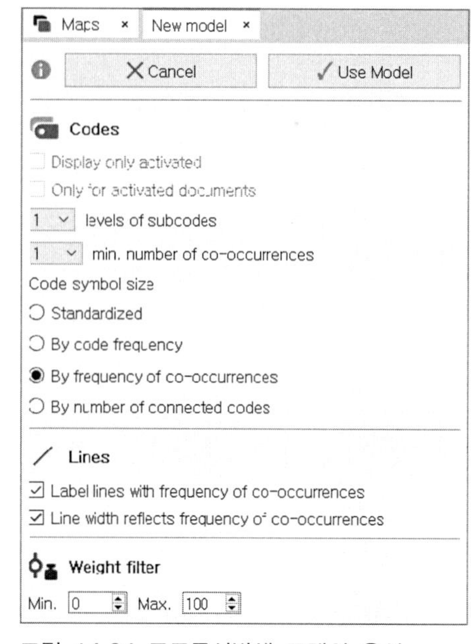

그림 14.34 코드동시발생 모델의 옵션

a. 하위코드 옵션

- **활성화된 것만 표시**Display only activated: 이 모델의 적용을 현재 활성화된 코드에만 제한합니다.
- **활성화된 문서만**Only for activated documents: 현재 활성화된 문서만 고려합니다.
- **하위코드의 레벨**levels of subcodes: 하위코드를 포함할지 여부와 최대레벨 하위코드를 선택할 수 있습니다(0=하위코드를 표시하지 않음, 1=직접 하위코드만 포함, 2=레벨2도 포함, 즉 하위코드의 하위코드 포함 등).
- **최소 동시발생 수**min. number of co-occurences: 연결이 그려지는 최소 수를 설정합니다. 따라서 최소한 이 숫자만큼 동시발생하는 코드 사이의 연결선만 표시됩니다.
- **코드아이콘 크기**Code-symbol-size: 모든 코드를 동일한 크기로 표시할지 또는 코드 크기에 대해 분석 결과를 고려할지 선택할 수 있습니다. 코드빈도에 따라, 동시발생 빈도에 따라, 연결코드의 숫자에 따라 코드아이콘의 크기를 정할 수 있습니다.

b. 선 옵션

- **동시발생 빈도를 선에 표시**Label lines with co-occurence frequency: 이 옵션을 사용하면 두 개의 코드가 동시에 발생하는 빈도수를 두 코드 사이의 연결선에 표시합니다.
- **선 굵기에 동시발생 빈도 반영**Line width reflects co-occurence frequency: 관계가 많은 코드 간의 연결선이 일반적인 코드 간의 연결선보다 굵은 선으로 표시됩니다.

c. 가중치 옵션

- **가중치 필터**Weight filter: 코딩구절의 가중치 범위를 지정할 수 있습니다.

14.7 크리에이티브 코딩

크리에이티브 코딩Creative Coding은 구조화된 범주시스템을 구축하기 위한 혁신적인 시각적 도구입니다. 개방코딩Open coding은 코드시스템에서 관리하기 어렵고 정리하기 어려운 수많은 코드로 이어질 수 있습니다. 크리에이티브 코딩은 의미있는 구조의 생성을 지원합니다. 즉, 코드를 정렬하고 정리하고, 관계를 정의하고, 상위코드를 삽입하고, 코드의 계층구조를 형성할 수 있습니다. 공간이 많은 화면에서 코드를 이동하여 의미있는 방식으로 그룹화할 수 있습니다. 콘텐츠 측면에서 함께 속한 코드를 서로 가깝게 배치되고, 추가 코드를 삽입할 수 있으며, 코드명을 변경하고 색상을 지정할 수 있습니다. 이렇게 단계별로 적합한 코딩프레임을 만들 수 있습니다.

크리에이티브 코딩기능은 MAXMaps에 완전히 통합되어 있으며 다음 세 단계를 거칩니다.

❶ 먼저 코드시스템에서 작업하려는 코드를 MAXMaps의 작업영역으로 드래그합니다.

❷ 다음, 코드를 그룹화하고 구성하고, 상위코드와 하위코드를 만들고, 필요한 경우 새 코드를 만들고, 코드색상을 변경합니다.

❸ 마지막으로, 변경사항을 기존 코드시스템으로 전송합니다.

14.7.1 크리에이티브 코딩 시작과 코드 선택

크리에이티브 코딩 프로세스를 시작하려면 메인메뉴의 **코드**Codes 탭에서 **크리에이티브 코딩**Creative Coding을 클릭합니다. 그러면 MAXMaps가 **크리에이티브 코딩 모드**Creative Coding Mode를 활성화하고 다음 작업영역이 나타납니다(참조: 그림 14.35).

- 개별 코드를 코드시스템에서 마우스 오른쪽의 빈 작업공간으로 드래그합니다. 하위코드가 있는 코드를 선택하면 MAXQDA가 하위코드를 함께 가져옵니다.
- Alt키를 누른 상태에서 여러 개의 개별코드를 선택한 다음 마우스 버튼을 누른 상태에서 선택항목을 오른쪽 작업영역으로 드래그할 수 있습니다. 코드 범위를 선택하려면 먼저 코드를 클릭한 다음 Shift키를 누른 상태에서 마지막 코드를 클릭합니다. 클릭한 코드 사이의 모든 코드가 선택됩니다.

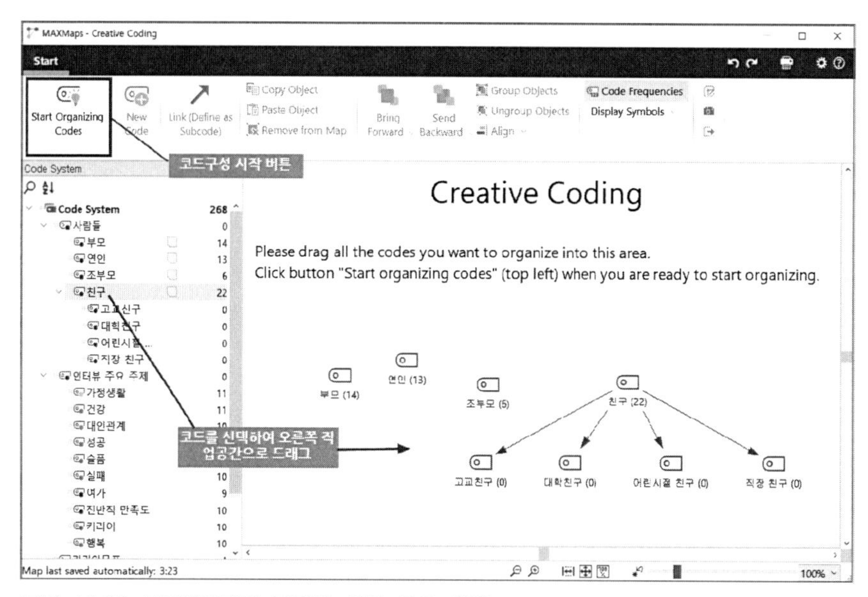

그림 14.35 크리에이티브 코딩을 위한 코드 선택

작업공간에서 코드를 제거하려면 코드를 마우스 오른쪽 버튼으로 클릭하고 **지도에서 제거**Remove from map를 선택합니다. 선택을 완료한 후 화면 왼쪽상단의 **코드구성 시작**Start organizing codes 버튼 을 클릭합니다.

참/ 고/

MAXQDA의 크리에이티브 코딩 모드가 활성화된 동안에는 MAXQDA 프로그램의 기능이 차단되며, 크리에이티브 코딩이 완료될 때까지 열려 있는 프로젝트를 더 이상 변경할 수 없습니다.

14.7.2 코드 구성하기

시작Start 메뉴 탭에서 **코드구성 시작**Start organizing codes 버튼 을 클릭하면 코드를 구조화하고 조직화할 수 있습니다. 이 시점에서 디스플레이가 변경됩니다. 왼쪽의 코드시스템이 닫히고 현재 사용 중인 모든 색상을 표시하는 색상패널이 나타납니다(참조: 그림 14.36).

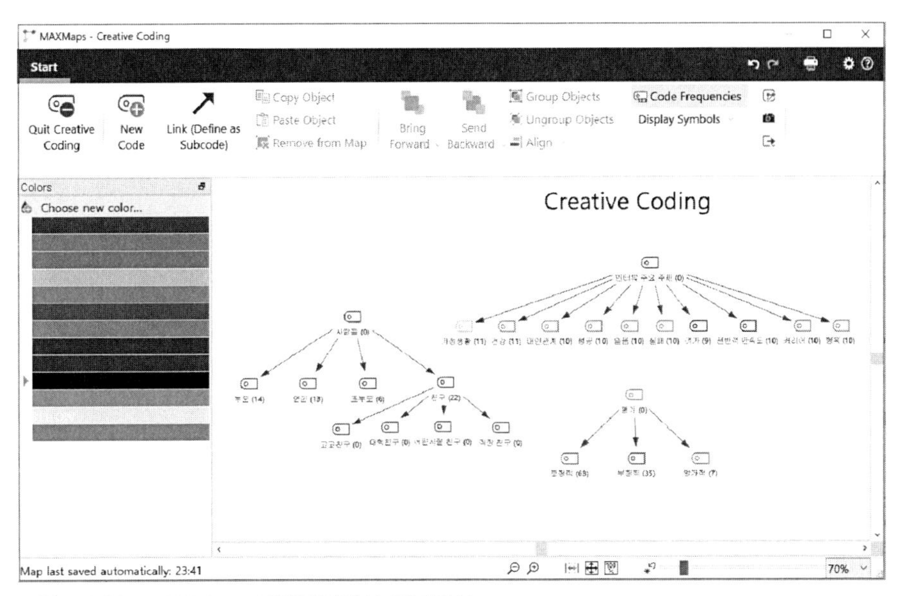

그림 14.36 MAXMaps 작업공간에서 코드구성

모든 코드는 마우스로 MAXMaps의 작업공간에 자유롭게 배열할 수 있습니다. 마우스로 주변에 테두리를 그린 다음 원하는 위치에 배치하여 여러 코드를 한 번에 이동할 수 있습니다.

크리에이티브 코딩 모드에서는 다음 옵션을 사용할 수 있습니다.

- 코드 간의 관계 생성
- 새 코드 만들기
- 코드 병합
- 코드 색상 수정
- 변경 취소
- 코딩구절 및 코드 빈도 표시

참/ 고/

크리에이티브 코딩 모드에서 이루어진 모든 변경사항은 코드시스템에 바로 반영되지 않습니다. 크리에이티브 코딩이 닫힐 때 반영됩니다.

---

① 코드 간 연결 생성

위의 그림 14.36에 표시된 것처럼 코드 간의 연결은 화살표로 표시됩니다. 화살표가 코드를 가리키면 이 코드가 다른 코드의 하위코드임을 의미합니다. 예를 들어, 위 그림 14.36에서 '긍정적' 코드는 '평가' 코드의 하위코드입니다.

코드 A를 코드 B의 하위코드로 만들려면 다음을 수행하십시오.

❶ **시작**Start 메뉴 탭에서 **링크(하위코드로 정의)**Link (Define as Subcode) ↗ 기호를 클릭하여 링크모드로 이동합니다. 또는 단축키 CTRL + L을 사용하여 링크 모드를 활성화/비활성화합니다.

❷ 원하는 최상위코드를 클릭하고 원하는 하위코드에 화살표를 그립니다.

순환참조가 발생하지 않도록 하기 위해 다른 코드에 대한 하위코드의 기존 지정이 제거됩니다.

화살표를 삭제하려면 화살표를 마우스 오른쪽 버튼을 클릭하고 **맵에서 제거**

Remove from map를 선택합니다.

② 새 코드 추가

사용자는 종종 추상적인 개념으로 여러 코드를 그룹화하려고 합니다. 이를 위해 **시작**Start 메뉴 탭에서 **새 코드 삽입**Insert new code 기호를 클릭하여 언제든지 새 코드를 만들 수 있습니다. MAXQDA는 작업공간의 왼쪽 상단에 새 코드를 삽입합니다.

평소와 같이 레이블을 두 번 클릭하여 코드명을 바꿀 수 있습니다.

③ 코드 병합

두 코드를 병합하려면 다음과 같이 합니다.

❶ 마우스 커서에 코드 병합Merge codes 메시지가 나타날 때까지 마우스 버튼을 누른 상태에서 코드를 다른 코드로 드래그합니다.

❷ 마우스 버튼을 놓으면 "코드를 병합할까요?"라는 확인 메시지가 나타납니다.

❸ **예**Yes를 클릭하면 이동된 코드가 맵에서 사라지고 코드 지정이 목적지 코드에 지정됩니다.

④ 코드의 색상 및 모양 변경

코드의 색상과 모양은 다음과 같이 수정할 수 있습니다.

❶ 먼저 링크 모드Link Mode가 꺼져 있는지 확인합니다. 필요한 경우 **링크(하위코드로 정의)**Link (Define as subcode) ↗ 아이콘을 클릭하여 링크모드를 끕니다.

❷ 색상을 변경하려는 코드를 클릭합니다. 한 번에 여러 코드를 선택하려면 마우스로 코드 주위에 테두리를 그리거나 Ctrl키를 누른 상태에서 각 코드를 클릭합니다.

❸ 이미 사용중인 색상을 선택하려면 왼쪽의 색상패널에서 색상을 클릭합니다. 또는 색상패널에서 새 색상을 지정할 수 있습니다.

상위코드의 색상을 변경하면 하위코드도 변경할 것인지 확인 후 하위코드의 색상도 변경할 수 있습니다. 새 색상을 생성하면 MAXQDA는 새 색상을 선택한 코드에 자동으로 적용합니다.

하나 이상의 코드를 선택하는 즉시 바로 창 상단에 **포맷**Format 탭이 나타납니다. 이 탭을 사용하여 코드가 표시되는 방식을 조정할 수 있습니다(예: 글꼴 확대 및 굵게 표시).

⑤ 변경 취소

사용자 인터페이스의 오른쪽 상단 모서리에 있는 **변경취소**Undo changes 기호를 클릭하여 최근 작업을 순차적으로 취소할 수 있습니다. 또는 단축키 Ctrl + Z를 눌러도 됩니다.

⑥ 코드빈도 및 코딩구절 표시

코드를 구성하기 위해 관련 코딩구절의 수를 시각화하는 것이 도움이 될 수 있습니다. **시작**Start 탭에서 **코드빈도 표시**Display code frequency 기호를 클릭하면 코드명 바로 뒤의 괄호 안에 코드빈도가 자동으로 표시됩니다.

코드의 컨텍스트 메뉴(마우스 오른쪽 버튼)에는 다음 옵션을 선택할 수 있습니다.

- **메모**Memo: 관련 코드메모를 엽니다.
- **코딩구절 개요**Overview of coded segments: 코드의 코딩구절을 살펴볼 수 있는 표 형식 개요를 엽니다.
- **링크된 메모 개요**Overview of linked memos: 선택한 코드의 모든 메모를 검색할 수 있는 **메모 개요**Overview of memos를 엽니다.

⑦ 프로세스의 현재 상태를 MAXMap으로 저장

크리에이티브 코딩을 사용하여 코드구조를 작업하는 데는 시간이 걸릴 수 있으며 개발 단계가 다를 수 있습니다. 먼저 그룹으로 코드를 정렬하는 것으로 시작하는 동안 코드를 병합하고 나중에 새로운 상위코드를 생성할 수 있습니다.

이러한 여러 단계를 추적하려면 MAXQDA를 사용하여 작업의 현재 상태를 일반 MAXMap으로 저장할 수 있습니다.

시작Start 메뉴 탭에서 MAXMap에 **맵으로 저장**Save as Maps in MAXMap 아이콘 을 클릭하면 됩니다. 메인메뉴에서 **시각화도구**Visual Tools 〉 MAXMaps를 시작하면 크리에이티브 코딩을 종료한 후 맵을 사용할 수 있습니다.

14.7.3 변경사항을 코드시스템으로 전송

크리에이티브 코딩의 마지막 세 번째 단계는 크리에이티브 코딩을 종료하고 변경사항을 코드시스템을 전송하여 반영하는 것입니다. 크리에이티브 코딩 모드에서 변경한 내용은 크리에이티브 코딩을 종료한 후에만 적용됩니다. 코드구성을 마치고 변경내용을 코드시스템에 적용하려면 크리에이티브 코딩을 종료해야 합니다. 이렇게 하려면 창의 왼쪽 상단에 있는 시작Start 탭에서 창의 **크리에이티브 코딩 종료**Quit Creative Coding 기호 를 클릭합니다. 다음 메시지 상자가 나타납니다.

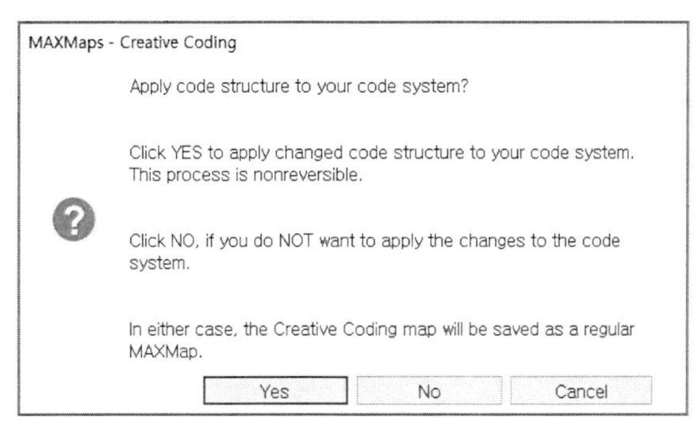

그림 14.37 크리에이티브 코딩 종료

다음 세 가지 옵션을 선택할 수 있습니다.

a. **예**Yes: 코드구조가 기존의 코드시스템으로 전송됩니다.

- 상위코드가 없는 크리에이티브 코딩 작업영역의 모든 코드는 알파벳순으로 정렬되어 코드시스템의 맨 위에 삽입됩니다. 이것은 새로 생성된 코드에도 적용됩니다.
- 하위코드는 계층적 위치에 따라 삽입됩니다.
- 코드에 대한 모든 색상변경 사항이 적용됩니다.
- 병합된 코드가 병합됩니다. 즉, 원본 코드가 삭제되고 코딩구절이 대상 코드로 이동됩니다. 삭제된 코드에 메모가 포함된 경우 메모 메뉴 탭에서 언제든지 열 수 있는 자유메모free memo로 변환됩니다.

- 크리에이티브 코딩 맵은 일반 MAXMap으로 변환됩니다.

b. 아니오[No]: 변경사항을 코드시스템으로 전송하지 않고 크리에이티브 코딩이 종료됩니다. 이것은 모든 변경사항이 손실된다는 것을 의미합니다!

c. 취소[Cancel]: 크리에이티브 코딩으로 돌아갑니다.

CHAPTER 15

팀프로젝트 협업

CHAPTER 15

팀프로젝트 협업

15.1 MAXQDA의 팀 협업의 세 가지 방법

연구자들은 자신의 커리어에서 열정적인 단독연구자일 수도 있고, 집단적인 작업을 통해 팀단위 연구로 결실을 맺기도 합니다. 여기서 바로 MAXQDA가 팀 단위의 프로젝트를 지원하는 기능에 주목합니다.

MAXQDA는 동시 다중사용자용 프로그램이 아니라 기본적으로 단일 사용자용입니다. 동일한 프로젝트 파일을 동시에 다른 사람이 사용할 수 없습니다. 여러 사람이 동시에 같은 파일을 변경할 수 없습니다. 팀워크는 팀구성원이 함께 작업하는 방식에 따라 세 가지 기본형식을 띠게 됩니다.

① 1유형: 동일한 프로젝트 파일을 다른 팀원이 연속해서 별도의 시간에 작업

다른 사람들이 동일한 마스터버전으로 작업합니다. 이 마스터버전으로 온라인 검색, 텍스트검색 및 기타 종류의 분석을 수행합니다. 그러나 마스터버전에서는 코드와 메모 절차를 동시에 수행하지 않습니다. 따라서 팀 구성원은 각 단계를 마친 후 다음 사람에게 프로젝트 파일을 전달합니다.

그림 15.1 팀협업 1유형: 이어받아 작업

② 2유형: 프로젝트 간에 코딩구절, 메모, 변수 등 전송

여러 사람이 동시에 같은 사례에 대해 작업합니다. 처리할 모든 문서가 있는 MAXQDA 프로젝트가 각 팀 구성원에 대해 복제됩니다. 각 구성원은 프로젝트의 미리 정렬된 부분(예: 선택한 코딩구절만 또는 특정 문서만)에서 작업합니다. 마지막으로 코딩구절, 메모 등은 각 프로젝트에서 마스터프로젝트로 전송됩니다.

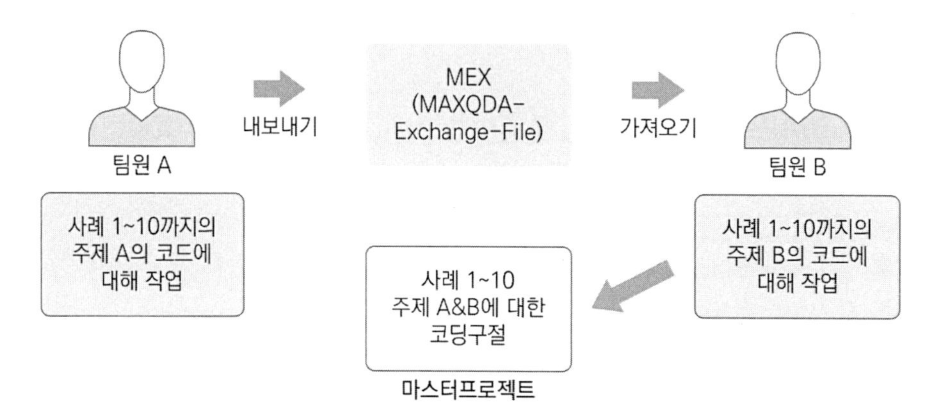

그림 15.2 팀협업 2유형: 프로젝트 간 작업내용 전송

② 3유형: MAXQDA 프로젝트 병합하기

팀원들은 공동으로 MAXQDA 프로젝트의 문서를 편집합니다. 여러 사람이 동시에 프로젝트의 다른 사례를 작업합니다. 예를 들어, 팀원 A는 문서 1－10으로 코딩작업을 하고 팀원 B는 문서 11－20을 코딩합니다. 각 팀원은 자신이 담당하는 문서만 있는 별도의 프로젝트에서 작업합니다. 결국 팀원 A, B가 작업한 두 프로젝트를 하나의 프로젝트로 병합합니다.

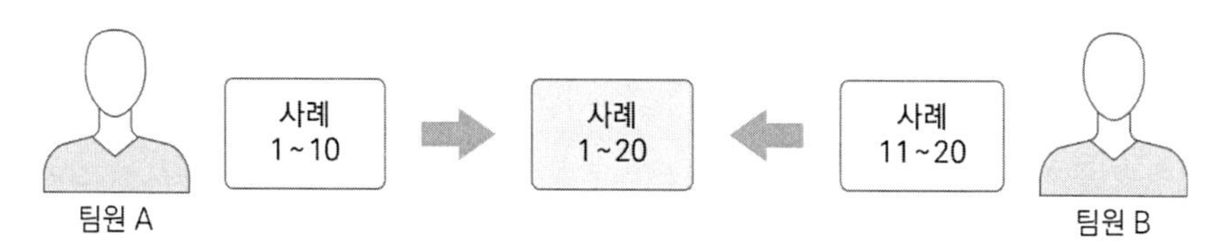

그림 15.3 팀협업 3유형: 프로젝트 병합

15.2 MAXQDA 프로젝트를 다른 팀원에게 전달

이 모델은 협업작업 중 가장 간단한 방법입니다. 서로 다른 팀원이 서로 다른 단계에서 데이터에 대해 작업하는 프로젝트에 적합합니다. 예를 들어, 프로젝트 리더는 먼저 코드시스템과 코딩지침을 개발하고 다른 팀원은 이 지침을 사용하여 데이터를 코딩하고 프로젝트 관리자는 완료된 코딩작업을 마지막으로 평가합니다. 이러한 형태의 협업에서는 전체 연구가 한 컴퓨터에서 다른 컴퓨터로 MAXQDA 프로젝트가 전송되어 모든 팀원이 항상 동일한 데이터베이스에서 작업하는 것입니다.

MAXQDA의 프로젝트 전송방법은 간단합니다.

- MAXQDA 프로젝트의 모든 측면을 mx20 파일로 저장합니다.
- 프로젝트명을 '삶의만족도 연구'로 지정하면 PC에는 '삶의만족도 연구.mx20' 파일로 저장됩니다.

프로젝트 파일은 단일파일 형태로 다른 팀원에게 전송할 수 있습니다. 이메일로도 보낼 수 있습니다. 또한 여러 종류의 클라우드시스템의 공유폴더에 저장할 수도 있습니다.

MAXQDA 2020이 설치된 다른 PC에서 MX20 프로젝트 파일을 열면 전체 프로젝트가 모든 구성요소와 함께 표시됩니다.

팀의 여러 구성원이 동시에 작업할 수 있도록 프로젝트를 설정하려면, 먼저 한 컴퓨터에서 모든 문서를 MAXQDA 프로젝트로 가져온 다음 해당 파일의 복제본을 모든 팀원에게 보내는 것이 좋습니다. 이렇게 하면 각 개인의 컴퓨터에서 파일을 가져오는 작업이 절약되고 모든 팀원이 동일한 데이터 세트를 갖고 작업할 수 있습니다.

① 외부파일을 포함하는 프로젝트 공유

프로젝트의 문서에 오디오 또는 비디오 파일을 지정했거나 이미지 또는 PDF 문서를 프로젝트로 가져오지 않는 경우 외부파일용 MAXQDA 폴더에 저장됩니다(창의 오른쪽 상단 가장자리 기어기호를 통해 MAXQDA의 일반설정에서 이

폴더를 사용자정의 할 수 있습니다).

외부에 저장된 파일을 포함하여 팀원 간에 프로젝트의 모든 파일을 교환하는 방법은 3.4.2 **외부파일 전송**에 자세히 설명되어 있습니다. 간단히 요약하면 다음과 같습니다.

▲ 송신측 절차

❶ MAXQDA 프로젝트 파일(* .MX20)을 보냅니다.

❷ **홈**Home 탭에서 **외부파일**External Files 〉 **데이터파일 묶기**Bundle External Data Files를 클릭하여 모든 외부파일을 번들로 묶습니다. 그런 다음 MAXQDA는 현재 프로젝트와 관련된 모든 외부파일을 프로젝트 이름을 딴 Zip 파일(예: "프로젝트이름.mx20.zip")로 압축하고 프로젝트 파일과 동일한 위치에 저장합니다.

❸ 새로 생성된 zip파일을 전송합니다.

▲ 수신측 절차

❶ MX20 프로젝트 파일을 엽니다.

❷ **홈**Home 탭에서 **외부파일** 〉 **번들 데이터파일 풀기**External Files > Unpack Bundled Data Files를 클릭하고 대화상자에서 Zip 압축파일을 선택합니다. 그런 다음 MAXQDA는 압축을 풀고 링크된 파일을 외부파일 폴더로 이동합니다. 프로젝트 파일과 동일한 폴더에 zip파일을 저장한 경우 MAXQDA는 자동으로 압축파일에 접근하고 파일의 압축을 풉니다.

15.3 프로젝트 간에 코드, 메모, 요약, 변수 및 링크 전송

이 협업모델은 모든 팀원이 항상 모든 자료를 앞에 둘 수 있기 때문에 매우 일반적입니다. 종종 개별 팀원은 문서의 다른 주제에 대해 작업하며, 기존 코드와 때로는 새로운 코드를 추가하고 각 주제영역에 대한 메모와 요약을 작성합니다. 문서에 대한 개별작업이 완료되면 코딩구절, 메모, 의역 및 요약뿐만 아니라 개별문서, 문서그룹 또는 모든 문서에 포함된 변수값과 링크는 다양한 프로젝트에서 MAXQDA 교환형식의 내보내기 파일을 통해 마스터 프로젝트로 전송됩니다.

분석작업의 원활한 전송을 보장하려면 모든 프로젝트의 문서가 동일해야 합니다. MAXQDA에서는 내용을 변경할 수 없기 때문에 일반적으로 PDF 및 이미지 문서와 비디오에 대해 보장됩니다. 텍스트 및 표 문서의 경우 상황이 다릅니다. 이러한 문서는 편집모드에서 변경할 수 있으므로 최소한 **읽기전용**read-only으로 설정해야 합니다. 문서의 컨텍스트메뉴(마우스 오른쪽 버튼)에서 **속성**Properties 옵션을 선택하여 수행할 수 있습니다. 그러나 MAXQDA의 **사용자관리시스템**User Management system에서 모든 팀원의 텍스트 및 테이블 내용을 변경할 수 있는 권한을 비활성화하는 것이 더 빠르고 안전합니다.

원칙적으로, 다음과 같은 상황을 다룹니다. 표 15.1의 예제에서는 단순함을 위해 두 개의 MAXQDA 프로젝트만으로 작업한다고 가정합니다. 절차는 기본적으로 3개, 4개 이상의 파일일 때도 동일합니다.

표 15.1 예시적인 초기 상황 (프로젝트 간의 차이점은 기울임꼴로 표시됨)

PC 1 (컴퓨터 1)	PC 2 (컴퓨터 2)
MAXQDA 프로젝트에 담긴 내용	MAXQDA 프로젝트에 담긴 내용
• 인터뷰 1 • 인터뷰 2 • 인터뷰 3 • *인터뷰 4*	• 인터뷰 1 • 인터뷰 2 • 인터뷰 3 • *인터뷰 5*
• 코드 A • 코드 B • 코드 C • *코드 D* • *코드 E*	• 코드 A • 코드 B • 코드 C

위의 예제에서 인터뷰 4는 컴퓨터 1에서만 가능하고 인터뷰 5는 컴퓨터 2에서만 가능합니다. 문서세트는 한 프로젝트의 모든 문서가 다른 프로젝트에서도 사용 가능해야 한다는 점에서 완전히 동일할 필요는 없습니다.

코드시스템도 동일할 필요는 없습니다. 물론 연구그룹에서는 동일한 범주, 즉 동일한 코드가 항상 동일한 이름을 가지며 다른 팀원이 다른 이름을 부여하지 않았는지 확인해야 합니다.

15.3.1 전송 프로세스

팀원 1(컴퓨터 1)이 추가된 메모와 함께 인터뷰 1을 코딩했다고 가정합니다. 특히 팀원 1(컴퓨터 1)이 일부 코드를 재정의하고 팀원 2도 프로젝트 파일에서 개별적으로 작업을 계속하는 경우 어떻게 이 작업의 결과를 팀원 2(컴퓨터 2)가 접근할 수 있도록 할 수 있을까요?

이것이 MAXQDA에서 작동하는 방식입니다. 팀원 1은 프로젝트 파일에서 전송될 모든 관련정보를 확장자 "MEX"를 가진 MAXQDA 교환파일로 내보내고, 이 파일을 팀원 2에게 보냅니다. 그런 다음 팀원 2는 해당 정보를 자신의 프로젝트 파일로 가져옵니다. MEX 파일은 파일심볼의 이중 화살표 와 확장자 MEX로 인식됩니다.

15.3.2 팀워크 내보내기: 데이터를 교환파일로 저장

내보내기 프로세스를 시작하려면 메인메뉴의 홈[Home] 탭에서 **팀워크**[Teamwork] 〉 **팀워크 내보내기**[Export Teamwork]: **데이터를 교환파일로 내보내기**[Export Data to Exchange File]를 선택합니다(참조: 그림 15.4). 그러면 한 번에 한 단계씩 옵션을 선택하는 대화상자가 나타납니다.

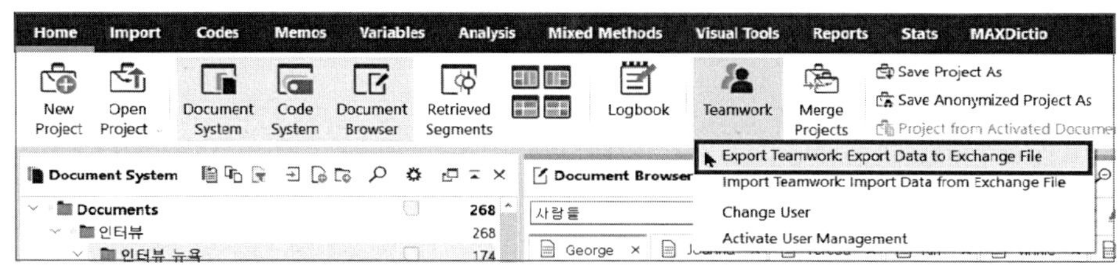

그림 15.4 팀워크 내보내기

① 문서와 코드 선택

먼저 데이터를 내보낼 문서를 선택합니다. 대화상자에서 개별문서, 문서그룹, 모든 문서를 한 번에 선택할 수 있습니다. 내보내기 절차를 시작하기 전에 활성화된 문서를 선택할 수도 있습니다(참조: 그림 15.5).

Next〉〉 버튼을 클릭하면 코드 선택을 위한 대화상자가 나타납니다. 맨 아래에는 현재 선택된 코드수와 이전에 선택한 문서에서 코딩구절의 수가 표시됩니다(참조: 그림 15.6).

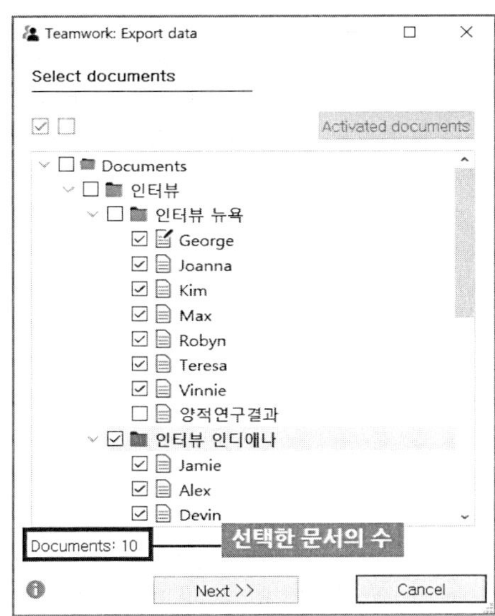

그림 15.5 문서 선택

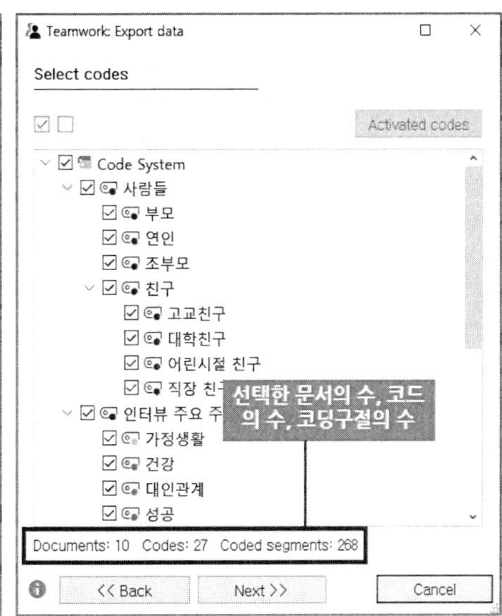

그림 15.6 코드 선택

② 파일명을 지정하고 저장위치 선택

Next〉〉 버튼을 클릭하면 파일명이 지정되고 저장위치가 선택됩니다. 그러면 MAXQDA는 선택한 문서의 모든 데이터(코드, 코드 지정, 메모, 변수, 요약, 의역 등)를 내보내기 파일로 내보냅니다.

③ 교환파일을 대상 프로젝트로 가져오기

교환파일 데이터를 동일한 텍스트가 있는 모든 MAXQDA 프로젝트로 가져올 수 있습니다.

메인메뉴의 홈Home 탭에서 팀워크Teamwork 〉 팀워크 가져오기Import Teamwork: 교환파일에서 데이터 가져오기Import Data from Exchange File를 선택합니다. 가져오기 절차를 한 번에 한 단계씩 안내하는 대화상자가 나타납니다.

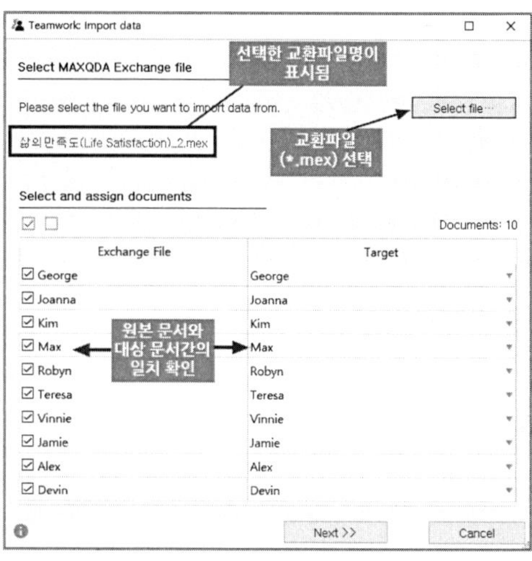

그림 15.7 팀워크: 데이터 가져오기

❶ 먼저 MEX파일을 선택합니다. 그러면 바로 하단에 교환파일의 문서명과 대상 문서명을 비교하는 섹션이 나타납니다.

이 대화상자에서 원본문서와 대상문서 간의 일치를 확인합니다. MAXQDA 프로젝트의 문서명이 같으면 MAXQDA에서 자동지정을 재확인하기만 하면됩니다. 프로젝트에 문서가 아직 없는 경우 오른쪽 대상Target필드에서 <새 문서> 옵션을 선택하여 교환파일에서 문서를 가져올 수 있습니다.

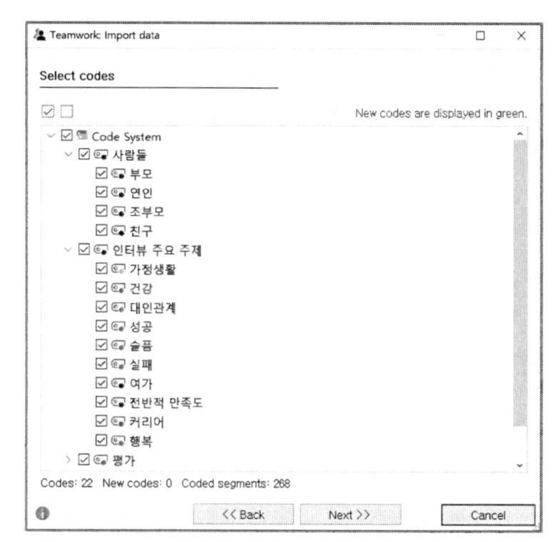

그림 15.8 팀워크: 데이터 가져오기-코드선택

❷ Next 〉〉 버튼을 클릭하면 코드 선택을 위한 대화상자가 나타납니다. 새 코드, 즉 열려 있는 프로젝트에 아직 존재하지 않는 코드는 표시된 코드목록에서 녹색 글꼴로 바로 인식됩니다. 대화상자에서 가져올 모든 코드를 선택합니다.

❸ 세 번째 단계에서 가져올 데이터를 선택합니다. MAXQDA는 MEX 파일에 포함된 대화상자의 데이터 유형만 표시합니다. 가져오기 프로세스 중에 변수 또는 의역과 같은 개별 요소를 선택해제하여 무시할 수 있습니다. 다른 옵션은 충돌하는 코드지정을 처리하는 방법을 결정합니다. 이에 대해서는 아래에서 자세히 설명합니다.

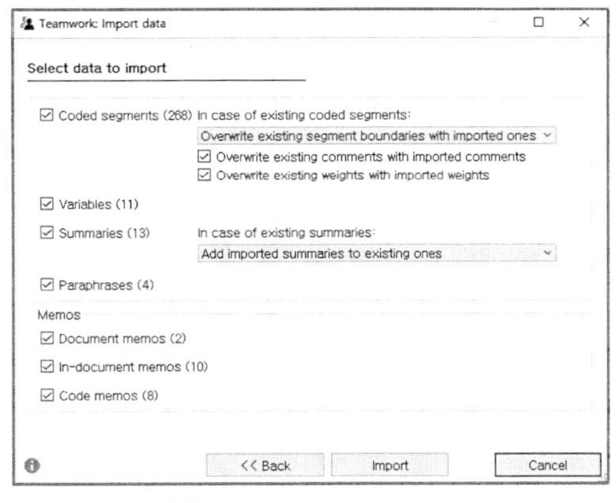

그림 15.9 팀워크 가져오기 옵션

❹ 가져오기 프로세스를 시작하려면 **가져오기**Import를 클릭합니다.

④ 코드 충돌

코드를 가져올 때 동일한 코드가 해당 구절에 이미 지정되어 있을 수 있습니다. 이 구절에는 가져올 코드가 아닌 다른 구절의 경계도 있을 수 있습니다. MAXQDA의 규칙은 문서의 구절을 동일한 코드로 한 번만 코딩할 수 있으므로 팝업 메뉴를 사용하여 가져오기 프로세스 중에 우선해야 하는 구절의 경계를 지정할 수 있습니다.

- **기존 구절경계를 가져온 경계로 덮어쓰기**: 이것이 기본값입니다. 코드지정이 충돌하는 경우 가져온 코드지정의 구절경계는 열린 프로젝트 파일의 구절경계보다 우선합니다.
- **기존 구절경계 유지**: 충돌이 발생하는 경우 기존코딩이 우선합니다. 즉, 구절경계가 변경되지 않습니다.
- **코드지정의 외부 구절경계 사용**: 충돌의 경우 두 코드 지정의 가장 바깥쪽 구절경계를 사용합니다.
- **코드지정의 내부 겹침영역 사용**: 충돌의 경우 두 코드 할당의 겹침 영역만 코딩구절로 간주합니다.

MAXQDA의 각 코드지정에는 주석comment과 가중치weight도 포함됩니다. 충돌이 발생하는 경우 MAXQDA에 기존 주석 및 가중치를 가져온 주석으로 유지하거나 덮어쓸지 여부를 지정할 수 있습니다.

- **가져온 주석으로 기존 주석 덮어쓰기:** 이 옵션을 활성화하면 가져온 코딩구절의 주석이 항상 우선해야 합니다. 즉, 열린 프로젝트 파일의 주석을 재정의합니다. 가져온 코딩구절에 주석이 없으면 무시됩니다. 즉, 기존 주석은 빈 주석으로 덮어쓰여지지 않습니다.
- **가져온 가중치로 기존 가중치 덮어쓰기:** 이 옵션을 활성화하면 가져온 코딩구절의 가중치가 항상 우선해야 합니다.

요약summaries을 가져올 때 코드에 있는 문서에 대한 요약이 이미 존재하는 경우 MAXQDA의 진행방법을 제어할 수도 있습니다.

- **기존 요약 변경 안 함:** 이 설정을 사용하면 프로젝트 파일에서 비어있는 요약만 가져옵니다. 충돌이 발생하는 경우 가져온 요약은 무시되고 가져오지 않습니다.
- **가져온 요약으로 기존 요약 덮어쓰기:** 이 설정을 사용하면 충돌이 발생하는 경우 프로젝트에 이미 존재하는 요약이 삭제되고 가져온 요약이 덮어씁니다.
- **가져온 요약을 기존 요약에 추가:** 충돌이 발생하는 경우 가져온 요약이 기존 요약에 추가됩니다.

⑤ 가져오기 과정의 결과

a. 코드 지정

- 문서에 이미 있는 모든 코드지정은 선택한 옵션에 따라 유지되거나 조정됩니다.
- 이전에 존재하지 않는 코드지정은 열려 있는 프로젝트에 삽입됩니다.
- 코드시스템에 아직 포함되지 않은 코드 또는 하위코드가 있는 코딩구절이 교환파일(*.mex)에서 발견되면 이 코드는 해당 위치의 코드시스템에 삽입됩니다. 같은 위치에 같은 이름을 가진 코드는 동일한 것으로 간주되지만 색상은 관련이 없습니다.

b. 메모

- 모든 문서 내 메모를 가져옵니다(예외: 같은 제목의 같은 위치에 있는 메모).
- 문서시스템의 문서메모는 문서에 아직 메모가 없는 경우에만 가져옵니다. 기존 문서메모는 영향을 받지 않습니다.
- 코드메모도 같은 방식으로 처리됩니다.

c. 의역

현재 프로젝트의 동일한 위치에 이미 의역이 있는 경우 가져올 의역은 무시됩니다.

d. 변수

- 변수목록에 아직 없는 변수가 추가되고 해당 값을 가져옵니다.
- 가져오기 파일의 값으로 기존 변수를 덮어씁니다.

15.3.3 문서시스템에서 팀워크 시작

문서시스템에서 바로 문서, 문서그룹 또는 문서세트에 대한 내보내기를 시작할 수도 있습니다. 이렇게 하려면 항목의 컨텍스트메뉴(마우스 오른쪽 버튼)에서 **팀워크**Teamwork 〉 **팀워크 내보내기**Export Teamwork: **데이터를 교환파일로 내보내기**Export Data to Exchange File를 선택합니다.

교환파일을 가져올 때도 마찬가지로 문서시스템의 해당 항목(문서, 문서그룹, 문서세트)의 컨텍스트메뉴에서 **팀워크**Teamwork 〉 **팀워크 가져오기**Import Teamwork: **교환파일에서 데이터 가져오기**Import Data from Exchange File를 선택합니다.

15.4 두 개의 프로젝트 병합

이 협업모델은 별도의 프로젝트를 하나로 합치는 것입니다. **프로젝트 병합**Merge projects 기능을 사용하면 현재 열려 있는 프로젝트에 두 번째 프로젝트의 모든 요소가 추가되는 원리입니다. 다음 단계를 따르면 됩니다.

❶ 병합하려는 두 프로젝트 중 하나를 엽니다.

❷ 메인메뉴의 **홈**Home 탭에서 **프로젝트 병합**Merge projects을 선택합니다.

❸ 대화창에서 두 번째 프로젝트를 선택하면 MX20 파일형식이 됩니다.
그러면 그림 15.10의 대화창이 나타납니다.

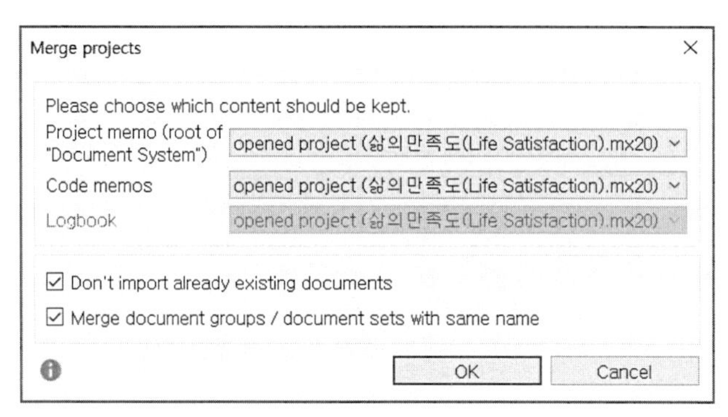

그림 15.10 프로젝트 병합 옵션

MAXQDA 프로젝트는 하나의 프로젝트 메모, 코드당 하나의 메모 및 하나의 로그북Logbook만 보유할 수 있기 때문에 맨 위 섹션에서 유지할 내용과 덮어쓸 내용을 선택합니다. 기본설정을 그대로 두면 이미 열려 있는 프로젝트의 기존 데이터는 변경되지 않습니다.

맨 아래 섹션에서는 MAXQDA가 프로젝트에 이미 존재하는 동일한 이름의 문서를 처리하는 방법을 결정할 수 있는 두 가지 옵션을 사용할 수 있습니다.

- **기존 문서를 가져오지 않음**: 프로젝트가 병합되면 기본적으로 가져온 프로젝트의 모든 문서가 열려 있는 프로젝트에 삽입됩니다. 그러나 이 옵션을 선택하면 이미 존재하는 문서는 무시되므로 가져오지 않습니다. 예를 들어, 열려 있는 프로젝트에 문서 A, B, C가 있는 '인터뷰'라는 문서그룹이 있고 가져온 프로젝트에 문서 A, B, D가 들어있는 '인터뷰'라는 문서그룹이 있는 경우 문서 D를 가져오고 두 번째 문서그룹에 삽입됩니다. 문서 A, B, C는 무시됩니다.
- **같은 이름의 문서그룹 병합**: 이 옵션은 이전 옵션을 선택한 경우에만 사용할 수 있습니다. 이 경우 동일한 이름을 가진 문서그룹이 더이상 생성되지 않

으며 가져온 문서가 기존 문서그룹에 통합됩니다. 즉, 문서 A, B, C가 들어 있는 "인터뷰" 문서그룹이 이미 있는 경우 문서 D만 가져옵니다.

- 확인OK을 클릭하면 MAXQDA는 병합 프로세스를 시작하며 두 프로젝트의 크기에 따라 시간이 걸릴 수 있습니다.

프로젝트를 병합하기 전에 선택한 백업폴더에 현재 프로젝트를 자동으로 백업합니다.

15.5 코더 간 일치 확인절차

질적연구에서 분석의 주관성에 대한 의문이 종종 발생합니다. 예를 들어, 동일한 인터뷰 구절이 주어졌을 때 동료 연구원은 나와 동일한 주제를 보고 동일한 결론을 도출할까요? 범주에 대한 이해에 어느 정도 일치할까요? 이러한 질문을 통해 우리는 질적연구에서 소홀히 해서는 안되는 품질기준의 영역에 들어서는 것입니다. 범주기반 접근방식에서는 두 사람이 데이터에서 동일한 주제, 측면 및 현상을 어느 정도 식별하고 이를 동일한 범주로 묶는지에 대한 질문에 초점을 둡니다. 범주의 정의가 아직 명확하게 공식화되지 않았기 때문에 두 사람이 내용에 대해 일치하지만 현상에 다른 범주를 지정하는 것이 가능합니다. MAXQDA는 코더 간의 일치에 대한 체계적인 분석, 개선 및 검증을 가능하게 하는 많은 기능이 있습니다. 문제가 있는 범주, 모호한 범주 정의를 식별하여 분석품질을 단계별로 향상시킬 수 있습니다.

독립적인 코더coders 간에 가능한 한 높은 수준의 일치를 달성하는 것이 항상 질적분석가의 목표입니다. 그러나 양적연구에서와 같이 통계적으로 필요한 표준계수를 얻는 데 초점을 맞추는 것은 아닙니다. 오히려 코딩품질의 실질적인 향상에 중점을 둡니다. 이 때문에 일치계수나 비율(예: 일치하는 코드지정 비율)에 초점을 맞추지 않습니다. 대신 질적연구자들은 일치하지 않는 코드지정을 처리하고 편집하여 더 정확하게 코딩한 자료를 사용할 수 있도록 합니다.

15.5.1 코더 간의 일치

코더 간 일치를 확인하는 것에는 다음이 포함됩니다.

- 두 명의 코더가 동일한 문서를 독립적으로 처리하고 상호합의된 코드 정의에 따라 코딩합니다. 이 작업은 동일한 컴퓨터 또는 별도의 컴퓨터에서 수행할 수 있습니다. 물론 두 코더가 다른 사람이 코딩한 내용을 볼 수 없다는 것이 중요합니다.
- 다른 코더에 의해 코딩된 두 개의 동일한 문서는 동일한 MAXQDA 프로젝트에 들어있어야 합니다. 문서는 이름이 같아야 하지만 다른 문서그룹이나 문서세트에 있어야 합니다.

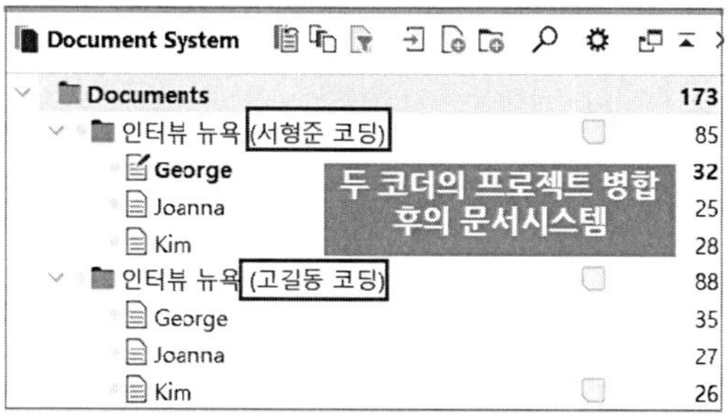

그림 15.11 두 프로젝트 병합 후의 문서시스템

이를 위해 다음의 절차가 권장됩니다.

❶ 코딩할 문서로 프로젝트를 만듭니다. 문서는 하나 이상의 문서그룹이나 문서세트에 포함되어야 합니다.

❷ 필요한 코드가 코드시스템에 있는지 확인합니다.

❸ 프로젝트 파일의 복제본을 만들어 두 번째 코더에 전달합니다.

❹ 두 코더는 모든 문서그룹 또는 문서세트 뒤에 자신의 이름을 씁니다.

❺ 두 코더 모두 독립적으로 데이터를 코딩하고 필요한 경우 새 코드를 추가합니다.

❻ 메인메뉴의 홈Home 〉 **프로젝트 병합**Merge Projects 기능을 사용하여 두 프로젝트를 하나로 병합합니다. 프로젝트를 병합한 결과 문서시스템은 그림 15.11과 같습니다.

❼ 이제 MAXQDA의 코더 간 일치 기능을 사용하여 코드 지정을 비교할 수 있습니다.

❽ 비교가 완료되면 추가된 문서를 삭제할 수 있습니다.

15.5.2 코더 간 일치도 확인

메인메뉴의 **분석**Analysis **〉 코더 간 일치**Intercoder Agreement를 통해 절차를 시작하여 두 코더가 코드 지정에 일치하는지 일치하지 않는지 확인할 수 있습니다.

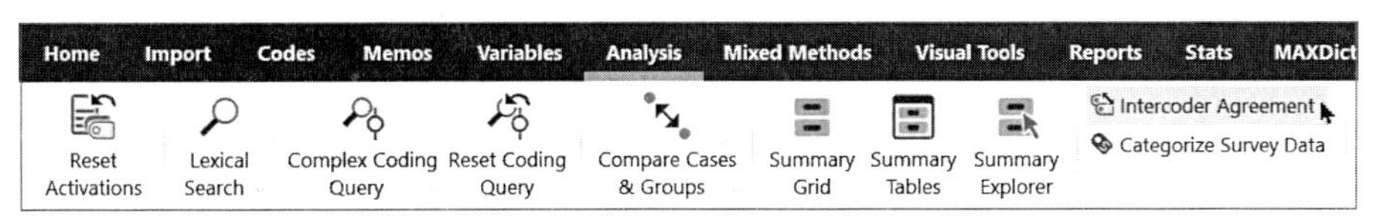

그림 15.12 분석메뉴를 통해 코더 간 일치확인 기능 시작

코더 간 일치 확인을 위한 설정을 조정할 수 있는 다음 대화상자가 나타납니다(참조: 그림 15.13).

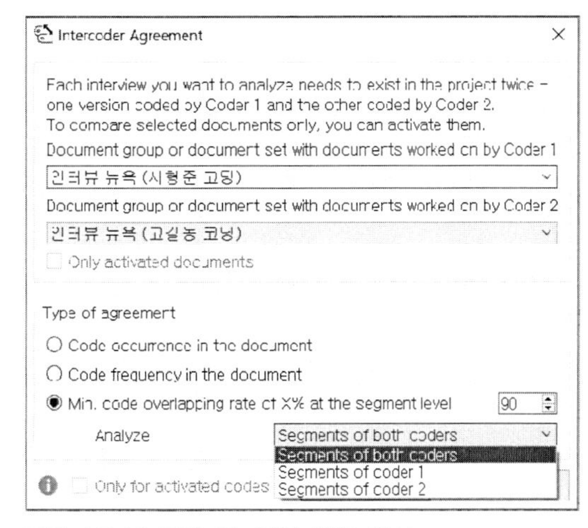

그림 15.13 코더 간 일치 확인 옵션

- 상단 드롭다운 메뉴에서 Coder 1(서형준 코딩)에 할당된 문서와 하단 드롭다운 메뉴에서 Coder 2(고길동 코딩)에 할당된 문서가 있는 문서그룹 또는 문서세트를 선택합니다.
- 적절한 옵션을 선택하여 현재 활성화된 문서 및 /또는 코드로 분석을 제한할 수 있습니다.
- 하단 영역에서 다음 세 가지 대체 분석수준 중에서 선택할 수 있습니다.

옵션 1(문서비교 수준): 문서에서 코드 발생

기준은 문서에서 코드의 발생 여부입니다(예: 코드발생 대 코드발생 없음). 예를 들어, 설문조사에 대한 자유응답과 같은 비교적 짧은 문서와 많은 수의 코드로 작업하는 경우 이 옵션이 유용할 수 있습니다.

옵션 2(문서비교 수준): 문서의 코드 빈도

기준은 문서에서 코드가 발생하는 빈도입니다. 더 정확하게는 코드지정의 일치 빈도입니다.

옵션 3(구절비교 수준): 구절 수준에서 최소 코드겹침비율

시스템은 두 코더가 일치하는지, 즉 개별 구절의 코딩에서 일치하는지 여부를 확인합니다. 이 옵션은 세 가지 중 가장 고급이며 질적 코딩에 가장 일반적으로 사용되는 옵션입니다. 두 개의 코딩구절이 일치하는 것으로 간주되는 시기를 결정하기 위해 백분율 값을 설정할 수 있습니다.

▶ 옵션 1(문서에서 코드 발생)의 결과

MAXQDA는 분석된 코드가 있는 '코드별 결과표'와 비교된 각 문서에 대한 상세정보가 있는 '문서별 결과표'의 두 개의 표를 생성합니다.

코드별 결과표

코드별 결과표는 평가된 모든 코드를 나열하고 코드지정 시 코드와 일치하는 문서 수를 나타냅니다(참조: 그림 15.14).

예제표는 오른쪽 상단에 총 19개의 코드가 분석되었음을 나타냅니다. 불일치한 문서가 없는 것으로 나타났습니다.

백분율열은 각 코드와 관련하여 일치한 비율을 나타냅니다. <Total> 라인은 평

Intercoder agreement: codes

19 Codes

Code	Agreements	Disagreements	Total	Percent
사람들₩부모	2	0	2	100.00
사람들₩연인	1	0	1	100.00
사람들₩조부모	2	0	2	100.00
사람들₩친구	3	0	3	100.00
인터뷰 주요 주제₩가정생활	3	0	3	100.00
인터뷰 주요 주제₩건강	3	0	3	100.00
인터뷰 주요 주제₩대인관계	3	0	3	100.00
인터뷰 주요 주제₩성공	3	0	3	100.00
인터뷰 주요 주제₩슬픔	3	0	3	100.00
인터뷰 주요 주제₩실패	3	0	3	100.00
인터뷰 주요 주제₩여가	3	0	3	100.00
인터뷰 주요 주제₩전반적 만족도	3	0	3	100.00
인터뷰 주요 주제₩커리어	3	0	3	100.00
인터뷰 주요 주제₩행복	3	0	3	100.00
평가₩긍정적	3	0	3	100.00
평가₩부정적	3	0	3	100.00
평가₩양가적	1	0	1	100.00
커리어목표	2	0	2	100.00
YELLOW	1	0	1	100.00
<Total>	48	0	48	100.00

그림 15.14 문서에 코드 발생 옵션에 대한 코드별 결과표

균 일치율을 계산하는데 사용됩니다. 예에서는 100%를 나타내고 있습니다.

평가된 문서가 있는 상세결과표

결과표는 평가된 모든 문서를 나열하므로 개별문서의 일치에 대한 자세한 정보를 제공합니다(그림 15.15).

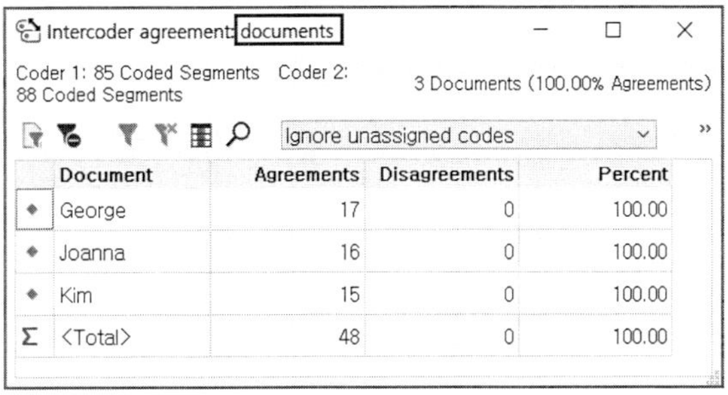

Intercoder agreement: documents

Coder 1: 85 Coded Segments Coder 2: 88 Coded Segments   3 Documents (100.00% Agreements)

Ignore unassigned codes

	Document	Agreements	Disagreements	Percent
◆	George	17	0	100.00
◆	Joanna	16	0	100.00
◆	Kim	15	0	100.00
Σ	<Total>	48	0	100.00

그림 15.15 문서에 코드 발생 옵션에 대한 문서별 결과표

결과표의 구조는 다음과 같습니다.

- Coder 1과 2가 문서에 동일한 코드를 지정한 경우 첫 번째 열에 녹색기호가 표시됩니다. 이 경우 불일치[disagreements]가 없으며 일치율은 100%입니다.
- 일치[Agreement]열에는 이 문서에 대해 Coder 1과 Coder 2 간에 일치하는 코드지정 수가 표시됩니다.
- 백분율열에는 일치율이 표시됩니다. 백분율 합계는 다음과 같이 계산됩니다. 일치 / (일치 + 비 일치).
- 마지막 행 합계[<Total>]는 일치와 불일치를 더합니다. 백분율열의 숫자는 일치하는 코드의 평균 수에 해당합니다. 예에서는 100%입니다.

결과표의 상단부분에는 추가정보가 표시되어 있습니다.

- 왼쪽에서 두 코더가 수행한 코드지정의 수를 볼 수 있으며, 이는 종종 동일하거나 다른 코딩 동작의 첫 번째 표시를 제공합니다. 이 예에서 한 코더는 85개의 구절을 코딩하고 다른 코더는 88개의 구절을 코딩했습니다.
- 분석된 문서의 수와 동일하게 코딩된 문서의 상대적 수는 오른쪽에 표시됩니다. 예에서는 3개 문서 중 3개로 모두로 100%에 해당합니다.

대화형 결과표

결과표는 대화형입니다. 행을 더블클릭하면 관련 문서에 대한 코드매트릭스 브라우저Code Matrix Browser가 열립니다(참조: 그림 15.16).

제목표시줄에는 'Kim' 의 예에서 비교된 문서가 표시됩니다. 이 뷰는 두 코더가 일치하지 않는 부분을 즉시 보여줍니다.

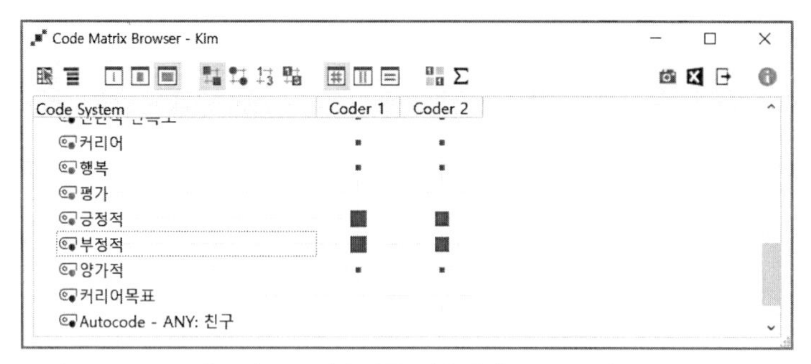

그림 15.16 코드매트릭스 브라우저를 사용하여 두 문서에서 코드발생 비교

▶ 옵션 2(문서의 코드빈도)의 결과

이 분석 옵션을 사용하면 두 명의 코더가 문서에서 동일한 빈도의 코드를 지정한 경우 일치하는 것으로 간주됩니다. 빈도 간의 차이는 관련이 없습니다. 한 코더가 코드 A를 한 번, 다른 코더가 세 번 지정하거나, 차이가 한 번 대 여섯 번이면 두 상황은 항상 불일치로 간주됩니다.

이 두 번째 분석옵션의 결과는 원칙적으로 첫 번째 옵션에 해당하며, 다음과 같은 예외가 있습니다.

코드별 결과표

코드당 빈도가 100% 일치하는 문서 수가 셀에 표시됩니다.

코드별 결과표(참조: 그림 15.17)는 평가된 모든 코드를 나열하고 코드지정 시 코드와 일치하는 문서 수를 나타냅니다. 예제표는 오른쪽 상단에 총 19개의 코드가 분석되었음을 나타냅니다. '평가₩긍정적' 코드에 대한 불일치와, '평가₩부정적' 코드에 대한 불일치가 각각 3개의 문서에서 발생했습니다.

백분율열은 각 코드와 관련하여 일치한 비율을 나타냅니다. <Total> 라인은 평균 일치율을 계산하는데 사용됩니다. 예에서는 87.50%를 나타내고 있습니다.

Intercoder agreement: codes

19 Codes

Code	Agreements	Disagreements	Total	Percent
사람들₩부모	2	0	2	100.00
사람들₩연인	1	0	1	100.00
사람들₩조부모	2	0	2	100.00
사람들₩친구	3	0	3	100.00
인터뷰 주요 주제₩가정생활	3	0	3	100.00
인터뷰 주요 주제₩건강	3	0	3	100.00
인터뷰 주요 주제₩대인관계	3	0	3	100.00
인터뷰 주요 주제₩성공	3	0	3	100.00
인터뷰 주요 주제₩슬픔	3	0	3	100.00
인터뷰 주요 주제₩실패	3	0	3	100.00
인터뷰 주요 주제₩여가	3	0	3	100.00
인터뷰 주요 주제₩전반적 만족도	3	0	3	100.00
인터뷰 주요 주제₩커리어	3	0	3	100.00
인터뷰 주요 주제₩행복	3	0	3	100.00
평가₩긍정적	0	3	3	0.00
평가₩부정적	0	3	3	0.00
평가₩양가적	1	0	1	100.00
커리어목표	2	0	2	100.00
YELLOW	1	0	1	100.00
<Total>	42	6	48	87.50

그림 15.17 문서의 코드 빈도에 대한 코드별 결과표

분석된 문서가 있는 결과표

- 셀은 문서의 두 코더가 균등하게 지정한 코드 수를 나타냅니다. 3명의 인터뷰에 대하여 두 코더 간에 일치하는 수와 불일치하는 수가 표시됩니다. 일치율은 George에 대한 인터뷰의 경우, 88.24%입니다(참조: 그림 15.18).

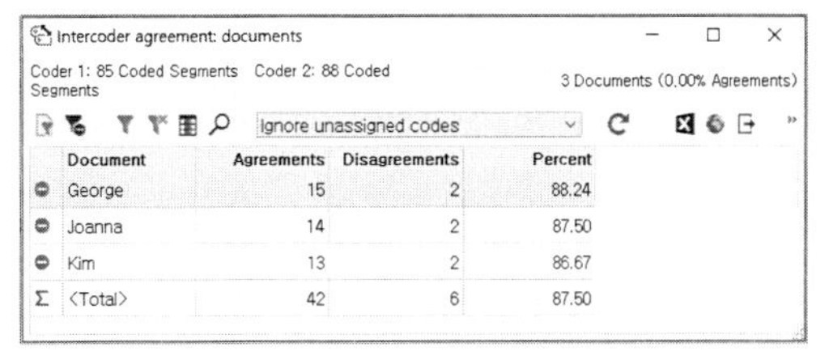

Intercoder agreement: documents

Coder 1: 85 Coded Segments Coder 2: 88 Coded Segments

3 Documents (0.00% Agreements)

Ignore unassigned codes

Document	Agreements	Disagreements	Percent
George	15	2	88.24
Joanna	14	2	87.50
Kim	13	2	86.67
Σ <Total>	42	6	87.50

그림 15.18 문서의 코드 빈도에 대한 문서별 결과표

- 행을 두 번 클릭하면 코드매트릭스 브라우저도 표시됩니다. 여기에서 크기가 다른 사각형은 클릭한 문서의 코딩된 특성의 차이를 나타냅니다.

▶ 옵션 3(구절 수준에서 최소 코드겹침비율)의 결과

이 옵션을 사용하면 시스템은 코드가 일치하는지 구절 수준에서 확인합니다. 예를 들어 Coder 1이 85개의 구절을 코딩하고 Coder 2가 88개의 구절을 코딩한 경우 173개의 테스트 작업이 수행되고 세부결과 테이블에는 정확히 173개의

행이 나열됩니다.

코드를 지정할 때 코더가 서로 약간 벗어나는 경우가 종종 있습니다. 예를 들어 한 사람이 한 단어를 더 하거나 덜 코딩했기 때문입니다. 이는 일반적으로 콘텐츠와 관련이 없지만 완전히 동일한 코딩이 필요한 경우 불필요하게 적은 비율의 일치로 이어질 수 있으며 잘못된 불일치로 평가될 수 있습니다.

따라서 두 개의 코드지정을 일치하는 것으로 처리할 때 옵션 대화상자에서 미리 지정할 수 있습니다. 사용되는 기준은 두 코드 할당의 교차영역의 백분율입니다. 가장 바깥 쪽 구절의 경계가 있는 두 코드 지정이 포함하는 전체 면적과 관련하여 두 코드 지정의 겹침 부분이 얼마나 되는지를 말합니다.

항목표시는 백분율로 이루어지며 대화상자에서 임계치를 설정할 수 있습니다. 기본값은 90%이지만 테스트 목적으로 더 높게 설정한 다음 잘못된 경보가 너무 많으면 단계적으로 줄일 수 있습니다.

여기에서도 코드별 결과표와 상세결과표의 두 개의 결과표가 생성됩니다.

코드별 결과표

그림 15.19의 결과표에는 코더 간 일치도 확인에 포함된 코드 수만큼 행이 표시됩니다. 두 코더 중 한 명에게도 지정되지 않은 코드는 무시됩니다. 이 표는 두 코더 간의 코드지정에서 일치 및 불일치에 대한 개요를 보여줍니다. 또한 약점이 어디에 있는지, 즉 원하는 비율 일치가 달성되지 않은 코드를 나타냅니다.

Intercoder agreement: codes

19 Codes

Code	Agreements	Disagreements	Total	Percent
사람들₩부모	8	0	8	100.00
사람들₩연인	2	0	2	100.00
사람들₩조부모	4	0	4	100.00
사람들₩친구	20	0	20	100.00
인터뷰 주요 주제₩가정생활	6	0	6	100.00
인터뷰 주요 주제₩건강	6	0	6	100.00
인터뷰 주요 주제₩대인관계	6	0	6	100.00
인터뷰 주요 주제₩성공	6	0	6	100.00
인터뷰 주요 주제₩슬픔	6	0	6	100.00
인터뷰 주요 주제₩실패	6	0	6	100.00
인터뷰 주요 주제₩여가	6	0	6	100.00
인터뷰 주요 주제₩전반적 만족도	6	0	6	100.00
인터뷰 주요 주제₩커리어	6	0	6	100.00
인터뷰 주요 주제₩행복	6	0	6	100.00
평가₩긍정적	40	3	43	93.02
평가₩부정적	24	4	28	85.71
평가₩양가적	2	0	2	100.00
커리어목표	4	0	4	100.00
YELLOW	2	0	2	100.00
<Total>	166	7	173	95.95

그림 15.19 구절비교 수준비교 옵션에 대한 코드별 결과표

각 코드는 총 코딩구절의 수(합계Total 열), 일치구절 수 및 코드별 일치비율

을 나타냅니다. <Total> 행에서 평균일치율을 계산할 수 있도록 (비)일치가 추가됩니다. 이 예에서는 95.95%입니다.

분석된 구절이 있는 상세결과표

그림 15.20의 두 번째 표에서는 코더 간 일치도의 정확한 검사가 가능합니다. 즉, 두 코더가 일치하지 않는 코딩구절을 결정할 수 있습니다. 선택한 설정에 따라 표에는 두 코더의 구절 또는 한 코더의 구절만 포함되며 두 번째 코더가 이 위치에 동일한 코드를 지정했는지 여부를 나타냅니다.

지정된 구절에 코드를 지정에 대한 일치는 첫 번째 열의 녹색 작은 원기호로 표시됩니다. 같은 열에서 빨간색 ⊖아이콘은 이 구절에 대한 일치하는 부분이 없음을 나타냅니다.

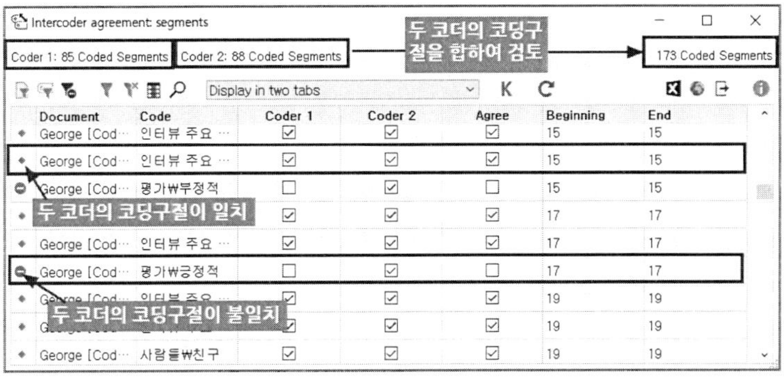

그림 15.20 개별 코드에 대한 코더 간 신뢰도 결과(구절비교 수준)

TIP/

첫 번째 열의 머리글을 클릭하면 열이 정렬되어 테이블의 모든 빨간색 행이 맨 위에 나열되고 불일치를 단계별로 검사할 수 있습니다. 아이콘을 클릭하면 불일치 구절만 표시됩니다.

대화형 결과표: 구절의 비교

결과표는 원본 데이터와 대화식으로 연결되며 분석된 구절을 대상으로 검사할 수 있습니다.

- 행을 클릭하면 문서시스템에 있는 두 관련 문서가 모두 강조표시됩니다. 기본적으로 자체 탭에서 열리고 클릭한 구절이 강조표시됩니다. 도구모음에서 **두 개의 탭에 표시**Display in two tabs에서 **두 개의 문서브라우저에 표시**Display in two document browsers로 설정을 변경할 수 있습니다. 그러면 [Coder 2]로 코딩된 문서가 별도의 창에 표시됩니다. 이 옵션은 두 개의 화면으로 작업하는 경우 특히 유용합니다.
- [Coder 1] 또는 [Coder 2]열의 작은 사각형을 더블클릭하면 해당 구절의 위치에 있는 문서브라우저의 해당 문서가 포커스로 표시됩니다. 이렇게 하면 두 문서 사이를 쉽게 오갈수 있습니다. 어느 코더가 코드지정 지침에 따라 코드를 적용했는지 판단할 수 있습니다.
- 마우스 오른쪽 버튼으로 행을 클릭(컨텍스트메뉴)하면 코드지정 또는 부족한 코드를 한 문서에서 다른 문서로 직접 전송할 수 있습니다. 예를 들어, **Coder 1 솔루션 채택**Adopt the solution of Coder 1 옵션을 선택합니다.

15.6 사용자 접근권한 관리

MAXQDA 프로젝트에 대해 별도의 사용자 관리시스템을 정의할 수 있습니다. 개별 팀원에게 프로젝트 작업 또는 편집에 대한 특정권한을 주는 것입니다. 그러나 이 사용자관리시스템user management system은 데이터를 암호화하여 향상된 데이터보안을 제공하는 것이 아님을 강조하는 것이 중요합니다. 대신 MAXQDA의 권한에 대한 제한은 팀의 원활한 작업을 보장하고, 개인이 사전정의된 코드시스템을 실수로 변경하는 것을 방지하기 위한 것입니다.

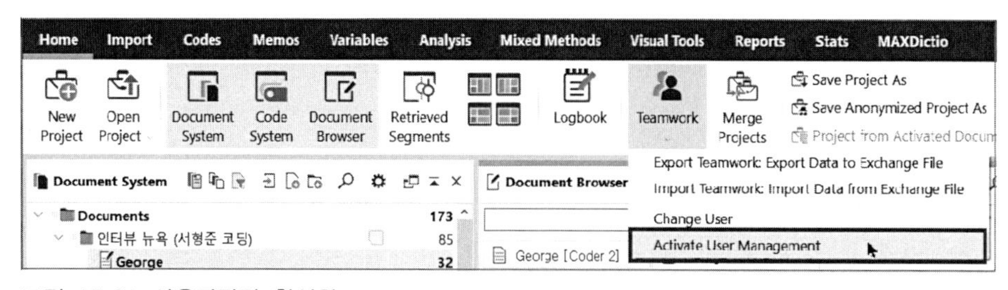

그림 15.21 사용자관리 활성화

사용자관리시스템을 활성화하려면 메인메뉴의 **홈**Home 〉 **팀워크**Teamwork 〉 **사용자관리 활성화**Activate User Management를 선택합니다(참조: 그림 15.21).

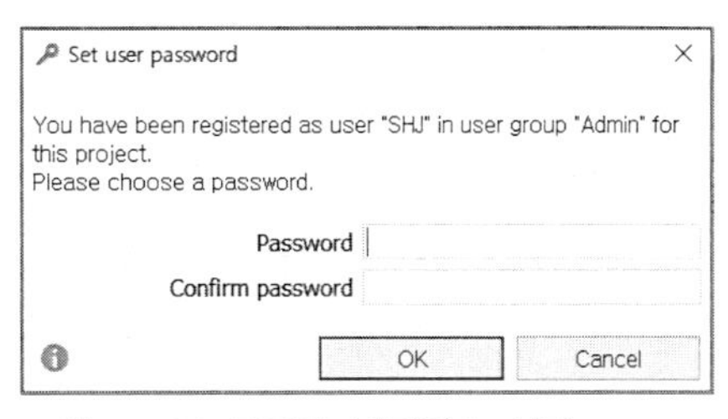

그림 15.22 관리자 비밀번호 설정

사용자관리를 활성화한 사용자는 자동으로 관리자가 되며 사용자 이름에 대한 비밀번호를 설정해야 합니다. 이 때 설정한 암호를 잘 기록해 놓거나 기억해야 합니다. 이 암호가 없으면 해당 프로젝트를 더 이상 열 수 없습니다(참조: 그림 15.22).

관리자가 설정되면 유효한 관리자 이름과 암호로만 사용자관리를 열 수 있습니다. 다음에 프로젝트를 열면 로그인 창이 나타나고 유효한 사용자 이름과 암호를 입력하라는 메시지가 표시됩니다.

기본구성에서는 관리자만 사용자관리를 열고 사용자를 추가하거나 권한을 변경할 수 있습니다.

① 사용자관리 창

기본 사용자관리 창에서 새 사용자를 만들고, 기존 사용자를 제거하고, 개별 사용자그룹의 권한을 정의할 수 있습니다.

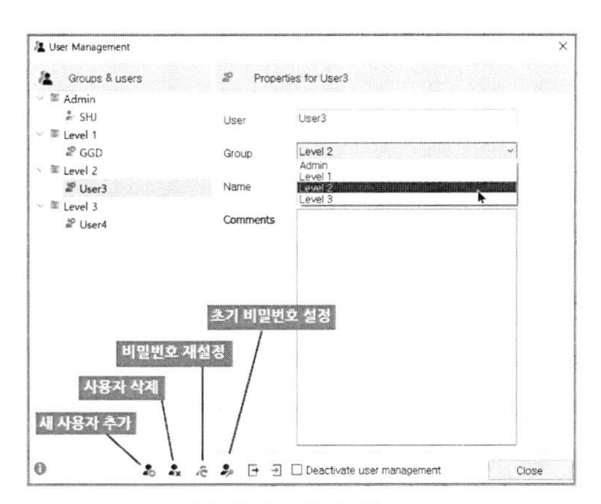

그림 15.23 기본 사용자관리 창

사용자관리 창 왼쪽에는 다양한 수준(관리자 및 레벨 1~3)이 표시됩니다. 창 오른쪽에는 각 사용자에 대한 정보가 있으며 여기서 만들거나 편집할 수 있습니다. 사용자를 4개의 사용자그룹 중 하나에 지정할 수도 있습니다.

그림 15.23과 같이 기본 사용자관리 창의 하단에는 기능버튼들이 있습니다. **새 사용자를 추가**Add user할 수 있고, 기존 **사용자를 삭제**Delete user할 수도 있습니다.

또 비밀번호를 재성절Reset user password할 수도 있고, 초기 비밀번호 설정Set initial password을 할 수도 있습니다.

② 권한별 계층적 수준

창 왼쪽에서 특정 레벨을 클릭하면 이 레벨의 사용자권한이 창의 오른쪽에 표시됩니다. 관리자레벨 외에도 사용자는 레벨 1에서 레벨 3까지 세 가지 그룹에 배정할 수 있습니다. 프로젝트에서 레벨은 다음과 같이 설정할 수 있습니다(참조: 그림 15.24).

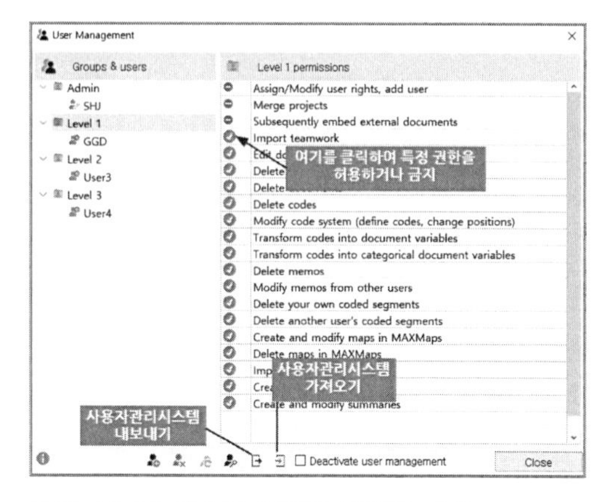

그림 15.24 계층의 다양한 레벨에 대한 사용자권한 정의

- 레벨 1: 프로젝트 리더
- 레벨 2: 텍스트를 가져오고 삭제할 수 있고 코드시스템으로 작업하고 메모를 작성, 편집 및 삭제할 수 있는 연구원
- 레벨 3: 주로 자료에 코딩작업을 하는 학생 동료

그림 15.24에는 기본 레벨 1 기능이 표시됩니다. 예를 들어 상위 3개 기능은 기본적으로 관리자레벨용으로 미리 지정되어 있습니다. 각 기능 앞에 있는 빨간색㊀ 또는 녹색체크 아이콘을 클릭하여 언제든지 사용자권한을 수정할 수 있습니다. 관리자레벨을 포함하여 각 수준에 원하는 수의 사용자를 지정할 수 있습니다. 어떤 경우에도 한 명 이상의 관리자를 지정해야 합니다.

③ 사용자 설정 수정

오른쪽에서 사용자 설정을 수정하려면 창 왼쪽에서 사용자 이름을 클릭합니다.

④ 전체 사용자관리시스템 내보내기 및 가져오기

사용자 이름, 암호 및 사용자권한을 포함하여 MAXQDA 프로젝트의 전체 사용자관리시스템을 내보낼 수 있습니다. 메인 창의 하단에 있는 **내보내기**Export 버튼 ⇥을 클릭합니다. 데이터는 물론 암호화된 MXUSR 형식으로 저장됩니다. 이 파일은 **가져오기**Import 버튼 을 클릭하여 다른 MAXQDA 프로젝트로 가져올 수 있으므로 관리자가 많은 시간을 절약할 수 있습니다.

사용자관리시스템 비활성화

홈Home 〉 **팀웍**Teamwork 〉 **사용자관리**User Management 〉 **사용자관리 비활성화**Deactivate User Management를 통해 사용자관리 창을 열고 창 하단에 있는 체크박스를 선택한 다음 창을 닫으면 언제든지 사용자관리를 비활성화 할 수 있습니다. 모든 사용자 이름과 비밀번호는 프로젝트에 저장되므로 언제든지 사용자관리를 다시 활성화할 수 있습니다.

CHAPTER 16

결과보고 및 문서화

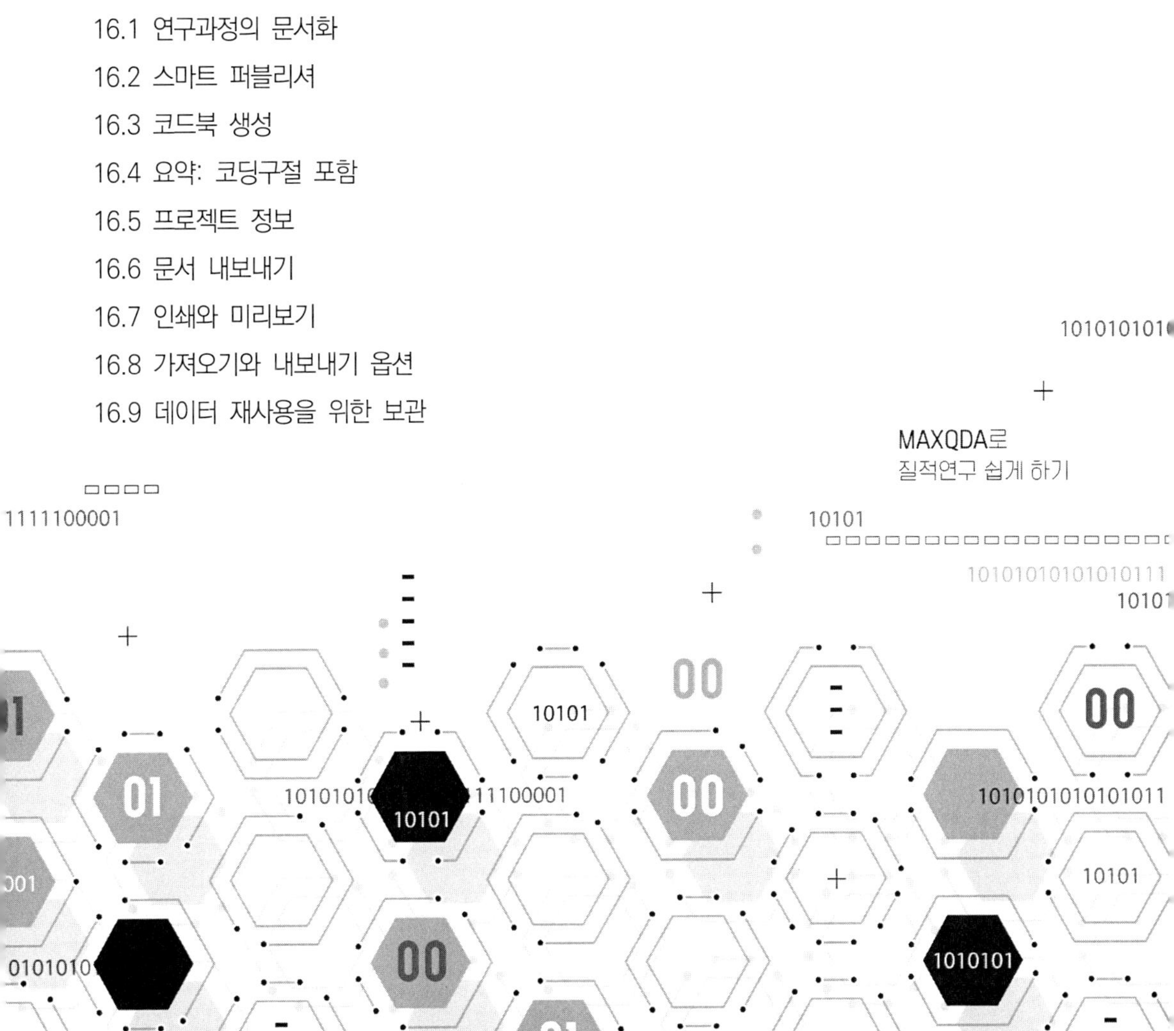

CHAPTER 16

결과보고 및 문서화

16.1 연구과정의 문서화

타당성, 신뢰성 및 감사가능성은 질적연구의 핵심 품질기준입니다. 연구 및 분석과정에 대한 적절한 문서화는 이러한 맥락에서 중요한 역할을 합니다. 이러한 기준을 충족시키려면 개념부터 데이터수집 단계, 최종분석에 이르기까지 프로젝트의 모든 단계에 걸쳐 연구과정을 포괄적으로 문서화해야 합니다. MAXQDA를 사용하면 이 모든 작업을 쉽고 효과적으로 수행할 수 있습니다. 데이터분석 과정의 모든 단계는 문서화할 수 있습니다. 인터뷰의 원본, 전사기록, 비디오 및 원본자료, 인터뷰상황의 기록, 개발된 범주 및 정의, 범주시스템 및 개발 등이 있습니다.

문서를 검토하는 사람은 어떤 방법이 선택되었고 프로젝트에서 어떻게 구현되었는지 확인할 수 있어야 합니다. 예를 들어 질적 내용분석방법을 사용한 개방인터뷰 또는 전문가인터뷰 분석을 포함하는 연구는 다음을 문서화해야 합니다(Kuckartz, 2014[1]).

- 연구참여자 선정절차
- 인터뷰 지침
- 첨부된 설문지(사용된 경우)
- 개별 인터뷰의 길이와 인터뷰 길이의 범위에 대한 정보
- 인터뷰 내용을 기록한 규칙

1) Kuckartz, U. (2014). Qualitative Text Analysis: A Guide to Methods, Practice & Using Software: Sage Publications.

- 수집된 데이터 및 전사스타일의 예로서 최소 1개의 전사기록(학위논문, 연구논문 등의 평가자가 요구하는 경우)
- 분석과정에 걸친 범주개발 절차
- 예를 포함한 범주시스템, 즉 개별범주의 코딩구절

16.2 스마트 퍼블리셔

스마트 퍼블리셔Smart Publisher는 편리한 보고서 생성기입니다. 제목 페이지 및 목차를 포함하여 선택한 검색구절을 서식있는 워드문서 보고서로 내보냅니다. 보고서의 구조는 코드시스템에 의해 결정됩니다.

- 각 최상위코드마다 개별 장이 작성됩니다.
- 각 하위코드에 대한 하위 절이 작성됩니다.
- 각 코드의 코딩구절은 각 (하위)절의 내용을 구성합니다.

① 스마트 퍼블리셔 열기

스마트 퍼블리셔는 메인메뉴의 **보고서**Reports 〉 Smart Publisher를 통해 열 수 있습니다(참조: 그림 16.1).

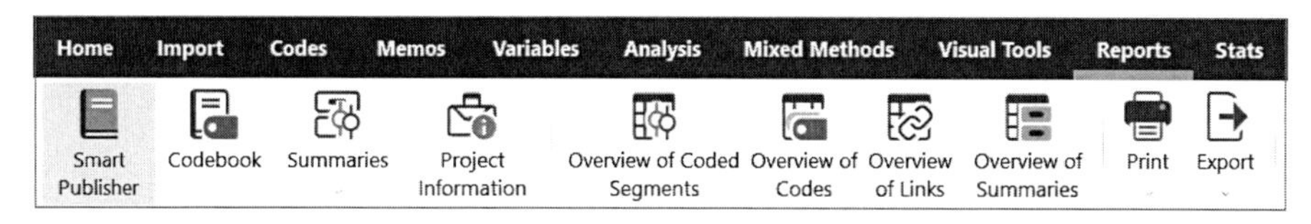

그림 16.1 스마트 퍼블리셔 열기

스마트 퍼블리셔를 열면, 보고서에 포함시킬 코드를 선택하는 대화 창이 나타납니다. 최상위코드를 선택하면 해당 하위코드가 보고서에 자동으로 포함됩니다. 활성화된 문서에서만 코딩구절을 포함하도록 선택할 수도 있습니다(그림 16.2).

확인OK을 클릭하면 다양한 옵션을 선택하는 대화창이 나타납니다.

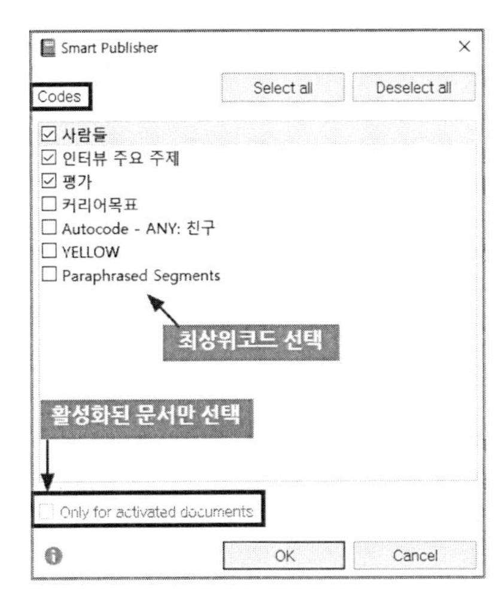

그림 16.2 스마트 퍼블리셔의 최상위코드 선택

② 스마트 퍼블리셔 옵션 설정

제목 페이지Title Page

제목: 보고서의 첫 페이지에 표시되는 제목.

부제: 보고서의 첫 페이지에 표시되는 부제목.

이미지 파일 1, 2: 보고서의 첫 페이지에 표시되는 최대 2개의 이미지 파일 경로.

머릿글과 바닥글

머릿글: 머릿글에 표시될 텍스트

바닥글: 바닥글에 표시될 텍스트

옵션 설정

정의된 영역에서 가중치가 할당된 구절로 출력을 제한할 수 있습니다.

주석Comment: 코딩구절 아래에 주석도 출력됩니다.

코드명 대신 코드별칭 사용: 코드별칭은 각 코드에 대해 정의된 경우 코드명 대신 머릿글로 사용됩니다(6.11 **코드속성 편집하기**).

코딩구절 정렬

보고서의 각 장 내에서 코딩구절을 정렬되는 방식을 설정할 수 있습니다. 문서시스템의 문서위치 또는 지정된 가중치 점수에 따라 구절을 정렬할 수 있습니다.

원본정보 설정

원본정보Source information에서 각 코딩구절에 포함될 정보에 대한 다양한 옵션을 선택할 수 있습니다.

- 문서: 문서그룹 및 문서명을 표시합니다.
- 위치: 코딩구절의 시작과 끝을 표시합니다(텍스트 데이터의 단락번호 포함).
- 가중치 점수: 코딩구절의 가중치를 표시합니다.
- 작성자: 구절을 코딩한 사용자의 이름을 표시합니다.
- 생성 날짜: 구절이 코딩된 날짜를 표시합니다.
- 인용 부호: 텍스트 구절은 인용부호 안에 배치됩니다.

다음 그림 16.3은 스마트 퍼블리셔를 사용하여 생성된 보고서의 일부입니다. 표시된 구절은 문서그룹 '뉴욕'에 있는 'George' 문서의 단락 4에 있습니다. 이 구절은 '커리어' 코드가 지정되었다는 의미입니다.

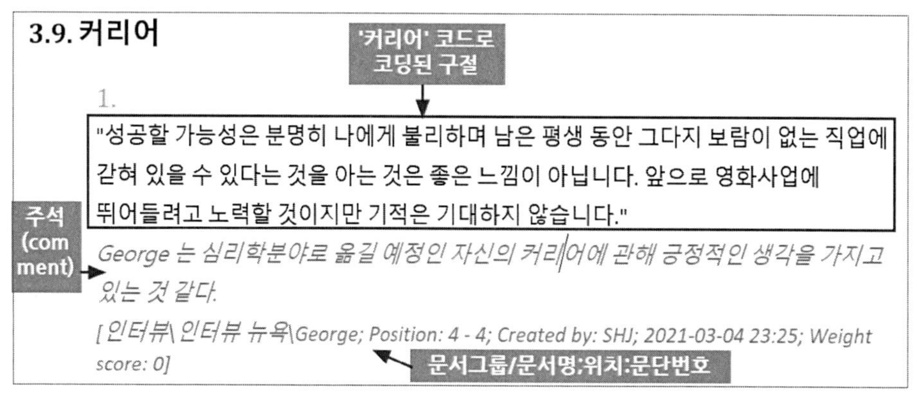

그림 16.3 스마트 퍼블리셔 보고서의 일부

③ 출력된 보고서

스마트 퍼블리셔로 완성된 보고서는 Word 문서(Windows의 경우 DOCX 형식, Mac의 경우 RTF 형식)형식으로 되어 있습니다. 여기에는 제목 페이지, 목차, 보고서에 포함된 모든 문서를 나열하는 페이지가 앞부분에 위치합니다. 코딩구절이 있는 기본 섹션. 머릿글/바닥글이 있는 경우 제목 페이지를 제외한 모든 페이지에 나타납니다. 최종보고서의 형식은 수정할 수 있습니다.

16.3 코드북 생성

코드북은 코드시스템의 순서대로 모든 또는 선택한 코드를 나열하고 각 코드와 관련된 코드메모도 출력한 코드사전과 유사합니다. 따라서 완성된 코드북에는 코드메모가 기록었다면 각 코드의 범주 정의가 포함됩니다. 이는 특히 모든 메모 텍스트의 글꼴을 통합할 수 있기 때문에 연구보고서에 대한 부록 작성에서 많은 시간을 절약합니다. **코드북 내보내기**Export Codebook 기능을 사용하면 코드북(예: 범주 매뉴얼)을 자동으로 생성할 수 있습니다.

코드북은 Word 문서형식으로 생성되므로 워드 프로그램으로 쉽게 열 수 있습니다. 여기에는 제목이 '코드북', 프로젝트 이름 및 생성날짜가 있는 표지가 포함됩니다. 다음 페이지에서 코드시스템이 표에 나열됩니다. 메인 섹션에는 관련 메모와 함께 각 코드가 코드시스템의 순서대로 표시됩니다.

코드북 기능은 메인메뉴의 **보고서**Reports 〉 **코드북**Codebook을 통해 열 수 있습니다. 코드북 옵션을 더 자세히 지정하는 창이 나타납니다(참조: 그림 16.4).

창의 위쪽 섹션에서 코드북에 출력할 코드를 지정합니다.

- 코드메모가 있는 코드만: 코드북에 메모가 없는 코드를 제외.
- 최상위 코드만: 코드시스템의 최상위 레벨의 코드만 선택하고, 하위코드는 제외.
- 활성화된 코드만: 활성화된 코드만 코드북에 포함됩니다. 하위코드도 포함할지 여부를 선택.

아래쪽 섹션에서 다른 옵션이 있습니다.

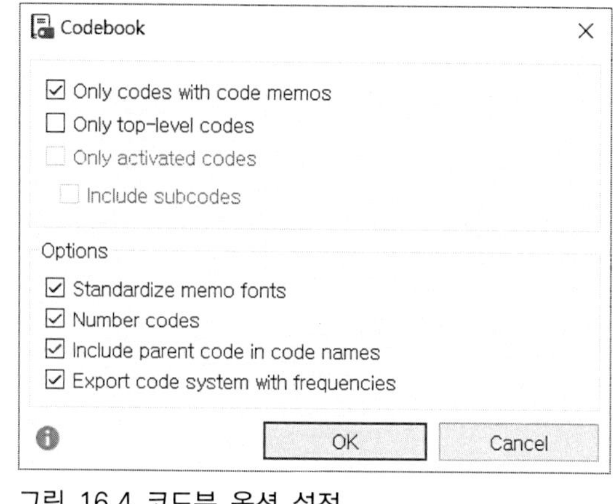

그림 16.4 코드북 옵션 설정

- 메모 글꼴 표준화: 글꼴, 글꼴 크기 등이 메모마다 다를 경우 이 옵션을 사용하여 코드북에 균일하게 표시.
- 번호 코드: 나열된 코드가 코드시스템의 계층구조에 따라 번호가 매겨짐.
- 코드명에 상위코드 포함: 하위코드명의 앞에 코드경로가 표시됨.
- 빈도가 있는 코드시스템 내보내기: 코드빈도를 표시한 열이 코드시스템의 표개요에 추가.

확인OK을 클릭하면 코드북이 만들어질 파일의 이름과 위치를 선택합니다. 저장된 문서가 즉시 열립니다.

16.4 요약: 코딩구절 포함

코딩구절이 있는 요약은 Word형식(docx)으로 보고서를 생성할 수 있습니다. 여기에는 표모양으로 된 개요에서 해당 코딩구절과 함께 정리된 요약을 표시합니다. 물론 연구자가 코딩구절에 요약을 작성해야 출력할 수 있습니다(참조: 그림 16.5).

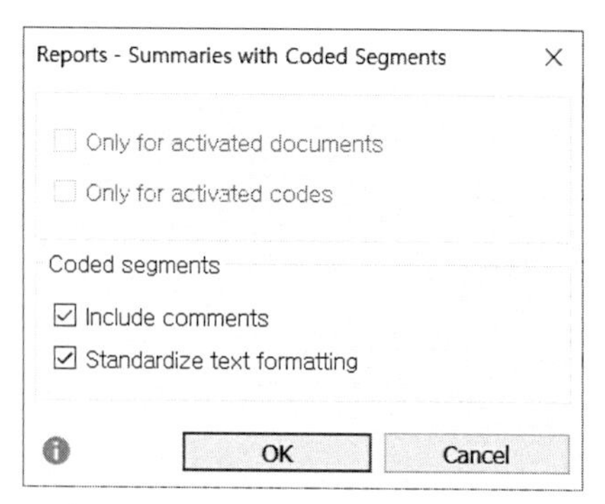

그림 16.5 코딩구절이 있는 요약 보고서 생성을 위한 옵션 대화창

코딩구절이 있는 요약보고서를 작성하려면 다음 단계를 따릅니다.

❶ 메인메뉴의 **보고서**Reports 탭에서 요약

Summaries 기호를 클릭하고 메뉴 옵션 **코딩구절이 있는 요약**Summaries with Coded Segments을 선택합니다.

❷ 몇 가지 옵션이 있는 대화창이 나타납니다.

- **활성화된 문서만**: 활성화된 문서의 요약만 표시.
- **활성화된 코드만**: 활성화된 코드에 대한 요약만 표시.
- **주석 포함**: 코딩구절 아래에 해당 주석(있는 경우)도 포함.
- **텍스트 포맷 표준화**: 코딩구절의 형식이 매우 다를 수 있으므로 글꼴 형식을 표준화.

확인OK을 클릭하면 요약보고서 파일의 이름과 위치를 선택합니다. 저장된 문서가 즉시 열립니다.

16.5 프로젝트 정보

메인메뉴의 **보고서**Reports 〉 **프로젝트 정보**Project Information를 통해 프로젝트에 관한 메타정보를 열 수 있습니다. 여기에는 현재 프로젝트에 대한 정보를 수집하고 완성된 보고서를 별도의 창에 표시합니다. 특히 프로젝트 정보에는 다음 데이터가 포함됩니다.

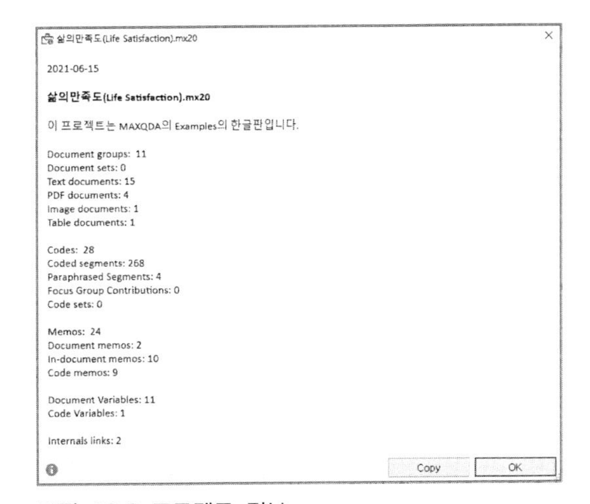

그림 16.6 프로젝트 정보

- 보고 날짜
- MAXQDA 프로젝트 파일의 이름
- 프로젝트 메모(문서시스템의 루트에서)
- 문서그룹, 문서세트 및 개별 문서의 수
- 코드, 코딩구절 및 코드 세트의 수

- 메모 수
- 문서 및 코드변수의 수
- 내부링크 수

프로젝트 정보는 **복사**Copy 버튼을 사용하여 클립보드에 복사할 수 있으며 여기에서 Word와 같은 다른 프로그램으로 붙여넣을 수 있습니다.

16.6 문서 내보내기

연구과정의 문서화를 위해 다양한 방법으로 문서를 내보낼 수 있습니다. MAXQDA에서 **내보내기**Export 절차를 시작할 수 있는 곳은 세 군데 있습니다.

❶ 열려있는 모든 문서는 오른쪽 상단의 아이콘을 클릭하여 **문서브라우저**Document Browser에서 직접 내보낼 수 있습니다.

❷ 문서시스템에서 문서명의 컨텍스트메뉴(마우스 오른쪽 버튼)에서 **문서 내보내기**Export Document 항목을 찾을 수 있습니다. 문서그룹에서도 같습니다. 여기서 **문서 내보내기**Export Documents를 사용하여 그룹화된 모든 문서 내보내기 할 수 있습니다.

❸ 메인메뉴의 **보고서**Reports 탭에도 내보내기 기능이 있습니다. 이 옵션에는 단일 또는 다중문서를 **내보내기**Export 옵션을 비롯하여 MAXQDA에서 개별 데이터를 내보내기 위한 광범위한 메뉴가 포함되어 있습니다(참조: 그림 16.7).

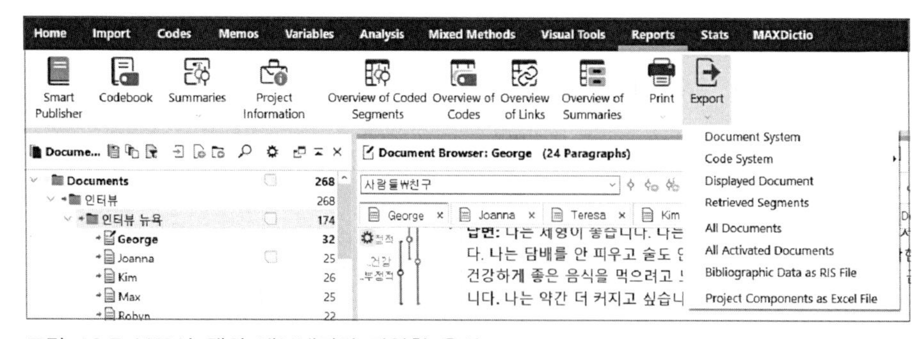

그림 16.7 보고서 탭의 내보내기의 다양한 옵션

모든 문서 또는 활성화된 모든 문서를 선택한 경우, MAXQDA가 문서를 저장할 폴더를 파일시스템에서 선택해야 합니다. 문서그룹은 하위폴더로 저장됩니다.

① 단락번호, 코딩띠 및 메모가 첨부된 전사본 내보내기

인터뷰가 포함된 연구논문의 문서화를 위해서는 종종 완성된 출판물의 선택된 또는 모든 전사본을 포함해야 합니다. 이를 위해 MAXQDA는 순수 전사본을 텍스트파일로 내보낼 뿐만아니라 단락번호 지정, 코드지정 및 전사본과 함께 첨부된 메모까지 내보내는 옵션이 있습니다. 이를 PDF 파일로 저장할 수도 있습니다.

- 개별 전사본transcripts을 내보내려면 문서시스템의 컨텍스트메뉴(마우스 오른쪽 버튼)에서 **문서 내보내기**Export Document를 선택합니다.
- 여러 개의 전사본transcripts을 동시에 내보내려면 문서그룹의 컨텍스트메뉴에서 **문서 내보내기**Export Document를 선택합니다.

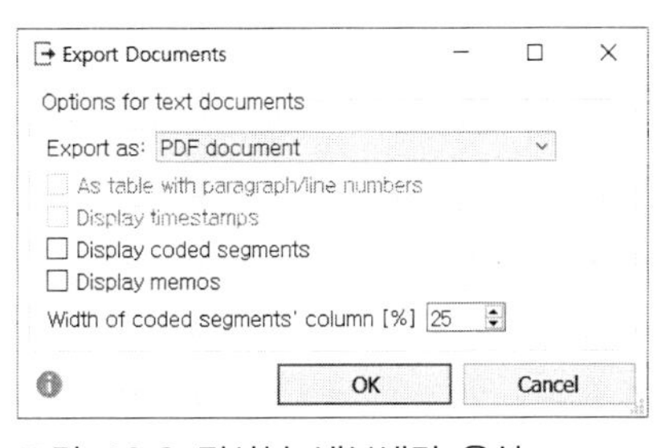

그림 16.8 전사본 내보내기 옵션

그림 16.8과 같은 대화상자가 나타납니다. 텍스트문서를 내보낼 때 다음 설정을 사용할 수 있습니다.

- **PDF문서 / 텍스트문서 / Excel문서로 내보내기**: 내보내기 형식을 설정합니다. 내보내기에 코딩띠coding stripes와 메모를 포함하려면 PDF문서 옵션을 선택해야 합니다.
- **단락번호가 있는 표로**: 텍스트의 각 단락이 표에서 별도 행에 기록되고 단락번호가 첫 번째 열에 추가됩니다(이 옵션은 텍스트 문서로 내보낼 때만 선택할 수 있습니다. 코드 및 메모 시각화).
- **타임스탬프 표시**: 문서에 타임스탬프timestamps(예: 인터뷰 기록)가 포함된 경우 이러한 타임스탬프를 텍스트와 함께 내보낼 수 있습니다.
- **코딩구절 시각화**: 코딩띠가 텍스트 왼쪽에 배치됩니다(이 옵션은 PDF문서로 내보낼 때만 선택할 수 있음). 코딩띠에 대한 디스플레이 메뉴를 통해 문서브라우저에서 현재 선택된 코드지정만 내보냅니다. 텍스트의 색상배경도

포함됩니다.

- **메모 시각화**: 이 옵션을 선택하면 메모기호가 텍스트 왼쪽에 표시됩니다. 메모 텍스트 자체는 내보내지지 않습니다.
- **코딩구절의 열 너비**: 코딩띠 및 메모를 표시하는 데 사용할 공간을 정의합니다.

나열된 내보내기 옵션은 PDF, 이미지 및 표문서에 사용할 수 없습니다. 이들은 MAXQDA 프로젝트 파일에 저장될 때 저장됩니다.

16.7 인쇄와 미리보기

MAXQDA의 많은 기능에서 인쇄를 할 수 있습니다. 테두리, 머릿글 및 바닥글 등을 설정할 수 있는 미리보기창이 나타납니다. 문서브라우저에 표시된 문서를 인쇄할 때와 같은 일부 기능의 경우 왼쪽창에 몇 가지 추가설정이 제공됩니다(참조: 그림 16.9).

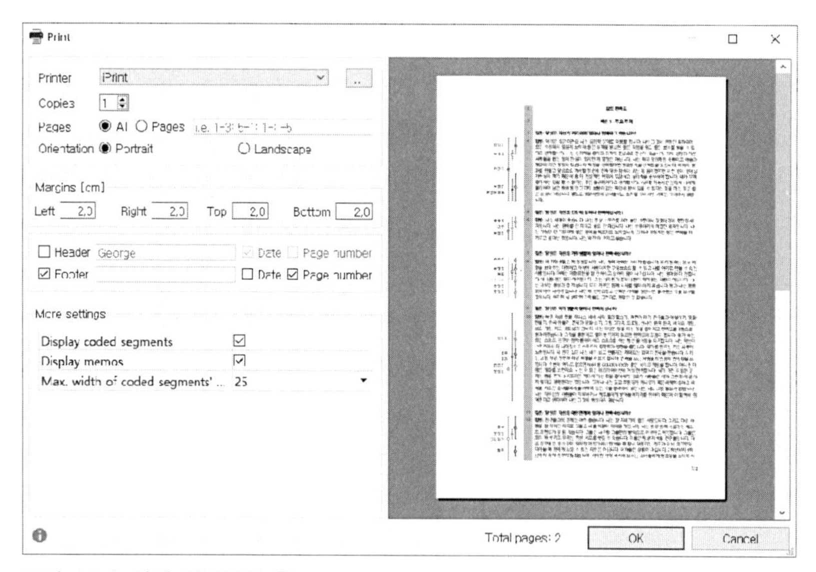

그림 16.9 인쇄 미리보기 창

추가설정에서는 코딩구절을 표시할지 여부, 메모 표시 여부, 코딩구절의 최대폭을 설정할 수 있습니다.

16.8 가져오기와 내보내기 옵션

MAXQDA는 SPSS 또는 Microsoft Office 프로그램과 같은 다른 소프트웨어 프로그램으로 데이터를 내보내는 다양한 옵션을 제공합니다. 다음 표에는 데이터 전송에 대한 많은 가능성이 나열되어 있지만 전부는 아닙니다.

데이터 유형	MAXQDA의 옵션	포맷
단일문서	• 문서명의 컨텍스트메뉴(마우스 오른쪽 버튼)에서 **문서 내보내기**Export Document를 선택. • 문서브라우저에서 **내보내기**Export 아이콘을 클릭. • Ctrl + A를 사용하여 문서브라우저에서 텍스트를 지정하고 클립보드를 통해 내보내기.	텍스트용 DOCX, 표용 XLSX, PDF 파일용 PDF, 이미지용 원본 이미지 형식
텍스트, 표 또는 이미지에서 강조표시된 영역	문서브라우저에서 Ctrl + C 또는 지정한 영역의 컨텍스트메뉴에서 **복사**Copy를 선택하여 클립보드에 복사.	클립보드의 개체
하나 이상의 코딩구절	**코딩구절개요**Overview of Coded Segments에서 Ctrl키를 사용하여 구절을 선택하고 마우스를 클릭한 다음 내보내기를 선택하거나 Ctrl + C를 사용하여 클립보드에 복사.	XLS/X, DOCX, HTML, RTF, 클립보드
검색구절Retrieved Segments창의 모든 코딩구절	**보고서**Reports 〉 **내보내기**Export 〉 **검색구절**Retrieved Segments 또는 검색구절Retrieved Segments창의 아이콘	XLS/X, DOCX, HTML, RTF, 클립보드
단일문서에 대한 코딩구절(팀워크)	문서명의 컨텍스트메뉴(마우스 오른쪽 버튼)에서 **팀워크 내보내기**Export teamwork를 선택	.MEX (교환용 파일)
메모	메인메뉴: **메모**Memos 〉 **메모개요**Overview of Memos 〉 **내보내기**Export	DOCX, RTF, XLS/X, HTML
문서메모(팀워크 내보내기 용)	문서명의 컨텍스트메뉴(마우스 오른쪽 버튼)에서 **팀워크 내보내기**Export teamwork를 선택	.MEX (교환용 파일)

데이터 유형	MAXQDA의 옵션	포맷
문서메모	문서명의 컨텍스트메뉴에서 **메모개요** Overview of Memos 〉**내보내기** Export를 선택	DOCX, RTF, XLS/X, HTML
메모 텍스트	메모창에서 Ctrl + C 또는 **복사하기** 아이콘을 사용하여 클립보드에 복사	클립보드 개체
변수목록	**변수** Variables 〉 **문서변수목록** List of Document Variables 또는 **코드변수 목록** List of Code Variables을 클릭한 다음 도구모음에서 **내보내기** Export 아이콘 클릭	.HTML, XLS/X
변수테이블(내보내기)	메인메뉴: **변수** Variables 〉 **문서변수 내보내기** Export Document Variables 또는 **코드변수 내보내기** Export Code Variables 또는 **데이터 편집기** Data editor에서 **내보내기** Export 아이콘 클릭	XLS/X, SPSS, TXT(탭구분), RTF, DOCX
변수테이블(가져오기)	**변수** Variables 〉 **문서변수 가져오기** Import Document Variables 또는 **코드변수 가져오기** Import Code Variables	XLS / X, SPSS, TXT (탭구분), RTF, DOCX
문서의 변수 및 변수값(팀워크)	문서명의 컨텍스트메뉴(마우스 오른쪽 버튼)에서 **팀워크 내보내기** Export teamwork를 선택	.MEX (교환용 파일)
문서의 변수값 내보내기	문서명의 컨텍스트메뉴에서 **변수개요** Overview of Variables를 선택한 다음 도구모음에서 **내보내기** Export 아이콘을 클릭	XLS / X, SPSS, TXT (탭구분), DOCX, RTF
코드 빈도표	**시각화도구** Visual Tools 〉 Code Matrix Browser를 클릭하고 **내보내기** Export 아이콘을 클릭 또는 복사하려는 테이블의 셀 지정후 Ctrl + C로 클립보드에 복사	표: XLS/X, HTML, DOCX, RTF, DOCX 이미지: PNG, SVG
코드빈도	**보고서** Reports 〉 **코드개요** Overview of Codes를 클릭하고 **내보내기** Export 클릭	XLS/X, HTML, RTF, TXT(탭구분)

① 프로젝트 구성요소를 Excel 파일로 내보내기

내보내기의 한 가지 가능성은 특히 주목할 가치가 있습니다. 메인메뉴에서 **보고서** Reports 〉 **내보내기** Export 〉 **프로젝트 구성요소를 Excel 파일** Project Components as Excel File에서 다음 옵션을 선택하면 MAXQDA는 Excel 파일의 개별테이블에 다음 내용을 나열하는 Excel 파일을 생성합니다.

- 코드빈도가 있는 문서시스템
- 코드빈도가 있는 코드시스템
- 메모
- 코딩구절
- 문서변수와 변수값
- 코드변수와 변수값
- 링크
- 요약

16.9 데이터 재사용을 위한 보관

석사나 박사학위논문의 지도교수가 지금까지 완료된 분석작업에 대해 훑어보고, 어떤 코드로 코딩했는지, 어떤 코드시스템이 어떻게 생겼는지 등을 살펴보고 싶어할 수 있습니다. 또한 연구데이터를 재사용하고 공유할 필요성이 있을 수도 있습니다. MAXQDA에서는 데이터 아카이브기능을 통해 손쉽게 프로젝트 데이터백업을 만들 수 있습니다. 수집한 모든 데이터를 포함하는 명확하고 이해하기 쉬운 폴더 및 파일구조가 선택적으로 압축 ZIP 파일로 생성됩니다. 데이터 아카이브기능의 목적은 연구프로젝트에서 수집한 데이터와 관련 메타데이터를 연구커뮤니티나 기타 관심있는 일반 대중이 쉽게 볼 수 있게 제공하는 것입니다. 전문 소프트웨어의 교육이나 구매가 필요없는 간단한 데이터 형식으로 제공하는 것입니다. 따라서 데이터는 DOCX(Word), PDF, XLSX(Excel) 및 MP4(비디오)와 같은 표준형식으로 제공됩니다.

MAXQDA 프로젝트와 관련된 데이터를 아카이브할 때 데이터는 항상 폴더구조로 채택되는 프로젝트의 문서그룹구조(인터뷰 전사본, 현장노트, PDF문서, 포커스그룹 전사본 등)의 형식으로 내보내집니다. 선택적으로 다음 데이터를 내보낼 수도 있습니다.

- 통계 데이터(표준화된 정보가 있는 문서변수)
- 미디어 데이터(문서에 첨부된 오디오 및 비디오 파일)

- 메타데이터(일반적으로 프로젝트 및 수집된 데이터에 대한 정보 및 문서를 포함하는 문서시스템의 메모)
- 테마 개요(코드메모를 포함한 코드시스템)

① 데이터 보관 프로세스 시작

현재 프로젝트의 데이터를 보관하려면 **홈**Home 탭에서 **데이터 보관**Archive Data 항목을 선택합니다. 다음 옵션 대화상자가 나타납니다(참조: 그림 16.10).

상단에서 문서 외에 내보낼 데이터를 선택합니다.

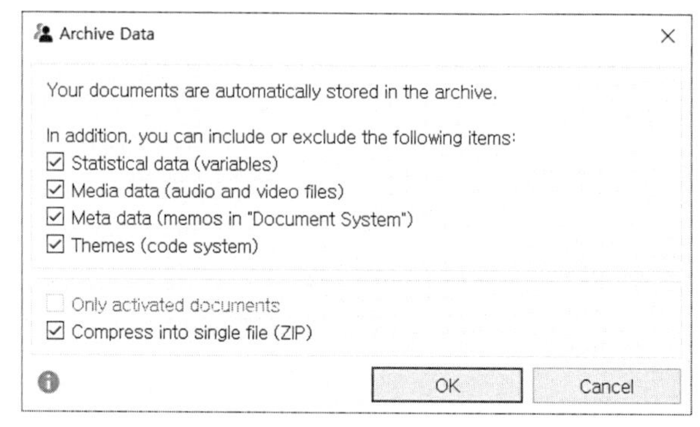

그림 16.10 프로젝트 데이터 보관: 옵션 대화상자

- **통계데이터(변수)**: 문서 변수를 내보낸 아카이브에 통합.
- **미디어데이터(오디오 및 비디오파일)**: 전사본뿐만 아니라 내보낸 아카이브의 관련 오디오 및 비디오 파일도 통합.
- **메타데이터(문서시스템의 메모)**: 문서 및 문서그룹뿐만 아니라 문서세트에 첨부된 메모를 내보낸 아카이브에 통합. 문서시스템 상단에 있는 프로젝트 메모도 내보내기.
- **테마(코드시스템)**: 코드시스템을 내보낸 아카이브에 통합.

하단 섹션에는 두 가지 옵션이 더 있습니다.

- **활성화된 문서만**: 현재 활성화된 문서만으로 내보내기를 제한.
- **단일파일로 압축(ZIP)**: 아카이브가 단일폴더에 저장되지 않고 아래에 설명된 폴더구조를 사용하여 단일한 압축 ZIP파일로 저장.

확인OK을 클릭하면 아카이브를 저장할 폴더를 지정할 수 있는 옵션이 나타납니다.

그런 다음 MAXQDA는 다음 시스템에 따라 선택한 모든 데이터를 내보냅니다. 즉, 압축파일(ZIP)을 압축해제하면 4개의 폴더와 한 개의 XLXS파일이 나타납니다. Archive_프로젝트명_날짜.ZIP으로 됩니다. 압축된 파일의 내부폴더와 파일의 구조는 다음과 같습니다.

- **문서**Documents폴더: 전부 또는 활성화된 문서(활성화된 문서만을 선택한 경우) 각 각각의 형식으로 저장됩니다. 하위폴더의 구조는 프로젝트의 문서그룹에 해당합니다. 텍스트문서는 DOCX 형식, XLSX 형식의 표형식의 문서 및 각각의 원본 형식의 이미지 문서로 내보내집니다.

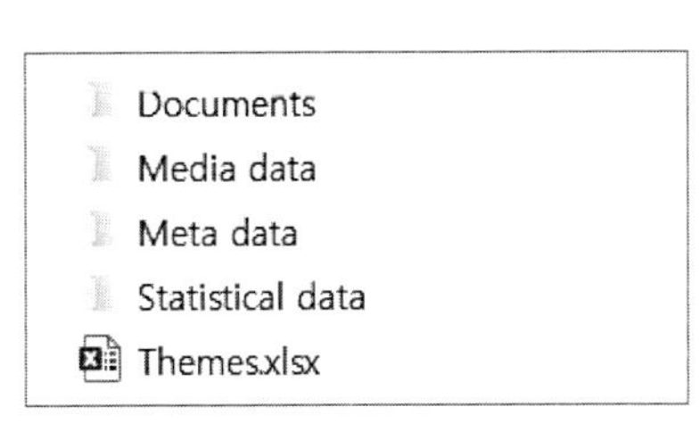

그림 16.11 보관할 압축파일의 내부구조

- **미디어데이터**Media data 폴더: 문서와 관련된 오디오 및 비디오 파일은 문서시스템 구조와 같이 저장됩니다. 미디어 파일에는 첨부된 문서명이 지정됩니다.
- **메타데이터**Meta data 폴더: 수집된 데이터에 대한 정보는 이 폴더에 저장됩니다. 다음은 MAXQDA의 메모입니다. 문서시스템의 루트폴더에 첨부된 프로젝트 메모와 문서그룹 및 문서에 첨부된 메모입니다. 메모 텍스트와 메모 제목만 내보내지고 메모에 대한 추가정보는 없습니다. 메모는 또한 문서시스템에서 제공하는 구조에 저장됩니다. 프로젝트 메모와 최상위 수준의 문서그룹 메모, 그 다음 각 폴더의 문서메모입니다. 문서그룹에 메모가 없으면 하위폴더가 생성되지 않습니다.
- **통계데이터**Statistical data 폴더: 데이터 테이블과 변수목록, Excel(XLSX)과 SPSS 형식(SAV)으로 저장됩니다. 시스템변수 중 문서그룹과 문서명만 보냅니다.
- **Themes.xlsx: 코드시스템**은 최상위 폴더 수준에 첨부된 메모를 포함하여 'Themes.xlsx' 라는 이름의 Excel 파일로 저장됩니다.

CHAPTER 17

(보론) MAXQDA를 사용한 근거이론분석 가이드

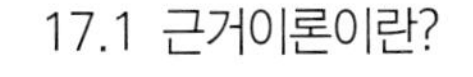

CHAPTER 17

(보론) MAXQDA를 사용한 근거이론분석 가이드

MAXQDA는 데이터를 수집, 구성, 분석, 시각화 및 출판할 수 있도록 근거이론Grounded Theory을 포함한 다양한 방법론적 체계를 지원합니다. 이 글에서는 MAXQDA가 지원하는 근거이론 분석을 빠르고 쉽게 시작할 수 있는 방법을 안내합니다. 또는 MAXQDA가 제시한 근거이론 분석의 단계별 가이드를 가능한 MAXQDA를 제공하는 연구진들의 안내를 소개할까 합니다. 따라서 이 장의 내용은 MAXQDA 핵심연구자 및 회사가 제공하는 가이드입니다.[1)]

17.1 근거이론이란?

근거이론의 중심원리는 어떤 주제에 대한 연구자의 이론이 데이터에 기초하여 구성된다는 것입니다. 즉, 질적데이터를 수집하고 분석함으로써, 연구자는 그 데이터에서 '근거되는(grounded)' 새로운 이론을 구성할 수 있습니다. 그러므로 근거이론은 가설을 시험하려는 목적이 아니라 질문에 근거한 자료의 수집으로부터 시작됩니다.

근거이론의 원칙은 1967년 사회학자 Barney Glaser와 Anselm Strauss에 의해 "근거이론의 발견(The Discovery of Grounded Theory)"이라는 책에서 설명되었습니다. 이론을 창조하기 위해 데이터로 시작한다는 생각은 기존의 방법론적 전통과 모순되는 것이었습니다. 연구자들은 데이터 수집과정에서 이미 형성

1) https://www.maxqda.com/blogpost/grounded-theory-analysis

된 이론을 검증해야 한다는 의견이 대부분이었습니다.

"근거이론은 사회과학 연구에서 체계적으로 얻은 데이터로부터 이론을 발견하는 것입니다."
— Glaser & Strauss, 2009

근거이론은 오늘날 연구자들이 사용하는 가장 인기 있는 질적방법론 체계 중 하나입니다. 근거이론 방법론과 그 응용이 아마도 '새로운 방식으로 데이터를 보고 초기분석 작성을 통해 데이터에 대한 아이디어를 탐구하기' 때문일 수 있습니다(Charmaz, 2006). 특히 코딩과 관련하여 근거이론 과정이 많이 반복됩니다. 따라서 이 가이드는 근거이론 자체에 대한 방법론적 평가보다는 MAXQDA로 데이터를 분석하는 실질적인 가이드 역할을 할 것입니다.

참/ 고/ 근거이론 방법의 고유한 특징

이론개발에 대한 강조 외에도 근거이론을 다른 형태의 질적연구로부터 독특하게 만드는 것은 무엇입니까? 이 질문에 대한 답은 아주 간단합니다. 첫째, 이론이 구성되는 개념은 연구를 시작하기 전에 선택되지 않고 연구과정에서 수집된 데이터에서 도출됩니다. 이론을 근거하고 방법론에 그 이름을 붙이는 것이 바로 이 특징입니다. 둘째, 근거이론에서, 연구분석과 데이터수집은 상호연관되어 있습니다. 초기 데이터가 수집된 후 연구자는 해당 데이터를 분석하고 분석에서 도출된 개념이 후속 데이터 수집의 기초를 형성합니다. 데이터 수집 및 분석은 연구 프로세스 전반에 걸쳐 지속적인 주기로 계속됩니다(Corbin & Strauss, 2014[2]).

17.2 MAXQDA를 사용한 근거이론 분석

근거이론을 기반으로 한 분석에서, 연구자들은 일반적으로 다음과 같이 데이터를 분석합니다. 데이터를 철저히 검토하여 반복되는 주제를 찾고, 키워드와 문장으로 출현한 테마를 코딩한 뒤, 코드를 계층적 개념으로 그룹화하고, 관계

2) Corbin, J. & Strauss, A. (2014). Basics of Qualitative Research: Techniques and Procedures for Developing Grounded Theory. 4th Edition: Sage.

식별을 통해 개념을 분류합니다. 그리고 마지막으로 이 과정을 통해 생성된 범주와 이들 사이의 연결들은 새로운 이론개발의 기초로 사용됩니다.

근거이론 방법론을 기반으로 질적데이터를 분석하기 위한 MAXQDA 사용에 있어 중요한 단계를 '4C'라고 부릅니다.

❶ 데이터 코딩(coding)하기,

❷ 코드시스템Code System의 사용자 정의(customizing),

❸ 크리에이티브 코딩으로 범주 만들기(category building),

❹ MAXMaps를 사용한 이론 구성(constructing theories).

이러한 단계들은 연구자들이 연구하고 있는 사회현상에 기존 이론이 얼마나 잘 적용되는지 시험하기 위해 단순히 데이터를 수집하는 것이 아닙니다. 대신에 새로운 이론을 구성할 수 있는 자유를 주는 분석과정을 촉진합니다. 그러나, 근거이론이 연구자에게 주는 자유는 그것이 실행에 옮겨질 때 가장 큰 도전 중 하나일 수도 있습니다.

엄격한 구조나 규정된 규칙이 없는 경우, 연구자들은 전적으로 자율적으로 작업해야 하므로 분석과정을 시작하는 방법에 대한 불확실성이 종종 발생합니다. 근거이론 연구는, 특히 데이터분석의 지속적인 비교법으로 수행할 경우, "연구자가 분석 및 데이터 수집과정에 시간을 투자해야 하는 노동집약적 과제"입니다(Kolb, 2012[3]).

위에서 보여준 것과 같이, 소프트웨어를 사용하면 그 과정이 훨씬 명확해집니다. MAXQDA를 사용하면 데이터를 코딩하고 분석적 아이디어가 있을 때 데이터 구절을 검색하여 이론을 실시간으로 개발할 수 있습니다.

17.3 1단계: 데이터 코딩하기

코딩은 데이터수집과 데이터의 유효한 이론개발 사이의 첫 번째이자 가장 중

3) Kolb, S. M. (2012). Grounded Theory and the Constant Comparative Method: Valid Research Strategies for Educators. Journal of emerging trends in educational research and policy studies, 3(1), 83–86.

요한 단계입니다. '**코드**code'는 후에 다시 쉽게 찾을 수 있도록 데이터 구절의 내용을 식별하는 데 사용되는 키워드 또는 라벨label입니다.

코드는 순서를 만듭니다. 예를 들어 도서관의 키워드 목록을 생각해 보십시오. 목록은 올바른 책을 찾는 데 도움이 되는 동시에 도서관의 책에 있는 주제에 대한 개요를 제공합니다. 물론 이러한 목록이 얼마나 유용한지는 색인시스템의 유용성과 지정된 키워드의 정확성에 달려있습니다. 연구자들의 코딩작업도 마찬가지입니다. MAXQDA에서 텍스트, 이미지 또는 오디오/비디오 영상에 코드를 지정하는 것을 '**코딩**coding'이라고 합니다.

근거이론에서의 코딩은 두 가지 주요 단계로 나눌 수 있습니다.

a. 먼저, 초기의 **개방코딩**open coding 단계가 있습니다. 연구자들은 데이터와 긴밀히 작업하여 새 코드를 생성하고 데이터의 특정 줄 또는 구절에 이름을 지정합니다. 이때 코드의 수를 제한하지 않도록 열린 마음을 유지하는 것이 중요합니다. 핵심코드는 후속 분석단계에서 조정합니다.

b. 다음은 코딩 프로세스의 고급단계(일명 1차, 2차코딩단계)에서의 **선택적 코딩**Selective coding입니다. 이 후반의 코딩단계에서 연구자들은 가장 중요한 상위레벨 코드를 정의하고 초기의 코딩단계에서 생성된 하위레벨 코드를 정렬하기 위해 코딩에 집중하게 됩니다**(2단계 및 3단계 참조)**.

MAXQDA는 끌어다 놓기와 같은 고전적인 코딩기술 외에도 다양한 코딩옵션을 제공합니다. 색상코딩 또는 하이라이트 코딩은 책에서 구절을 형광펜으로 강조표시하는 것과 같은 원리입니다. 코드의 색상 선택을 위한 MAXQDA의 색상옵션은 중요한 데이터 구절을 이해하기 쉽고 최종보고서에서 시선을 사로잡을 수 있는 많은 옵션을 제공합니다.

코드는 데이터에 기반해야 하기 때문에, 근거이론 분석에서 가장 많이 사용되는 코딩기술 중 하나는 **인-비보코딩**in-vivo coding입니다: 이는 인터뷰 기록 또는 텍스트와 같이, 데이터에서 찾은 단어나 구절 자체를 코드로 사용합니다.

MAXQDA의 인-비보코딩 기능은 특히 이러한 근거이론 기반의 분석을 용이하게 하도록 설계되었습니다. 코드로 사용하려는 단어를 선택한 다음 문서브라우저 창의 도구모음에서 **인-비보코딩**Cod in-vivo 기호 를 클릭하면 됩니다.

선택한 단어는 코드시스템 창에 짧은 텍스트구절을 위한 코드로 추가됩니다. 문서구절을 선택하고 마우스 오른쪽 버튼을 클릭하면 나타나는 컨텍스트메뉴에서 MAXQDA의 다양한 코딩옵션을 선택할 수도 있습니다.

17.4 2단계: 코드시스템의 사용자 정의

후반의 코딩과정에서 연구자들은 위에서 언급된 선택적 코딩기술을 사용하여 이미 코딩한 데이터를 검토합니다. MAXQDA의 코드시스템 창의 코드를 상위코드parent codes와 하위코드subcodes로 정렬하여 코드계층을 만들 수 있습니다. 이 과정을 통해 비슷한 내용의 코드를 쉽게 식별하고 개념으로 그룹화할 수 있는 코드트리code tree를 만들고 구체화할 수 있습니다.

MAXQDA는 코드가 계층구조로 자동으로 구성되도록 함으로써 이 단계를 도와줍니다. 즉, 여러 하위코드를 생성한 다음 하위코드의 하위코드를 만들 수 있습니다. 코드시스템은 또한 화면에 자동으로 트리구조로 표시되며 코드시스템에 많은 하위코드가 있는 복잡한 구조를 가진 경우 별도의 창에서 열 수 있습니다.

이러한 계층적 구조는 최대 10개의 레벨과 무제한의 총 코드 수를 만들 수 있습니다. 코드시스템 창 가장 오른쪽 열에 있는 숫자들은 코딩된 구절의 수를 나타내므로 코드의 빈도수를 쉽게 확인할 수 있습니다. 코드 옆의 화살표 아이콘을 클릭하여 하위범주를 확장하거나 닫을 수 있습니다.

17.5 3단계: 크리에이티브 코딩으로 범주 만들기

근거이론 분석에서, 선택적 코딩단계의 후반부(또는 일부 전문가들의 설명과 같이, 3차코딩)에서 유사한 개념들을 묶어 그룹화함으로써 범주categories가 생성됩니다. 연구자들이 이론적으로 범주 사이의 링크를 표시할 수 있기 때문에, 이러한 범주는 궁극적으로 새로운 이론구조의 기초가 될 것입니다(Schreiber, 2001). 새로운 코드가 생성, 분류 및 계층적 코드구조로 구성되면 코드 간의 관계가 나타나기 시작합니다.

MAXQDA의 크리에이티브 코딩Creative coding은 연구자들에게 의미 있는 그룹을 만들기 위해 코드를 자유롭게 이동하고 정렬할 수 있는 넓은 작업공간을 제공합니다. 그렇기 때문에 이러한 분류과정을 위한 최적의 도구입니다. 시작하려면 화면 상단의 메인메뉴 코드 탭에서 크리에이티브 코딩을 클릭하여 모드를 활성화하면 됩니다. 오른쪽 화면에 넓은 작업공간이 표시됩니다(**14.7 크리에이티브 코딩 참조**).

코드시스템에서 작업하려는 코드를 끌어다 MAXMaps 작업공간에 끌어놓습니다. 이제 마우스를 사용하여 코드를 자유롭게 그룹화하고 구성하며 필요한 경우 새로운 상위코드와 하위코드를 만들고, 또 코드색상을 변경할 수 있습니다. MAXQDA는 작업공간 위에 나타나는 이러한 모든 기능의 사용이 쉬운 도구모음을 제공합니다.

코드구성을 마치면 크리에이티브 코딩을 종료하여 코드트리에 변경사항을 적용합니다. 크리에이티브 코딩 종료Quit Creative Coding 기호 를 클릭하고 다음 팝업창에서 Yes를 선택합니다.

17.6 4단계: MAXMaps를 활용한 이론 구성

선택적 코딩단계 후, 범주 사이의 이론적 연결은 더 명확해집니다. 근거이론의 다음 단계는 이론적 표집theoretical sampling 단계입니다. 여기에서 새로운 이론을 개발하고 이를 구성하는 주요범주를 정교화하기 위해 추가로 선택된 데이터가 수집됩니다.

이 단계에서 MAXMaps 기능을 사용하여 이론의 시각적 다이어그램을 작성하는 것을 추천합니다. MAXMaps는 서로 다른 요소가 어떻게 관련되어 있는지를 보여주는 개념 맵을 작성하여 이론에서 데이터와 관계의 복잡한 연결을 시각화할 수 있습니다.

개체를 쉽게 끌어다 놓을 수 있는 비어있는 맵으로 시작하거나 MAXMaps의 여러 모델템플릿 중 하나를 선택하여 데이터에서 찾은 연결을 자동으로 가져올 수 있습니다. 예를 들어 특정 범주 내에서의 연결을 검사하려는 경우 코드이론 모델Code Theory Model을 사용하여 코드, 해당 하위코드 및 메모 간의 연결을 표시할 수 있습니다(**14.6.9 코드이론 모델 참조**).

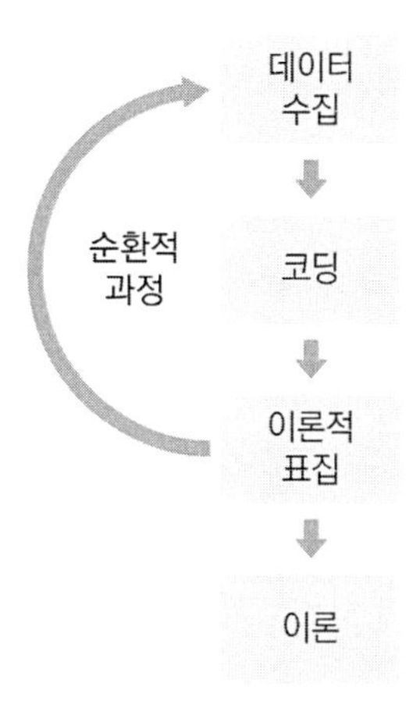

또한 맵에 사용된 모든 요소는 대화형입니다. MAXQDA 프로젝트에 연결되어 있기 때문에 표와 워크시트를 생성하여 프로젝트 내의 요소에 대한 더 나은 관점을 얻을 수 있을 뿐만 아니라 데이터 원본을 쉽게 찾을 수 있습니다. 문서, 코딩구절 또는 메모를 열려면 아이콘을 더블클릭하기만 하면 시각화중인 이론에 대한 분석작업을 읽거나 수정할 수 있습니다. MAXMaps는 근거이론 분석에서 이론적 표집 단계에서 추가 데이터가 필요한 이론에서의 위치를 쉽게 찾을 수 있는 완벽한 도구입니다.

물론, MAXQDA가 연구를 지원할 수 있는 방법에 대한 몇 가지 단계를 설명하고 제안했지만, 근거이론 분석은 선형적인 과정이 아닙니다. 이론적 표집의 후반 단계에서 연구자는 새로운 데이터를 코딩해야 합니다. 그 시점에서 이미 개발한 범주 가운데 일부를 수정하고 싶을 수 있습니다. 즉, 주기가 다시 시작됨을 의미합니다.

그러나 낙담하지 마십시오. 주기적인 프로세스는 처음에는 어렵게 느껴질 수 있지만 MAXQDA를 사용하여 범주를 테스트하고 개선할 때마다 이론이 더 명확하고 탄력적인 것이 될 것입니다. 여기까지 잘 해냈다면 새로운 이론을 구성하는 결승선에 가까워졌으며, 이는 지금부터 주제를 보는 방식을 바꿀 수 있습니다.

17.7 팁: 메모의 중요성

메모는 근거이론 분석의 핵심요소입니다. 코딩할 때 진행상황을 비판적으로 분석하는 것이 중요하며, 이러한 생각을 적어두는 것이 가장 좋습니다. 메모는 연구자가 자신의 아이디어를 비공식적으로 추적하고 연구가 진행됨에 따라 취하는 단계의 추론을 공식적으로 추적할 수 있는 곳입니다. 또한 가장 중요한 것은 메모 작성과정을 통해 유기적으로 새로운 아이디어와 통찰력이 개발될 수 있다는 것입니다.

본인에게 맞는 가장 편한 방식으로 메모를 구성할 수 있지만, 제목을 추가하고 참조하려는 데이터 구절을 설명하는 것이 좋습니다. 메모를 정리하는 데에는 몇 분이 더 걸리겠지만, 후에 코딩 및 보고단계에서 더 많은 시간을 절약할 수 있습니다. 다행히도 MAXQDA는 여러 단계를 자동화하였으므로 더 이상 노트나 포스트잇에 수기로 메모를 작성하거나 첨부할 필요가 없습니다

17.7.1 MAXQDA에서 메모를 만드는 방법

메모 작성이 근거이론 연구의 필수적인 요소인 것처럼, 메모는 MAXQDA 프로젝트의 필수 부분입니다. MAXQDA의 직관적인 디자인은 방법론적 접근방식의 유연성을 제공하며 연구 및 분석과정 중에 원하는 만큼 창의적으로 작업할 수 있도록 지원합니다.

MAXQDA 내에서 다양한 유형의 메모를 구별할 수 있으며, 그것들은 분석에서 각기 다른 역할을 합니다. MAXQDA에서는 메모를 문서, 문서그룹, 오디오와 비디오 파일 등에 첨부할 수 있습니다. 또한 메모를 코드 자체에 첨부할 수 있습니다. 코드메모는 종종 범주의 정의와 예시를 포함합니다. 이는 근거이론 분석을 통해 생성한 범주의 의미를 보다 명확하게 하고 원본 인용문과의 연결을 설명할 수 있습니다. 자유메모free memo를 작성하는 옵션도 있으며, 이 메모는 프로젝트 이외의 것들에는 첨부되지 않습니다.

메모를 작성하려면 먼저 메모 아이콘을 더블클릭하여 대화창을 열면 됩니다. 메모 이름을 지정한 뒤 텍스트를 입력합니다. 작성자 및 작성일 입력란은 시간 절약을 위해 자동으로 채워집니다(**8.2 메모 열기 및 편집 참조**).

17.7.2 메모 유형

다음으로, MAXQDA에서 제공하는 열 가지 기호 중 하나를 사용하여 메모 유형을 지정할 수 있습니다. 근거이론 분석을 수행할 때 메모를 유형별로 정렬하는 것이 좋습니다. 이론적 메모는 근거이론 분석에 사용되는 가장 일반적인

메모 유형으로, 분석 활동에 대한 연구자의 아이디어를 설명할 수 있습니다.

TIP/

연구자는 메모를 작성하여 네이터를 '이론화'하여 코딩과정에서 코드 이면의 이론적 의미와 코드 간의 논리적 관계를 추출합니다(Glaser, 1998[4]).

MAXQDA 프로젝트에서, 이론적 메모를 나타내기 위해 "T"가 표시된 메모아이콘을 사용하거나 방법론 메모를 위해 "M"이 표시된 메모아이콘을 사용하고, 또 in-vivo에서 생성된 아이디어에 파란색 아이콘을 지정하거나, 이전 연구 아이디어를 위해 빨간색을 사용하는 등, 작업에 가장 적합한 방법으로 메모시스템을 구성할 수 있습니다.

메모 작성을 마치고 창을 닫으면 MAXQDA는 자동으로 저장됩니다. 또한 새 메모에 추가한 정보는 열린 메모 창에 5분 간격으로 저장되므로 실수로 대화창을 닫더라도 아이디어를 잃어버릴 염려가 없습니다.

17.7.3 메모 개요

MAXQDA에는 다양한 옵션과 유형의 메모가 있으므로 모든 메모작업과 정보에 대한 개요를 확인하는 것이 도움이 됩니다. MAXQDA의 메모개요Overview of Memos는 이를 위해 특별히 작성되었으며, 작성을 시작할 때 많은 시간을 절약할 수 있습니다. 메모개요를 보는 가장 빠른 방법은 MAXQDA 화면 상단의 **메모** Memos 탭에 있습니다.

메모의 위치, 제목, 작성자, 출처 및 메모내용 미리보기를 포함하여 메모에 대한 모든 중요한 정보가 포함된 새 대화창이 표와 함께 열립니다. 여기에서 작업을 탐색하고 열별로 메모를 필터링하여 특정 정보를 찾은 다음, 찾고 있는 메모로 바로 이동할 수 있습니다. 전체 근거이론 분석과정에서 생각을 수집하고

4) Glaser, B. & Strauss, A. (1998). Discovery of Grounded Theory: Strategies for Qualitative Research: Routledge.

보는 것이 이토록 쉬운 적은 없었습니다.

17.8 인용문헌

- Charmaz, K., Constructing Grounded Theory: A Practical Guide Through Qualitative Analysis. SAGE, 2006.
- Glaser, B., Doing Grounded Theory: Issues and Discussions. Sociology Press, 1998.
- Glaser, B., Strauss, A. The Discovery of Grounded Theory: Strategies for Qualitative Research. Transaction Publishers, 2009.
- Kolb, Sharon M., Grounded theory and the constant comparative method: Valid research strategies for educators. Journal of Emerging Trends in Educational Research and Policy Studies 3.1, 2012 (83).
- Montgomery, P., Bailey, P. H., Field notes and theoretical memos in grounded theory. Western Journal of Nursing Research, 2007, 29(1), 65–79.
- Schreiber, R. S., Stern, P. N., Using grounded theory in nursing. Springer Publishing Company, 2001.

삼육대학교 상담심리학과와 광운대학교 교육대학원에서 외래교수로 일하고 있다. 긍정심리학에 기초한 일과 행복에 관한 분야를 연구하고 실행하는 커리어심리학연구소를 운영하고 있다. 변화와 성장을 위한 코칭과 강의를 수행하며, 공무원과 공공기관의 면접관, 각종 심사위원으로도 활동중이다. 고려대학교 법학과를 졸업하고, 같은 대학교 교육대학원에서 상담심리교육 석사학위를 받았다. 광운대학교 산업심리학과 코칭심리전공으로 심리학 박사학위를 받았다. 청년달인의 성장과정과 특성을 MAXQDA를 활용한 근거이론 방법으로 박사학위논문을 완성했다. 2021년 8월 기준 MAXQDA본사에 등록된 국내 유일한 Professional MAXQDA 트레이너이다. 최근 대학들, 공공기관에서 교수들과 연구원에게 MAXQDA 교육을 진행하고 있다. 박사학위논문을 쓰는 개인들에게 코칭과 컨설팅도 수행하고 있다. 저서로는 『면접의 정석』이 있다.

MAXQDA로 질적연구 쉽게 하기

초판발행 2021년 9월 10일
중판발행 2023년 3월 31일

지은이 서형준
펴낸이 노 현

편 집 배근하
기획/마케팅 조정빈
표지디자인 BEN STORY
제 작 고철민·조영환

펴낸곳 ㈜ 피와이메이트
서울특별시 금천구 가산디지털2로 53 한라시그마밸리 210호(가산동)
등록 2014. 2. 12. 제2018-000080호
전 화 02)733-6771
f a x 02)736-4818
e-mail pys@pybook.co.kr
homepage www.pybook.co.kr
ISBN 979-11-6519-189-4 93370

정 가 28,000원

박영스토리는 박영사와 함께하는 브랜드입니다.